Kirsten-Inger Wöhrn

Designschutz in der Schiffbauindustrie

[redacted]

Kirsten-Inger Wöhrn

Designschutz in der Schiffbauindustrie

De Gruyter Recht · Berlin

∞ Gedruckt auf säurefreiem Papier,
das die US-ANSI-Norm über Haltbarkeit erfüllt.

ISBN 978-3-89949-543-0

Bibliografische Information der Deutschen Nationalbibliothek

Die Deutsche Nationalbibliothek verzeichnet diese Publikation in der Deutschen Nationalbibliografie; detaillierte bibliografische Daten sind im Internet über http://dnb.d-nb.de abrufbar.
Zugleich: Dissertation an der Humboldt-Universität zu Berlin, 2008

Printed in Germany

Konvertierung/Satz: jürgen ullrich typosatz, Nördlingen
Druck und Bindung: Hubert und Co., Göttingen
Einbandgestaltung: Christopher Schneider, Berlin

Vorwort

Die vorliegende Arbeit wurde im Sommersemester 2008 von der Juristischen Fakultät der Humboldt-Universität zu Berlin als Dissertation angenommen.

Herrn Prof. Dr. Artur-Axel Wandtke, meinem Doktorvater, möchte ich besonders herzlich danken. Er hat mich geschickt betreut sowie durch seine guten Anregungen auf interessante Gedankengänge gebracht und mir den nötigen akademischen Freiraum für die Erstellung dieser Arbeit gelassen. Ebenfalls möchte ich Herrn Prof. Dr. Christoph Paulus für die rasche Erstellung des Zweitgutachtens danken.

Herrn Dr. Christof Hupe danke ich, dass er mich nicht nur beim Korrekturlesen tatkräftig unterstützt, sondern mir mit wertvollen Diskussionen zur Seite gestanden hat. Für die kritische Korrekturhilfe möchte ich mich bei Herrn Dr. Ferdinand Grassmann, meinem ehemaligen Kollegen am Lehrstuhl von Prof. Dr. Artur-Axel Wandtke, bedanken.

Meiner Familie danke ich von Herzen für die Ermöglichung meiner gesamten Ausbildung. Sie hat mir während dieser Zeit mit Geduld und liebevollem Zuspruch stets Mut gemacht und Rückhalt geboten. Insbesondere meine Eltern und meine Großmutter haben mich durch Höhen und Tiefen begleitet und mir kritische Anmerkungen sowie wertvolle Anstöße während der Auseinandersetzung mit diesem Thema gegeben. Ich möchte meiner Familie diese Arbeit in Anerkennung und voller Dankbarkeit widmen.

Berlin, Januar 2009 *Kirsten-Inger Wöhrn*

[redacted]

Inhaltsverzeichnis

Designschutz in der Schiffbauindustrie –
Urheber- und geschmacksmusterrechtlicher Schutz von Schiffsbauten

Designschutz in der Schiffbauindustrie –

Urheber- und geschmacksmusterrechtlicher Schutz von Schiffsbauten

I. Einleitung

Neunzig Prozent der europäischen Exportgüter und vierzig Prozent der im europäischen Binnenmarkt gehandelten Güter werden per Schiff transportiert.[1] Weltweit erfolgt der Transport von Waren zu neunzig Prozent per Schiff. Allein einundvierzig Prozent des per Schiff betriebenen Welthandels wird von der Europäischen Union aus kontrolliert.[2] Die Teilnahme an Kreuzfahrten auf einem Schiff (mittels Segel-, Kreuzfahrt- oder Postschiffen) nimmt jährlich zu. Aufgrund der mittlerweile auch in diesem Sektor sinkenden Kosten nutzen mehr und mehr Menschen Motor- bzw. Segelschiffe zur freizeitlichen Erholung. Im Gegensatz zu Automobilen und Flugzeugen, die grundsätzlich seriell hergestellt werden, sind Schiffe in der Regel maßgeschneidert, d.h. Einzelanfertigungen.[3] Der Superstar unter den Transportfahrzeugen unseres Jahrhunderts ist mittlerweile das Containerschiff.[4]

Die Schiffbauindustrie ist von enormer Bedeutung, da sie nicht nur für die Versorgung von Transportmitteln für den nationalen und internationalen Handel sowie von modernen Fahrzeugen für die Marine zuständig ist, sondern auch moderne Techniken entwickelt, von denen auch andere Wirtschaftszweige profitieren können. Aus diesem Grunde wird der Schiffbau weltweit als sensibler Wirtschaftszweig anerkannt und dementsprechend behandelt sowie politisch gefördert.[5]

Der Ursprung des Schiff- und Bootsbaus kann nicht genau bestimmt werden; er liegt in prähistorischen Zeiten.[6] Um 2500 v. Chr. wandel-

1 *ECSA* Submission to Green Paper 2.
2 *ECSA* Submission to Green Paper 2f., 7.
3 Vgl. auch *Andritsos/Perez* 5; *HANSA* 52.
4 *HANSA* 66.
5 Siehe LeaderSHIP 2015, 2.
6 *Scharping* 10.

ten sich im östlichen Mittelmeer Boote allmählich zu Schiffen.[7] Über die Jahrhunderte hinweg wurde das Produkt Schiff weiterentwickelt. Zu Napoleons und Lord Nelsons Zeiten hatten die Kriegssegelschiffe im 19. Jahrhundert ihre Hochzeit, während die Militärschiffe zu Zeiten des 1. und 2. Weltkrieges den Vorrang einnahmen. Heutzutage sind Schiffe geprägt von einer ihnen immer noch immanenten Faszination, sei sie historisch bedingt oder technischer Natur.

1. Problemstellung in der Praxis

Die Rechts- und Geschäftspraxis (wie z.B. Richter, Anwälte, Werftleitungen, Reeder, Charterer) befasst sich hauptsächlich mit Haftungs- und Kollisionsfällen sowie mit Vertragsstreitigkeiten. Die Frage, inwiefern Schiffsbauten Designschutz, also Schutz im geschmacksmuster- und/oder urheberrechtlichen Sinne, zukommen kann, bleibt weitgehend außer Betracht. Trotz dessen, dass in dieser Branche für einen Schiffbau der Entwicklung, der Planung, dem Design, der Produktion, der Herstellung und dem Bau eine herausragende Bedeutung beizumessen ist. Nach Angaben des Verbandes für Schiffbau- und Meerestechnik e.V. (VSM) geht der Trend in Deutschland zum Bau hochkomplexer Schiffe.[8]

Ob und in welchem Ausmaß der eigentliche Designschutz von Schiffen, Schiffbauwerken und Schiffbauplänen konkret besteht, scheint – wenn überhaupt besprochen, dann nur unzureichend – indes weitgehend ungeklärt. Dieser Frage kommt gravierende Bedeutung zu, die in Anbetracht der langen „Lebensdauer“, der Komplexität des Schiffbaus und dem zunehmenden Wettbewerb aufgrund der Globalisierung von Schiffen, sowie der auch in dieser Branche verbreiteten Produktpiraterie zu klären ist.

2. Ziel der Darstellung

Mit der vorliegenden Arbeit sollen die gesetzlichen Instrumentarien zum Schutz geistigen Eigentums in der Schiffbauindustrie, die für das

7 *Lavery* 21.

8 VSM I 2007, 4; danach soll beispielsweise der CGT-Anteil an Fähren, Passagierschiffen und Jachten bei den Auftragseingängen 2006 auf 44 Prozent gestiegen sein.

Design von Schiffen – also den „ästhetischen“ Aspekt – in Betracht kommen können, dargestellt und untersucht werden. Fraglich ist, inwiefern ein Schiff in seiner Gesamtheit oder in seinen einzelnen Bestandteilen konkret urheber- und/oder geschmacksmusterrechtlich geschützt werden kann.[9] Von Bedeutung ist darüber hinaus eine Absicherung mittels vertraglicher Klauseln (Geheimhaltungsvereinbarungen, vertragliche Absicherungsklauseln zur Sicherung der „Designrechte“ etc.).[10] Die Frage, wie dieser Schutz gesetzlich und vertraglich auszugestalten ist bzw. sich ausgestalten lässt, soll den Schwerpunkt dieser Untersuchung bilden.

a) Abgrenzung zum Patent- und Gebrauchsmusterrecht

Da das Gewicht der Arbeit auf die äußere Form und damit primär auf den ästhetischen Aspekt von Schiffen bzw. deren einzelne Bestandteile und Elemente gelegt wird, muss eine klare Abgrenzung zum Patent- und Gebrauchsmusterrecht erfolgen, die den technischen Schutz von Gegenständen bezwecken.[11] Das Patent- und das Gebrauchsmusterrecht bieten Erfindungen Schutz, die neu und gewerblich anwendbar sind. Patente müssen darüber hinaus auf einer erfinderischen Tätigkeit beruhen, § 1 Abs. 1 PatG,[12] während Gebrauchsmuster Erfindungen erfassen, die lediglich auf einem erfinderischen Schritt, § 1 Abs. 1 GebrMG, basieren.[13] Die Arbeit befasst sich nicht mit den technischen Errungenschaften (wie z.B. der Entwicklung eines neuen Motors oder einer strömungsresistenteren Form), an denen es der Schiffbauindustrie nicht mangelt. Es soll vielmehr der urheber- und geschmacksmusterrechtliche „Formenschutz“ herausgearbeitet werden.[14]

9 Siehe dazu näher Teil III 7.

10 Siehe dazu näher unter Teil VII.

11 Schricker/*Schricker* Einleitung UrhG Rn. 32; Eichmann/v. Falckenstein/*Eichmann* Allgemeines GeschmMG Rn. 55; Dreier/Schulze/*Dreier* Einl. UrhG Rn. 30; Wandtke/Bullinger/*Wandtke* Einl. UrhG Rn. 51.

12 *Ilzhöfer* Rn. 93.

13 *Ilzhöfer* Rn. 254.

14 Siehe zu patentrechtlichen kumulativen Schutzmöglichkeiten neben Urheber- und Geschmacksmusterrecht Teil V. 1. b), c).

b) Abgrenzung zur Luftfahrt- und Automobilindustrie

Diese Darstellung kann und soll nicht stellvertretend für andere in Betracht kommende Fahrzeugindustrien stehen. Sowohl die Luftfahrt- als auch die Automobilindustrie befassen sich mit Fahrzeugen, die in Massen bzw. seriell in einer Vielzahl hergestellt werden. Die Automobilindustrie entwickelt Modelle in der Regel nicht auf konkrete Nachfrage. Autos werden zum Teil in einer den Markt übersättigenden Art und Weise produziert und angeboten. Die Luftfahrtindustrie produziert ebenfalls überwiegend seriell. Hingegen wird – im Gegensatz zur Automobilindustrie – noch auf Nachfrage hergestellt.

Die Innovationstätigkeit findet in den meisten anderen Industriezweigen bereits vor der seriellen Herstellung statt. In der Schiffbauindustrie ist diese Arbeit wesentlicher Teil des Entwurfs- und Herstellungsprozesses.[15] Es geht in diesem Zweig um maßgeschneiderte Lösungen, nicht um serielle Produktion. Schiffe werden nach individuellen Wünschen konzipiert und variiert. Die Nachfrage nach einem bestimmten Schiffstyp, also einer seriellen Fertigung, besteht zuweilen auch in der Schiffbauindustrie, dann aber handelt es sich um Kleinstserien.[16] Das konkret zu realisierende Schiff wird in den meisten Fällen nicht identisch sein, da die Käuferwünsche bzw. -vorgaben wie etwa die Größe, die Traglast oder die finanziellen Kapazitäten das Aussehen unterschiedlich ausgestalten.

3. Gang der Darstellung

Zunächst sollen der geschichtliche Hintergrund der Schiffbauentwicklung wiedergegeben und der urheberrechtliche Werkbegriff im Allgemeinen sowie das geschmacksmusterrechtlich geschützte Muster bzw. Modell dargestellt werden. Es wird geklärt, welchen und inwiefern unterschiedlichen Schiffstypen möglicher Schutz über das Urheber- bzw. Geschmacksmusterrecht zukommen kann. Anschließend folgt eine differenzierte Betrachtung einzelner Elemente (Aufbauten, Verzierungen, Oberflächenstrukturen etc.), die – nach Wasser-

15 Vgl. LeaderSHIP 2015, 8.
16 Vgl. auch LeaderSHIP 2015, 8.

linie getrennt[17] – auf deren Schutzfähigkeit hin untersucht werden. Zudem wird auf den Schöpfer bzw. Entwerfer des Werkes bzw. Modells, die Schöpfung bzw. Gestaltung im Arbeitsverhältnis, die Urheberpersönlichkeitsrechte, die Verwertungsrechte und die Nutzungsrechtseinräumung eingegangen.

Die Schutzkonzeption von Urheber- und Geschmacksmusterrecht wird hinterfragt und das Verhältnis beider Rechtsgebiete zueinander erläutert und diskutiert, um darlegen zu können, ob, inwieweit und welche Schutzmöglichkeiten in Betracht kommen.

Den Schwerpunkt der Arbeit bildet die Untersuchung des konkreten Schutzes von Schiffsbauten nach dem Urheber- bzw. Geschmacksmusterrecht. Unter Berücksichtigung der den Schutz einschränkenden Regeln (Bauvorschriften der Klassifikationsgesellschaften, Vorschriften internationaler Abkommen u.a.) wird der momentan geltende Schutzumfang dargestellt.

Da die Konstruktion eines Schiffes mit dessen Planung beginnt, also mit dem Entwurf technischer Pläne und Zeichnungen, wird ebenso auf dessen Schutz eingegangen. Marginal wird ebenso der Schutz nach Teilgebieten des gewerblichen Rechtsschutzes behandelt, dessen tiefere Betrachtung einer weiteren Untersuchung überlassen werden muss.

Auf die neuesten Änderungen auf europarechtlicher Ebene, insbesondere die Entwicklungen der Initiative „LeaderSHIP 2015“, wird eingegangen ebenso wie auf die sich in der Praxis ergebenden Probleme; ferner ob es sinnvoll ist, auf europäischer bzw. internationaler Ebene eine Organisation einzurichten, die sich für Designschutzrechte in der Schiffbauindustrie einsetzt und deren Einhaltung überwacht.

Letztendlich ist der Arbeit eine zusätzliche Absicherung der Designschutzrechte eines Schiffsäußeren bzw. einzelner Schiffselemente in Form eines Vorschlags von vertraglichen Schutzklauseln zu entnehmen.

17 Nach Wasserlinie getrennt bedeutet eine separate Untersuchung dessen, was oberhalb des Wassers sichtbar ist und was sich im Wasser befindet.

II. Maritime/nautische und rechtstheoretische Grundbegriffe, Grundlagen

1. Geschichtlicher Hintergrund

a) Grundzüge der Schiffbauentwicklung

aa) Was ist ein Schiff?

Wie eingangs bereits erwähnt vollzog sich im östlichen Mittelmeer um ca. 2500 v. Chr. ein Wandel. Aus Booten wurden nach und nach Schiffe.[18] Grundsätzlich kann ein Schiff als Wasserfahrzeug definiert werden, das zur Beförderung von Gütern und Personen auf See und Binnenwasserstraßen auch in größerem Ausmaß und über längere Distanzen dient und dabei in der Regel nicht mehr von Menschenkraft angetrieben wird. Boote werden allgemein als offenes, halb oder ganz gedecktes kleineres Wasserfahrzeug definiert, das ebenfalls zum Transport von Gütern und Personen dient und durch Ruder, Segel oder Motor fortbewegt wird.

Mittlerweile werden in Deutschland – abgesehen von einigen Ausnahmen[19] – Boote und Schiffe danach unterschieden, ob sie unter oder über 500 BRT[20] liegen.[21] Ganz generell kann wohl behauptet werden, dass Schiffe einfach größer sind als Boote, was aber nicht an der Leistungsfähigkeit von Booten zweifeln lassen darf. Polynesische Kanus und irische Curaghs (bzw. Coracles) waren so stabil konstruiert, dass sie große Distanzen und Wasserflächen in früheren Zeiten überstehen konnten.[22] Der BGH definiert Schiffe als Fahrzeuge, die zur Fortbewegung auf oder unter dem Wasser und zur Beförderung von Personen oder Sachen bestimmt sind (z.B. auch Schwimmbagger).[23] Davon sollen kleinere Ruder- und Segelboote, Flöße, schwimmende Hotels, Wohnboote, bergungs- oder ausbesserungsunfähige Wracks ausge-

18 *Lavery* 21; siehe auch *Lloyd* 8 ff.

19 Handels- oder Binnenschiffe mit weniger als 500 BRT werden in der Regel nicht als Handels- oder Binnenboote bezeichnet.

20 BRT = Bruttoregistertonnen = der gesamte seefest abgeschlossene Schiffsraum.

21 Vgl. auch *Dudszus/Köpcke* 58.

22 Vgl. auch *Dudszus/Köpcke* 73 bzw. zu irischen Curaghs *Boell* 92 f.

23 BGHZ 76, 201.

nommen werden.[24] Ein Schiffbauwerk hingegen ist ein auf der Schiffswerft im Bau befindliches Schiff.[25]

bb) Anfänge des Schiffbaus

Das wohl erfolgreichste Volk in der Frühzeit, das sich mit dem Bau von Schiffen befasste, waren die Wikinger aus Skandinavien.[26] Sie beeinflussten ungefähr bis zum Jahr 1100 den Schiffbau im Atlantik und setzten in der damaligen Zeit mit ihren Schiffsbauten bzw. -methoden Prototypen für Schiffe der nordeuropäischen Länder.

Mittels der Entwicklung des Heckruders konnten größere und damit auch massivere Schiffe gebaut werden, welche dann im Mittelalter den Seehandel beherrschten.[27]

cc) Schiffbau im Mittelalter

Im Mittelalter orientierten sich nach *Lavery* die Schiffbauer im Mittelmeerraum, wie z.B. die Araber, zunächst weiterhin an den Schiffen der Antike wie beispielsweise den Galeeren, die noch bis in das 17. Jahrhundert genutzt wurden.[28] Neu hinzu kamen Galeassen,[29] die groß und schnell waren und zur Beförderung von Passagieren und verderblichen Waren genutzt wurden.[30] Den Schiffen der Hanse sowie den englischen und nordfranzösischen Schiffen war gemein, dass sie die Klinkerbauweise der Wikinger übernahmen und das Heckruder abänderten.[31]

Genua und Venedig hoben sich als seehandeltreibende Städte hervor.[32] Das Längsschiff stehende Lateinsegel[33] wurde im Nahen Osten

24 Palandt/*Bassenge* § 929a BGB Rn. 1.

25 § 76 Abs. 1 SchRG (Gesetz über Rechte an eingetragenen Schiffen und Schiffbauwerken); Palandt/*Bassenge* § 929a BGB Rn. 1.

26 *Lavery* 31; vgl. auch *Bunk* 8.

27 *Lavery* 31.

28 *Lavery* 31; eine *Galeere* ist ein großes, gerudertes Schiff, vgl. *Bunk* 256.

29 Galeassen waren ursprünglich sehr große Handelsgaleeren der Römerzeit, vgl. *Bunk* 256.

30 *Bunk* 37.

31 *Lavery* 48, 50; differenzierender *Lloyd* 16 sowie *Bunk* 61; ausführlicher zur Klinkerbauweise *Boell* 99 ff.

32 Vgl. *Lloyd* 18 f.; *Lavery* 31, 53.

33 Vgl. dazu auch *Dudszus/Köpcke* 17.

entwickelt, während die Chinesen im Fernen Osten Schiffe von enormen Ausmaßen konstruierten, die mit breiten Rümpfen versehen waren und deren Segel mit waagerechten Latten gestützt wurden. Diese Schiffe konnten Reisen bis nach Afrika bewältigen.

Aus dem 15. Jahrhundert stammen die ersten zeichnerischen Darstellungen von Schiffsrissen und -konstruktionen.[34]

Mit der Entdeckungszeit kam das Bedürfnis nach größeren Schiffen auf, die mehr Fracht transportierten und weitere und damit länger andauernde Reisen überstanden.[35] Die Lösung lag in der Verwendung von mehreren, aber kleineren Segeln.[36] Das Dreimastschiff, aus dem sich zu Beginn des 16. Jahrhundert mehrere unterschiedliche Formen herausgebildet hatten, wurde entwickelt, was dem Schiff mehr Gleichgewicht einräumte und es auch manövrierfähiger machte.

dd) Handelsschifffahrt

Zwischen 1650 und 1830 dehnte der Welthandel sich immer weiter aus und verhalf damit dem Handelsschiffbau zu einer enormen Entwicklung.[37] Die Schiffbauer verbesserten ihre Fähigkeiten und Kenntnisse über Eigenschaften und Funktionsweisen unterschiedlicher Schiffstypen. Ab dem 17. Jahrhundert stützten sich Schiffbauer beim Entwurf eines Schiffes nicht mehr nur auf ihre Erfahrung, sondern verbanden ihr Wissen mit angewandter Geometrie zur so genannten Schiffbautechnik.[38]

Im 17. Jahrhundert nahmen Schiffe etwa dreißig Prozent an Größe zu. Dafür wurde der Rumpf im Verhältnis zur Länge niedriger, was die Seetüchtigkeit bei ungünstigem Wind verbesserte. In Nordamerika wurde beim Schiffbau unter anderem Wert auf die Ästhetik gelegt, während die unzähligen Schiffe der Russen hingegen schlecht konstruiert und bemannt waren. England und Frankreich standen weiterhin im Konstruktionswettbewerb.

34 *Dudszus/Köpcke* 11; vgl. auch *Pérez-Mallaína* 128f.

35 *Lloyd* 20; *Soto* 117.

36 *Lavery* 69; zur Verwendung mehrerer Segel anhand Entwicklungszeichnungen einer Galeone bei *Lloyd* 21.

37 *Lavery* 112.

38 *Lavery* 126.

Von 1650 bis zum Aufkommen des Dampfantriebs um 1830 erlebte die Handelsschifffahrt trotz der Unterbrechung durch zahlreiche Kriege[39] eine gewaltige Ausweitung. Zwischen 1650 und 1830 war der Schiffbau kaum spezialisiert. Die Schiffe unterschieden sich zwar durch ihre Größe oder ihre Ladekapazität (wie beispielsweise die Ostindienschiffe oder Kohlebriggs), aber nicht durch bestimmte Gestaltungsmerkmale.[40] Eine größere Variationsbreite gab es hingegen bei den kleinen Küstenschiffen in Europa.[41]

Im 19. Jahrhundert kam dann die Entwicklung der Dampfkraft auch der Schifffahrt zugute. Erste Dampfschiffe wurden konstruiert.[42] Es wurde damit begonnen, Schiffe aus Eisen und Stahl herzustellen, während Küsten-, Fischer- und Binnenschiffe weiterhin aus Holz gebaut wurden.[43]

ee) Schiffbauwachstum

Durch die fortschreitende Entwicklung des Schiffbaus unter Verwendung neuer Materialien und neuer Techniken mussten die Werftbetreiber ihre Betriebe daraufhin ausrichten. Es bedurfte größerer Werften, um dem zunehmenden Transportbedarf von Passagieren und Waren durch Weiterentwicklung der maschinengetriebenen Schifffahrt gerecht zu werden.[44] Um 1890 hatte sich Großbritannien an die Spitze der Schiffbaunationen manövriert.[45] Die Vereinigten Staaten fingen nur ca. fünf Jahre später an, ihre Tonnage rasch auszubauen. In Deutschland setzte zeitgleich das Wachstum ein, so wurden beispielsweise 1913 Schiffe mit einer Gesamttragfähigkeit von 465 000 Tonnen gebaut.[46] Geografisch betrachtet zog diese Entwicklung in Großbritannien den Niedergang von traditionellen Werftstandorten (z.B. an der Themse) nach sich. An den nordenglischen Flüssen wie

39 Vgl. dazu *Lloyd* 28, 34ff., 58ff.
40 *Llovera* 169f.; *Lavery* 154.
41 *Lavery* 154.
42 Zur Entwicklung des Dampfschiffs näher *Bunk* 150ff., 190f.; *Llovera* 164ff.; *Lloyd* 68.
43 *Lavery* 188.
44 *Llovera* 170, 182.
45 Vgl. dazu auch *Lloyd* 70, 87.
46 *Lavery* 188.

Tyne, Tees und Mersey und am Clyde in Schottland konnten dagegen renommierte Eisen- und Stahlwerften entstehen.[47]

In Deutschland mussten die Werftinhaber sich auf eine Expandierung einstellen, um die Kriegsmarine und die stetig anwachsende Handelsflotte beliefern zu können.[48] 2 564 Personen wurden im Jahre 1899 bei der Krupps Germania-Werft in Kiel beschäftigt. 1890 waren es lediglich 1 409.[49]

ff) Technologisches Zeitalter

Heutzutage werden Schiffe mittels modernster Technologien entwickelt und gebaut. Der Einsatz von Computern ist Standard. Es geht in der Handelsschifffahrt darum, mit Effektivität geeignete Schiffe für die zu befördernde Fracht einzusetzen.[50] Die Häfen passen sich dem Trend der stets größer werdenden Schiffe an (vgl. die beabsichtigte Ausweitung des Hamburger Hafens und die Vertiefung der Elbe, um größeren Schiffen gerecht werden zu können). Die stetigen Neuerungen in der Schifffahrtsindustrie bringen durch Einsatz von Plasma-Schneideanlagen, Lasern und Schweißrobotern[51] neue Entwicklungen mit sich. Es sind bereits Containerschiffe von 14 000 TEU[52] auf den Weltmeeren unterwegs. Die Verwendung von und das stetig fortlaufende Experimentieren der Schiffbauingenieure mit neuen Materialien und Methoden können zukünftig wiederum zu neuen Konstruktionsformen führen.

b) Urheber-/geschmacksmusterrechtliche Hintergründe

aa) Entwicklung des Urheberrechts

Die „Idee“, das Urheberrecht vom Sachrecht zu trennen, bildete sich schon früh mit der Entwicklung des Gutenbergschen Buchdrucks im Jahr 1455 heraus. Die Anfänge, ein Urheberrecht zu kodifizieren, ge-

47 *Lavery* 188.
48 Vgl. auch *Lloyd* 92.
49 *Lavery* 189.
50 Vgl. zur Entwicklung *Lloyd* 128; *Llovera* 172.
51 *HANSA* 53.
52 TEU = Twenty Foot Equivalent Unit, also 1 TEU = ein 20’ (zwanzig Fuß) Container (kleinste Containereinheit).

hen auf das 18. Jahrhundert zurück.[53] Dem „Gesetz vom 9. Januar 1876 betr. das Urheberrecht an Werken der bildenden Künste“ und dem „Gesetz vom 10. Januar 1876 betr. das Urheberrecht an Werken der Photographie“ kann die erste auf das Urheberrecht bezogene gesamtdeutsche Regelung entnommen werden.[54] Es fehlte zu dieser Zeit ein Schutz von Werken der Baukunst und von künstlerischen Industrieprodukten. Der Schutz von Schriftwerken und solchen Vorträgen oder Reden, die dem Zwecke der Erbauung, Belehrung oder Unterhaltung dienten, und Werke der Tonkunst und Urheber solcher Abbildungen wissenschaftlicher und technischer Art, die nicht ihrem eigentlichen Zwecke nach Kunstwerke waren, § 1 LUG, wurden über das Gesetz betreffend das „Urheberrecht an Werken der Literatur und der Tonkunst vom 19. Juni 1901 (LUG)“ geschützt. Erst durch das Gesetz betr. die „Werke der bildenden Kunst und Photographie vom 9. Januar 1907 (KUG)“[55] wurde Werken der bildenden Künste und Werken der Baukunst urheberrechtlicher Schutz gewährt.[56] Durch die Revidierte Berner Übereinkunft (RBÜ)[57] erfolgten 1910 weitere Anpassungen.[58] Durch das Gesetz zur Verlängerung der Schutzfristen im Urheberrecht vom 13. Dezember 1934[59] wurde eine Verlängerung der Schutzfristen von 30 auf 50 Jahre eingeführt.

Das heutige Urheberrecht basiert auf dem Gesetz vom 9. September 1965[60] und auf dem Schutz der schöpferischen Gestaltung einer natürlichen Person.[61] Durch internationale Vertragsschlüsse (beispielsweise WUA, TRIPS, WCT) und das ständige Bestreben um Harmo-

53 Schricker/*Vogel* Einleitung UrhG Rn. 62; vgl. auch *Binder/Kosterhon* Rn. 6.

54 Vorläufer gab es bereits im Allgemeinen Preußischen Landrecht (1784) zur Autor-Verlegerbezeichnung; im Badischen Landrecht (1809) erstmals zum heutigen Urheberrechtsgesetz und im Preußischen Gesetz zum Schutz des Eigenthums an Werken der Wissenschaft und Kunst gegen Nachdruck und Nachbildung vom 11. Juni 1837; vgl. näher Dreier/Schulze/*Dreier* Einl. UrhG Rn. 55.

55 Die Regeln über den Bildnisschutz sind bis heute noch in Kraft, vgl. §§ 22 ff. KUG.

56 Thode/Wirth/Kuffer/*Knipp* 889; Binder/*Kosterhon* Rn. 9.

57 Berner Übereinkunft zum Schutze von Werken der Literatur und Kunst vom 5. Dezember 1887; seit der Revision im Jahr 1908 in Berlin wird sie Revidierte Berner Übereinkunft genannt.

58 Schricker/*Vogel* Einleitung UrhG Rn. 77.

59 RGBl. II, S. 1395.

60 BGBl. I, S. 1273.

61 *Binder/Kosterhon* Rn. 1.

nisierung und Rechtsangleichung innerhalb der Europäischen Union ist das deutsche Urheberrecht angepasst worden und erfährt laufend Erweiterungen bzw. Änderungen.[62] Die letzte Änderung des Urheberrechtsgesetzes erfolgte mit dem Zweiten Gesetz zur Regelung des Urheberrechts in der Informationsgesellschaft vom 26. Oktober 2007 (so genannter Zweiter Korb), das am 1. Januar 2008 in Kraft getreten ist.[63] Weitere Anpassungen des Urheberrechts sind bereits für einen so genannten Dritten Korb geplant. Ein in der Wissenschaft diskutiertes Gesetzbuch über das geistige Eigentum, das das Urheberrecht umfassen soll, steht zur Debatte.[64]

bb) Entwicklung des Geschmacksmuster- und Gemeinschaftsgeschmacksmusterrechts

Das Gesetz betreffend das Urheberrecht an Mustern und Modellen, auf dem das heutige Geschmacksmusterrecht basiert, trat am 11. Januar 1876 in Kraft.[65] Dieses wurde durch Gesetz vom 18. Dezember 1896 durch verfahrensrechtliche Änderungen zum Teil und durch Gesetz vom 7. März 1990 zur Stärkung des Schutzes geistigen Eigentums und zur Bekämpfung der Produktpiraterie nochmals reformiert. Die wesentlichen gesetzlichen Regelungen des am 11. Januar 1876 in Kraft getretenen Gesetzes blieben unverändert.

Das aktuelle Geschmacksmusterrecht wurde durch Gesetz vom 12. März 2004[66] basierend auf der Richtlinie 98/71/EG vom 13. Oktober 1998[67] über den rechtlichen Schutz von Mustern und Modellen völlig neu gestaltet.[68] Grundlage für die Richtlinie war das Grünbuch,

62 Vgl. auch zu den letzten Änderungen Dreier/Schulze/*Dreier* Einl. UrhG Rn. 56 ff.; Schricker/*Vogel* Einleitung UrhG Rn. 80 ff.; Wandtke/Bullinger/*Wandtke* Einl. UrhG Rn. 21 ff.; *Binder/Kosterhon* Rn. 16.

63 BGBl. I, S. 2513.

64 *Ahrens* GRUR 2006, 617, 623.

65 RGBl. 1876, S. 11.

66 Vgl. zum Zustandekommen des Gesetzes auch Eichmann/v. Falckenstein/*Eichmann* Allgemeines GeschmMG Rn. 7.

67 Richtlinie 98/71/EG des Europäischen Parlaments und des Rates vom 13. Oktober 1998 über den rechtlichen Schutz von Mustern und Modellen, ABl. EG L 289/98 vom 24. September 1998, abgedruckt in GRUR Int. 1998, 959 ff.

68 Zum unterschiedlichen Formenschutz von Industriedesign vor Umsetzung der Geschmacksmusterrichtlinie 98/71/EG *Levin* GRUR Int. 1985, 713 ff.

das die Kommission im Juni 1991 auf Grundlage eines MPI-Entwurfs[69] vom August 1990 über den rechtlichen Schutz gewerblicher Muster und Modelle mit Vorentwürfen für Vorschläge für eine Richtlinie zur Angleichung der Rechtsvorschriften der Mitgliedstaaten über den Rechtsschutz von Geschmacksmustern und für eine Verordnung zum Schutz von Gemeinschaftsgeschmacksmustern zur Diskussion gestellt hat.[70]

Das Gesetz über den rechtlichen Schutz von Mustern und Modellen (das aktuelle Geschmacksmusterrecht) trat am 1. Juni 2004 in Kraft.

Auf europäischer Ebene wird Geschmacksmusterschutz durch die Gemeinschaftsgeschmacksmusterverordnung (GGV) für ein so genanntes eingetragenes Gemeinschaftsgeschmacksmuster und ein so genanntes nicht eingetragenes Gemeinschaftsgeschmacksmuster gewährt.[71] Der neue Begriff des Gemeinschaftsgeschmacksmusters sollte mit einem ersten Entwurf 1993 in die Rechtsterminologie eingeführt werden. Zwischenzeitlich wurde die Geschmacksmusterrichtlinie 98/71/EG verabschiedet. Ein geänderter Vorschlag wurde sodann als Gemeinschaftsgeschmacksmusterverordnung am 21. Juni 1999 von der Kommission vorgelegt, der nach zwei Überarbeitungen verabschiedet wurde, am 5. Januar 2002 veröffentlicht wurde und am 6. März 2002 in Kraft trat.[72] Ebenso wie das nationale Geschmacksmuster bezweckt das Gemeinschaftsgeschmacksmuster den Schutz von Erscheinungsformen, wobei es nicht auf einen bestimmten Gebrauchszweck oder ein konkretes Erzeugnis ankommt.[73]

69 *Beier/Haertel/Kur/Levin* GRUR Int. 1990, 566 ff. in: *Ritscher* GRUR Int. 1990, 559 ff.; *Beier* GRUR Int. 1994, 716 ff.; *Beier* GRUR Int. 1990, 675, 683.

70 Vgl. auch die Stellungnahme zum Grünbuch über den rechtlichen Schutz gewerblicher Muster und Modelle GRUR 1992, 494 ff.

71 Verordnung (EG) Nr. 6/2002 des Rates vom 12. Dezember 2001 über das Gemeinschaftsgeschmacksmuster (GGV), ABl. EG Nr. L 3 vom 5. Januar 2002, S. 1 ff.; vgl. auch *Schlötelburg* GRUR 2005, 123, 124; GRUR Int. 2002, 221 ff.; *Ohly* ZEuP 2004, 296, 299; vgl. näher zur Entwicklung der Gemeinschaftsgeschmacksmusterverordnung Eichmann/v. Falckenstein/*Eichmann* Allgemeines Rn. 6.

72 Verordnung (EG) Nr. 6/2002 des Rates über das Gemeinschaftsgeschmacksmuster vom 12. Dezember 2001 (GGV), ABl. EG Nr. L 3 vom 5. Januar 2002, S. 1 ff.

73 *Kur* GRUR 2002, 661; *Schlötelburg* GRUR 2005, 123, 124.

2. Gesetzliche Schutzvorschriften nach dem UrhG

Ob Schiffsbauten urheberrechtlich geschützt werden können bzw. ob ein Schiff überhaupt als urheberrechtliches Werk qualifiziert werden kann, hängt davon ab, ob die urheberrechtlich an ein Werk zu stellenden Kriterien erfüllt sind.

a) Der Werkbegriff des UrhG

Schutz nach dem Urheberrechtsgesetz setzt das Bestehen eines Werkes voraus. In § 2 Abs. 1 UrhG sind beispielhaft und nicht abschließend (Wortlaut „insbesondere") sieben Werkarten aufgelistet, unter anderem in Nr. 4 z.B. Werke der bildenden Künste, Werke der Baukunst, Werke der angewandten Kunst und Entwürfe solcher Werke.

Das Urheberrechtsgesetz definiert Werke als persönliche geistige Schöpfungen, § 2 Abs. 2 UrhG. Verstanden werden darf diese Formulierung aber nicht dahingehend, dass das Werk allein geistige Zwecke verfolgen muss. Es schadet dem Entstehen eines Urheberrechtes nicht, wenn das Werk auch – oder insbesondere – anderen Zwecken dient, wie etwa dem praktischen oder gewerblichen Gebrauch, wovon bei Schiffen grundsätzlich auszugehen ist. Der Urheberrechtsschutz selbst ist zweckneutral, wird also unabhängig davon gewährt, welchem Zweck eine persönliche geistige Schöpfung dient. Obwohl Schiffe in der Regel zum Zwecke der Fortbewegung zu Wasser gebaut werden und damit einem praktischen Gebrauch dienen, sind Schiffe damit durch dieses Kriterium generell vom urheberrechtlichen Schutz nicht ausgenommen.

Urheber ist, wer Schöpfer des Werkes ist.[74] Dieser muss das Werk durch eigene persönliche geistige Leistung im Sinne von § 2 Abs. 2 UrhG erschaffen haben (so genanntes Schöpferprinzip, § 7 UrhG).[75] Damit kann nur eine natürliche Person Urheber sein, deren individueller menschlicher Geist für eine Werkschöpfung erforderlich ist. Juristische Personen und Personengesellschaften können folglich nicht

74 Welche Konsequenzen sich daraus für Werften bzw. Reeder ergeben, wird näher unter dem Teil „rechtliche Stellung des Schiffbauingenieurs" besprochen – siehe Teil II. 6.

75 Wandtke/Bullinger/*Thum* § 7 UrhG Rn. 1.

Urheber sein, sondern nur Inhaber abgeleiteter Nutzungsrechte, die ihnen vom eigentlichen Urheber eingeräumt werden.[76]

Das Urheberrecht entsteht kraft Gesetzes mit der fortlaufenden Gestaltung, gewissermaßen schrittweise bis zur Vollendung des Werkes. Einer Eintragung oder Registrierung bedarf es nicht. Die Schutzfrist endet 70 Jahre nach dem Tod des Urhebers.

Im Einzelnen müssen folgende Voraussetzungen vorliegen, damit urheberrechtlicher Werkschutz gewährt werden kann:

aa) Persönliche Schöpfung

Eine persönliche, geistige Schöpfung setzt zunächst voraus, dass das Werk auf einer menschlich-gestalterischen Tätigkeit des Urhebers als natürlicher Person beruht.[77] Dies bedeutet, dass sich eine persönliche, geistige Schöpfung beispielsweise nicht auf eine Werft als juristische Person zurückführen lässt. Es muss auf den einzelnen kreativ tätigen Menschen abgestellt werden, der z.B. in der Werft mit der Gestaltung von Schiffen beauftragt ist. Eine schöpferische Leistung kann auch durch Einsatz von Hilfsmitteln erstellt werden. Beispielsweise kann eine Maschine bei der Erzeugung des Werkes eingesetzt werden.[78] Ist dies der Fall, so ist, um eine urheberrechtlich geschützte Leistung bejahen zu können, auf das schöpferische Tätigwerden des Menschen abzustellen. Der Urheber kann dabei auch Zufallsmomente oder von ihm nicht kontrollierte Eingriffe einer Maschine in den Schaffensprozess mit einbeziehen,[79] solange noch eine schöpferische Leistung des Urhebers selbst vorliegt. Die Nutzung verschiedener Apparate oder Programme zur Gestaltung des Werkes kann für sich

[76] OLG Koblenz UFITA 70 (1974) 331, 334 – Liebeshändel in Chioggia; LG Berlin GRUR 1990, 270 – Satellitenfoto; BGH GRUR 1991, 523, 525 – Grabungsmaterialien; Wandtke/Bullinger/*Thum* § 7 UrhG Rn. 1.

[77] Keine persönliche Schöpfung liegt beispielsweise bei Leistungen von Tieren vor, vgl. Wandtke/Bullinger/*Bullinger* § 2 UrhG Rn. 15; Schricker/*Loewen heim* § 2 UrhG Rn. 11, 15; Fromm/Nordemann/*A. Nordemann* § 2 UrhG Rn. 21; *Schack* Rn. 156.

[78] Wandtke/Bullinger/*Bullinger* § 2 UrhG Rn. 16; Schricker/*Loewenheim* § 2 UrhG Rn. 13; Fromm/Nordemann/*A. Nordemann* § 2 UrhG Rn. 21; *Schack* Rn. 156.

[79] Schricker/*Loewenheim* § 2 UrhG Rn. 14; Wandtke/Bullinger/*Bullinger* § 2 UrhG Rn. 17; Dreier/Schulze/*Schulze* § 2 UrhG Rn. 8; Möhring/Nicolini/*Ahlberg* § 2 UrhG Rn. 51.

genommen bereits gestalterisch sein.[80] Die Schöpfung ist dabei als Realakt einzustufen.[81] Dass heutzutage der Entwurf von Schiffen in der Regel am Computer hergestellt wird, stellt also keinen den Schutz ausschließenden Umstand dar, da der eigentliche schöpferische Schaffensakt vom Menschen aus gesteuert wird und nicht einem Computerprogramm überlassen bleibt.

bb) Geistiger Inhalt

Charakteristisch für ein Werk der geistigen Schöpfung ist der ihm innewohnende eigene geistige Inhalt. Bei den Werken der angewandten Kunst beispielsweise geht es um den ästhetischen Gehalt, der den durch das Auge vermittelten ästhetischen Formsinn anzuregen bestimmt und geeignet sein muss. Es kommt nicht auf den schöpferischen Gehalt des Inhalts oder auf den ästhetischen Gehalt der Darstellung an.[82] Der Gegenstand muss auch nicht neu und eigenartig sein.[83] Maßgeblich ist insofern allein das Vorliegen einer geistigen Leistung,[84] die auf einer eigenpersönlichen Schöpfung beruht. Daraus lässt sich schließen, dass die Nachbildung grundsätzlich keine geistige Leistung eigenpersönlicher Schöpfungskraft sein kann.[85] Der Gestaltung eines Schiffes muss demnach nicht ein tiefer gehender schöpferischer Gedanke zugrunde liegen, sondern es bedarf lediglich eines geistigen Gehalts in dem Sinne, dass der dadurch dem Betrachter vermittelte Formsinn angeregt wird. Das Schiff darf somit nicht lediglich einem anderen nachgebildet werden, sondern es bedarf hier einer eigenen ästhetischen gestalterischen Überlegung, die in der Konstruktion des Schiffes umgesetzt werden muss.

cc) Wahrnehmbare Formgestaltung

In einer sinnlich wahrnehmbaren Formgestaltung muss der Gegenstand der geistigen, gestalterischen Überlegung realisiert worden

80 Wandtke/Bullinger/*Bullinger* § 2 UrhG Rn. 17.

81 Wandtke/Bullinger/*Bullinger* § 2 UrhG Rn. 18; *Schack* Kunst und Recht Rn. 229, 237.

82 Dreier/Schulze/*Schulze* § 2 UrhG Rn. 12; Schricker/*Loewenheim* § 2 UrhG Rn. 18; *Erdmann* FS v. Gamm 389, 399.

83 Im Gegensatz zum Geschmacksmusterrecht; ob daran festzuhalten ist, wird näher unter Teil II. 2. a) gg) geprüft.

84 BGH GRUR 79, 464f. – Flughafenpläne.

85 Wandtke/Bullinger/*Bullinger* § 2 UrhG Rn. 22.

sein.[86] Er darf also nicht nur im Geiste des Schöpfers bestehen, da die persönliche geistige Schöpfung in der Darstellung selbst liegt[87] und eine Form angenommen haben muss, in der sie durch menschliche Sinne wahrgenommen werden kann. Anweisungen, die außerhalb des Gegenstandes selbst liegen, bleiben bei der Beurteilung der urheberrechtlichen Schutzfähigkeit außer Betracht.[88] Abstrakten Ideen kann kein urheberrechtlicher Schutz zukommen.[89] Schutz kann nur für bestimmte einzelne, durch ihren Gedankeninhalt bestehende Werke gewährt werden.[90] Die Idee, ein Schiff in einer besonderen Form beispielsweise zu gestalten bzw. zu konstruieren, muss umgesetzt werden, damit Schutz entstehen kann. Das Schiff oder das zu kreierende Teil eines Schiffes muss für einen Dritten wahrnehmbar sein.

dd) Individualität des Werkes

Eine persönliche Schöpfung im Sinne des § 2 Abs. 2 UrhG kann nur vorliegen, wenn ein Mensch eine individuelle geistige Leistung erbracht hat. Das Endprodukt, also die persönliche Schöpfung, ist Resultat des künstlerischen Schaffensprozesses, dem ein geistiger Gehalt innewohnt.[91] Dadurch ist es abgrenzbar etwa zum rein handwerksmäßigen Erzeugnis, dem es an Individualität und Eigenartigkeit mangelt.[92] Auf die individuelle Schöpfung wird in § 2 Abs. 2 UrhG abgestellt. Die schöpferische Leistung muss nicht gänzlich neu sein.[93] Das Merkmal Individualität bedeutet, dass ein Werk sich von

86 BGH GRUR 1985, 1041, 1046 – Inkasso-Programm; Wandtke/Bullinger/*Bullinger* § 2 UrhG Rn. 19; Dreier/Schulze/*Schulze* § 2 UrhG Rn. 13; Dreyer/Kotthoff/Meckel/*Dreyer* § 2 UrhG Rn. 33; *Schack* Rn. 159; *Rehbinder* Rn. 116; *Zentek* 23; *Erdmann* FS v. Gamm 389, 389 f.

87 BGH GRUR 79, 464 f. – Flughafenpläne.

88 BGH GRUR 59, 251 f. – Einheitsfahrschein.

89 *Zentek* 23.

90 BGHZ 18, 175, 178 – Schutz einer Werbeidee.

91 BGH GRUR 1994, 206 – Alcolix; BGH GRUR 1987, 704 – Warenzeichenlexika; BGHZ 9, 262, 268 – Lied der Wildbahn I; Schricker/*Loewenheim* § 2 UrhG Rn. 18, 23; Dreier/Schulze/*Dreier* § 2 UrhG Rn. 20; Wandtke/Bullinger/*Bullinger* § 2 UrhG Rn. 21.

92 BGH GRUR 1995, 673, 675 – Mauerbilder; Wandtke/Bullinger/*Bullinger* § 2 UrhG Rn. 21; Schricker/*Loewenheim* § 2 UrhG Rn. 26; *Schack* Kunst und Recht Rn. 225.

93 BGH GRUR 1982, 305, 307 – Büromöbelprogramm; BGH GRUR 1979, 332, 336 – Brombeerleuchte; BGH GRUR 1985, 1041, 1047 – Inkassopro-

anderen, vorausgegangenen Werken durch seine Formgestaltung unterscheiden muss.[94] Urheberrechtsschutz kann also nicht für einen bestimmten Stil, Methoden, Technik, Motive[95] oder Produktideen bestehen.[96]

Das Kriterium der Individualität des Werkes und das der Gestaltungshöhe werden für den Gestalter von Schiffen die größte Hürde sein, um urheberrechtlichen Schutz erlangen zu können. Insbesondere in Bereichen, in denen es bei der Gestaltung von Schiffen auf das äußere Erscheinungsbild weniger ankommt, wird diese Voraussetzung ausschlaggebend für das Scheitern der urheberrechtlichen Schutzfähigkeit sein, da es an der Individualität mangeln wird. Gerade bei Container-, Massengutschiffen und anderen zum Transport von Waren dienenden Schiffen wird es auf deren Zweckmäßigkeit ankommen und weniger auf deren ästhetische äußere Ausgestaltung. Bei Passagier- und Fahrgastschiffen kommt es hingegen eher auf die Individualität der äußeren Schiffsgestaltung an, da das Schiff auf den Passagier bzw. Fahrgast ansprechend wirken soll.

ee) Gestaltungshöhe

Auf den Grad der Individualität bezieht sich das Merkmal der Gestaltungshöhe. Da das Merkmal der Individualität zunächst nicht mehr besagt, als dass ein Produkt überhaupt Individualität aufweist, bedarf es des weiteren Kriteriums der Gestaltungshöhe, um einen bestimmten Mindestgrad an Individualität als Voraussetzung für den Urheberrechtsschutz festzulegen. Die Rechtsprechung ermittelt den Grad der Individualität durch einen Vergleich des Gesamteindrucks des Originals mit seinen prägenden Gestaltungsmerkmalen mit der Gesamtheit der vorbekannten Gestaltungen.[97] Auf die Gestaltung von Schiffen bezogen ist folglich zu prüfen, ob das für den urheberrechtlichen

gramm; Schricker/*Loewenheim* § 2 UrhG Rn. 41; Fromm/Nordemann/*A. Nordemann* § 2 UrhG Rn. 27; Wandtke/Bullinger/*Bullinger* § 2 UrhG Rn. 22; Dreier/Schulze/*Schulze* § 2 UrhG Rn. 17.

94 *Wegner/Wallenfels/Kaboth* 1. Kap. Rn. 16.

95 BGH GRUR 58, 500f. – Mecki-Igel I.

96 Wandtke/Bullinger/*Bullinger* § 2 UrhG Rn. 40; Schricker/*Loewenheim* § 2 UrhG Rn. 48, 50; Möhring/Nicolini/*Ahlberg* § 2 UrhG Rn. 46; Dreier/Schulze/*Schulze* § 2 UrhG Rn. 45, 37; *Zentek* 28.

97 BGH GRUR 2004, 855ff. – Hundefigur.

Schutz in Betracht zu ziehende Schiff oder Schiffselement sich im Vergleich zu der Gesamtheit der vorbekannten Gestaltungen abhebt, bzw. ob es derart prägende Gestaltungsmerkmale aufweist, dass es in seiner Gesamtbetrachtung als schutzfähig anzuerkennen ist.

Aufgrund der weit reichenden Befugnisse des Urhebers und der langen Schutzdauer sind die Anforderungen an das Maß der Gestaltungshöhe nicht zu niedrig anzusetzen.[98] Einfache Alltagserzeugnisse sollen mittels des Kriteriums der Gestaltungshöhe ausgeschlossen werden, da die Schöpfungsqualität sich aus der Masse des Alltäglichen herausheben muss.[99] Ein beispielsweise simpel gestaltetes Boot aus Holz mit Heck, Kiel, Rumpf und keinerlei Aufbauten wird demnach keinen urheberrechtlichen Schutz genießen können.

Im Einzelnen sind die Anforderungen an das Merkmal der Gestaltungshöhe umstritten.[100] Das urheberrechtlich zu schützende Werk muss einerseits eine erhebliche Prägung aufweisen,[101] andererseits dürfen nicht nur herausragende Werke einer bestimmten Werkart vom urheberrechtlichen Schutz erfasst sein. Denn durch das Urheberrecht soll auch ein durchschnittliches Werk geschützt werden, das noch den nötigen Grad an Individualität erbringt.[102] Damit geht einher, dass der Grad der Gestaltungshöhe für die unterschiedlichen Werkarten nicht per se gleich sein kann. Denn auch konkrete Gestaltungsspielräume ebenso wie das Freihaltebedürfnis, im Interesse der Allgemeinheit gewisse Formen vom urheberrechtlichen Schutz zur Vermeidung ungewollter Monopolisierung auszuschließen, spielen eine Rolle bei der Ermittlung der Anforderungen an die Gestaltungshöhe einer jeweiligen Werkart.[103] Ob diese Aussage insbesondere in Bezug auf Werke der angewandten Kunst aufrechtzuerhalten ist, wird noch ausführlich im weiteren Verlauf der Arbeit diskutiert.[104]

98 *Wegner/Wallenfels/Kaboth* 1. Kap. Rn. 15.

99 BGH GRUR 1983, 377, 378 – Brombeermuster; OLG Hamburg ZUM 2004, 386 – Handy-Logos I; Möhring/Nicolini/*Ahlberg* § 2 UrhG Rn. 77; Wandtke/Bullinger/*Bullinger* § 2 UrhG Rn. 23.

100 Schricker/*Loewenheim* § 2 UrhG Rn. 31; Dreier/Schulze/*Schulze* § 2 UrhG Rn. 24 ff.; Wandtke/Bullinger/*Bullinger* § 2 UrhG Rn. 24.

101 BGH GRUR 2004, 855 ff. – Hundefigur.

102 BGH ZUM 1995, 790 – Silberdistel.

103 BVerfG ZUM 2005, 387; BGHZ 138, 143, 147 – Les-Paul-Gitarren.

104 Siehe dazu näher Teil III. 5.

ff) Nicht maßgebliche Eigenschaften für die urheberrechtliche Schutzfähigkeit

Da Schiffe in der Regel nicht seriell hergestellt, sondern individuell konstruiert werden, ist ein enormer Zeitaufwand für deren eigentlichen Bau zu veranschlagen. Herstellungsaufwand[105] bzw. -kosten und der Umfang des Werkes[106], also Parameter, die beim Schiffbau mitunter beträchtlich ausfallen können, sind allerdings nicht maßgeblich für die Ermittlung der urheberrechtlichen Schutzfähigkeit.[107]

Schiffe werden in der Regel zur Fortbewegung, zum Transport von Gütern oder Menschen bzw. zu deren Rettung oder zur Forschung im Wasser genutzt. Ebenso ist der Gebrauchs- oder Gestaltungszweck eines Werkes,[108] der einem Schiff zumeist obliegt, nicht relevant für dessen Schutzfähigkeit. Ohne Auswirkung auf die Feststellung der urheberrechtlichen Schutzfähigkeit ist die Frage, ob rechtsverletzende oder rechtswidrige Inhalte dem Werk innewohnen.[109] Wird beispielsweise ein Schiff zum Walfang konstruiert und in Schutzzonen für Wale genutzt, schließt diese Tatsache einen Urheberrechtsschutz nicht aus.

gg) Urheberrechtliche Schutzkonzeption ausreichend?

Die bereits genannten Voraussetzungen müssen vorliegen, damit ein Werk über Ausfüllung des unbestimmten Rechtsbegriffs „urheberrechtliches Werk" Schutz erlangt, indem er auf den Einzelfall in tatsächlicher oder rechtlicher Hinsicht konkretisiert wird.[110] Indes ungeklärt scheint, ob diese Voraussetzungen nicht zu unbestimmt gefasst sind. Einerseits müssen Gesetzestexte abstrakt gehalten sein, um eine Vielzahl von Sachverhalten erfassen zu können. Andererseits könnte der Begriff der persönlichen geistigen Schöpfung, zur Kon-

105 OLG Hamburg ZUM 2004, 386 – Handy-Logos I; Wandtke/Bullinger/*Bullinger* § 2 UrhG Rn. 26; Schricker/*Loewenheim* § 2 UrhG Rn. 46; Dreier/Schulze/*Schulze* § 2 UrhG Rn. 53.
106 Wandtke/Bullinger/*Bullinger* § 2 UrhG Rn. 27.
107 BGH GRUR 80, 227, 231 – Monumenta Germaniae Historica.
108 RGZ 21, 357, 358 – Rechentabelle; BGHZ 27, 351, 354 – Candida-Schrift; BGH GRUR 1959, 51 – Einheitsfahrschein; BGH GRUR 1959, 289, 290 – Rosenthal-Vase; BGH GRUR 1987, 85, 87 – Pfiffikusdose; BGH GRUR 1961, 35, 36, 38 – Stahlrohrstuhl I; BGH GRUR 1987, 903, 904 – Le-Corbusier-Möbel.
109 Wandtke/Bullinger/*Bullinger* § 2 UrhG Rn. 31.
110 Fromm/Nordemann/*A. Nordemann* § 2 UrhG Rn. 12.

kretisierung ausgefüllt um die vier Voraussetzungen, zu ungenau bestimmt sein. Im Einzelfall verbleibt die Entscheidung, ob ein Werk urheberrechtlichen Schutz verdient oder nicht, bei dem berufenen Rechtsanwender, auf dessen Betrachtungsweise und Einschätzung es ankommt. Damit soll die Entscheidungskompetenz des im Einzelfall mit der Beurteilung betrauten Richters nicht angezweifelt werden. Bedenklich erscheint dabei die nicht ausreichend absehbare Schutzfähigkeit eines Werkes bzw. die Bestimmung, ob es sich bei der konkreten Gestaltung des Schiffes um ein Werk handelt oder nicht. Die Rechtssicherheit eines Schöpfers ist nicht gegeben, da die Handhabung seiner Gestaltung, wegen der wenigen greifbaren Voraussetzungen, nur annähernd vermutet werden kann.

Nicht nur zur Ergründung des Designschutzes in der Schiffbauindustrie, bedarf es womöglich einer grundlegenden Revision der bisherigen Definition des urheberrechtlichen Werkbegriffs bzw. könnte es einer diesen weiteren eingrenzenden Voraussetzung bedürfen, damit der Begriff „urheberrechtlich geschütztes Werk" bestimmter bzw. zumindest bestimmbarer wird.

(1) Bisherige Voraussetzungen

Damit ein Werk urheberrechtlichen Schutz erlangt, muss eine persönliche geistige Schöpfung im Sinne des § 2 Abs. 2 UrhG vorliegen. Es wurden hierzu vier Voraussetzungen entwickelt, die diesen Begriff ausfüllen sollen: Die persönliche Schöpfung, der geistige Inhalt, die wahrnehmbare Formgestaltung und die Individualität des Werkes.[111] Bei Vorliegen dieser Voraussetzungen soll urheberrechtlicher Werkschutz entstehen. Problematisch erscheint deren Handhabung und Auslegung. Selbst unter Zugrundelegung dieser Voraussetzungen bleibt unklar, was im Einzelfall individuell ist oder ob der konkreten Gestaltung ein geistiger Inhalt zugrunde liegt.

(2) Neue Maßstäbe/Voraussetzungen

Eine Konkretisierung mittels einer neu einzufügenden Voraussetzung könnte eine Lösung darstellen und mithin die Bestimmung, wann ein

111 Schricker/*Loewenheim* § 2 UrhG Rn. 9; siehe näher zu den Voraussetzungen eines urheberrechtlichen Werkes Teil II. 2. a).

Werk im urheberrechtlichen Sinne vorliegt, erleichtern und damit höhere Rechtssicherheit bieten.

Ab wann von einem urheberrechtlichen Werk ausgegangen werden kann, hängt bislang vom Vorliegen einer eigenpersönlichen Schöpfung ab, vgl. § 2 Abs. 2 UrhG. Sie muss sich vom Alltäglichen unterscheiden. Fraglich ist aber, wann der zu überschreitende Grad des nicht mehr Alltäglichen erreicht ist, ab wann das Werk individuell ist und ab wann von einem dem Werk zugrunde liegenden geistigen Gehalt auszugehen ist. Die Gestaltungshöhe soll erreicht sein, wenn sich die Schöpfungsqualität aus der Masse des Alltäglichen heraushebt.[112] Einerseits sollen einfache Alltagserzeugnisse mittels der Gestaltungshöhe ausgeschlossen werden, andererseits sollen nicht nur herausragende Werke urheberrechtlichen Schutz genießen dürfen, damit auch andere „geringer wertige" Werke geschützt werden, die genügend Individualität aufweisen. Die Gestaltungshöhe ist nicht bei allen Werkarten gleich angesetzt.[113] Die für den Werkbegriff maßgeblichen Kriterien sind insgesamt schwer bestimmbar und ein kaum der Abgrenzung dienender Messgrad, dem es für die Werkbestimmung im Einzelfall an exakten Anhaltspunkten mangelt. Damit könnte es einer neuen Voraussetzung bedürfen, die die Gestaltungshöhe bestimmbarer werden lässt bzw. unterstützend oder näher konkretisierend neben den bisherigen Kriterien besteht.

(a) Neuheit als Voraussetzung

Bislang geht das Urheberrecht nur davon aus, dass das Werk subjektiv, also aus Sicht des Urhebers, neu sein muss. Es kann mithin zu urheberrechtlich geschützten Doppelschöpfungen kommen, sofern beide Urheber das andere fremde Werk nicht kannten.[114]

Hingegen ist das Kriterium der objektiven Neuheit bei Ermittlung der urheberrechtlichen Werkqualität, anders als im Geschmacksmuster-

112 BGH GRUR 1983, 377, 378 – Brombeermuster; OLG Hamburg ZUM 2004, 386 – Handy-Logos I; Möhring/Nicolini/*Ahlberg* § 2 UrhG Rn. 77; Wandtke/Bullinger/*Bullinger* § 2 UrhG Rn. 23.

113 Dazu näher unter Teil III. 4.

114 Fromm/Nordemann/*A. Nordemann* § 2 UrhG Rn. 26; Dreier/Schulze/*Schulze* § 2 UrhG Rn. 176; Schricker/*Loewenheim* § 2 UrhG Rn. 42.

recht, nicht Voraussetzung.[115] Neben der Gestaltungshöhe könnte dieser neue Aspekt als konkretisierendes Merkmal herangezogen werden. Voraussetzung eines Geschmacksmusters ist beispielsweise neben der Eigenart die Neuheit im objektiven Sinne. Eigenart ist dem Kriterium der urheberrechtlichen Gestaltungshöhe ähnlich.

Wie eine urheberrechtliche Voraussetzung der Neuheit zu bestimmen sein könnte, ist fraglich, da sie dem geschmacksmusterrechtlichen Neuheitsbegriff entlehnt werden, im Sinne von Originalität zu verstehen sein oder einer gänzlich anderen Bestimmung unterliegen könnte.

(aa) Neu im geschmacksmusterrechtlichen Sinne?

Sollte Neuheit im geschmacksmusterrechtlichen Sinne verstanden werden,[116] dürfte es Urhebern nach dem heutigen Verständnis von Kunst und dem momentanen Stand der Entwicklung beispielsweise auf dem Musikmarkt, in den Literaturkreisen, in der Filmbranche oder im Designbereich faktisch erschwert werden, urheberrechtlichen Schutz für Werke zu erlangen. Abgesehen davon, dass Stilelemente urheberrechtlich nicht schutzfähig sind,[117] entstehen Werke zumeist, indem bereits bekannte Elemente übernommen und auf individuelle Art und Weise verändert oder fortentwickelt werden. Altbekanntes kann in anderer Art zusammengestellt urheberrechtlich ein neues Werk darstellen. Das geschmacksmusterrechtliche Kriterium „neu“ kann daher nicht als Maßstab für die urheberrechtliche Bewertung übernommen werden.

(bb) Neu im wörtlichen Sinne?

Etwas Neues im wörtlichen Sinne zu gestalten bedeutet, etwas noch nicht Bestehendes zu schaffen. Die Anforderungen an diesen Schaffensakt sind hoch, gilt es doch, etwas nie Dagewesenes zu gestalten. Dies mag angesichts der langen urheberrechtlichen Schutzdauer zu befürworten sein, damit der Urheberrechtsschutz nicht bagatellisiert wird. Gemäß § 24 UrhG wird es allerdings Werkschöpfern zugestanden, Werke zu schaffen, deren Grundlage ursprünglich andere urheberrechtlich geschützte Werke waren. Diese „neuen“ Werke müssen

115 Schricker/*Loewenheim* § 2 UrhG Rn. 41.
116 Siehe zum geschmacksmusterrechtlichen Neuheitsbegriff Teil II. 3. a) bb).
117 Siehe dazu Teil II. 2. a) dd).

sich lediglich weit von dem Ursprungswerk entfernen, so dass sie als selbstständige Werke angesehen werden können und die wesentlichen Züge des Ursprünglichen verblassen.[118] Der § 24 UrhG setzt demnach eine Auseinandersetzung mit bereits geschaffenen Werken voraus. Obwohl § 24 UrhG eine Entfernung vom ursprünglichen Werk verlangt, bleibt damit nicht ausgeschlossen, dass bekannte Schöpfungen nach deren Umgestaltung im Sinne des § 24 UrhG nicht gänzlich neu sein können. Die Voraussetzung der Neuheit kann also nicht „neu" im wörtlichen Sinne bedeuten.

(cc) Neu im Sinne von originell?

Der Begriff der Neuheit sollte den Werkbegriff klarer ausprägen und bestimmter für die Rechtspraxis werden lassen. Von neu im Sinne von originell könnte auszugehen sein. Neu ist etwas, was in der Art noch nicht hervorgebracht wurde. Dies bedeutet, dass zwar Altbekanntes durchaus wieder aufleben bzw. mit in die Gestaltung einfließen kann, aber in einer veränderten originellen Konstellation bzw. Kombination. Es muss sich nicht nur abheben, sondern müsste zudem einen über die Individualität hinausgehenden originellen Überschuss aufweisen. Dies könnte den Werkbegriff handhabbarer gestalten. Das Werk müsste dann nicht nur Individualität aufweisen, sondern es müsste eine neue originelle Zusammenstellung bieten.

Damit könnten etwa noch nicht in der Form existierende Gestaltungen gemeint sein, wie beispielsweise ein Schiff, das eben in dieser originellen Form bisher noch nicht bekannt war. Problematisch an diesem Erfordernis scheint, dass auch hiermit nicht näher konkretisiert wird, wann ein Schiff als neu und damit als Werk der angewandten Kunst gilt, da auch das Neuheitskriterium im Sinne von Originalität einen unbestimmten und damit durch die Rechtsprechung ausfüllungsbedürftigen Rechtsbegriff darstellt.

118 BGH GRUR 2003, 956, 958 – Gies-Adler; BGH GRUR 1999, 984, 987 – Laras Tochter; BGH GRUR 1980, 853, 854 – Architektenwechsel; BGH GRUR 1994, 191, 193 – Asterix-Persiflagen; BGH GRUR 1994, 206, 208 – Alcolix; LG Hamburg GRUR Int. 2004, 148, 152f. – thumbnails; Schricker/*Lowenheim* § 24 UrhG Rn. 10f.; Dreier/Schulze/*Schulze* § 24 UrhG Rn. 8; *Rehbinder* Rn. 228.

(b) Neuheit bereits im individuellen Schaffen enthalten

Loewenheim geht grundsätzlich davon aus, dass es bei urheberrechtlichen Gestaltungen auf die objektive Neuheit nicht ankommt.[119] Er sieht das Kriterium bereits im individuellen Schaffen enthalten, da urheberrechtliches Schutzgut die individuelle Leistung ist und nicht etwa eine neue Schöpfung. Weiter führt er aus, dass es sich beim urheberrechtlichen Schaffensprozess zwar um etwas Neues handeln muss. Die Neuheit muss aber nur aus subjektiver Sicht des Urhebers vorliegen. Es geht darum, dass die individuelle Leistung nicht in der Übernahme fremder Gestaltungen liegt, sondern in der Schöpfung einer neuen. Ansonsten wäre es nicht Ausdruck seiner individuellen Schöpfung. Die Gestaltung muss somit subjektiv neu für den Urheber sein.[120]

(c) Ergebnis Konkretisierung des Werkbegriffs

Es mag grundsätzlich sinnvoll erscheinen, eine neue Voraussetzung einzuführen, um den Werkbegriff für den Einzelfall bestimmter werden zu lassen. Problematisch scheint allerdings deren Ausgestaltung. Auf der einen Seite muss sie den Werkbegriff handhabbarer werden lassen, damit im Einzelfall die Werkqualität bestimmbarer wird, auf der anderen Seite kann ein Gesetz nicht derart konkret abgefasst werden, dass Einzelfälle definiert sein können. Die Auslegung unbestimmter Rechtsbegriffe bleibt im Einzelfall der Rechtsanwendung überlassen.

Im Ergebnis würde durch eine neue Voraussetzung lediglich ein zusätzlicher Begriff eingeführt, mittels dessen der Versuch unternommen wird, einen gewissen Grad weiterer Konkretisierung im Sinne einer den Werkbegriff enger fassenden Voraussetzung zu erbringen. Indes wird hierdurch der Begriff der eigenpersönlichen Schöpfung keinesfalls konkreter gefasst, da lediglich ein weiterer abstrakter Begriff hinzugefügt wird, der wiederum durch die Rechtsprechung näher im Einzelfall definiert werden müsste. Die Neuheit kann nicht die gewünschte ausreichende Greifbarkeit gewährleisten. Daher ist es nicht sinnvoll, die Ermittlung des Werkbegriffs mittels einer neuen Voraus-

119 Schricker/*Loewenheim* § 2 UrhG Rn. 41.

120 Möhring/Nicolini/*Ahlberg* § 2 UrhG Rn. 72; Fromm/Nordemann/*A. Nordemann* § 2 UrhG Rn. 26 ff.; Wandtke/Bullinger/*Bullinger* § 2 UrhG Rn. 22.

setzung zu vollziehen. Die Erfassung des Werkbegriffs ist beispielsweise im Vergleich mit dem zivilrechtlichen Begriff der Immissionen im Sinne von § 906 BGB allgemeiner zu halten. Die Voraussetzungen für den Werkbegriff können insgesamt hier nur abstrakt und damit per se nicht greifbar gehalten werden, da z. B. die nicht abschließende Liste der Werke in § 2 Abs. 1 UrhG Werkarten erfasst, die in sich schon derart unterschiedlich sind, dass eine genauere Kategorisierung des Werkbegriffes nicht durchführbar ist. Ein urheberrechtlich geschützter Klingelton ist von der Natur der Sache schon kaum vergleichbar mit einem Le-Corbusier-Möbel, geschweige denn mit einem Schiff. Für derartig unterschiedliche Werke lassen sich kaum gleiche konkrete Voraussetzungen für die Ermittlung des urheberrechtlichen Schutzes schaffen. Abstrakter gehalten lassen sich wesentlich unterschiedlichere Tatbestände erfassen und damit auch schützen.[121]

Ein weiteres Argument gegen die Einführung insbesondere eines Neuheitskriteriums liefert § 24 UrhG. § 24 UrhG setzt gerade voraus, dass auf bereits bestehende urheberrechtlich geschützte Werke zurückgegriffen wird. Würde der Werkbegriff um die Voraussetzung der Neuheit ergänzt, würde die „freie Benutzung" nach § 24 UrhG in den meisten Fällen obsolet.

Nach *Loewenheim*[122] ist bereits das Neuheitskriterium – wenn auch nur subjektiv – bereits im individuellen Schaffensprozess enthalten. Das Merkmal Individualität bedeutet allerdings, dass ein Werk sich von anderen, älteren Werken lediglich durch seine Formgestaltung unterscheiden [123] und damit nicht gänzlich neu sein muss.

(3) Ergebnis

Damit verbleibt es bei der im Sinne des § 2 Abs. 2 UrhG im Einzelfall zwar recht schwierigen Beurteilung der Werkvoraussetzungen. Durch eine weitere Konkretisierung des Werkbegriffes könnten aber Werke, die noch vom urheberrechtlichen Schutz erfasst werden, nach Einführung einer zusätzlichen Voraussetzung davon künftig ausgenommen werden. Eine Vermeidung der Bagatellisierung in einigen Bereichen

121 Ob gleicher Schutz für alle Werkarten zu befürworten ist, wird in Teil III. 5. behandelt.

122 Schricker/*Loewenheim* § 2 UrhG Rn. 41; siehe auch Teil II. 2. gg) (2) (b).

123 *Wegner/Wallenfels/Kaboth* 1. Kap. Rn. 16.

vermag sinnvoll erscheinen (beispielsweise bei der Entwicklung von Handyklingeltönen)[124]. Im Bereich der Schiffbauindustrie kann nach dem jetzigen Stand von einer Bagatellisierung nicht ausgegangen werden, da keine Fälle bekannt sind, in denen Schiffbauer eine urheberrechtliche Verletzungsklage etwa wegen Entstellung, Veränderung oder Bearbeitung eines von ihnen gestalteten Schiffes angestrengt haben.

b) Einzelne für Schiffe in Betracht kommende Werkarten

Bevor der konkrete Schutz ermittelt werden kann, bedarf es der Klärung, unter welche Werkart Schiffe bzw. deren Elemente eingeordnet werden können. § 2 Abs. 1 UrhG zählt einige Werkarten auf, die nicht abschließend aufgelistet sind („insbesondere"). Dies soll zunächst für Schiffe in ihrer Gesamtheit und sodann für deren einzelne Elemente untersucht werden.

aa) Das Schiff in seiner Gesamtheit

(1) Werk der Baukunst

Werke der Baukunst können grundsätzlich als „plastische Gestaltungen, die einem Gebrauchszweck wie dem Begehen, Befahren oder Bewohnen dienen und dabei eine persönliche geistige Schöpfung nach § 2 Abs. 2 UrhG darstellen", definiert werden.[125] Maßgebend ist, dass das Bauwerk nicht nur Produkt eines bloß handwerklichen und routinemäßigen Vorgangs ist, sondern dass, um gerade die für die persönliche geistige Schöpfung nötige Individualität aufweisen zu können, es sich bei dem Bauwerk um ein Werk handelt, das aus der Masse des alltäglichen Bauschaffens herausragt[126] oder sich deutlich vom durchschnittlichen Schaffen abhebt.[127] Gleichgültig ist, ob die künstlerische Gestaltung die technische Lösung nach sich gezogen hat oder umgekehrt; ebenso welches Material beim Bau verwendet wurde.[128] Es muss nur gewährleistet sein, dass die architektonische Leistung über die Lösung einer fachgebundenen Aufgabe durch Anwendung

124 Vgl. *Schunke* 19 ff.
125 Wandtke/Bullinger/*Bullinger* § 2 UrhG Rn. 108.
126 BGH GRUR 1982, 107, 109 – Kirchen-Innenraumgestaltung.
127 BGH BauR 1988, 361 – Vorentwurf II.
128 *Gerstenberg* § 2 Nr. 8; Schricker/*Loewenheim* § 2 UrhG Rn. 149.

der einschlägigen technischen Lösungsmittel hinausgeht, so dass eine individuelle ästhetische Gestaltungskraft des Ingenieurs bzw. Architekten erkennbar ist[129] – unter diesen Voraussetzungen kommt ein urheberrechtlicher Schutz in Betracht.[130] Der Zweck des Bauwerks ist dabei grundsätzlich unerheblich.[131] Auch sind funktionelle Angaben für die Schutzfähigkeit des Bauwerks nicht maßgeblich, da diese für den Architekten nicht notwendigerweise einschränkender Natur sein müssen, sondern eher als Herausforderung für ihn gelten dürften, sich innerhalb gewisser Vorgaben, wie der Ausnutzungsziffern, Kostenvorgaben, Größen, Aufgabenstellung usw. zu halten. Ebenso wenig muss dies für genaue Angaben durch den eigentlichen Bauherrn gelten.[132]

(2) Werk der angewandten Kunst

Werke der angewandten Kunst sind Gegenstände, die bestimmten Aufgaben dienen, zugleich aber künstlerisch gestaltet sind. Ihnen liegt ein Gebrauchszweck zugrunde.[133] Zu den Werken der angewandten Kunst zählen unter anderem Bedarfs- und Gebrauchsgegenstände mit künstlerischer Formgebung, welche in der Regel auf serienmäßige Produktion angelegt oder für einen bestimmten Einsatz ausgerichtet sind. Unter den Begriff der angewandten Kunst fällt also nicht nur das Kunsthandwerk, sondern auch Leistungen aus dem Produktdesign (einschließlich des Schmuck-, Mode- und Industriedesigns) und des Grafik- bzw. Kommunikationsdesigns.[134] Insbesondere in den zuletzt genannten Bereichen ist es schwierig zu bemessen, ob der für ein Kunstwerk erforderliche ästhetische Gehalt vorhanden ist. Um eine persönliche geistige Schöpfung nach § 2 Abs. 2 UrhG bei Werken der

129 Thode/Wirth/Kuffer/*Knipp* § 32 Rn. 16; Möhring/Nicolini/*Ahlberg* § 2 UrhG Rn. 25; *Rehbinder* Rn. 137.
130 OLG Karlsruhe GRUR 1985, 534, 535 – Architektenplan.
131 Schricker/*Loewenheim* § 2 UrhG Rn. 149; differenzierender zum Gebrauchszweck von Bauwerken Dreier/Schulze/*Schulze* § 2 UrhG Rn. 183.
132 Vgl. dazu BGH GRUR 1973, 664 – Wählamt; *Binder/Kosterhon* Rn. 52.
133 BGH GRUR 1995, 581, 582 – Silberdistel; LG Nürnberg-Fürth GRUR 1995, 407, 408 – playmobil-Figur; Dreier/Schulze/*Schulze* § 2 UrhG Rn. 158; Fromm/Nordemann/*A. Nordemann* § 2 UrhG Rn. 139; Wandtke/Bullinger/*Bullinger* § 2 UrhG Rn. 96; Schricker/*Loewenheim* § 2 UrhG Rn. 156; Möhring/Nicolini/*Ahlberg* § 2 UrhG Rn. 26; *Schack* Rn. 202; *Zech* 170f.
134 *Zentek* 20.

angewandten Kunst annehmen zu können, stellt die Rechtsprechung[135] höhere Anforderungen als bei Werken der reinen Kunst. Dem Gesetz lässt sich dies nicht direkt entnehmen. Es wurde bisher davon ausgegangen, dass zwar das Urheberrecht und das Geschmacksmusterrecht nebeneinander bestehen können, dass aber ein höheres Schutzerfordernis aus dem Zusammenspiel von Urheberrecht und Geschmacksmusterrecht abzuleiten ist.[136] Ob der Schutz der „kleinen Münze“[137] nunmehr auch für Werke der angewandten Kunst gelten soll oder nicht,[138] wird unter dem Punkt „Schutzverhältnis von Urheberrecht und Geschmacksmusterrecht“[139] noch näher diskutiert.

Unter den Begriff des Produktdesigns, im Speziellen zum Industriedesign, werden Fahrzeuge bzw. Fahrzeugzubehör eingeordnet.[140] Deren Entwurfszeichnungen bzw. Konstruktionszeichnungen fallen wiederum unter den Begriff der wissenschaftlichen/technischen Darstellungen (Kommunikationsdesign),[141] worauf später noch eingegangen wird.[142]

(3) Das Schiff im Sinne eines neu einzufügenden „§ 2 Abs. 1 Nr. 8 UrhG“ bzw. als eigenständige Werkart?

Es ließe sich erwägen, ob die Aufzählung der Werkarten in § 2 Abs. 1 UrhG um eine Nr. 8 explizit für Schiffe im Sinne von „Schiffswerken“ erweitert werden sollte. Dann dürfte keine andere Werkart vorrangig in Betracht kommen. Es müsste ferner von einem gesetzlichen

135 BGH GRUR 2004, 941 – Metallbett; BGH GRUR 1995, 581, 582 – Silberdistel; KG ZUM 2005, 230; OLG Hamburg GRUR 2002, 419, 419; LG Hamburg GRUR-RR 2005, 106, 109; Wandtke/Bullinger/*Bullinger* § 2 UrhG Rn. 97; Dreier/Schulze/*Schulze* § 2 UrhG Rn. 160; Loewenheim/*G. Schulze* § 9 Rn. 105; Dreyer/Kotthoff/Meckel/*Dreyer* § 2 UrhG Rn. 224, 58.

136 BGH GRUR 2004, 941 – Metallbett; BGH GRUR 1995, 581, 582 – Silberdistel; Wandtke/Bullinger/*Bullinger* § 2 UrhG Rn. 97; Möhring/Nicolini/*Ahlberg* § 2 UrhG Rn. 110.

137 Der Schutz der „kleinen Münze“ erfasst Gestaltungen, die in einem Minimum an Gestaltungshöhe gerade noch urheberrechtsschutzfähig sind, also einfache, aber gerade noch geschützte geistige Schöpfungen.

138 So KG CR 2005, 672 m. w. N.

139 Vgl. Teil III. 5.

140 *Zentek* 21.

141 *Zentek* 21.

142 Vgl. Teil IV.

Regelungsbedarf in Bezug auf Schiffe als Werkart ausgegangen werden. Im Vergleich mit anderen Fortbewegungsmitteln aus der Luftfahrt-, Automobil- oder Raumfahrtindustrie ist festzustellen, dass diese als Industrieprodukte zu den Werken der angewandten Kunst gezählt werden. Eine darüber hinaus gehende Festlegung einer Werkart von Automobilen, Flugzeugen, Raumfahrzeugen kann daher entfallen. Ein gesetzlicher Regelungsbedarf speziell für Schiffswerke ist nicht ersichtlich.

Die Liste der Werkarten ist darüber hinaus nicht abschließend, so dass Schiffswerke als eigenständige Werkarten auch erfasst werden könnten und insofern keiner in § 2 Abs. 1 UrhG aufgezählten Werkart zuzuordnen sind. Schiffe könnten dann ohne spezielle Kategorisierung zu einer Werkart gleichwohl als urheberrechtlich schutzfähiges Werk anerkannt werden, sofern die nötige Schöpfungshöhe erreicht wird. Damit ginge einher, dass der Gegenstand und der Umfang des Urheberrechtsschutzes durch die Zuordnung als eigenständige Werkart, der mithin nur ein beschränkter Schutzumfang zusteht, festgelegt würde.[143]

(4) Ergebnis

Offen bleibt indes, unter was für eine Werkart Schiffe fallen können, wenn Voraussetzung für einen Schutz nach dem Urheberrechtsgesetz das Werk an sich ist, das einen in der Formgestaltung konkretisierten geistigen Inhalt aufweisen muss.

Es könnte sich bei Schiffen um *Werke der Baukunst* handeln. Mit vom Urheberrechtsschutz erfasst werden Bauwerke, soweit es sich um Werke der Baukunst handelt, worunter auch Ingenieurbauwerke fallen können, soweit es sich bei diesen nicht um bloß technische Anlagen, sondern um raumumfassende Bauwerke (wie z.B. eine Brücke als technische Konstruktion)[144] handelt.[145] In der Tat liegt einem Schiff eine plastische Gestaltung zugrunde, wie sie auch Werke der Baukunst in der Regel aufweisen. Da es grundsätzlich zum Befahren von Gewässern dient, besteht auch ein Gebrauchszweck. Ob es auch eine persönliche geistige Schöpfung – was zusätzliche Voraussetzung

143 Schricker/*Loewenheim* § 2 UrhG Rn. 2.
144 BGHZ 24, 55 – Ledigenheim.
145 *Binder/Kosterhon* Rn. 50.

einer jeden Werkart bleibt – darstellt, bleibt noch zu klären. Einmal davon ausgehend, so könnte angenommen werden, dass Schiffe durchaus unter den Begriff des Werks der Baukunst fallen könnten. Schiffe können ähnlich wie Grundstücke registriert werden. Ebenso sei auch auf Schiffsfonds verwiesen, die wie Immobilienfonds als Finanzanlagemodell dienen. Ausdrücklich wird allerdings in der Literatur von keinem vertreten, dass Schiffe als Werke der Baukunst zu subsumieren sind. *Bullinger*[146] zieht die Möglichkeit in Betracht, Schiffsformen und Aufbauten von Schiffen den Werken der Baukunst zuzuordnen. Offen bleibt, ob dies bedeutet, dass demnach auch ein Schiff in seiner Gesamtheit als Werk der Baukunst einzustufen wäre. Als Bauwerke werden beispielsweise Wohngebäude, Brücken, Schwimmbäder, öffentliche Gebäude etc. angeführt, welche einem Gebrauchszweck wie dem Begehen, Befahren oder Bewohnen dienen. Einem Schiff wird in der Regel ein derartiger Gebrauchszweck zugrunde liegen. Entweder dient es als Lasttransport, als Beförderungsmittel, zu Freizeit- und Erholungszwecken oder auch als Sportgerät. Man kann Schiffsbauten begehen, sie z.B. mit Autos befahren, um diese zu verbringen, oder in ihnen wohnen.

Ob ein Schiff zu den beispielhaft genannten Bauwerken zu zählen bzw. mit ihnen gleichzusetzen ist, ist in Anbetracht der größeren Konvergenz mit einem Fahrzeug bzw. der Definition eines solchen zu verneinen.

Definiert werden Schiffe laut *Brockhaus* als größere Wasserfahrzeuge zur Personen- und Güterbeförderung auf See und auf Binnenwasserstraßen.[147] Der BGH legt den Begriff Schiff ebenfalls als „Fahrzeug, das zur Fortbewegung auf oder unter dem Wasser und zur Beförderung von Personen oder Sachen bestimmt ist (z.B. auch Schwimmbagger"), fest.[148] Grundsätzlich sind Fahrzeuge über das Industrie- bzw. Produktdesign als Werk der angewandten Kunst erfasst. Selbst wenn Schiffe dem Bewohnen dienen können (z.B. Hausboote), so erscheint es beispielsweise fern liegend, lediglich aufgrund dieses Zweckes Wohnmobile als Werke der Baukunst zu betrachten.

146 Wandtke/Bullinger/*Bullinger* § 2 UrhG Rn. 108 – vgl. zu Schiffsformen die Vorauflage § 2 UrhG Rn. 100.
147 *Brockhaus* 803.
148 BGHZ 76, 201.

Nach dem Abkommen von Locarno über die internationale Klassifikation von gewerblichen Mustern und Modellen[149] werden Schiffe unter der Klasse 12 für Transport- und Hebevorrichtungen eingegliedert. Laut Anmerkung a) zu Klasse 12 werden sämtliche Land-, Wasser-, Luft-, Raum- und andere Fahrzeuge erfasst. Schiffe werden geschmacksmusterrechtlich also als Fahrzeuge behandelt. Das spricht dafür, in urheberrechtlicher Hinsicht Schiffe ebenso als Fahrzeuge zu begreifen und damit der Fahrzeugindustrie zu unterstellen und nicht als Bauwerke zu behandeln. Da die Fahrzeugindustrie bei Vorliegen der Gestaltungshöhe Werke der angewandten Kunst im Sinne von Industrieprodukten herstellt, müssen Schiffe den *Werken der angewandten Kunst* im Sinne des § 2 Abs. 1 Nr. 4 UrhG zugeordnet werden, sofern die nötige Gestaltungshöhe erreicht ist.

Die Ergänzung eines neuen „*§ 2 Abs. 1 Nr. 8 UrhG*" für Schiffbauwerke erübrigt sich zum einen dadurch, dass sie als Werke der angewandten Kunst kategorisiert werden. Zum anderen bedürfte es damit einer zu weit gehenden Gesetzesänderung des Urheberrechts. Gesetzestexte sind grundsätzlich abstrakt gehalten. Daher sind andere Werkarten wie z.B. Sprachwerke, Musikwerke, Werke der rein bildenden Kunst derart generell-abstrakt formuliert, um eine Vielzahl und Vielfalt an unterschiedlichen persönlichen geistigen Schöpfungen erfassen zu können. Dass Schiffe eine spezielle gesetzlich geregelte Stellung einnehmen sollten, um gesonderte Auflistung im Sinne eines „§ 2 Abs. 1 Nr. 8 UrhG" beanspruchen zu können, erscheint insbesondere deswegen nicht überzeugend, da andere Fortbewegungs-/Beförderungsmittel wie z.B. Autos oder Flugzeuge ebenso wenig ausdrücklich aufgelistet werden, sondern unter den Begriff der Fahrzeugindustrie fallen und damit den Werken der angewandten Kunst zugerechnet werden.

Würden Schiffe nicht als Werke der angewandten Kunst in Betracht kommen und auch nicht unter eine in § 2 Abs. 1 UrhG aufgezählte Werkart subsumiert werden können, so könnten, mangels abschließender Aufzählung der Werkarten, Schiffe außerhalb der in § 2 Abs. 1 UrhG genannten Werkarten als *eigenständige Werkart* behan-

149 Übersicht abgedruckt bei *Bulling/Langöhrig/Hellwig* Anhang 7; vollständige Klassifikation abrufbar im Internet unter http://oami.europa.eu/pdf/design/eurolocarno_de.pdf.

delt werden. Da bestimmte Rechtsfolgen zum einen für einzelne Werkarten im UrhG geregelt sind und mittels der Zuordnung zu einer Werkart der Gegenstand und der Umfang des urheberrechtlichen Schutzes bestimmt wird, könnte eine eigenständige Werkart zu Einschränkungen des urheberrechtlichen Schutzes führen.[150] Zum anderen fallen Schiffsbauten als (Wasser-)Fahrzeuge unter den Begriff des Industriedesigns (im weiteren Sinne unter das Produktdesign) und können somit dem Werkbegriff der angewandten Kunst zugeordnet werden. Die Erfassung von Schiffsbauten als eigenständige Werkart ist nicht erforderlich.

Schiffe lassen sich folglich unter Werke der angewandten Kunst im Sinne des § 2 Abs. 1 Nr. 4 UrhG erfassen.

bb) Einzelne Elemente des Schiffes

Nach der Erörterung der urheberrechtlichen Schutzfähigkeit von Schiffsbauwerken im Ganzen bleibt zu klären, ob ein urheberrechtlicher Schutz für einzelne Schiffselemente bestehen kann. Grundsätzlich ist ein dahingehender Schutz einzelner Schiffsaufbauten anzunehmen,[151] wenn diese selbst eine persönliche geistige Schöpfung darstellen.[152] Da allerdings ein Schiffsaufbau bzw. ein Anbau zumeist lediglich einen Teil eines Gesamtwerkes darstellen wird, liegt es nahe, die Frage aufzuwerfen, ob dem Schiffsaufbau einzeln Urheberrechtsschutz zukommt oder doch „nur" dem Schiff in seiner Gesamtheit.

Generell genießt die Verbindung einzelner Werke keinen einheitlichen, alle getrennten Werkteile umfassenden Schutz, was ebenso für einzelne Werke gilt, die zweckgebunden zugeordnet werden. Erfüllt ein Einzelteil bei isolierter Betrachtung die urheberrechtlichen Werkvoraussetzungen, so kommt demnach nur ihm selbst Schutz zu und nicht dem gesamten Werk.[153] Gilt es aber, durch einen einzelnen Ge-

150 Schricker/*Loewenheim* § 2 UrhG Rn. 2; *Schaefer* 58.

151 *Walchshöfer* FS Hubmann 469.

152 BGH GRUR 2002, 799, 800 – Stadtbahnfahrzeug; BGH GRUR 1999, 923, 924 – Tele-Info-CD; OLG Hamburg GRUR-RR 2004, 285, 286 – Markentechnik; KG GRUR-RR 2002, 313 – Das Leben, dieser Augenblick; Schricker/*Loewenheim* § 2 UrhG Rn. 66; Dreier/Schulze/*Schulze* § 2 UrhG Rn. 76; *Binder/Kosterhon* Rn. 53.

153 Schricker/*Loewenheim* § 2 UrhG Rn. 66f.; Wandtke/Bullinger/*Bullinger* § 2 UrhG Rn. 42.

genstand eine umfangreiche Gesamtplanung zu vervollständigen bzw. auszufüllen, so liegt die Vermutung einer einheitlichen Behandlung des gesamten Werkes nahe.[154]

Was für eine Werkart im Sinne des § 2 Abs. 1 UrhG für einzelne Elemente eines Schiffes grundsätzlich in Betracht kommen kann, ist allerdings – wenn überhaupt – unzureichend besprochen.

(1) Werk der Baukunst oder Werk der angewandten Kunst?

Insbesondere bei Aufbauten könnte eine Eingliederung von Schiffselementen als Werk der Baukunst angenommen werden. Bauten jeglicher Art fallen unter den Begriff eines Werkes der Baukunst.[155] Aufbauten, in denen sich beispielsweise die Unterkünfte einer Schiffsbesatzung befinden, dienen dem Gebrauchsweck des Bewohnens. Nach *Bullinger*[156] sollen Schiffsaufbauten den Werken der Baukunst zugeordnet werden. Es erscheint fraglich, ob Aufbauten nicht vielmehr als Teil eines Schiffes zu sehen und damit ebenso Werke der angewandten Kunst bei Vorliegen der nötigen Schöpfungshöhe sind. Würden sie zu den Werken der Baukunst gezählt werden, so würde sich eine Schieflage bezüglich der Gestaltungshöhe ergeben. Bislang gehen die Rechtsprechung und die überwiegende Meinung im Schrifttum von einer höheren Schutzuntergrenze bei Werken der angewandten Kunst aus.[157] Bei Werken der Baukunst soll aber der Schutz der kleinen Münze bestehen.[158] Wären Aufbauten Werke der Baukunst, so würden sie wesentlich eher in den Genuss eines urheberrechtlichen Schutzes aufgrund der niedrigeren Schutzuntergrenze über die kleine Münze gelangen, da das Schiff hingegen als Gesamtwerk bezüglich seiner Schutzfähigkeit einen höheren Gestaltungsgrad als Werk der angewandten Kunst[159] überwinden muss. Diese Unterscheidung erscheint paradox. Ein Aufbau ist lediglich

154 *Binder/Kosterhon* Rn. 56.
155 Schricker/*Loewenheim* § 2 UrhG Rn. 149, 152.
156 Wandtke/Bullinger/*Bullinger* § 2 UrhG Rn. 108.
157 BGH GRUR 2000, 144, 145 – Comic-Übersetzungen II; BGH GRUR 1995, 581, 582 – Silberdistel; KG GRUR-RR 2001, 292, 293 – Bachforelle; OLG Düsseldorf GRUR-RR 2001, 294, 296; Schricker/*Loewenheim* § 2 UrhG Rn. 33; *Rehbinder* Rn. 136; *Ulmer* § 25 III 3; *Erdmann* FS v. Gamm 389, 402 f.
158 Vgl. Dreier/Schulze/*Schulze* § 2 UrhG Rn. 182.
159 Siehe dazu auch Teil II. 2. b).

Bestandteil bzw. einzelnes Element eines ganzen Schiffes, also Teil eines (Wasser-)Fahrzeuges. Fahrzeuge wiederum genießen aber bei Vorliegen der Schöpfungshöhe als Industriedesignprodukt Schutz als Werk der angewandten Kunst. Ein einzelnes Element sollte als konsequenter Bestandteil eines Produktes – nämlich des Schiffes – genauso wie das eigentliche Erzeugnis kategorisiert werden. Demnach sind in der Regel einzelne Elemente eines Schiffes – die erforderliche Schöpfungshöhe vorausgesetzt – als Werke der angewandten Kunst zu begreifen.[160]

(2) Ergebnis

Schiffe sind damit ebenso wie deren einzelne Teile grundsätzlich als Werke der angewandten Kunst zu betrachten, sofern vom Vorliegen der nötigen Schöpfungshöhe ausgegangen werden kann.

c) Zwischenergebnis Urheberrechtliche Schutzvorschriften

Der urheberrechtliche Werkbegriff ist nicht durch eine zusätzliche, ihn näher konkretisierende Voraussetzung wie der der objektiven Neuheit zu ergänzen, da lediglich ein weiterer unbestimmter Rechtsbegriff ausfüllungsbedürftig wäre. Sind die für den Werkbegriff bestehenden Voraussetzungen erfüllt, so kann sich durchaus für Schiffe in ihrer Gesamtheit wie auch für einzelne Elemente von Schiffen selbstständig urheberrechtlicher Schutz als Werk der angewandten Kunst ergeben. Ein urheberrechtlicher Formenschutz ist damit nicht grundsätzlich für Schiffe oder deren Elemente ausgeschlossen.

3. Gesetzliche Schutzvoraussetzungen nach dem Geschmacksmusterrecht

Nach dem deutschen Geschmacksmustergesetz werden Muster geschützt, die neu sind und Eigenart aufweisen können. Das Ge-

160 Inwiefern davon abgewichen werden kann, kann den einzelnen Abschnitten zu den einzelnen Schiffselementen entnommen werden; vgl. ebenfalls zu sog. Mischformen von Werken Fromm/Nordemann/*A. Nordemann* § 2 UrhG Rn. 153.

schmacksmusterrecht bezweckt den Schutz von Gestaltungen der äußeren Form.[161]

Das Geschmacksmuster kann auf nationaler Ebene beim Deutschen Patent- und Markenamt (DPMA) angemeldet werden. Soll für das gesamte Gebiet der Europäische Union Schutz erlangt werden, so erfordert dies eine Anmeldung als EU-Gemeinschaftsgeschmacksmuster[162] beim Harmonisierungsamt für den Binnenmarkt in Alicante (HABM). Ist internationaler Schutz[163] beabsichtigt, so kann für eine Vielzahl von Staaten auch ein gemeinsamer Schutz über eine Anmeldung nach dem Haager Musterabkommen (HMA) in Betracht gezogen werden.

Das Geschmacksmuster schützt ein bestimmtes Ergebnis, das optisch wahrnehmbar ist[164] und den Produktschutz – und damit auch den Investitionsschutz – bezweckt.[165] Es kann alles bildlich Darzustellende zur Anmeldung eingereicht werden, selbst wenn es nur gerade noch erkennbar wiedergegeben wird.[166] Ebenso wie das Urheberrecht schützt es die äußere Form[167] und damit alle nicht technisch bedingten Erscheinungsmerkmale, § 3 Abs. 1 Nr. 1 GeschmMG.[168] Das Geschmacksmusterrecht ist ein absolutes Recht und damit ein Ausschließlichkeitsrecht. Trotz der Ähnlichkeit zum Urheberrecht ist es dennoch als eigenständiges Schutzrecht anzusehen.[169] Beide Schutzrechte können somit nebeneinander stehen.[170] Sofern die von beiden Rechtsgebieten jeweils geforderten Voraussetzungen vorliegen, be-

161 Pierson/Ahrens/Fischer/*Pierson* 123.
162 Vgl. näher Teil II. 4.
163 Vgl. näher Teil II. 5.
164 *V. Falckenstein* GRUR 2001, 672, 674.
165 Eichmann/v. Falckenstein/*Eichmann* Allgemeines GeschmMG Rn. 10.
166 *V. Falckenstein* GRUR 2001, 672, 674.
167 Brückmann/Günther/Beyerlein/*Beyerlein* Einführung GeschmMG Rn. 1.
168 Eichmann/v. Falckenstein/*Eichmann* Allgemeines GeschmMG Rn. 10; Brückmann/Günther/Beyerlein/*Günther* § 3 GeschmMG Rn. 2.
169 Vgl. näher dazu näher Teil III. 5.
170 Schricker/*Schricker* Einleitung UrhG Rn. 34; Schricker/*Loewenheim* § 2 UrhG Rn. 157; Wandtke/Bullinger/*Bullinger* § 2 UrhG Rn. 97; Fromm/Nordemann/*A. Nordemann* Einl. UrhG Rn. 78; Eichmann/v. Falckenstein/*Eichmann* Allgemeines GeschmMG Rn. 39; *Rehbinder* Rn. 101; *Schack* Rn. 202; *Kur* GRUR 2002, 661, 669 f.; *Zech* 159.

steht damit die Möglichkeit eines urheber- und geschmacksmusterrechtlichen Schutzes eines Schiffes.

In der modernen Industriegesellschaft wird das Design als qualitätsbestimmende Produkteigenschaft angesehen.[171] Das Geschmacksmusterrecht wird auch als Designschutzrecht bezeichnet; daher wurde es in Bezug auf die Gegenstände industrieller Farb- und Formgebung zum Schutzrecht der Wahl in diesen Branchen.

a) Materielle Schutzvoraussetzungen

Nach § 2 Abs. 1 GeschmMG müssen folgende materielle Voraussetzungen für einen Schutz nach dem Geschmacksmustergesetz erfüllt sein: Es muss sich um ein Muster handeln, das erstens neu und zweitens eigenartig ist. Damit ist im deutschen Recht das ursprüngliche Vorhaben der EU-Kommission, lediglich einen einzigen Begriff zu verwenden, nämlich den der Unterscheidungskraft, nicht umgesetzt worden.[172]

aa) Schutz(rechts)gegenstand des Geschmacksmustergesetzes/Schutzbereich

Schutz(rechts)gegenstand des Geschmacksmustergesetzes ist das Muster. Die ästhetische Leistung, um die es beim Geschmacksmuster geht, wirkt allein über das Auge auf den Farb- und/oder Formsinn des Menschen.

Gemäß § 1 GeschmMG sind nur Muster oder Modelle, d.h. zweidimensionale (Muster) oder dreidimensionale (Modelle) Darstellungen bzw. Erscheinungsformen eines ganzen Erzeugnisses oder eines Teiles, nach dem Geschmacksmustergesetz schutzfähig.[173] Die Darstellung muss bestimmt und geeignet sein, eine ästhetische Wirkung zu entfalten. Abstrakte Ideen, bestimmte Stile, Motive, Moden, Konzep-

171 *Sauer* 17 f.; *Gottschalk* 27 ff.; *Murray* 71, 76; *Meineke* 7 ff.

172 Eichmann/v. Falckenstein/*Eichmann* § 2 GeschmMG Rn. 2; *Kur* GRUR 2002, 661, 665; *Sauer* 36 f.; siehe hierzu aber kritisch *Eichmann* GRUR Int. 1996, 859, 886.

173 Brückmann/Günther/Beyerlein/*Brückmann* § 1 GeschmMG Rn. 9; Eichmann/v. Falckenstein/*Eichmann* § 1 GeschmMG Rn. 13; *Koschtial* 266.

te sind nicht geschmacksmusterschutzfähig.[174] Der Schutzbereich des Musters ergibt sich aus der eingereichten Darstellung des Musters, nicht aus der amtlichen nachfolgenden Druckveröffentlichung und auch nicht aus der dem eingereichten Muster zugrunde liegenden Beschreibung oder dem Original.[175] Maßgeblich ist die eingereichte bildliche Wiedergabe des Musters, § 37 Abs. 1 GeschmMG. Bezogen auf den Designschutz in der Schiffbauindustrie bedeutet dies, dass der Schutzgegenstand lediglich mittels eingereichter Abbildung eines Schiffes oder Schiffteiles bestimmbar ist. Für weiterführende Beschreibungen kann kein geschmacksmusterrechtlicher Schutz hergeleitet werden. Sollte beispielsweise für das ganze Schiff Schutz begehrt werden, so erscheint es sinnvoller, eine Zeichnung des Schiffes bzw. eine Abbildung des sich noch im Trockendock befindlichen fertig gestellten Schiffes einzureichen. Bei Einreichung einer Abbildung eines schwimmenden Schiffes würde der Rumpf nicht vom Schutz mit erfasst werden, auch wenn dessen Formen detailliert beschrieben worden wären.

Die möglichen Erscheinungsformen sind in § 1 Nr. 1 GeschmMG nicht abschließend aufgezählt. Muster können Erscheinungsformen eines ganzen Erzeugnisses oder eines Teils[176] (wie z.B. der Glaskörper einer Leuchte, der Scherkopf eines Elektrorasierers, der Zündaufsatz eines Feuerzeugs, der Kotflügel eines PKW, eine Felge oder eine Karosserieform) davon sein. Für Schiffe bedeutet dies, dass beispielsweise der Bug, das Heck oder der Rumpf eines Schiffes, eine Treppe oder Leiter, Aufbauten, Fenster, Türen, eine Reling, eine Befestigungsvorrichtung für Container (so genannte Laschvorrichtungen), Anker, Ankerzuganlagen, Ladelukenverschlüsse als Teil eines

174 BGH GRUR 1987, 903 – Le Corbusier-Möbel.

175 *Schickedanz* GRUR 1999, 291, 296; vgl. auch vertiefende Hinweise zur Problematik, was auf der Abbildung vom Schutz erfasst wird, wie z.B. ungewolltes Beiwerk, bzw. ob sich der Schutzumfang ändert, wenn sich die eingereichte Abbildung im Laufe der maximalen Schutzdauer beispielsweise durch Verblassen der Farben etc. verändert bei *v. Falckenstein* GRUR 2001, 672, 676; ebenso äußert sich *Eck* in GRUR 1998, 977ff. bzgl. Setanmeldungen und (un-)rechtmäßigen Handlungen des DPMA bei der Registereintragung von Erzeugnissen.

176 BGH GRUR 1981, 273 – Leuchtenglas; BGH GRUR 1977, 602 – Trockenrasierer; BGH GRUR 1966, 97 – Zündaufsatz; BGH GRUR 1987, 518f. – Kotflügel; BGH GRUR 1995, 115 – Mercedes-Felgen.

Schiffes geschmacksmusterrechtlichen Schutz erlangen können, sofern die nötigen Voraussetzungen jeweils für diese einzelnen Elemente vorliegen.

Auch können Zwischenfabrikate als Teile eines Erzeugnisses Schutz nach dem Geschmacksmusterrecht genießen, wenn sie wirtschaftlich ein verkehrsfähiges, selbstständiges Erzeugnis darstellen und wenn sie derart gestaltet sind, dass sie bei ihrer bestimmungsgemäßen Verwendung dem Fertigerzeugnis eine ästhetische Wirkung verleihen.[177]

bb) Neuheit

Ein Muster ist neu im Sinne des § 2 Abs. 2 GeschmMG, wenn vor dem Anmeldetag kein identisches Muster offenbart worden ist, d.h. wenn die seine Eigenart begründenden Gestaltungselemente im Anmeldezeitpunkt den inländischen Fachkreisen weder bekannt sind noch bei zumutbarer Beachtung der auf den einschlägigen oder benachbarten Branchen vorhandenen Gestaltungen bekannt sein konnten;[178] zusammengefasst: Wenn zum Zeitpunkt der Anmeldung kein identisches Muster existiert.

Zu beachten sind folgende drei Kriterien: (1) die Identität der Muster, (2) der Anmeldetag und (3) die Offenbarung.

(1) Identität der Muster

Identität bedeutet absolute Identität im Sinne von Kongruenz. Für die Beurteilung der Neuheit stehen nicht die Gemeinsamkeiten, sondern die Unterschiede der zu vergleichenden Muster im Vordergrund.[179] Nach § 2 Abs. 2 S. 2 GeschmMG gelten Muster als identisch, wenn sich ihre Merkmale nur in unwesentlichen Einzelheiten unterscheiden. Anders ausgedrückt bedeutet dies, dass die Abweichung eines

[177] BGH GRUR 1976, 261 – Gemäldewand; BGH GRUR 1957, 619ff.; *Koschtial* 267.

[178] BGH GRUR 1969, 90 – Rüschenhaube; Eichmann/v. Falckenstein/*Eichmann* § 2 GeschmMG Rn. 2f., 4; *Ohly* ZEuP 2004, 296, 301; *Kur* stellt dabei fest, dass die Darlegungs- und Beweislast damit dem Musterinhaber obliegt, was zu einer Verschärfung der Anforderungen an den Neuheitsbegriff gegenüber der bisherigen Rechtslage führt (GRUR 2002, 661, 665).

[179] Eichmann/v. Falckenstein/*Eichmann* § 2 GeschmMG Rn. 5; *Bulling/Langöhrig/Hellwig* Rn. 46.

Musters vom bereits geschützten Geschmacksmuster in nur unwesentlichen Einzelheiten keine Neuheit des Musters eines Nachahmers begründet.[180] Die Neuheitsprüfung erfolgt durch Einzelvergleich mit vorbekannten Gestaltungen.[181] Dabei bedient sich die Rechtsprechung und die herrschende Meinung im Schrifttum eines objektiv-relativen Neuheitsbegriffs (nicht wie im Urheberrecht eines subjektiven),[182] nach dem ein Geschmacksmuster dann neu sein soll, wenn kein identisches Muster vor dem Anmeldetag offenbart worden ist.

Ob ein Schiff oder ein Element eines Schiffes neu im Sinne des Geschmacksmusterrechts ist bzw. ob es mit einem anderen Schiff oder Teilen dessen identisch ist, muss also anhand der Unterschiede beurteilt werden. Die Prüfung erfolgt, indem das Schiff, für das die Neuheit ermittelt werden soll, mit dem nächstliegenden Muster aus den vorbekannten Gestaltungen anderer Schiffe verglichen wird. Unterscheiden sich die Merkmale des einen Schiffes von dem anderen nur unwesentlich, so kann von Identität ausgegangen werden, so dass der geschmacksmusterrechtliche Schutz mangels Neuheit untersagt bleiben muss.

(2) Anmeldetag

Der Anmeldetag ist gemäß § 13 GeschmMG der Tag, an dem die Unterlagen mit den Angaben nach § 11 Abs. 2 GeschmMG beim DPMA eingegangen sind. Der Tag der Anmeldung für die Eintragung ist maßgeblich für die Beurteilung der Neuheit (und auch für die Eigenart).[183]

(3) Offenbarung

Wird ein Muster offenbart, so wird es der Öffentlichkeit zugänglich gemacht (beispielsweise durch Veröffentlichung im (elektronischen)

180 *Sauer* 37.

181 Eichmann/v. Falckenstein/*Eichmann* § 2 GeschmMG Rn. 5; *Kur* GRUR 2002, 661, 665.

182 BGH GRUR 1969, 90 – Rüschenhaube; *Zentek* 148; Eichmann/v. Falckenstein/*Eichmann* § 2 GeschmMG Rn. 4; *A. Nordemann/Heise* ZUM 2001, 128, 134; *Kur* GRUR 2002, 661, 665; *Koschtial* ZUM 2004, 555, 556; *Koschtial* 269; *Stolz* 113; im Gegensatz dazu steht der objektiv-absolute Neuheitsbegriff, nach dem eine Gestaltung der Allgemeinheit unbekannt ist.

183 Eichmann/v. Falckenstein/*v. Falckenstein* § 13 GeschmMG Rn. 2; *Bulling/Langöhrig/Hellwig* Rn. 56.

Geschmacksmusterblatt, durch Veröffentlichung durch das Harmonisierungsamt für den Binnenmarkt in Alicante (HABM)[184] oder durch die WIPO[185] in Genf, durch Veröffentlichung als Marke, aber auch generell durch Veröffentlichung in Zeitschriften, Katalogen, Prospekten etc).[186] § 5 GeschmMG zählt beispielsweise die Bekanntmachung, das Ausstellen und das Verwenden im Verkehr auf. Ausnahmsweise ist dem nicht so, wenn eine derartige objektive Offenbarung den in der Europäischen Union tätigen Fachkreisen des betreffenden Sektors im normalen Geschäftsverlauf vor dem Anmeldetag des Musters nicht bekannt sein konnte. Ist eine Schiffsform beispielsweise in einem abgelegenen Ort außerhalb der EU vor vielen Jahren entworfen worden und nur einmalig verwendet worden, so kann den Fachkreisen der europäischen Schiffbauindustrie eine derartige Form unter Umständen nicht bekannt sein. Sinn dieser Ausnahme ist, dass der Musterschutz von Gestaltungen nicht an Vorveröffentlichungen scheitern soll, die beim Entwurf des Musters nicht haben berücksichtigt werden können, weil eine Gestaltung bereits vor langer Zeit oder an einem abgelegenen Ort offenbart wurde.[187]

Dies bedeutet, dass bei Ausgehen von einem objektiv-relativen Neuheitsbegriff ein Geschmacksmuster dann neu ist, wenn kein identisches Muster vor dem Anmeldetag offenbart worden ist.[188]

cc) Eigenart

Nach Umsetzung der Richtlinie 98/71/EG[189] hat sich der Begriff der „Eigentümlichkeit" in den der „Eigenart" gewandelt.[190] Bezweckt

184 Vgl. dazu näher Teil II 4.

185 Vgl. näher dazu unter Teil II 5.

186 Brückmann/Günther/Beyerlein/*Günther* § 5 GeschmMG Rn. 3; Eichmann/v. Falckenstein/*Eichmann* § 5 GeschmMG Rn. 4; vgl. *Stelzenmüller* 65 zur Veröffentlichung im Internet.

187 Vgl. Begr. des BMJ zum Gesetzentwurf des GeschmMG, 84; vgl. dazu auch BT-Drucks. 15/1075 vom 28. Mai 2003, zu § 5, S. 35.

188 Eichmann/v. Falckenstein/*Eichmann* § 2 GeschmMG Rn. 5; *Stelzenmüller* 67; *Sauer* 38.

189 Richtlinie 98/71/EG des Europäischen Parlaments und des Rates vom 13. 10. 1998 über den rechtlichen Schutz von Mustern und Modellen, AblEG L 289/98 vom 24. 9. 1998, abgedruckt in GRUR Int. 1998, 959 ff.

190 Eingehender zu den Vorüberlegungen der Kommission zur Geschmacksmusterrichtlinie *Eichmann* Mitt. 1998, 252 ff.; vgl. auch Brückmann/Günther/Beyerlein/*Brückmann* § 2 GeschmMG Rn. 2.

wird damit eine weitere Abhebung vom Urheberrecht: Das Geschmacksmusterrecht wird als ein eigenständiges Designrecht hervorgehoben und nicht weiter – durch gleiche Wortwahl – als „kleines Urheberrecht“ bzw. eine Art „Auffangschutzrecht“ fungieren.[191] Der Begriff der Unterschiedlichkeit, der den Neuheits- und den Eigenartbegriff umfassen sollte, wurde von der EU-Kommission nicht übernommen.[192]

Eigenart eines Musters liegt vor, wenn sich der Gesamteindruck, den es bei einem informierten Benutzer hervorruft, von dem Gesamteindruck unterscheidet, den ein anderes Muster bei diesem Benutzer hervorruft, das vor dem Anmeldetag offenbart worden ist, § 2 Abs. 3 S. 1 GeschmMG.[193] Maßgeblich ist damit die Unterschiedlichkeit des Musters von anderen Gestaltungen, nicht aber mehr die individuelle Leistung des Gestalters.[194] Durch diese sich von der Eigenart, die eine über das Durchschnittliche hinausgehende Gestaltung verlangte, abhebende Definition ist der Schutzbereich eines Geschmacksmusters auch durchschnittlichen Gestaltungen eröffnet.[195]

(1) Maßgebliche Sichtweise: der informierte Benutzer

Es kommt auf den Gesamteindruck eines informierten Benutzers an.[196] Informierter Benutzer kann beispielsweise ein Designer sein, der sich auf ein bestimmtes Gebiet spezialisiert hat. Zum anderen kann es auch ein Designer sein, der sich generell auf dem Markt auskennt. Der informierte Benutzer kann aber auch ein aufmerksamer Konsument am Markt sein.[197] Das Wort Benutzer legt fest, dass es sich nicht um einen fachkundigen Händler handeln kann, da dieser nicht Benutzer im eigentlichen Sinne ist. Der Benutzerkreis ist bezo-

191 *Kur* GRUR 2002, 661, 665; *Jestaedt* GRUR 2008, 19, 19.

192 *Kur* GRUR 2002, 661, 665.

193 Eichmann/v. Falckenstein/*Eichmann* § 2 GeschmMG Rn. 7, § 38 GeschmMG Rn. 24; *Bulling/Langöhrig/Hellwig* Rn. 59; *Wandtke/Ohst* GRUR Int. 2005, 91, 95; *Jestaedt* GRUR 2008, 19, 19.

194 Eichmann/v. Falckenstein/*Eichmann* § 2 GeschmMG Rn. 10; *Jestaedt* GRUR 2008, 19, 19; *Sauer* 42.

195 *Sauer* 41.

196 Eichmann/v. Falckenstein/*Eichmann* § 2 GeschmMG Rn. 26, 20; *Bulling/Langöhrig/Hellwig* Rn. 76; *Koschtial* GRUR Int. 2003, 976; *Eichmann* GRUR Int. 1996, 859; *Stelzenmüller* 75.

197 *Koschtial* IIC 2005, 297, 299 f.

gen auf die Schifffahrtsindustrie im Vergleich mit der Gesamtbevölkerung in Deutschland wohl als gering zu bewerten, so dass der relevante Benutzerkreis und die Festlegung welche Kenntnisse ihn ausmachen, sorgfältig zu bestimmen sind.[198]

Der Text der Geschmacksmusterrichtlinie spricht nicht von einem Spezialisten oder einem Benutzer mit detaillierten Kenntnissen, sondern von einem Gesamteindruck eines informierten Benutzers.[199] Es erscheint unwahrscheinlich, dass Spezialwissen über sämtliche Details des Designs nötig sind. Der informierte Benutzer soll mehr wissen als eine Durchschnittsperson. Er sollte einen gewissen Erfahrungsschatz für dieses Gebiet mitbringen oder sich in diesem Bereich und dessen zugrunde liegenden bisher bekannten Gestaltungsformen auskennen.[200] Es kommt also auf den Gesamteindruck eines informierten Benutzers an und nicht darauf, wie ein auf dem Gebiet nicht vorgebildeter Betrachter diese Form beurteilt.[201] Denn dieser informierte Benutzer kann geschmacksmusterrechtliche Designunterschiede feststellen, die einem Laien entgehen können.[202] Allerdings ist die Sicht eines Designexperten ebenso wenig wie die eines normalen Verbrauchers maßgeblich, sondern eben nur die Beurteilung eines Durchschnittsbetrachters, der mit einem gewissen Maß an Kenntnis und Designbewusstsein ausgestattet ist.[203]

Der informierte Benutzer ist als eine fiktive Person, die über einen bestimmten Grad an Kenntnis und Bewusstsein verfügt, zu definieren.[204] Es wird von einer Person mit einem fiktiven Kenntnisstand über den jeweiligen Designbestand ausgegangen, die auch die jeweiligen Besonderheiten einer Produktgruppe kennt und diese mit Verständnis würdigen und von anderen Mustern ausreichend unterschei-

198 Vgl. auch zum Begriff des Benutzers *Jestaedt* GRUR 2008, 19, 20.
199 Vgl. auch *Ohly* ZEuP 2004, 296, 302.
200 Vgl. HABM Mitt. 2004, 323 – Barhocker mit Lehne.
201 *Bulling/Langöhrig/Hellwig* Rn. 76; Eichmann/v. Falckenstein/*Eichmann* § 38 GeschmMG Rn. 24; *Wandtke/Ohst* GRUR Int. 2005, 91, 96; *Koschtial* GRUR Int. 2003, 976; *Eichmann* GRUR Int. 1996, 859.
202 OLG Hamburg NJOZ 2007, 3065 – Handydesign (nicht rechtskräftig; Revision wird beim BGH unter dem Az. I ZR 18/07 geführt).
203 Brückmann/Günther/Beyerlein/*Brückmann* § 2 GeschmMG Rn. 30.
204 *Eichmann* GRUR Int. 1996, 859 ff., 863; OLG Hamburg NJOZ 2007, 3055, 3059.

den kann.[205] Da vom informierten Benutzer klare Vorstellungen von sämtlichen vorbekannten Gestaltungen gefordert werden und sich eine Beeinflussung durch marktbedeutendere Gestaltungen nicht auf die Beurteilung der Gestaltung auswirken darf, kann es sich nur um eine fiktive Person handeln. Eine reale Person wird in der Regel nicht in der Lage sein, sämtliche vorbekannte Formen gedanklich präsent zu haben, um unter Ausschaltung von Werbe- sowie wirtschaftlichen Einflüssen neutrale sachliche Entscheidungen zu treffen.[206]

(2) Gesamteindruck des informierten Benutzers

Für die Eigenart ist der Gesamteindruck des Geschmacksmusters entscheidend. Dieser wird durch die prägenden Merkmale des Musters maßgeblich bestimmt.[207] Heben die prägenden Merkmale sich von denen des vorbekannten Musters ab, so liegt Eigenart vor. Bei der Neuheitsprüfung erfolgt hingegen nur ein Vergleich der Merkmale, ohne eine Wertung im Hinblick auf eine Prägung des Gesamteindrucks vorzunehmen. Bei der Eigenart kommt es auf die den Gesamteindruck prägenden Merkmale an, also auf signifikante Merkmale, durch die ein Schiff beispielsweise seine unverkennbare Gesamtgestaltung erhält und sich damit von anderen vorbekannten Gestaltungen unterscheidet.

(3) Unterschiedlichkeit des Musters

Bei der Beurteilung der Eigenart kommt es auf die Unterschiedlichkeit des Musters an, § 2 Abs. 2 GeschmMG, Art. 6 Abs. 2 GGV.[208] Je größer die Musterdichte in einem Erzeugnissektor ist, desto geringer sind die Anforderungen an die Unterschiedlichkeit und umgekehrt.[209] Das Gesetz will bei begrenzten Designmöglichkeiten den Ge-

205 HABM Mitt. 2004, 323, Rn. 17, 18 – Barhocker; *Otero Lastres* GRUR Int. 2000, 408, 413; Eichmann/v. Falckenstein/*Eichmann* § 2 GeschmMG Rn. 26.

206 *Jestaedt* GRUR 2008, 19, 20f.

207 BGH GRUR 2001, 503, 505 – Sitz-Liegemöbel; BGH GRUR 1998, 379, 382 – Lunette; BGH GRUR 1996, 767, 769 – Holzstühle.

208 Verordnung (EG) Nr. 6/2002 des Rates vom 12. Dezember 2001 über das Gemeinschaftsgeschmacksmuster (GGV), ABl. EG Nr. L 3 vom 5. Januar 2002, S. 1ff.

209 Brückmann/Günther/Beyerlein/*Brückmann* § 2 GeschmMG Rn. 36; *Bulling/Langöhrig/Hellwig* Rn. 61; *Jestaedt* GRUR 2008, 19, 22; vgl. dazu auch *Koschtial* GRUR Int. 2003, 973, 977; *Kur* GRUR 2002, 661, 666.

schmacksmusterschutz nicht dadurch versagen, dass allzu strenge Anforderungen an die Unterschiedlichkeit gestellt werden. Schon bei geringen Abweichungen vom vorbekannten Formenschatz kann ein Geschmacksmuster entstehen.[210] Im Umkehrschluss führt dies allerdings zu einem geringeren Schutzumfang für das Geschmacksmuster.

Wie stark sich die prägenden Merkmale voneinander abheben müssen, damit ein Schutz entstehen kann, hängt von der Schutzschwelle ab. Wird die Schwelle zu hoch angesetzt, so dass Varianten des Musters vom bestehenden Schutz miterfasst werden würden, gefährdet dies die Entwicklung und die Marktfreiheit. Eine Monopolisierung von Mustern und Modellen wäre die für den Markt unerwünschte Folge. Daher sollte lediglich ein gewisser Grad an Unterschiedlichkeit von prägenden Merkmalen gefordert werden.

Es muss ein wertender Vergleich der prägenden Merkmale zwischen dem in Betracht kommenden Muster mit den bereits existierenden angestellt werden und nicht nur nach einem generell ästhetischen Sinngehalt beurteilt werden. Dabei muss stets beachtet werden, dass es von Produkt zu Produkt Unterschiede in der Ermittlung des Gesamteindrucks gibt.[211] Die Kriterien müssen daher grundsätzlich innerhalb einer Produktlinie gleich bleiben bzw. gleiche Anwendung erfahren.

Nach *Koschtial*[212] soll die Eigenart schon dann gegeben sein, wenn eine Veränderung am eigentlichen Produkt zu einem solchen Unterschied führt, dass dieser einen Einfluss auf den Absatz des Produktes am Markt hat. In Bezug auf die Schiffbauindustrie bedeutet dies, dass aufgrund besonderer Absatzchancen einer bestimmten Bauweise eines Schiffes oder eines Schiffselementes insoweit die Eigenart angenommen werden müsste. Der wirtschaftliche Erfolg kann allerdings nur dann als Indiz für die Eigenart herangezogen werden, wenn dieser auf die Musterwirkung zurückzuführen ist.[213] Diese Abgrenzung erscheint in der Schiffbaupraxis wenig hilfreich, insbesondere vor dem Hintergrund der schwierig zu beantwortenden Frage, ob Ab-

210 BGH GRUR 2000, 1023 – 3-Speichen-Felgenrad.

211 Eichmann/v. Falckenstein/*Eichmann* § 2 GeschmMG Rn. 12.

212 *Koschtial* IIC 2005, 297, 304.

213 Vgl. auch BGH GRUR 1994, 36, 38 – Messventil; Eichmann/v. Falckenstein/*Eichmann* § 2 GeschmMG Rn. 15.

satzchancen in der Schiffbauindustrie gerade auf die Form eines Schiffes oder vielmehr auf die in dem Schiff verwendete bzw. eingebaute Technik zurückzuführen sind.

Ferner muss die Unterschiedlichkeit von der markenrechtlich bedingten Verwechslung von Produkten abgegrenzt werden. Die geschmacksmusterrechtliche Unterschiedlichkeit bezieht sich nicht auf den Eindruck, den ein Produkt hinterlässt, da dabei zumeist Elemente verwechselt werden, die eher nicht prägender Natur sind.[214] Denn bei der Ermittlung der Unterschiedlichkeit kommt es darauf an, abzugrenzen, ob eine Übereinstimmung der prägenden Elemente auszuschließen ist.

Vergleicht man zwei Gestaltungen mit besonderem Fokus auf mögliche identische prägende Merkmale, muss in Betracht gezogen werden, was für unterschiedliche Formen zur Verfügung stehen und ob eine Produktform notwendigerweise aufgrund des beabsichtigten Gebrauchs vorgegeben ist. Dieses Problem stellt sich insbesondere bei der Gestaltung von Schiffen. Schiffe müssen derart konstruiert werden, dass der Schiffskörper schwimmtauglich, nicht notwendigerweise fahrtauglich (wie z.B. bei Hausbooten, Ölförderplattformen etc.) ist, so dass bei der Gestaltung von Schiffsformen unter anderem Stabilitätsberechnungen oder physikalische Methoden Berücksichtigung finden müssen. Dadurch ist der Entwerfer von Schiffen bei deren Gestaltung eingeschränkt.

Stehen in einem Bereich eine große Menge an verwendbaren Formen zur Verfügung, so wird der Anspruch an eine große Unterschiedlichkeit zwischen den Produkten zu der praktischen Unmöglichkeit eines Schutzes führen, wohingegen dies nicht in Bereichen befürchtet werden muss, in denen es kaum unterschiedliche Gestaltungsformen gibt und somit der Spielraum für Ausführungen wesentlich größer sein wird.[215] Daraus kann geschlossen werden: Je höher die Formendichte in einer Gruppe von Produkten ist, desto geringer müssen die Anforderungen an die Unterschiedlichkeit sein und umgekehrt.

214 *Jestaedt* GRUR 2008, 19, 22.

215 Eichmann/v. Falckenstein/*Eichmann* § 2 GeschmMG Rn. 29; *Koschtial* GRUR Int. 2003, 973, 977; *Kur* GRUR 2002, 661, 666; *Eichmann* GRUR Int. 1996, 859, 864.

Abb. 1 *Autotransporter „Liberty"*

Was die Schiffsform unter Wasser anbelangt, wird daher die Gestaltungsfreiheit relativ eingeschränkt sein, damit der Schiffskörper bzw. der Rumpf überhaupt schwimmen, stromlinienförmig und damit ökonomisch effektiv bewegt werden kann. Das bedeutet, dass die Anforderungen an die Unterschiedlichkeit für den Bereich eines Schiffes unter Wasser aufgrund der Formendichte geringer sind.

Der Gestaltungsfreiheit über Wasser dürften hingegen (fast) keine Grenzen gesetzt sein. Je nach Gebrauchszweck ergibt sich hier bereits eine unterschiedliche Ausgestaltung. Autotransporter werden einen möglichst großen Schiffskörper besitzen, der sich bis zu dreizehn Stockwerke aus dem Wasser heben kann (siehe Abb. 1).

Im Vergleich dazu wird das Deck eines Containerschiffs nicht so hoch gebaut sein, damit Container über dem bzw. auf dem Deck gelascht (d.h. gestapelt und befestigt) werden können (siehe Abb. 2). Ein Passagierschiff hingegen wird vom Schiffskörper her hoch gebaut sein, damit etwa quantitativ mehr Fahrgastkabinen eingebaut werden können (siehe Abb. 3). Die variantenreiche Gestaltungsmöglichkeit besteht also auch bei Schiffen. Damit ist der Anspruch an die Unterschiedlichkeit der Gestaltungen über dem Wasser aufgrund der diversen Möglichkeiten höher als bei der Gestaltung unterhalb der Wasserlinie. Bestehen allerdings aufgrund des Zweckes kaum Möglichkeiten der andersartigen Formgestaltung, so wird der Raum für

***Abb. 2** Containerschiff „Hanjin Ottawa"*

***Abb. 3** Kreuzfahrtschiff „Oosterdam"*

Gestaltungen wieder größer sein und damit die Anforderung an die Unterschiedlichkeit geringer.

dd) Sichtbarkeitskriterium eines Bauelementes von komplexen Erzeugnissen bei bestimmungsgemäßer Verwendung

Aus der Voraussetzung, dass neben der Neuheit und der Eigenart das Muster bzw. Modell erkennbar bzw. sichtbar bleiben muss, wenn es ein Bauelement eines komplexen Erzeugnisses ist,[216] kann auf die Sichtbarkeit als allgemeine Voraussetzung für ein Geschmacksmuster nicht geschlossen werden. Darüber hinaus muss dieses Bauteil eigenständig die Voraussetzungen der Neuheit und Eigenart erfüllen, § 4 GeschmMG.[217]

(1) Sichtbarkeitskriterium

Wird ein Bauelement in ein komplexes Erzeugnis eingefügt, so muss dieses bei dessen bestimmungsgemäßer Verwendung durch den Endbenutzer (vgl. § 4 GeschmMG) sichtbar bleiben. Es wird dabei vom Vorliegen der Voraussetzungen der Neuheit und Eigenart ausgegangen. Ist ein eingebautes Element nicht sichtbar, so wird es auch kein Interesse in Bezug auf seine Form erwecken. Sichtbar meint für den durchschnittlichen Betrachter sichtbar.[218]

Ebenso bedeutet dies für die Schiffbauindustrie, dass Bauelementen eines komplexen Erzeugnisses (dem Schiff) Geschmacksmusterschutz zukommen kann, sofern diese bei bestimmungsgemäßer Verwendung sichtbar sind. Davon erfasst werden auch Elemente im Inneren, z.B. eine besonders ästhetisch geformte Kabelleitung oder Treppen, die zu einzelnen Decks führen. Diese Bauteile sind für einen Außenstehenden nicht sofort sichtbar, können aber für den Endnutzer (Reeder, Schiffsbesatzung, Passagiere etc.) unter bestimmungsgemäßer Verwendung, also beispielsweise beim Betreten des Schiffes, jederzeit sichtbar werden. Dies reicht bereits aus.[219] Schutz kann sich jedoch nur auf dieses einzelne Element bezogen ergeben.[220]

(2) Bestimmungsgemäße Verwendung

Sind Teile bei bestimmungsgemäßer Verwendung nicht sichtbar, gelten diese weder als neu noch als eigenartig, ist das Muster im Sinne von § 33 Abs. 1 GeschmMG nichtig. Hierbei stellt sich die Frage, ob

216 *Bulling/Langöhrig/Hellwig* Rn. 81; *Kur* GRUR 2002, 661, 666.
217 Vgl. auch Art. 4 Abs. 2 GGV.
218 *Koschtial* IIC 2005, 297, 310.
219 *Bulling/Langöhrig/Hellwig* Rn. 81; Eichmann/v. Falckenstein/*Eichmann* § 4 GeschmMG Rn. 2.
220 Eichmann/v. Falckenstein/*Eichmann* § 4 GeschmMG Rn. 4.

bestimmungsgemäße Verwendung bereits den Verkauf des Herstellers an den Händler erfasst oder ob das Element an den Endbenutzer ausgeliefert werden muss. Die Gemeinschaftsgeschmacksmusterverordnung[221] (in Art. 4 Abs. 3 GGV[222]) und ebenso die Geschmacksmusterrichtlinie[223] 98/71/EG (in Art. 3 Abs. 4[224]) stellen klar, dass der bestimmungsgemäße Gebrauch derjenige durch den Endbenutzer ist. Es wurde befürchtet, dass eine enorme Ausweitung der Sichtbarkeitsklausel vorgenommen werden könnte. Ansonsten wäre jegliche Handlung durch Händler, die vor dem Einbau bzw. endgültiger Verwendung durch den Endbenutzer erfolgt (z.B. Montage, Weiterverarbeitung), noch von der Sichtbarkeitsklausel erfasst.

Für die Schiffbauindustrie bedeutet dies, dass nur solche Bauteile des komplexen Erzeugnisses Schiff vom geschmacksmusterrechtlichen Schutz erfasst sein können, die für den Endbenutzer, also beispielsweise die Schiffsbesatzung oder den Passagier, bei bestimmungsgemäßer Verwendung sichtbar sind. Nicht davon geschützt sind mangels Sichtbarkeit etwa Bauteile, die unter der Wasserlinie liegen, denn die bestimmungsgemäße Verwendung von Schiffen bedeutet in der Regel, dass das Schiff im Wasser fährt oder im Hafen bzw. andernorts vor Anker liegt. Begibt sich ein Taucher zu Reparaturmaßnahmen unter Wasser und sieht bei dieser Gelegenheit einen besonders ästhetisch geformten Schiffspropeller, ist dieser nicht „unter bestimmungsgemäßer Verwendung" des Erzeugnisses Schiff sichtbar. Liegt aber die Besonderheit eines Schiffes darin, dass es einen gläsernen Boden hat, durch den Mitfahrende einen Einblick in die Meeres- oder Unterwasserwelt erhalten sollen und wird dadurch beispielsweise die Sicht auf einen Propeller freigegeben, so kann sich

221 Verordnung (EG) Nr. 6/2002 des Rates vom 12. Dezember 2001 über das Gemeinschaftsgeschmacksmuster (GGV), ABl. EG Nr. L 3/1.

222 Art. 4 Abs. 3 GGV: „Bestimmungsgemäße Verwendung" im Sinne des Absatzes 2 Buchstabe a) bedeutet Verwendung durch den Endbenutzer, ausgenommen Instandhaltungs-, Wartungs- oder Reparaturarbeiten.

223 Richtlinie 98/71/EG des Europäischen Parlaments und des Rates vom 13. Oktober 1998 über den rechtlichen Schutz von Mustern und Modellen, ABl. EG L 289/98 vom 24. September 1998, abgedruckt in GRUR Int. 1998, 959 ff.

224 Art. 3 Abs. 4 RL 98/71/EG: „Bestimmungsgemäße Verwendung" im Sinne des Absatzes 3 Buchstabe a) bedeutet die Verwendung durch den Endbenutzer, ausgenommen Maßnahmen der Instandhaltung, Wartung oder Reparatur.

Geschmacksmusterschutz unter Vorliegen der Voraussetzungen der Neuheit und Eigenart entfalten, da dieses Bauteil bei bestimmungsgemäßer Verwendung sichtbar ist.

(3) Ungleichbehandlung von sichtbaren und unsichtbaren Bauteilen

Grundsätzlich erscheint der Ansatz des Sichtbarkeitskriteriums allerdings problematisch. Dadurch bleibt vielen Teilen, die beim Händler durch den Endbenutzer erworben werden und danach fest und nicht mehr sichtbar in ein komplexes Erzeugnis eingebaut werden, geschmacksmusterrechtlicher Schutz verwehrt. Offen bleibt, wie mit Elementen, die einerseits nach ihrem festen Einbau nicht mehr sichtbar sind, andererseits auch derart eingebaut werden können, dass ihre Sichtbarkeit bestehen bleibt, zu verfahren ist. Eine denkbare Lösung wäre, dass gleichen Teilen bei Sichtbarkeit Schutz und bei nicht sichtbarem Einbau kein Schutz gewährt wird.[225]

Die Aufnahme des Sichtbarkeitskriteriums in § 4 GeschmMG scheint durch sozial- und wirtschaftspolitische Erwägungen, die sich hinsichtlich der Kfz-Ersatzteilproblematik und der Reparaturklausel[226] nach § 67 GeschmMG ergeben haben, beeinflusst worden zu sein.[227] Das Sichtbarkeitskriterium basiert hiernach nicht auf geschmacksmusterrechtlichen Erwägungen, da es ansonsten systematisch als Schutzausschlussgrund gemäß § 3 GeschmMG hätte geregelt werden können.[228] Fest steht, dass im Geschmacksmusterrecht ein Produkt sichtbar sein muss, damit eine Form im Sinne eines Musters oder Modells geschützt werden kann. Zweifelhaft bleibt indes, worin der Zweck eines geschmacksmusterrechtlichen Schutzes für nicht sichtbare Formen bestehen soll, da diesen Elementen kein weiterer ästhetischer Sinn mehr innewohnt. Sie sind nicht mehr für das Auge des Betrachters wahrnehmbar.

225 Das unter II. 3. a) dd) (2) genannte Beispiel des Propellers verdeutlicht diese Problematik.

226 Damit sollte der Streit hinsichtlich der Schutzfähigkeit von innen liegenden Ersatzteilen beendet werden; vgl. zur Reparaturklausel näher Teil III. 6. a) (3).

227 Eichmann/v. Falckenstein/*Eichmann* § 4 GeschmMG Rn. 6, § 67 Rn. 1.

228 Vgl. dazu auch *Zech* Mitt. 2000, 195, 197; *Eichmann* GRUR Int. 1996, 859, 875.

Ausreichend ist, wenn das Element (wie die im Abschnitt zuvor beispielhaft angegebenen Kabelleitungen und Treppen) für den Endbenutzer bei bestimmungsgemäßem Gebrauch sichtbar wird. Diese Teile müssen also nicht *jederzeit* sichtbar sein, aber das Kriterium der Sichtbarkeit bei bestimmungsgemäßer Verwendung erfüllen.[229] Dennoch kann sich eine Kaufentscheidung erst aus einer Verkaufsausstellung oder anderen Präsentationen (per Katalog, Webseitenwerbung etc.) ergeben. Das Geschmacksmusterrecht schützt Muster und Modelle, die aufgrund ihrer Form verkauft werden können. Es bezweckt nicht den Schutz der Funktion der Verwendung.[230] Das Sichtbarkeitskriterium lässt sich nicht aus den Musterregisteranforderungen ableiten und hat zur Folge, dass Erzeugnisse, die aufgrund ihrer Gestaltung musterfähig wären, vom Schutz ebenfalls ausgenommen sind. Unklar bleibt ebenfalls, wie Teile zu behandeln sind, die halb sichtbar, halb verdeckt sind. Interessant ist beispielsweise die Frage, inwiefern einem Anker Schutz zukommen kann, der bei Nichtbetrieb durch die Ankerklüse[231] halb verdeckt ist und gleichzeitig halb sichtbar nach außen hängt bzw. sich zeitweise unter Wasser (und damit nicht sichtbar ist), zeitweise aber auch über Wasser (und damit sichtbar ist) befindet.

Insoweit könnte noch mittels Angabe der Art und Weise der Verwendung des Musters bei der Anmeldung Einfluss genommen werden.[232] Allerdings kann auch hiermit das Sichtbarkeitskriterium nicht gänzlich überwunden werden, sofern das Bauelement nicht sichtbar ist, dennoch aber eine schützenswerte Designleistung zugrunde liegt.[233] Es bleibt abzuwarten, inwiefern sich über die Revisionsklausel des Art. 18 der Geschmacksmusterrichtlinie noch Änderungen insbesondere bezüglich des Sichtbarkeitskriteriums ergeben bzw. inwiefern eine weitere Bestimmung durch Auslegung der EU-Rechtsprechung erfolgt.[234]

229 Eichmann/v. Falckenstein/*Eichmann* § 4 GeschmMG Rn. 2.
230 Eichmann/v. Falckenstein/*Eichmann* § 4 GeschmMG Rn. 6.
231 Ankerluke.
232 Brückmann/Günther/Beyerlein/*Günther* § 4 GeschmMG Rn. 4.
233 *Bulling/Langöhrig/Hellwig* Rn. 86f.
234 Eichmann/v. Falckenstein/*Eichmann* § 4 GeschmMG Rn. 7; *Berlit* GRUR 2004, 635, 637.

ee) Fazit Materielle Schutzvoraussetzungen des Geschmacksmusterrechts

Durch die Neufassung des Geschmacksmustergesetzes durch Umsetzung der Richtlinie 98/71/EG vom 13. Oktober 1998 über den rechtlichen Schutz von Mustern und Modellen[235] kommt es nunmehr auf die Unterschiedlichkeit des Gesamteindrucks eines Musters im Vergleich zum vorbekannten Formenschatz an und nicht mehr auf die individuelle gestalterische Leistung. Auch durchschnittlichen Gestaltungen ist damit der geschmacksmusterrechtliche Schutzbereich eröffnet.

Durch die Einstufung eines Musters in eine bestimmte Klasse nach dem Abkommen von Locarno über die internationale Klassifikation von gewerblichen Mustern und Modellen[236] wird der Schutzumfang nicht beschränkt. Eine Verletzung des Musters kann auch erfolgen, wenn die das Muster verletzende Erscheinungsform einer anderen Klasse entstammt,[237] da die zusätzliche Angabe einer Warenklasse bei Anmeldung eines Musters keinen Einfluss auf den Schutzumfang des Geschmacksmusters hat, § 11 Abs. 5 GeschmMG.

Probleme können sich dennoch hinsichtlich des Sichtbarkeiskriteriums bei Bauelementen komplexer Erzeugnisse ergeben. Offen bleibt, wie Elemente zu behandeln sind, die teils sichtbar, teils nicht sichtbar sind oder inwiefern Oberflächen von Bauteilen komplexer Erzeugnisse geschützt werden können, die nicht sichtbar sind. Hier ist vielleicht nur über Auswege eine Registeranmeldung möglich, indem nur das „kleinere" Erzeugnis angegeben wird und nicht das übergreifende, das kleinere mit umfassende komplexe Erzeugnis.[238] Bei der Ermittlung der bestimmungsgemäßen Verwendung ist dann nicht auf das „große" Erzeugnis abzustellen, sondern auf das „kleinere", das in

235 Richtlinie 98/71/EG des Europäischen Parlaments und des Rates vom 13. Oktober 1998 über den rechtlichen Schutz von Mustern und Modellen, Abl. EG L 289/98 vom 24. September 1998, abgedruckt in GRUR Int. 1998, 959 ff.

236 Übersicht abgedruckt bei *Bulling/Langöhrig/Hellwig* Anhang 7; vollständige Klassifikation abrufbar im Internet unter http://oami.europa.eu/pdf/design/eurolocarno_de.pdf.

237 *Bulling/Langöhrig/Hellwig* Rn. 104.

238 Eichmann/v. Falckenstein/*Eichmann* § 4 GeschmMG Rn. 6.

einigen Fällen eben auch nicht sichtbar eingebaut sein kann und nur bei bestimmungsgemäßer Verwendung sichtbar wird.[239]

b) Formelle Voraussetzungen – Entstehung des Geschmacksmusterschutzes durch Eintragung

Geschmacksmusterrechtlicher Schutz entsteht mit der Eintragung in das Register, § 27 Abs. 1 GeschmMG. Diese neue Regelung hebt sich von der alten Gesetzeslage ab, da nunmehr der Schutz nicht mehr mit der Anmeldung entsteht.[240]

aa) Anmeldung/Anmeldeverfahren/Beschwerdeverfahren

(1) Anmeldung

Es bedarf einer Anmeldung beim Deutschen Patent- und Markenamt (DPMA) gemäß § 11 Abs. 1 GeschmMG.[241] Das Geschmacksmuster ist damit ein förmliches Recht. Bei der Anmeldung prüft das DPMA lediglich die technische und optische Qualität der zur Anmeldung eingereichten Darstellung.[242] Neben dem Eintragungsantrag und einer Darstellung des Musters oder Modells mittels Foto oder Grafik ist eine Beschreibung nicht notwendig.[243]

Da weder im Geschmacksmustergesetz noch in der Gemeinschaftsgeschmacksmusterverordnung geregelt ist, wer Rechtsträger des Geschmacksmusters sein kann, gelten die allgemeinen Regeln.[244] Anmelder kann also neben einer natürlichen Person auch eine juristische Person sein, d.h. auch rechtsfähige Kapital- oder Personengesell-

239 Vgl. auch zu Signalhörnern *Bulling/Langöhrig/Hellwig* Rn. 85.

240 Eichmann/v. Falckenstein/*v. Falckenstein* § 27 GeschmMG Rn. 2; *Sauer* 47; im Gegensatz dazu entsteht der Schutz des eingetragenen Gemeinschaftsgeschmacksmusters ebenso erst mit der Eintragung in das Register, wirkt aber auf den Anmeldetag zurück, Art. 12 S. 1 GGV.

241 Antragsformular auf Eintragung eines Geschmacksmusters abrufbar im Internet unter www.dpma.de/formulare/r5703.pdf.

242 *Eck* GRUR 1998, 977, 977, der sich zum Anmeldeverfahren von Setanmeldungen äußert, die den gleichen Voraussetzungen wie einzeln zur Anmeldung abgebildete Erzeugnisse unterliegen, vgl. auch *v. Falckenstein* GRUR 2001, 672, 675.

243 *Schickedanz* GRUR 1999, 291, 291.

244 Eichmann/v. Falckenstein/*v. Falckenstein* § 11 GeschmMG Rn. 10.

schaften. Es kommt dabei auf die Rechts- und Parteifähigkeit an.[245] Diese fehlt beispielsweise nichtrechtsfähigen Vereinen.[246]

Zu beachten ist, dass das DPMA keine materielle Prüfung der Anmeldung vornimmt.[247] Das Amt prüft weder die Neuheit noch die Eigenart.[248] Kommt es aber zu dem Schluss, dass es sich bei der Anmeldung nicht um ein Geschmacksmuster im Sinne von § 1 Nr. 1 GeschmMG handelt, so weist es die Anmeldung gemäß § 18 GeschmMG zurück. Ebenso erfolgt eine Abweisung, wenn die Anmeldung gegen die öffentliche Ordnung[249] oder die guten Sitten verstößt bzw. wenn das Muster/Modell gemäß § 3 Abs. 1 Nr. 3, 4 GeschmMG eine missbräuchliche Benutzung eines in Art. 6ter PVÜ[250] aufgeführten Zeichens darstellt. Andere materielle Eintragungshindernisse werden nicht geprüft,[251] ebenso wenig, ob der Anmelder der Entwerfer ist.[252] Das Geschmacksmusterrecht ist damit ein ungeprüftes Schutzrecht. Es genügt, wenn zweidimensionale Abbildungen von dem Schiff, für das geschmacksmusterrechtlicher Schutz begehrt wird, eingereicht werden. Je mehr aus unterschiedlicher Perspektive aufgenommene, qualitativ hochwertige Abbildungen eingereicht werden, desto umfassender kann sich der Schutz ausgestalten, da mehreren Abbildungen im Zweifelsfall eher entnommen werden kann, um was für ein zu schützendes Modell es sich handelt. Maximal dürfen bis zu zehn Darstellungen eingereicht werden, § 6 Abs. 1 S. 1 GeschmMV.[253] Die Wiedergabe ist nicht als Anlage zum Eintragungsantrag, sondern mit diesem als Einheit zur unveränderbaren Bestimmung des Schutzge-

245 Eichmann/v. Falckenstein/*v. Falckenstein* § 11 GeschmMG Rn. 10.

246 Als Mitanmelder könnten dies hingegen alle Mitglieder veranlassen, ebenso im Falle von nicht parteifähigen Personenmehrheiten – siehe dazu Eichmann/v. Falckenstein/*v. Falckenstein* § 11 GeschmMG Rn. 10.

247 *Bulling/Langöhrig/Hellwig* Rn. 280.

248 *Schlötelburg* GRUR 2005, 123, 125.

249 *Pagenkopf* GRUR 2002, 758, 758.

250 Die Pariser Verbandsübereinkunft zum Schutz des gewerblichen Eigentums (PVÜ) trat am 7. Juli 1884 in Kraft und ist seitdem mehrfach und zuletzt in Stockholm 1967 revidiert worden.

251 *Bulling/Langöhrig/Hellwig* Rn. 281; *Eck* GRUR 1998, 977, 978.

252 *Pagenkopf* GRUR 1999, 875, 878.

253 Geschmacksmusterverordnung – Verordnung zur Ausführung des Geschmacksmustergesetzes vom 11. Mai 2004, BGBl. I S. 884, zuletzt geändert durch Art. 2 der Verordnung vom 15. Oktober 2008, BGBl. I S. 1995.

genstandes zu verstehen.[254] Ihr müssen die prägenden Merkmale des Musters zu entnehmen sein. Durch die Offenbarung wird dann die Gestaltung, die auf der eingereichten Wiedergabe abgebildet ist, dargestellt. Es muss bei der einzureichenden Darstellung genau darauf geachtet werden, dass ungewolltes Beiwerk nicht abgebildet wird bzw. alles von der Darstellung erfasst wird, wofür Schutz begründet werden soll, da nur Schutz für das gewährt werden kann, was der Wiedergabe zu entnehmen ist.[255] In Löschungs- und Verletzungsverfahren wird nicht das Original berücksichtigt, sondern nur die eingereichte Wiedergabe.[256]

Bei der Anmeldung ist eine Beschreibung zwar nicht notwendig und wird generell in der Praxis aufgrund der Annahme ihrer häufig einschränkenden Wirkung weggelassen. Ob diese nun wirklich den Schutzumfang beschränkt, ist zweifelhaft.[257]

Besteht ein Widerspruch zwischen der Beschreibung und der Abbildung des hinterlegten Musters, so kommt letzterer Priorität zu.[258] Da das Geschmacksmusterrecht Formenschutz gewährt, kann Vorrang nur der Abbildung zukommen.[259] Aus dem BGH-Urteil[260] zum „Fahrradschutzblech" geht hervor, dass die entscheidende geschmackliche Wirkung für die Schutzfähigkeit eines Musters grundsätzlich dem niedergelegten Muster zu entnehmen ist und nicht den Angaben einer diesem zugrunde liegenden Beschreibung.[261] Damit kann eine Beschreibung weder schutzerweiternd noch -einschränkend wirken, da

254 BGH GRUR 1963, 328, 329 – Fahrradschutzbleche; BGH GRUR 1962, 144, 146 – Buntstreifensatin I.

255 BGH GRUR 2001, 503, 505 – Sitz-Liegemöbel; BGH GRUR 1977, 602, 604 – Trockenrasierer; BGH GRUR 1976, 377; BGH GRUR 1962, 144, 146 – Buntstreifensatin I.

256 Eichmann/v. Falckenstein/*v. Falckenstein* § 11 GeschmMG Rn. 28.

257 *Bulling/Langöhrig/Hellwig* Rn. 222 halten eine Einschränkung des Schutzumfangs möglich, da § 11 Abs. 5 GeschmMG die Beschreibung eines Musters nicht ausdrücklich nennt.

258 Vgl. auch Eichmann/v. Falckenstein/*v. Falckenstein* § 11 GeschmMG Rn. 23.

259 Vgl. auch Begr. BT-Drucks. 10/5346 v. 17. April 1986 = Bl.f.PMZ 1987, 50 ff.

260 BGH GRUR 1963, 329.

261 RG GRUR 1938, 343; OLG Hamm GRUR 1939, 65, 66; BGH GRUR 1962, 144 – Buntstreifensatin; *Schickedanz* GRUR 1999, 291, 296.

ihr ansonsten Vorrang gegenüber der Darstellung zukommen müsste.[262]

(2) Anmeldeverfahren

Mit dem Anmeldeverfahren wird die Eintragung in das Musterregister beim DPMA verfolgt. Mit der Eintragung entsteht der Nachbildungsschutz für das Schiff oder dessen Elemente, § 27 Abs. 1 GeschmMG.[263] Im Registrierungsverfahren nimmt das DPMA die Prüfung der Anmeldung vor (vgl. § 16 GeschmMG).

(3) Beschwerdeverfahren

Im gegebenenfalls einzuleitenden Beschwerdeverfahren kann gegen die Beschlüsse des DPMA Beschwerde beim Bundespatentgericht eingelegt werden, § 23 Abs. 2 GeschmMG, gegen dessen Beschlüsse wiederum die Rechtsbeschwerde an den BGH stattfindet, § 23 Abs. 3 GeschmMG. Weist das DPMA beispielsweise eine Eintragung aufgrund fehlerhaft festgestellten Verstoßes gegen die öffentliche Ordnung ab, so kann gegen diesen Beschluss des DPMA eine Beschwerde an das Bundespatentgericht eingelegt werden.

(4) Nichtigkeitsverfahren

Erst im kontradiktorischen Nichtigkeitsverfahren nach der Eintragung des Geschmacksmusters findet eine Sachprüfung statt,[264] sofern ein Dritter dies beantragt, vgl. § 33 Abs. 1, 2 GeschmMG.[265] Stellt beispielsweise die Werft AB fest, dass eine bestimmte Schiffsform bereits zu ihren Gunsten im Geschmacksmusterregister eingetragen ist und noch Schutz beanspruchen kann, so findet eine Sachprüfung eines späteren von der Werft XY eingetragenen Musters statt. Kommt es zu der Feststellung, dass in der Tat zwei identische Muster vorlie-

262 *Bulling/Langöhrig/Hellwig* erklären in Rn. 174, dass sich der Schutz durch eine Beschreibung nicht erweitern lässt, aber halten eine Einschränkung des Schutzes durch eine Beschreibung in Rn. 222 für möglich.

263 *V. Falckenstein* GRUR 1999, 881, 883.

264 Eichmann/v. Falckenstein/*v. Falckenstein* § 33 GeschmMG Rn. 3.

265 Die ausschließliche Zuständigkeit des Landgerichts ohne Rücksicht auf den Streitwert ergibt sich für die Feststellung der Nichtigkeit eines Geschmacksmusters aus §§ 52 Abs. 1, 33 GeschmMG.

gen, so dass es dem zuletzt eingetragenen Muster zugunsten der Werft XY an dem Kriterium der Neuheit mangelt, wird dessen Nichtigkeit festgestellt.

bb) Neuheitsschonfrist

Eine Offenbarung ist vor der Eintragung gemäß § 6 S. 1 GeschmMG nicht neuheitsschädlich, wenn das betreffende Muster während eines Zeitraums von zwölf Monaten vor dem Anmeldetag durch den Entwerfer, seinen Rechtsnachfolger oder durch einen Dritten als Folge von Informationen oder Handlungen des Entwerfers oder seines Rechtsnachfolgers der Öffentlichkeit zugänglich gemacht wurde. Damit wird bezweckt, dass der Entwerfer des zu schützenden Erzeugnisses in die Lage versetzt werden soll, sein Muster oder Modell der Öffentlichkeit zugänglich bzw. bekannt zu machen, es auszustellen oder im Verkehr zu verwenden oder es auf sonstige Weise der Öffentlichkeit zugänglich zu machen (so genannte Offenbarung, vgl. § 5 GeschmMG), um etwa dessen Marktwert ermitteln zu können.[266] Nach Absehen der Erfolgschancen auf dem Markt kann je nach Ergebnis eine Anmeldung innerhalb der nächsten zwölf Monate vorgenommen werden oder unterbleiben.[267] Bei Nichteintragung bleibt dem Entwerfer immer noch unbenommen, sich auf das nicht eingetragene Gemeinschaftsgeschmacksmuster gemäß Art. 11, 110 a GGV zu berufen.[268]

Die Neuheitsschonfrist beträgt nunmehr zwölf Monate im Vergleich zur früheren, nur sechs Monate währenden Schonfrist[269], vgl. § 6 S. 1 GeschmMG,[270] und ist auch auf missbräuchliche Offenbarungen Dritter anwendbar, § 6 S. 2 GeschmMG.

266 Eichmann/v. Falckenstein/*v. Falckenstein* § 6 GeschmMG Rn. 2; *Bulling/Langöhrig/Hellwig* Rn. 124.
267 *Bulling/Langöhrig/Hellwig* Rn. 124.
268 *Bulling/Langöhrig/Hellwig* Rn. 125; die Neuheitsschonfrist hat keine Bedeutung für das nicht eingetragene Gemeinschaftsgeschmacksmuster, da sich der Schutz ab der ersten öffentlichen Zugänglichmachung entfaltet; siehe zum nicht eingetragenen Gemeinschaftsgeschmacksmuster näher Teil II. 4. b). Dass der Schutz des eingetragenen Geschmacksmusters weiter als der des nicht eingetragenen Gemeinschaftsgeschmacksmusters reicht, ist bei der Entscheidung zu berücksichtigen. Siehe näher zur Schutzausgestaltung des eingetragenen Gemeinschaftsgeschmacksmusters Teil II. 4. a).
269 Vgl. § 7 GeschmMG a. F.
270 *Kur* GRUR 2002, 661, 666.

(1) Offenbarung

Die Offenbarung lässt sich im Sinne der §§ 2 Abs. 2 S. 1 und 5 GeschmMG bemessen. Die reine Zugänglichmachung des Musters bzw. Modells reicht aus. Nicht erforderlich ist, dass die Öffentlichkeit tatsächlich Kenntnis davon haben muss.

Die Wiedergabe nach § 11 Abs. 2 S. 1 Nr. 3 GeschmMG verlangt, dass die Anmeldung zur Bekanntmachung eine geeignete Wiedergabe des Musters enthalten muss. Mittels Abbildung des Musters erfolgt die Offenbarung. Eine schriftliche Ausführung reicht in der Regel nicht für eine Offenbarung.[271] Mit der bildlichen Wiedergabe wird davon ausgegangen, dass die bestehenden technischen Abbildungsmöglichkeiten eines Musters in fotografischer und grafischer Hinsicht ausreichend leistungsfähig sind.[272]

Die auf der Wiedergabe eingereichte Darstellung erfasst somit den Schutzrechtsgegenstand unveränderbar. Ist etwas nicht abgebildet, was eigentlich zum Schutzrechtsgegenstand gehört, so ist es nicht vom Schutz dieses Musters erfasst. Ungewolltes Beiwerk, das mit abgebildet wird, wird hingegen mit vom Schutzumfang erfasst sein.

Sollte die eingereichte Wiedergabe des Musters nicht klar erkennbar sein, so handelt es sich um einen Verstoß gegen die Klarheit der Darstellung, welches dem DPMA ein Beanstandungsrecht gemäß § 16 Abs. 1, 5 GeschmMG gibt. Der Offenbarungsumfang obliegt allerdings dem Anmelder, weshalb er Offenbarungsmängel selbst zu vertreten hat.

Wird Schutz für ein Schiff in seiner Gesamtheit begehrt, sind aber bei Anfertigung der Abbildung beispielsweise die Rettungsboote noch nicht angebracht gewesen, so kann sich der geschmacksmusterrechtlich begehrte Schutz nur auf das Schiff ohne Rettungsboote beziehen. Eine erneute Anmeldung ist nicht erlaubt bzw. wird bereits mangels Neuheit in den meisten Fällen fehlschlagen.

271 Eichmann/v. Falckenstein/*Eichmann* § 5 GeschmMG Rn. 7.
272 Eichmann/v. Falckenstein/*v. Falckenstein* § 11 GeschmMG Rn. 23.

Da der jeweilige Anmelder somit das Risiko von Offenbarungsmängeln trägt, halten sich die Anmelder in der Praxis bezüglich der Anmeldung sogar an die Soll-Vorschriften.[273]

(2) Offenbarung durch Dritte

Will ein Dritter ein Geschmacksmuster offenbaren, ohne dass dies Konsequenzen für die Neuheit haben soll, so muss der Dritte sein Recht direkt vom Entwerfer ableiten können.[274] Dies kann etwa von großem Interesse für einen Reeder sein, der das bei der Werft bestellte Schiff auf dem Markt bereits verchartern[275] möchte, um finanzielle Verluste zu vermeiden. Werften könnten zur Vermarktung oder Imagepflege daran interessiert sein, ihr Schiff auf Messen auszustellen oder in Werbebroschüren abzubilden. Selbst wenn mehrere Entwerfer miteinander an dem Erzeugnis gewirkt haben, wäre der Mitentwerfer dann als so genannter Dritter zu betrachten, wenn er sich zu dem Entwurf bzw. Beitrag seines Partners äußert. Insoweit wird dabei auch von einem befugten Informationserwerb des Veröffentlichenden gesprochen.[276] Geht es nicht mehr um befugte Informationsweitergabe, sondern um eine Veröffentlichung basierend auf eigenen Erkenntnissen, so liegt kein Fall des § 6 S. 1 GeschmMG vor, da hiernach eine Offenbarung nur dann nicht neuheitsschädlich ist, wenn ein Muster während der 12 Monate vor dem Anmeldetag als Folge von Informationen oder Handlungen *des Entwerfers* der Öffentlichkeit zugänglich gemacht wurde. Ebenso scheidet der Missbrauch nach § 6 S. 2 GeschmMG aus. Es liegt dann ein Fall der Vorwegnahme vor, die neuheitsschädlich ist.

Für die Praxis bedeutet dies, dass die Offenbarung durch Dritte unbedingt in Absprache mit demjenigen, der das Schiff entwirft bzw. der Rechte aus dem Muster abzuleiten beabsichtigt, stattfinden muss, sofern der Geschmacksmusterschutz intendiert ist und volle Wirkung entfalten soll.

273 BPatGE 31, 25, 28; *v. Falckenstein* GRUR 2001, 672, 675; *Eck* GRUR 1998, 977, 977; *v. Falckenstein* GRUR 1999, 881, 883; *v. Falckenstein* GRUR 1991, 98, 104.
274 Eichmann/v. Falckenstein/*v. Falckenstein* § 6 GeschmMG Rn. 6.
275 Verchartern = vermieten.
276 Eichmann/v. Falckenstein/*v. Falckenstein* § 6 GeschmMG Rn. 6.

cc) Fazit formelle Voraussetzungen des Geschmacksmusterrechts

Sind die formellen Voraussetzungen erfüllt, so kann der Anmelder zumindest davon ausgehen, dass ihm geschmacksmusterrechtlicher Schutz nicht wegen Sittenwidrigkeit oder aufgrund Verstoßes gegen die öffentliche Ordnung verwehrt bleibt.

Anders als bei den materiellen Voraussetzungen ist hinsichtlich der formellen klar bestimmt, welche Anforderungen an das zu schützende Muster oder Modell gestellt werden. Grundsätzlicher Bedeutung kommt der Wiedergabe der eingereichten Darstellung zu, da diese die prägenden Merkmale in einer qualitativ hochwertigen Weise wiedergeben sollte. Ist die Darstellung qualitativ minderwertig, so kann dies Einfluss auf den Schutzumfang des Musters haben.

c) Rechtswirkungen des Geschmacksmusters

Das Geschmacksmuster hat dreifache Wirkung: Es gewährt seinem Inhaber erstens das ausschließliche Recht, es zu nutzen, § 38 GeschmMG (positiver Inhalt des Geschmacksmusters). Dies bedeutet, dass der Entwerfer eines Schiffes oder eines Schiffteiles, dem Geschmacksmusterschutz zukommt, entscheiden kann, in welcher Art und Weise er sein Recht nutzen will. Er kann beispielsweise einer Werft Nutzungsrechte einräumen, sein entworfenes Schiffselement (ein besonders ästhetisch gestaltetes Heck) für ein anderes Schiff zu übernehmen.

Zweitens darf in den Schutzbereich kein Dritter unbefugt eingreifen (negativer Inhalt).[277] Der Rechtsinhaber eines Geschmacksmusters am Heck kann gegenüber einem Dritten, der dieses ohne vorherige Nutzungsrechtseinräumung nachahmt oder kopiert, nach § 42 Abs. 1 GeschmMG die Beseitigung, die Unterlassung bei Wiederholungsgefahr und nach § 42 Abs. 2 GeschmMG bei vorsätzlichem oder fahrlässigem Handeln auch Schadensersatz einfordern.

277 Dem Geschmacksmuster kommt damit eine Sperrwirkung zu, bei der es nicht darauf ankommt, ob der Verletzer von dem geschützten Muster Kenntnis hat oder nicht.

Drittens besteht darüber hinaus strafrechtlicher Schutz, wobei sich die Strafbarkeit aus § 51 Abs. 4 GeschmMG ergibt: Liegt ein Handeln mit Vorsatz vor, sind sämtliche formellen und materiellen Voraussetzungen bezüglich des verletzten Geschmacksmusters erfüllt und gibt es keine Einwilligung in die Nutzung, so kann die Herstellung und das Verbreiten von rechtsverletzenden Erzeugnissen mit Freiheitsstrafe bis zu drei Jahren oder mit einer Geldstrafe bestraft werden, vgl. § 51 Abs. 1 GeschmMG. Qualifiziert kann die Tat durch gewerbsmäßiges Handeln begangen werden, § 51 Abs. 2 GeschmMG. Der Versuch ist strafbar, vgl. § 51 Abs. 3 GeschmMG.

d) Schutzdauer

Der Geschmacksmusterschutz dauert zunächst fünf Jahre ab Eintragung im Geschmacksmusterregister und kann durch Zahlung einer Aufrechterhaltungsgebühr nach jeweils fünf Jahren bis zu einer Schutzdauer von 25 Jahren verlängert werden, §§ 28 Abs. 1, 27 GeschmMG. Nach Ablauf der Schutzdauer ist das Geschmacksmuster von jedermann benutzbar, weshalb geschmacksmusterrechtlich geschützte Schiffsformen nach Ablauf der Schutzdauer von Dritten nachgeformt bzw. benutzt werden können.[278]

e) Geschmacksmusterrechtsvoraussetzungen ausreichend für genaue Bestimmung?

Hinsichtlich der formellen geschmacksmusterrechtlichen Voraussetzungen ist eindeutig geregelt, welche Anforderungen an das zu schützende Muster oder Modell gestellt werden. Da im Anmeldeverfahren allerdings eine Prüfung der materiellen Voraussetzungen nicht stattfindet, ergibt sich dadurch ein Unsicherheitsfaktor für den Anmelder. Zu erwägen wäre, ob es der Einführung einer materiellen Prüfung durch das DPMA bedarf, damit der Anmelder Sicherheit ob seiner Rechtslage hat bzw. damit eine Überflutung der Gerichte durch Nichtigkeitsverfahren vermieden werden kann.

278 Anders bei gleichzeitigem urheberrechtlichen Schutz. Geschmacksmusterschutz besteht zwar ab Ablauf der Schutzdauer nicht mehr, dafür liegt im Falle einer Vervielfältigung eine Urheberrechtsverletzung vor.

Da nach Eintragung des Musters oder Modells in das Geschmacksmusterregister offen bleibt, ob die materiellen Voraussetzungen der Eigenart und der Neuheit erfüllt sind, erscheint dieser Vorgang für den Anmelder einerseits angesichts der Anmeldeprozedur und der dadurch entstehenden Kosten nicht optimal im Hinblick auf seine Rechtssicherheit. Andererseits entfaltet sich der Schutz dadurch sofort mit Eintragung, § 27 Abs. 1 GeschmMG. Würde eine zusätzliche Prüfung der materiellen Voraussetzungen gefordert, sähe sich der Anmelder mit langen Prüfzeiten konfrontiert, die zur Verhinderung der sofortigen Nutzung und Verwertung des Musters oder Modells führen könnte. Der erwartete Markterfolg könnte aufgrund verspäteter Absatzmöglichkeiten riskiert werden. Praktisch spricht diese rasche Möglichkeit der Registeranmeldung und der damit sofortigen Marktverwertung gegen eine materielle Prüfung im Anmelde- bzw. Registerverfahren.

f) Schutzmöglichkeiten von Schiffen/Schiffsteilen nach dem Geschmacksmusterrecht

Laut internationaler Klassifikation für gewerbliche Muster und Modelle nach dem Abkommen von Locarno[279] erfasst die Klasse 12-0 grundsätzlich Transport- und Hebevorrichtungen und unter 12-06 speziell Schiffe und Boote. Eine genauere Auflistung kann der alphabetisch geordneten Warenliste nach Klassen unter dem jeweiligen Begriff entnommen werden. So sind dort z.B. Schiffsaufbauten, Schiffskiele, Schiffsleitern, Schiffsmasten, Schiffsrümpfe, Schiffsschrauben, Schiffssegel, Schleppschiffe, Schiffsfender[280] etc. aufgelistet. Diese Liste enthält international registrierte Klassen. Die national geschützten Geschmacksmuster sind ebenfalls nach dieser Klassifikation ausgerichtet. Im Geschmacksmusterregister beim DPMA sind bereits Schiffe als Geschmacksmuster eingetragen. Damit kann ein Schiff grundsätzlich Schutz über das Geschmacksmusterrecht erlangen (siehe Abb. 4).

279 Übersicht abgedruckt bei *Bulling/Langöhrig/Hellwig* Anhang 7; vollständige Klassifikation abrufbar im Internet unter http://oami.europa.eu/pdf/design/eurolocarno_de.pdf.

280 Schiffsfender werden unter der Klasse 12-16 gelistet.

Musterregisterkarte

Klasse 12-06 MR 499 02 319

Die Fortschreibung der Musterregistereintragung wird nicht auf dieser Karte, sondern nur im EDV-Musterregister durchgeführt.

(51) **12-06** (11) **499 02 319**
(22) 06.03.99 (45) 25.08.99
(21) 499 02 319.6
(54) **Fahrgastschiff 300**
(73) Meidericher Schiffswerft GmbH & Co KG, 47138 Duisburg
(74) Schulte, J., Dipl.-Ing., Pat.-Anw., 45219 Essen
1 Muster, S 5 Jahre, B, 5 Abb.
Beschreibung: Ein für 300 Personen vorgesehenes Fahrgastschiff verfügt über vom Vorschiff und von achtern schräg ansteigende Aufbauten. Ein mittschiffs angeordnetes zentrales Treppenhaus bringt eine optimale Begehbarkeit und optimale Beleuchtung (Lichtkuppel) der einzelnen Decks bis in das Unterdeck. Die Decks sind übersichtlich und großzügig gestaltet und eingerichtet. Die achtern liegenden Abgaspfosten sind in die schräg nach vorne ansteigenden Aufbauten integriert. Das Schiff verfügt über zwei Freidecks achtern und zwei Freidecks vorne sowie auf dem Oberdeck über eine achtern und seitlich offene, überdachte Laube, die in das Fensterband des davor liegenden Oberdeck-Salons integriert ist.

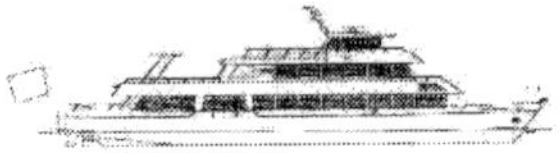

Musterregisterkarte

Klasse MR

Die Fortschreibung der Musterregistereintragung wird nicht auf dieser Karte, sondern nur im EDV-Musterregister durchgeführt.

(51) **12-06** (11) **M 96 05 102**
(22) 03.06.96 (45) 10.02.97
(21) M 96 05 102.7
(54) **Flußkreuzfahrt-Kabinenschiff**
(73) Hellmich, Gerhard, Dipl.-Ing., 94469 Deggendorf; Vaupel, Erich, 50968 Köln
(74) Patentanwälte Dr. Boeters, Bauer, Dr. Meyer, 81541 München
1 Muster, S 5 Jahre, 5 Abb.

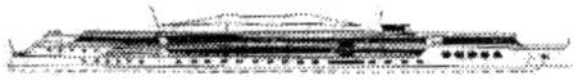

Musterregisterkarte

Klasse MR

Die Fortschreibung der Musterregistereintragung wird nicht auf dieser Karte, sondern nur im EDV-Musterregister durchgeführt.

(51) **12-06** (11) **M 94 07 893**
(22) 01.10.94 (45) 25.04.95
(21) M 94 07 893.9
(54) **Autofähre**
(73) Bodan-Werft Metallbau GmbH & Co KG, 88079 Kressbronn
(74) Engelhardt, G., Dipl.-Ing., Pat.-Anw., 88045 Friedrichshafen
1 Muster, S 5 Jahre, 1 Abb.

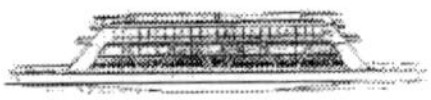

Abb. 4 *Im Geschmacksmusterregister eingetragene Schiffe*[281]

Dass auch ein Teil eines Erzeugnisses ein Muster sein kann, ergibt sich zum einen aus § 1 Nr. 1 GeschmMG und ist zum anderen Grund-

281 Geschmacksmusterregistereintragungen für: Meidericher Schiffswerft GmbH & Co. KG, Duisburg; Dipl.-Ing. Gerhard Hellmich, Deggendorf und Erich Vaupel, Köln; Bodan Werft Metallbau GmbH & Co. KG, Kressbronn.

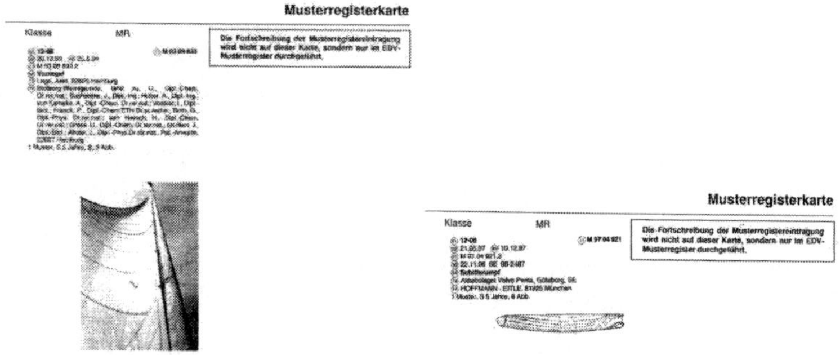

Abb. 5 *Im Musterregister eingetragenes Segel und eingetragene Schiffsrumpfform*[282]

lage für Nr. 2 und Nr. 3. Das Einzelteil kann ablösbar oder mit dem Erzeugnis fest verbunden sein.[283]

Bei Einreichung einer Wiedergabe im Sinne des § 11 Abs. 2 Nr. 3 GeschmMG können bis zu zehn Darstellungen, vgl. § 6 Abs. 1 S. 1 GeschmMV,[284] nicht nur für verschiedene Blickwinkel, sondern auch für verschiedene Erscheinungsmerkmale Verwendung finden. Im Geschmacksmusterregister lassen sich auch einzelne Elemente eines Schiffes auffinden, wie z.B. ein Segel oder ein Rumpf (siehe Abb. 5).

g) Ergebnis

Zwar ist geschmacksmusterrechtlicher Schutz wegen der erforderlichen Registeranmeldung aufwendiger und kostenintensiver zu erreichen und insgesamt mit einer Schutzdauer von maximal 25 Jahren kürzer als der urheberrechtliche Schutz.[285] Geschmacksmusterrechtlichen Gestaltungen wird jedoch eher ein Schutz zugebilligt als urheberrechtlichen Schöpfungen. Vom Aspekt der Rechtssicherheit betrachtet erscheint das Geschmacksmuster damit effektiver, da der Schutz bereits mit der Eintragung, § 27 Abs. 1 GeschmMG, beginnt.

282 Geschmacksmusterregistereintragungen für: Axel Lage, Hamburg; Aktiebolaget Volvo Penta, Göteborg.
283 Eichmann/v. Falckenstein/*Eichmann* § 1 GeschmMG Rn. 13.
284 Vgl. Fn. 253.
285 Siehe dazu im Einzelnen näher unter Teil II. 2. a).

Da das Geschmacksmusterrecht ein ungeprüftes Registerrecht ist, werden die eigentlichen materiellen Voraussetzungen der Eigenart und Neuheit bei der Anmeldung und Eintragung in das Geschmacksmusterregister nicht geprüft. Es kommt also lediglich darauf an, dass die formellen Voraussetzungen eingehalten werden, die genau vorgegeben sind. Anmeldemängel fallen in der Regel in den Risikobereich des Anmelders, welche unter Umständen den Schutzbereich des Musters einschränken können (Ausnahme bilden Mängel nach § 16 Abs. 1 Nr. 3 und 4 GeschmMG, vgl. § 16 Abs. 5 GeschmMG).

Der Schutzumfang des neuen Geschmacksmusterrechts scheint nicht enger geworden zu sein. Durch die Absenkung der Schutzvoraussetzungen, wodurch nunmehr auch durchschnittlichen Gestaltungen Schutz gewährt wird, ist lediglich bei der Bestimmung des Schutzbereichs von einer stärkeren Differenzierung auszugehen. Es sind nicht mehr nur überdurchschnittliche Gestaltungen schutzfähig, für die ausschlaggebend war, ob prägende Elemente im Wesentlichen übernommen wurden, sondern auch durchschnittliche, bei denen überprüft werden muss, ob sämtliche prägende Elemente übernommen wurden.[286]

4. Schutz nach der Europäischen Gemeinschaftsgeschmacksmusterverordnung

Geschmacksmusterschutz wird auf europarechtlicher Ebene nunmehr durch die Gemeinschaftsgeschmacksmusterverordnung (GGV) für ein so genanntes eingetragenes Gemeinschaftsgeschmacksmuster und ein so genanntes nicht eingetragenes Gemeinschaftsgeschmacksmuster gewährt.[287] Durch den ersten Entwurf 1993 sollte der neue Begriff des Gemeinschaftsgeschmacksmusters in die Rechtsterminologie eingeführt werden. Nach zwischenzeitlicher Verabschiedung der Geschmacksmusterrichtlinie 98/71/EG wurde ein geänderter Vorschlag als Gemeinschaftsgeschmacksmusterverordnung am 21. Juni 1999 von

[286] *Jestaedt* GRUR 2008, 19, 21.

[287] Verordnung (EG) Nr. 6/2002 des Rates vom 12. Dezember 2001 über das Gemeinschaftsgeschmacksmuster (GGV), Abl. EG Nr. L 3 vom 5. Januar 2002, S. 1 ff.; vgl. auch *Schlötelburg* GRUR 2005, 123, 124; *Oldekop* WRP 2006, 801, 803 ff.; *Ohly* GRUR 2007, 731, 732; *Kretschmer* GRUR 2002, 224.

der Kommission vorgelegt, der nach zwei Überarbeitungen verabschiedet wurde und am 6. März 2002 in Kraft trat.[288]

Das Gemeinschaftsgeschmacksmuster bezweckt, bestimmte Erscheinungsformen zu schützen, wobei es – ebenso wie beim nationalen Geschmacksmuster – nicht auf einen bestimmten Gebrauchszweck oder ein konkretes Erzeugnis ankommt.[289]

a) Eingetragenes Gemeinschaftsgeschmacksmuster

Schutz innerhalb der Europäischen Gemeinschaft eines Musters kann als eingetragenes Gemeinschaftsgeschmacksmuster, Art. 1 Abs. 2 lit. b) GGV,[290] beim Harmonisierungsamt für den Binnenmarkt in Alicante beantragt werden.[291] Grundsätzlich sind die wichtigsten Regelungen des Gemeinschaftsgeschmacksmusterrechts mit denen der Geschmacksmusterrichtlinie[292] identisch[293] und damit die Ausführungen zum deutschen Geschmacksmusterrecht übertragbar.[294] Das Muster muss also die Voraussetzungen der Eigenart und Neuheit erfüllen, welche bei der Eintragung in das Register nicht geprüft werden.[295] Unterschiede bestehen darin, dass z.B. kein Widerspruch gegen eine Eintragung eingelegt werden kann. Jedoch kann ein Antrag

288 Verordnung (EG) Nr. 6/2002 des Rates vom 12. Dezember 2001 über das Gemeinschaftsgeschmacksmuster (GGV), ABl. EG Nr. L 3 vom 5. Januar 2002, S. 1 ff.

289 *Kur* GRUR 2002, 661; *Schlötelburg* GRUR 2005, 123, 124.

290 Art. 1 Abs. 2 lit. b) GGV: Ein Geschmacksmuster wird durch ein „eingetragenes Gemeinschaftsgeschmacksmuster" geschützt, wenn es in der in dieser Verordnung vorgesehenen Weise eingetragen ist.

291 Rechtsgrundlage dafür ist die Verordnung (EG) Nr. 6/2002 des Rates vom 12. Dezember 2001 über das Gemeinschaftsgeschmacksmuster (GGV), ABl. EG Nr. L 3 vom 5. Januar 2002, S. 1 ff.

292 Vgl. näher zur Geschmacksmusterrichtlinie Teil II. 1. b) bb).

293 Bis auf den Zusatz, dass ein Muster eine zwei- bzw. bei Modellen dreidimensionale Ausgestaltung erfahren kann, ist der Text des Art. 3 GGV mit dem des § 1 GeschmMG identisch.

294 *Jestaedt* GRUR 2008, 19, 19; Antrag auf Eintragung eines europäischen Gemeinschaftsgeschmacksmusters abrufbar unter http://oami.europa.eu/pdf/forms/application_rcd_de.pdf oder elektronischer Antrag auf Eintragung aufrufbar unter https://service.oami.europa.eu/forms/rcdapplication/la/de_form.cfm. Der Antrag kann entweder beim HABM direkt eingereicht werden oder beim DPMA, das den Antrag gegen eine Gebühr weiterleitet.

295 *Kretschmer* GRUR 2002, 224.

auf Nichtigkeitserklärung gestellt werden.[296] Wie auch im nationalen Recht[297] wird keine Prüfung der materiellen Schutzvoraussetzungen durch das Harmonisierungsamt vorgenommen. Der Schutz beginnt mit der Eintragung in das Register und wirkt dann im Gegensatz zum nationalen Geschmacksmusterrecht auf den Anmeldetag zurück, Art. 12 S. 1 GGV. Das eingetragene Gemeinschaftsgeschmacksmuster kann neben dem eines Mitgliedstaates der EG ebenso Schutz entfalten[298] und ist als absolutes Recht ausgestaltet.[299] Die maximale Schutzdauer von eingetragenen Gemeinschaftsgeschmacksmustern beträgt 25 Jahre, vgl. Art. 12 GGV.[300] Im Gegensatz zum nationalen Geschmacksmusterschutz können beliebig viele Muster bzw. Modelle zusammen angemeldet werden, da nach Art. 37 GGV keine Begrenzung diesbezüglich vorgegeben ist.

b) Nicht eingetragenes Gemeinschaftsgeschmacksmuster

Die Gemeinschaftsgeschmacksmusterverordnung gewährt nunmehr auch die Möglichkeit, Schutz von Modellen und Mustern über ein nicht eingetragenes Gemeinschaftsgeschmacksmuster, Art. 1 Abs. 2 lit. a GGV[301], zu erlangen. Die maximale Schutzdauer von nicht eingetragenen Gemeinschaftsgeschmacksmustern beträgt 3 Jahre, vgl. Art. 11 Abs. 1 GGV.[302] Auch für das nicht eingetragene Gemeinschaftsgeschmackmuster gilt, dass die wichtigsten Regelungen mit denen der Geschmacksmusterrichtlinie[303] identisch sind (Neuheit, Eigenart und Sichtbarkeit sind ebenfalls Voraussetzung[304]). Mit der ersten öffentlichen Zugänglichmachung entsteht der Schutz und wird

296 Eichmann/v. Falckenstein/*Eichmann* Allgemeines GeschmMG Rn. 6.

297 *Eck* GRUR 1998, 977, 978.

298 Eichmann/v. Falckenstein/*Eichmann* Allgemeines GeschmMG Rn. 6 a. E.

299 *Rahlf/Gottschalk* GRUR Int. 2004, 821, 822.

300 Eichmann/v. Falckenstein/*Eichmann* Allgemeines GeschmMG Rn. 6; *Rahlf/Gottschalk* GRUR Int. 2004, 821, 822.

301 Art. 1 Abs. 2 lit. a) GGV: Ein Geschmacksmuster wird durch ein „nicht eingetragenes Gemeinschaftsgeschmacksmuster“ geschützt, wenn es in der in dieser Verordnung vorgesehenen Weise der Öffentlichkeit zugänglich gemacht wird.

302 Eichmann/v. Falckenstein/*Eichmann* Allgemeines GeschmMG Rn. 6.

303 Vgl. näher zur Übereinstimmung Teil II. 1. b) bb); Brückmann/Günther/Beyerlein/*Beyerlein* Einführung GeschmMG Rn. 9.

304 *Rahlf/Gottschalk* GRUR Int. 2004, 821, 822.

der Schutzbereich festgelegt, Art. 5 Abs. 1 lit. a)[305], Art. 6 Abs. 1 lit. a)[306] GGV. An die Offenbarung sind strenge Anforderungen gestellt, da ein Muster dann nicht als nicht eingetragenes Gemeinschaftsgeschmacksmuster Schutz erlangen kann, wenn es nicht in der Gemeinschaft öffentlich zugänglich gemacht wurde.[307] Eine Neuheitsschonfrist, wie es sie im deutschen Geschmacksmusterrecht gibt, besteht hierfür nicht.[308] Dadurch kann lückenloser Schutz gewährt werden, da bei Ausnutzung der Neuheitsschonfrist (d. h. öffentlicher Zugänglichmachung mit eventuell zwölf Monate später folgender geschmacksmusterrechtlicher Anmeldung) bereits gemeinschaftsgeschmacksmusterrechtlicher Schutz greifen kann.[309] Hinsichtlich des Schutzbereiches sind jedoch gewisse Besonderheiten zu berücksichtigen. So kommt nicht eingetragenen Mustern keine absolute Sperrwirkung wie den eingetragenen Gemeinschaftsgeschmacksmustern zu, Art. 19 Abs. 2 GGV. Das nicht eingetragene Gemeinschaftsgeschmacksmuster entfaltet nur Schutz gegenüber Nachahmungen[310] und kann neben einem eingetragenen Gemeinschaftsgeschmacksmuster bzw. einem Geschmacksmuster eines Mitgliedstaates der EU Schutz entfalten.[311]

305 Art. 5 Abs. 1 lit. a) GGV: Ein Geschmacksmuster gilt als neu, wenn der Öffentlichkeit: a) im Fall nicht eingetragener Gemeinschaftsgeschmacksmuster vor dem Tag, an dem das Geschmacksmuster, das geschützt werden soll, erstmals der Öffentlichkeit zugänglich gemacht wird […].

306 Art. 6 Abs. 1 lit. a) GGV: Ein Geschmacksmuster hat Eigenart, wenn sich der Gesamteindruck, den es beim informierten Benutzer hervorruft, von dem Gesamteindruck unterscheidet, den ein anderes Geschmacksmuster bei diesem Benutzer hervorruft, das der Öffentlichkeit zugänglich gemacht worden ist, und zwar: im Fall nicht eingetragener Gemeinschaftsgeschmacksmuster vor dem Tag, an dem das Geschmacksmuster, das geschützt werden soll, erstmals der Öffentlichkeit zugänglich gemacht wird […].

307 Ist es außerhalb der Gemeinschaft zugänglich gemacht worden, so kann dies nach *Beyerlein* eine neuheitsschädliche Wirkung haben, Brückmann/Günther/Beyerlein/*Beyerlein* Einführung GeschmMG Rn. 9; vgl. eingehender Punkt II. 8. d) cc).

308 *Sauer* 56; *Bulling* Mitt. 2002, 170, 174.

309 *Bulling/Langöhrig/Hellwig* Rn. 126f.; siehe dazu bereits Teil II. 3. b) bb).

310 *Ohly* ZEuP 2004, 296, 304; *Rahlf/Gottschalk* GRUR Int. 2004, 821, 822; *Bartenbach/Fock* WRP 2002, 1119.

311 Brückmann/Günther/Beyerlein/*Beyerlein* Einführung GeschmMG Rn. 8; Eichmann/v. Falckenstein/*Eichmann* Allgemeines GeschmMG Rn. 6 a. E.

c) Ergebnis

Das Gemeinschaftsgeschmacksmuster bietet damit auf europarechtlicher Ebene eine sinnvolle Schutzerweiterung für die Schiffbaubranche. Auch wenn die Schiffbauindustrie weltweiten Handel betreibt, liegt diesem Zweig somit zumindest europarechtlich ein zusätzlicher Schutzmechanismus offen, um den Designschutz in der Schiffbaubranche auch auf zwischenstaatlicher Ebene zu stärken.

5. Internationaler Geschmacksmusterschutz

Internationaler Geschmacksmusterschutz kann mittels Registrierung eines Musters oder Modells nach dem Haager Musterabkommen (HMA) in einem zentralen Registrierungsverfahren bei der World Intellectual Property Organization (WIPO) in Genf erreicht werden.[312]

Aufgrund des Haager Musterabkommens kam es am 6. November 1925 zur Gründung eines Verbands für internationale Hinterlegungen in Den Haag. Revidiert wurde es am 2. Juni 1934 in London und in Den Haag am 28. November 1960 sowie ergänzt durch die Zusatzvereinbarung von Monaco vom 18. November 1961.[313] Die für die Bundesrepublik gültige Fassung gemäß Art. 26 Abs. 1 HMA ist am 1. August 1984 in Kraft getreten.[314] Der späteren Fassung vom 2. Juli 1999, die in Genf verabschiedet wurde, ist Deutschland noch nicht beigetreten.[315]

312 Antrag auf Anmeldung eines internationalen Geschmacksmusters nach dem „Hague System for the International Registration of Industrial Designs" (Application for International Registration governed exclusively or partly by the 1999 Act and/or the 1960 ACT) abrufbar unter http://www.wipo.int/edocs/formdocs/form-hague/en/form_dm_1.pdf; seit dem 14. Januar 2008 ist die Antragstellung auch elektronisch unter www.wipo.int/hague/en möglich. Die Bundesrepublik hat der revidierten Fassung des HMA durch Gesetz von 1962 zugestimmt, BGBl. 1962, S. 774. Für Deutschland und zehn weitere Staaten ist die Fassung von 1960 am 1. August 1984 in Kraft getreten, BGBl. 1984, S. 798. Mittlerweile ist eine Neufassung 1999 in Kraft getreten, die für Deutschland bislang keine Gültigkeit hat.

313 Revidierte Londoner und Haager Fassung des HMA RGBl. 37 II 617.

314 BGBl. 84 II 798 = Bl. 84, 320.

315 Vgl. näher zum HMA Eichmann/v. Falckenstein/*Eichmann* Allgemeines GeschmMG Rn. 24; vgl. auch www.wipo.int/treaties/en/documents/pdf/hague.pdf.

Der Schutz des HMA erstreckt sich auf die dem Abkommen beigetretenen Staaten. Der Vorteil ist, dass die Anmeldung nur in einer einzigen Sprache erfolgen muss und damit die mit einer nationalen Anmeldung verbundenen hohen Kosten vermieden werden können. Voraussetzung für die Anmeldung ist, dass ein nach nationalem Recht schutzfähiges Muster vorliegt.[316] Die Schutzdauer beginnt mit Hinterlegung des Musters und beträgt 15 Jahre, Art. 7 HMA, sofern das nationale Geschmacksmusterrecht nicht eine längere Schutzdauer gewährt. Dann wird der Schutz des bei der WIPO hinterlegten Musters an die Schutzfrist der jeweiligen nationalen Schutzdauer angepasst.

Durch die Gemeinschaftsgeschmacksmusterverordnung hat das Haager Musterabkommen für die europäischen Mitgliedstaaten wohl etwas an Interesse verloren. Für die Schiffbauindustrie ist dennoch die Möglichkeit, international über den europäischen Raum hinausgehenden geschmacksmusterrechtlichen Schutz zu erlangen, von wesentlicher Bedeutung, da der Handel mit Schiffen weltweit betrieben wird.

6. Rechtliche Stellung des Schiffbauingenieurs

Um geschmacksmuster- bzw. urheberrechtlichen Schutz zu erlangen, bedarf es zunächst der Schaffung eines Musters, Modells bzw. eines Werkes. Da es sich urheberrechtlich um eine persönliche Schöpfung handeln muss, muss das Werk – ebenso wie der geschmacksmusterrechtliche Entwurf[317] – von einer natürlichen Person erschaffen sein.[318] Aus dem Prozess der Entstehung ergibt sich, wer Entwerfer bzw. Urheber ist.[319] Da die Entwurfstätigkeit wie auch die Schöpfung Realakt ist, kann nur eine natürliche Person ein Muster, Modell oder Werk gestalten.

Das Modell bzw. Werk muss also auf einen Menschen – eine natürliche Person – zurückführbar sein, der kreativ tätig geworden ist, um ein Schiff bzw. Teile dessen zu gestalten. Es geht um den eigentli-

316 *Kur* GRUR Int. 1995, 185, 187; *Sauer* 134.
317 Eichmann/v. Falckenstein/*Eichmann* § 7 GeschmMG Rn. 4.
318 Dreier/Schulze/*Schulze* § 2 UrhG Rn. 8; Schricker/*Loewenheim* § 2 UrhG Rn. 11 ff.; Wandtke/Bullinger/*Bullinger* § 2 UrhG Rn. 15.
319 Eichmann/v. Falckenstein/*Eichmann* § 7 GeschmMG Rn. 4.

chen Schiffsdesigner: den (Schiffbau-)Ingenieur oder Naval Architect. Im Folgenden soll der Begriff des Schiffbauingenieurs geklärt werden, für wen er tätig bzw. in welchem Rahmen er kreativ tätig werden kann (beispielsweise auf der Werft, beim Reeder, beim Subunternehmer, bei einer Klassifikationsgesellschaft oder selbstständig) und welche rechtliche Stellung er bei urheberrechtlicher Miturheberschaft bzw. geschmacksmusterrechtlicher gemeinsamer Entwurfstätigkeit einnehmen kann.

a) Rechtsinhaber des Werkes bzw. Musters

aa) Schöpfer des Werkes nach dem UrhG

Derjenige, der ein urheberrechtliches Werk erschafft, wird als Schöpfer des Werks bezeichnet. Er muss es durch eigene persönliche geistige Leistung im Sinne von § 2 Abs. 2 UrhG erschaffen haben (so genanntes Schöpferprinzip, § 7 UrhG).[320] Damit kann nur eine natürliche Person Urheber sein, deren individueller menschlicher Geist für eine Werkschöpfung erforderlich ist. Juristische Personen und Personengesellschaften können somit nicht Urheber sein, sondern nur abgeleitete Nutzungsrechte eingeräumt bekommen.[321] Demzufolge können auch keine Roboter, Computer oder sonstige Maschinen Schöpfer eines Werkes sein.[322] Daraus ergibt sich, dass eine Werft nicht selbst als Schöpfer eines Schiffes deklariert werden oder auftreten kann, sondern lediglich die natürliche Person, die individuell-schöpferisch das Werk Schiff oder ein urheberrechtlich geschütztes Element eines Schiffes entwickelt hat.

bb) Rechtsinhaber des Musters oder Modells nach dem GeschmMG

Nach § 7 Abs. 1 S. 1 GeschmMG steht das Recht dem Entwerfer oder seinem Rechtsnachfolger zu. Das Entwerfen ist wie die Schöpfung eines urheberrechtlichen Werkes als Realakt zu qualifi-

320 Wandtke/Bullinger/*Thum* § 7 UrhG Rn. 1.

321 OLG Koblenz UFITA 70 (1974) 331, 334 – Liebeshändel in Chioggia; LG Berlin GRUR 1990, 270 – Satellitenfoto; BGH GRUR 1991, 523, 525 – Grabungsmaterialien; Wandtke/Bullinger/*Thum* § 7 UrhG Rn. 1.

322 Wandtke/Bullinger/*Bullinger* § 2 UrhG Rn. 16; Schricker/*Loewenheim* § 2 UrhG Rn. 12; Dreier/Schulze/*Schulze* § 2 UrhG Rn. 8.

zieren.[323] Juristische Personen können, vergleichbar der Regelung im Urheberrecht, keine Entwerfer eines Geschmacksmusters sein,[324] hingegen aber Anmelder von Geschmacksmustern, so dass sie zumindest Rechtsinhaber sein können.[325] Solange der Anmelder rechts- und parteifähig ist, ist er zur Anmeldung befugt. Ebenso gibt es keine Beschränkung bezüglich der Staatsangehörigkeit.[326]

Bei der Anmeldung des Musters ist darauf zu achten, dass der Anmelder hinreichend genau im Eintragungsantrag bezeichnet wird, da ab dem Zeitpunkt der Eintragung der Schutz des Musters entsteht. Ausreichend ist allerdings, sofern der Rechtsinhaber aus den begleitenden Unterlagen bzw. aus der Postsendung selbst ermittelbar ist.[327] Es genügt damit, wenn eine Werft namens XY die Anmeldeformulare einreicht und nicht der Entwerfer selbst. Dann würde die Werft XY als Anmelder und mithin als Rechtsträger des Geschmacksmusters registriert, sofern sich aus den Anmeldeformularen nichts anderes ergibt.

cc) Werft

Werften können zwar nicht selbst Schöpfer von Werken oder Mustern bzw. Modellen sein.[328] Eine Werft kann aber als Industrieunternehmen für den Bau, die Ausrüstung und/oder im Falle von Reparaturen von Schiffen[329] eine Geschmacksmusteranmeldung selbst vornehmen, da auch juristische Personen Rechtsinhaber von Mustern oder Modellen sein können.[330] Schöpferisch werden in der Regel die so genannten Naval Architects (Schiffbauingenieure) in Werften als Werftangestellte oder als selbstständige Schiffbauingenieure tätig.

dd) Reeder

Der Reeder ist der Eigentümer eines Seeschiffes, das der Erwerbserzielung dient (in der Binnenschifffahrt Schiffseigner genannt). Reede-

323 BGH GRUR 1979, 145, 148 – Aufwärmvorrichtung; Eichmann/v. Falckenstein/*Eichmann* § 7 GeschmMG Rn. 4.
324 Eichmann/v. Falckenstein/*Eichmann* § 7 GeschmMG Rn. 4.
325 Eichmann/v. Falckenstein/*v. Falckenstein* § 11 GeschmMG Rn. 10.
326 Eichmann/v. Falckenstein/*v. Falckenstein* § 11 GeschmMG Rn. 10.
327 *V. Falckenstein* GRUR 2001, 672, 677.
328 Vgl. dazu ebenfalls Teil II. 6. a), aa) und bb).
329 *Brockhaus* 992.
330 Eichmann/v. Falckenstein/*v. Falckenstein* § 11 GeschmMG Rn. 10.

reien sind Schiffsunternehmen, die ähnlich wie Immobilienfonds funktionieren. Juristische wie auch natürliche Personen können Anteile an Schiffen als Geldanlage erwerben. Heutzutage werden Firmen wie die „Peter Döhle Schiffahrts-KG“[331] als „Reeder“ bezeichnet. Diesen Gesellschaften obliegt allerdings lediglich die Verwaltung der ihnen anvertrauten Schiffe, an denen die Gesellschaft selbst maximal prozentual beteiligt sein wird. Eigentümerin der Schiffe ist sie damit nicht.

Reeder werden im Allgemeinen nicht selbst schöpferisch tätig, sondern bedienen sich entweder selbstständiger Architekten (Schiffbauingenieure oder Naval Architects) bzw. überlassen die Entwicklung und die Gestaltung ihres Schiffes der beauftragten Werft, d.h. deren angestellten Architekten bzw. den Architekten, die wiederum durch die Werft selbst engagiert werden. Allerdings können auch sie Geschmacksmusteranmeldungen vornehmen, was sie zum Inhaber geschmacksmusterrechtlicher Rechte werden lässt.

ee) Subunternehmer

Subunternehmer sind Zulieferer, die einzelne Teile, Material oder ganze Systeme an den Schiffbauer, d.h. die Werft, in der Regel aufgrund vertraglicher Vereinbarung („Subunternehmervertrag“) liefern, damit das zu konstruierende Schiff erstellt werden kann.

Ist ein von einem Subunternehmer geliefertes Teil selbst urheberrechtlich oder geschmacksmusterrechtlich schutzfähig, so wird der Subunternehmer in der Regel urheberrechtlich aus dem Arbeits- oder Auftragsverhältnis zu dem schöpferisch tätig gewordenen Urheber – beispielsweise dem Arbeitnehmer des Subunternehmers oder angestellten Schiffbauingenieurs der Werft – nutzungsrechtlich befugt sein. Geschmacksmusterrechtlich kann er selbst eine Anmeldung vornehmen, um Rechtsträger des Musters oder Modells zu werden, sofern es sich nicht um ein Bauteil eines komplexen Erzeugnisses handelt, das bei bestimmungsgemäßer Verwendung nicht sichtbar ist.[332]

331 Die Peter Döhle Schiffahrts-KG ist ein 1956 von Peter Döhle in Hamburg gegründetes Schifffahrtsunternehmen, dessen heutige Flotte zum Teil eigene, teils im Miteigentum stehende und ausschließlich gemanagte Schiffe umfasst.
332 Siehe näher zum Sichtbarkeitskriterium eines Bauteils Teil II. 3. a) dd).

ff) Architekten (Schiffbauingenieure/Naval Architects)

(1) Angestellter Architekt/Schiffbauingenieur

Auf Werkschöpfungen im Rahmen von Dienst- und Arbeitsverhältnissen, Werkverträgen, Aufträgen oder sonstigen Bestellungen ist das Schöpferprinzip des § 7 UrhG uneingeschränkt anzuwenden. Damit verbleibt die Rechtsinhaberschaft originär bei dem jeweiligen Schöpfer. Der Arbeit- bzw. Auftraggeber ist auf einen vertraglichen Erwerb der Nutzungsrechte angewiesen, welche zumeist ausdrücklich oder stillschweigend im Arbeits- oder Werkvertrag erfolgt und durch das Zweckübertragungsprinzip, das besagt, das bei fehlender Vereinbarung dem Arbeitgeber nur die Rechte eingeräumt sein sollen, die er zur Erfüllung seiner betrieblichen Aufgaben benötigt, beschränkt wird.[333]

Wird das Werk nach konkreten Vorgaben oder Weisungen durch den Arbeitgeber bzw. durch einen Dritten (Auftraggeber) erstellt, so muss die Mitwirkung des Architekten im Einzelfall die Voraussetzungen eines eigenschöpferischen Beitrags im Sinne des § 2 Abs. 2 UrhG erfüllen, wenn der Erwerb eines Miturheberrechts nach dem Schöpferprinzip in Betracht kommen soll. Wirken mehrere schöpferisch mit, so entsteht die Miturheberschaft unter den Voraussetzungen nach § 8 UrhG.[334]

Werftarchitekten werden in der Regel im Rahmen ihres Angestelltenverhältnisses ein Schiff gestalten. Dies bedeutet, dass der Schiffbauingenieur selber Urheber ist und bleibt. Durch seinen Arbeitsvertrag können aber grundsätzlich dem Arbeitgeber (einer Werft z.B.) Nutzungsrechte[335] eingeräumt sein, so dass dieser in der Lage sein wird, darüber zu verfügen, ob in ein weiteres zu konstruierendes Schiff das urheberrechtlich geschützte Heck einzubauen ist.

333 RGZ 110, 393, 395 – Inneneinrichtung Riviera; BGH GRUR 2005, 860, 862 – Fash 2000; BGH GRUR 1985, 529, 530 – Happening; Dreier/Schulze/*Dreier* § 43 UrhG Rn. 17; Wandtke/Bullinger/*Wandtke/Grunert* § 31 UrhG Rn. 39 ff.; Fromm/Nordemann/*A. Nordemann* § 43 Rn. 30; Schricker/*Rojahn* § 43 UrhG Rn. 48; Dreyer/Kotthoff/Meckel/*Kotthoff* § 43 Rn. 14; *Rehbinder* Rn. 333; *Goldmann* GRUR 2005, 639, 641.

334 Wandtke/Bullinger/*Bullinger* § 7 UrhG Rn. 12; siehe näher zur Miturheberschaft Teil II. 6. b).

335 Siehe näher zu den Nutzungsrechten Teil II. 8.

Soweit sich nichts anderes aus dem Wesen oder Inhalt des Arbeitsvertrages ergibt, regelt § 43 UrhG die Stellung des Schiffbauingenieurs bzw. angestellten Architekten. Dabei muss beachtet werden, dass Architekten auch dann Arbeitnehmer sein können, wenn sie entgegen der Arbeitnehmerdefinition[336] nicht weisungsgebunden in Bezug auf die eigentliche fachliche Leistung arbeiten.[337] Maßgeblich soll die Art und Weise der Tätigkeit des angestellten Architekten sein und deren Ähnlichkeiten mit der Tätigkeit anderer Arbeitnehmer, nicht hingegen die Weisungsgebundenheit gegenüber dem Arbeitgeber.[338] Wird der Werftarchitekt im Rahmen seines Arbeitsvertrages verpflichtet, ein Schiff zu gestalten, so kann prinzipiell davon ausgegangen werden, dass er diese Aufgabe als Arbeitnehmer im Rahmen des Angestelltenverhältnisses erfüllt, auch wenn er kreativ und selbstständig schöpferisch bei der Erfüllung seiner Aufgabe tätig wird.

In § 7 Abs. 2 GeschmMG ist geregelt, dass das Recht am Geschmacksmuster dem Arbeitgeber zusteht, wenn ein Entwurf eines Musters von einem Arbeitnehmer in Ausübung seiner Aufgaben oder nach den Weisungen seines Arbeitgebers entworfen worden ist, sofern nichts anderes vereinbart wurde. Damit ist der Rechtserwerb des Arbeitgebers originär und nicht mehr abgeleitet.[339] Liegt dem Entwurf ebenso ein technisch entwickeltes Teil zugrunde, so ist das Recht daran nach dem Arbeitnehmererfindungsgesetz (ArbEG) zu beurteilen und nicht nach dem § 7 Abs. 2 GeschmMG. Nur der insoweit anmeldefähige Entwurf kann der Arbeitgeber originär erwerben. Der Entwurf darf sich nicht mehr in einer Vorstufe befinden, wozu auch vorläufige und Zwischenentwürfe zu zählen sind.[340] Zur Abgrenzung eines freien Entwurfs[341], dessen Rechtsinhaber der Arbeitnehmer

336 Arbeitnehmer ist nach h. M., wer dazu verpflichtet ist, fremdbestimmte, unselbstständige Arbeit zu leisten und dabei dem Arbeitgeber bzgl. seiner auszuübenden Tätigkeit weisungsgebunden gegenübersteht, Palandt/*Putzo* Einf v § 611 BGB Rn. 7; Schaub/*Schaub* § 8 Rn. 22; MüKo/*MüllerGlöge* § 611 BGB Rn. 137; Wandtke/Bullinger/*Wandtke* § 43 UrhG Rn. 4.

337 Wandtke/Bullinger/*Wandtke* § 43 UrhG Rn. 7.

338 Wandtke/Bullinger/*Wandtke* § 43 UrhG Rn. 7.

339 Eichmann/v. Falckenstein/*v. Falckenstein* § 7 GeschmMG Rn. 15.

340 Eichmann/v. Falckenstein/*v. Falckenstein* § 7 GeschmMG Rn. 17.

341 Ein freier Entwurf soll dann vorliegen, wenn er sachlich, zeitlich oder räumlich nicht im Rahmen des Arbeitsverhältnisses entstanden ist bzw. nicht

selbst bleiben würde, ist maßgeblich, ob der Entwurf des Musters nach Aufgaben und Weisungen erfolgte. Der Begriff der einem Arbeitnehmer zugewiesenen Aufgabe ist weit zu verstehen und kann sogar über die Festlegung im Arbeitsvertrag hinausgehen.[342] Entwirft beispielsweise ein im Marketingbereich der Firma leitender Angestellter während der Entwicklung eines Schiffes eine neue Form eines Hecks, so erwirbt der Arbeitgeber nach § 7 Abs. 2 GeschmMG kraft Gesetzes das Recht an dem Muster, sofern vom Vorliegen der geschmacksmusterrechtlichen Voraussetzungen ausgegangen werden kann, da der Aufgabenkreis weiter ausfallen kann, je höher die betriebliche Stellung bzw. Verantwortung ist.

(2) Selbstständiger Architekt/Schiffbauingenieur

Der selbstständig arbeitende Architekt bzw. Schiffbauingenieur kann von der Werft oder vom Reeder direkt mit der Gestaltung eines Schiffes beauftragt werden. In diesem Zusammenhang scheint lediglich die rechtliche Grundlage strittig, ob ein Werk- oder Dienstvertrag zugrunde liegt. Der BGH[343] erklärt Verträge, in deren Rahmen der Architekt nicht nur für die Zeichnung an sich, sondern auch für die Überwachung der Bauaufsicht zuständig ist und an der Verwirklichung des Baus selbst mitwirkt, für Werkverträge.[344]

Dies wird unter anderem damit begründet, dass der Architekt eine Vielzahl von Leistungen schuldet, die in ihrer Gesamtheit einen Erfolg darstellen sollen – das zu erschaffende Werk. Bei Aufnahme der Auftragsverhandlungen über ein zu orderndes Schiff werden zwischen Auftraggeber, beispielsweise einem Reeder, und dem Schiffbauingenieur kaum präzise Vorstellungen von dem zu schaffenden Schiff feststehen. Dies herauszufinden ist Aufgabe des Schiffbauingenieurs. Er muss die Vorstellungen des Auftraggebers treffen und ist verpflichtet, ein dementsprechendes Werk in Gestalt eines Schiffes abzuliefern.[345]

kausal aus daraus resultierenden Aufgaben und Weisungen herrührt – vgl. hierzu näher Eichmann/v. Falckenstein/*v. Falckenstein* § 7 GeschmMG Rn. 21.

342 Eichmann/v. Falckenstein/*v. Falckenstein* § 7 GeschmMG Rn. 20.

343 BGH BauR 1973, 332; BGH BauR 1974, 211.

344 Vgl. näher dazu, wann ein Architektenvertrag dienstvertraglicher oder werkvertraglicher Natur ist, Thode/Wirth/Kuffer/*Preussner* § 9 Rn. 4 ff.

345 Vgl. zum Bauwerk Thode/Wirth/Kuffer/*Preussner* § 9 Rn. 6.

Der Schiffbauingenieur kann auch von Werften beauftragt werden, wenn keine bei der Werft beschäftigten Architekten bzw. Schiffbauingenieure diese Aufgabe übernehmen bzw. wenn die Werft keine eigenen Fachkräfte beschäftigt.

Besteht keine typische Einstandspflicht für den dem Werkvertrag innewohnenden Erfolg, so kann es sich bei dem Auftrag um einen Dienstvertrag handeln.[346] Schiffbauverträge werden in der Regel als Werkverträge ausgestaltet sein. Welcher Erfolg en détail geschuldet wird, ist dem jeweiligen Schiffbauvertrag zu entnehmen.[347]

gg) Gehilfen

Architekten werden sich zumeist der Hilfe von Mitarbeitern bedienen. Es ist dann fraglich, inwiefern der Mitarbeiter oder Gehilfe ebenfalls urheberrechtlich tätig geworden ist. Ist die Gehilfenschaft nicht schöpferischer Art, so kann keine Miturheberschaft angenommen werden.[348] Hat der Gehilfe einen gewissen eigenschöpferischen Beitrag geleistet, wird er beispielsweise in dem Maße kreativ, dass er eigene Elemente eines Schiffes frei und selbstständig gestaltet, die die urheberrechtlich geforderte Gestaltungshöhe überschreiten, so kann Miturheberschaft gemäß § 8 UrhG vorliegen. Maßgeblich ist, ob der Gehilfe individuell eigenschöpferisch tätig wird oder überwiegend auf Anweisung des Urhebers bzw. Schiffbauingenieurs Arbeiten durchführt, die ihm lediglich aufgetragen wurden.[349]

Auch geschmacksmusterrechtlich wird in Bezug auf die Handlungen des Gehilfen, der nur Ausführungen befolgt und daraufhin ein Erzeugnis erstellt, keine gemeinsame Entwurfstätigkeit angenommen.[350] Anders ist es zu beurteilen, sofern ein schöpferischer Beitrag vorliegt, der dem gemeinsamen Zweck dienen soll und kann.[351]

346 Thode/Wirth/Kuffer/*Preussner* § 9 Rn. 9.
347 Thode/Wirth/Kuffer/*Preussner* § 9 Rn. 10.
348 Thode/Wirth/Kuffer/*Knipp* § 32 Rn. 67.
349 Vgl. dazu auch Wandtke/Bullinger/*Thum* § 7 UrhG Rn. 15; Thode/Wirth/Kuffer/*Knipp* § 32 Rn. 67.
350 Vgl. auch BGH GRUR 2003, 231, 233 – Staatsbibliothek; Eichmann/v. Falckenstein/*Eichmann* § 7 GeschmMG Rn. 7.
351 BGH GRUR 1979, 540, 542 – Biedermeiermanschetten; Eichmann/v. Falckenstein/*Eichmann* § 7 GeschmMG Rn. 7.

hh) Klassifikationsgesellschaften

Klassifikationsgesellschaften,[352] wie z.B. der Germanische Lloyd (GL) in Deutschland, Bureau Veritas (BV) in Frankreich, Det Norske Veritas (DNV) in Norwegen oder Lloyd's Register of Shipping (LRS) in England, sind Unternehmen, die im Schiffbau als Gutachter auftreten und die Klassifikation von Schiffen vornehmen sowie staatliche Schiffssicherheitsaufgaben wahrnehmen. Sie kontrollieren regelmäßig den Erhaltungszustand von Schiffen. Die eigentliche Klassifikation bedeutet die Einteilung der Schiffe in Klassen.[353] Mittels Vorgabe von Bauvorschriften, die den neuesten Sicherheitsstandards beim Bau von Schiffen gewährleisten sollen, nehmen Klassifikationsgesellschaften Einfluss auf die Konstruktion eines Schiffes. Schiffbauingenieure haben sich nach diesen Maßgaben zu richten. Sie sind also zwingend umzusetzen, da hiervon die Seetauglichkeit des Schiffes abhängt. Schutz für Elemente, die streng nach Vorgaben der Klassifikationsgesellschaften gebaut wurden und keinen Gestaltungsspielraum hinsichtlich der Form zulassen, kann der Ingenieur für sich nicht beanspruchen.[354] Stehen die hinzuzufügenden oder zu entfernenden Modifikationen fest, so hat der Werftinhaber dies in der Regel dem Reeder unverzüglich mitzuteilen, sofern dies – wie generell üblich – vertraglich vereinbart wurde.

(1) Architekten/Ingenieure der Klassifikationsgesellschaften

Indes ist fraglich, inwiefern Architekten von Klassifikationsgesellschaften für diese Vorgaben urheber- bzw. geschmacksmusterrechtlichen Schutz beanspruchen können. Grundsätzlich werden Bauvorschriften von Architekten bzw. Ingenieuren der Klassifika-

352 Heute sind mehr als 40 Klassifikationsgesellschaften international tätig, von denen sich aber nur zehn – die 90 Prozent der Welthandelsflotte betreuen – in dem internationalen Dachverband IACS (International Association of Classification Societies Ltd.) zusammengeschlossen haben.

353 Die Klassifikation ist eine systematische Einordnung, in der Schiffe in so genannte Klassen von See- und Binnenschiffen eingeteilt werden. Sie ist eine Grobeinteilung, bei der Schiffe mit ähnlich zugrunde liegendem Zweck oder Größe zusammen erfasst werden können. Es können aber auch Schiffe zu einer Klasse gezählt werden, die einer Baureihe entstammen und daher eine ähnliche Gestaltung aufweisen.

354 Vgl. zu Bauvorschriften der Klassifikationsgesellschaften näher Teil III. 3.

tionsgesellschaften entworfen, damit die entsprechend zu klassifizierenden Schiffe den Sicherheitsstandards entsprechen. Der Schwerpunkt liegt auf der Entwicklung zwingend zu beachtender sicherheitstechnischer Vorgaben. Ist beispielsweise aus Sicherheitsgründen ein weiterer Fluchtweg nötig, kann die Klassifikationsgesellschaft verlangen, dass zusätzliche Türen eingebaut werden. Dies kann sich wiederum auf den Gesamteindruck auswirken. So kann eine besondere Dachkonstruktion aufgrund mangelhafter Stabilität von der Klassifikationsgesellschaft untersagt werden. Im äußersten Fall müssen substanzielle Veränderungen ausgeführt werden, wodurch urheber- oder gar geschmacksmusterrechtlicher Schutz versagt bleiben muss. Davon, dass Ingenieure oder Architekten der Klassifikationsgesellschaften selbst mittels ihrer Vorgaben geschmacksmuster- oder urheberrechtliche Werke entwerfen, so dass eine aufoktroyierte Nutzung dieser Werke im Raume steht, kann nicht angenommen werden. Grundsätzlich ist die Umsetzung der Vorgaben den Schiffsbauingenieuren selbst überlassen, so dass nicht von einer Miturheberschaft oder einer gemeinsamen Entwurfstätigkeit der Klassifikationsgesellschaften und der betroffenen Schiffbauingenieure auszugehen ist.

Da Schiffe allerdings klassifiziert werden und die Schiffbauer zwingend die Vorgaben der Gesellschaften beachten müssen, um das Schiff seetüchtig werden zu lassen, ist den Vorgaben der Klassifikationsgesellschaften Folge zu leisten, da sicherheitstechnische Aspekte für Schiffe und deren Besatzung nicht nur in extremsten Wetterbedingungen unter keinen Umständen unberücksichtigt bleiben dürfen.

(2) Ergebnis

Urheber- oder geschmacksmusterrechtlicher Schutz ist für die Miturheberschaft oder gemeinsame Entwurfstätigkeit durch Vorgaben von Klassifikationsgesellschaften auszuschließen. Den Vorgaben ist zwingend Folge zu leisten, auch wenn durch eine bedingte Veränderung ein Werk oder ein Entwurf nicht mehr schutzfähig ist.

b) Miturheber/Mitentwerfer

Werden mehrere natürliche Personen bei der Gestaltung eines Schiffes oder einzelner Teile dessen tätig, so ist zu unterscheiden, inwiefern kreative eigenschöpferische Beiträge geleistet wurden und inwiefern nicht nur von einem Urheber bzw. Entwerfer eines Musters oder Modells auszugehen ist.

aa) Miturheber im Sinne des Urheberrechts

Miturheber im Sinne des § 8 UrhG ist, wer wie ein Urheber tätig wird und eine persönliche geistige Leistung im Sinne von § 2 Abs. 2 UrhG als Beitrag zu einem gemeinsamen, einheitlichen Werk erfüllt.[355] Erforderlich ist demnach ein schöpferischer Beitrag, der sich nicht nur auf eine Art Gehilfentätigkeit bzw. Anregung reduzieren lassen darf. Darüber hinaus ist unter den Miturhebern ein gegenseitiger Wille zur Zusammenarbeit erforderlich, der sich als übergeordnetes Ziel der einzelnen Werkbeiträge darstellt.[356] Der Beitrag muss im Sinne des § 2 Abs. 2 UrhG Werkeigenschaft[357] verkörpern. Er ist vom Umfang her allerdings unabhängig, so dass auch in einem geringfügigen Beitrag eine Miturheberschaft liegen kann.[358] Das Werk kann bei einer horizontalen bzw. bei einer vertikalen Arbeitsteilung als einheitlich gelten. Es können also Arbeitsschritte nebeneinander (horizontal) erfolgen oder die einzelnen Arbeitsschritte aufeinander aufbauend gestaltet sein (vertikal).[359] So kann beispielsweise in horizontaler Arbeitsteilung ein Schiffbauingenieur an der Gestaltung des Schiffskörpers (Rumpf, Bug und Heck), ein anderer an den Aufbauten für die Passagiere und ein Dritter an der Ausgestaltung der einzelnen sich an Deck befindlichen Elemente wie z.B. Lampen, Leitern etc. arbeiten. Handelt es sich um jeweils schöpferische Beiträge und ist das Werk in seiner Gesamtheit schutzfähig, so sind die Beteiligten im Verhältnis zueinander Miturheber.

355 BGH GRUR 1994, 39, 40 – Buchhaltungsprogramm; BGH GRUR 1963, 40, 41 – Straßen – gestern und morgen; OLG München GRUR 1956, 432, 434 – Solange Du da bist; OLG Schleswig GRUR 1985, 289, 290 – Tonfiguren; OLG München ZUM 1990, 186, 190; auch BGH GRUR 1985, 529 – Happening; KG GRUR 1984, 507 – Happening; Wandtke/Bullinger/*Thum* § 8 UrhG Rn. 3.

356 Schricker/*Loewenheim* § 8 UrhG Rn. 8f.; Fromm/Nordemann/*W. Nordemann* § 8 UrhG Rn. 2f.; Thode/Wirth/Kuffer/*Knipp* § 32 Rn. 71.

357 H.M.: Schricker/*Loewenheim* § 8 UrhG Rn. 4; *Sontag* 7; *Waldenberger* 14; *Werner* BB 1982, 280; a.A. Möhring/Nicolini/*Ahlberg* § 8 UrhG Rn. 8.

358 OLG Karlsruhe GRUR 1984, 812, 813 – Egerlandbuch; Schricker/*Loewenheim* § 8 UrhG Rn. 4.

359 Thode/Wirth/Kuffer/*Knipp* § 32 Rn. 71.

Vertikal aufeinander aufbauende Arbeitsschritte liegen vor, wenn beispielsweise ein Schiffbauingenieur das Schiffsäußere entwirft und ein anderer erst anschließend die farbliche Ausgestaltung des Äußeren vornimmt. Dabei ist immer vorauszusetzen, dass die einzelnen Arbeitsschritte jeweils den urheberrechtlichen Anforderungen entsprechen und damit die nötige Gestaltungshöhe erreichen, um von Miturheberschaft ausgehen zu können.

bb) Gemeinsame Entwurfstätigkeit im Sinne des GeschmMG

Gemäß § 7 Abs. 1 S. 2 GeschmMG steht das Recht auf das Geschmacksmuster mehreren Personen gemeinschaftlich zu, wenn sie gemeinsam ein Muster entworfen haben. Diese Vorschrift ähnelt damit dem § 8 UrhG bezüglich der Miturheberschaft. Von jedem Beteiligten wird ein Beitrag zur Erreichung eines gemeinsamen Zweckes erwartet. Der Beitrag muss sich in der Eigenart des Musters bzw. Modells widerspiegeln, da ansonsten z.B. nur Akte der Umstellung oder Weisungsausführung vorliegen könnten.[360] Der beitragende Entwurf muss nicht zeitgleich mit denen der anderen Beteiligten, sondern kann auch untergeordnet[361] oder nachrangig (ähnlich wie im Urheberrecht bezüglich der vertikalen und horizontalen Gestaltungstätigkeit) erfolgen. Es kommt auf den Beitrag zum Gesamtkonzept des Entwurfs eines Musters oder Modells an.

Wurden mehrere gemeinsam beim Entwerfen eines Musters/Modells tätig, so entsteht eine Gesamthandsgemeinschaft und das Recht aus dem Geschmacksmuster steht ihnen gemeinsam zu.[362] Die Folge ist, dass die Beteiligten gemäß § 709 Abs. 1 BGB gemeinschaftlich über die Anmeldung oder eine eventuelle Zugänglichmachung bereits vor der Anmeldung gegenüber Dritten (beispielsweise dem Reeder oder der Werft) oder der Allgemeinheit (auf Messen oder Ausstellungen) entscheiden müssen.[363]

360 Eichmann/v. Falckenstein/*Eichmann* § 7 GeschmMG Rn. 7.
361 BGH GRUR 1994, 40.
362 *Bulling/Langöhrig/Hellwig* Rn. 158; Eichmann/v. Falckenstein/*Eichmann* § 7 GeschmMG Rn. 8.
363 Eichmann/v. Falckenstein/*Eichmann* § 7 GeschmMG Rn. 8.

cc) Problem: Erkennbarkeit einer Miturheberschaft für kontrahierenden Partner

Problematisch wird es, wenn mehrere Architekten Miturheber sind, aber nur einer dem Geschäftspartner, d.h. dem Auftrag erteilenden Reeder bzw. der Auftrag erteilenden Werft, gegenübertritt. Diese Konstellation kann sich etwa dann ergeben, wenn innerhalb eines Architektenbüros mehrere Architekten tätig werden. Es stellt sich dann die Frage, inwiefern der annehmende, den Auftragsvertrag unterzeichnende Architekt als Miturheber Vertreter der anderen Architekten ist. An der Stellvertreterstellung nach § 164ff. BGB kann in Bezug auf die Offenkundigkeit gezweifelt werden. Einmal davon ausgehend, dass der Auftrag erteilende Reeder oder die Werft annehmen muss, dass an einer komplizierten Konstruktion eines Schiffes regelmäßig mehrere Architekten beteiligt sein werden, so dürfte sich die Offenkundigkeit bereits aus der Art und dem Umfang des Auftrages ergeben. Lediglich die Vertretungsmacht des kontrahierenden Architekten bezüglich der Miturheber, also der nicht anwesenden Architekten, bleibt dann zu erklären. Bei Nichtbestehen interner Regelungen müsste zunächst von einer vollmachtlosen Vertretung ausgegangen werden, die mit Beginn der Bearbeitung durch den/die anderen Miturheber/Architekten nachträglich genehmigt wird.

Bei der Gesamthandsgemeinschaft für ein Geschmacksmuster muss wiederum gemeinschaftlich entschieden werden, ob und inwiefern eine Vertretung überhaupt stattfinden soll.[364]

dd) Problem: Einschaltung eines weiteren Architekten

Wird ein weiterer Architekt durch den Reeder oder die Werft eingeschaltet, kann dies zu Konflikten führen. Es dürfte zum einen zunächst der jeweilige Vertrag des einen sowie des anderen Architekten/ Architektenbüros und der ihm zugrunde liegende Inhalt ausschlaggebend sein. Zum anderen wird in der Praxis für einen Teil der Ausarbeitung, beispielsweise die Innenraumgestaltung, ein Architekt beauftragt werden und für die äußere Gestaltung ein anderer.

Problematisch wird es, wenn die Werft einen Architekten eingeschaltet hat, der bereits einen fertigen Entwurf etwa der äußeren Form ei-

364 Eichmann/v. Falckenstein/*Eichmann* § 7 GeschmMG Rn. 8.

nes Schiffes geliefert hat, sodann ein zweiter Architekt durch den Reeder engagiert wurde, um den fertigen Entwurf nach den jeweiligen Vorgaben des Reeders zu verändern. Bleibt die ursprüngliche gesamte urheberrechtlich geschützte Gestaltung erhalten, so muss ermittelt werden, ob womöglich eine Entstellung oder unzulässige Bearbeitung vorliegt. Sind nur einzelne Elemente urheberrechtlich geschützt und werden lediglich andere Gestaltungen hinzugefügt, ohne dass das Ursprüngliche verändert, beeinflusst oder anderweitig gestört wird, dann liegen mehrere urheberrechtliche Werke vor. Ergeben diese unterschiedlichen Beiträge erst in der Gesamtgestaltung ein urheberrechtliches Werk, so kann wiederum Miturheberschaft oder Werkverbindung bzw. eine gemeinsame Entwurfstätigkeit im geschmacksmusterrechtlichen Sinne vorliegen.

ee) Anpassungen der Schiffskonstruktion

Grundsätzlich ist es möglich, dass der Reeder nach Erstellung der Pläne durch die Werftarchitekten noch Anpassungen vornehmen lassen kann. Diese können vertraglich allerdings einer Beschränkung insoweit unterliegen, als dass lediglich minimale Änderungen nach Fertigstellung zugelassen werden. Liegen Änderungswünsche vor, so werden die Baumaßnahmen in der Regel bis zur Abstimmung, inwiefern diese Modifikationen auch umgesetzt werden können, nach den alten Plänen fortgeführt. Haben sich die beteiligten Parteien über die Änderungen geeinigt, so müssen unter Umständen neue Stabilitätsberechnungen, Vorlagen an die betreuende Klassifikationsgesellschaft usw. vorgenommen werden.

Kommt es nun aufgrund der Änderungswünsche des Auftraggebers zu neuen prägenden, ästhetischen Formen, so dürfte sich eine „Verschiebung“ bezüglich der Urheberschaft ergeben. Die Frage bleibt, inwiefern im konkreten Fall eine Miturheberschaft[365] bzw. Mitgestaltung bei der Gesamtbetrachtung des Schiffes vorliegt bzw. ob eine Alleinurheberschaft[366] oder Alleingestaltung eines Musters bezüglich der neuen geänderten, ästhetischen, schöpferischen Gestaltung gegeben ist, oder ob gar eine urheberrechtliche Verletzung im Sinne ei-

365 Vgl. oben zur Miturheberschaft Teil II. 6. b) aa) und bb).

366 Siehe oben zum Schöpfer des Werkes bzw. Mustergestalters Teil II. 6. a) aa) und bb).

ner Entstellung oder unzulässigen Bearbeitung angenommen werden muss.

c) Vergütung der Architekten/Schiffbauingenieure

Die Vergütung richtet sich in der Regel nach den gleichen Regeln wie bei allen anderen Urhebern. Der Urheber ist an der unmittelbaren oder mittelbaren Gewinnerzielung durch seine Werke zu beteiligen, da ihm die Gewinnbeteiligung entsprechend Art. 14 GG als eigentumsähnlichem Recht zugestanden werden muss.[367]

aa) Angestellter Architekt/Schiffbauingenieur

Es wird mit der h.M. davon ausgegangen, dass mit der Gehaltszahlung eines angestellten Architekten bzw. Schiffbauingenieurs die urheberrechtliche Nutzungsrechtseinräumung gleichzeitig abgegolten ist, wenn der Arbeitgeber das geschaffene Werk zu betrieblichen Zwecken nutzt (so genannte Abgeltungstheorie).[368] Eine Gewinnbeteiligung neben dem festen Einkommen ist eher unüblich.[369] Dies bedeutet, dass der Werftinhaber bzw. der Betreiber das Schiff, das durch den Schiffbauingenieur gestaltet wurde, zu seinen Zwecken nutzen kann. Rechtsprechung und Literatur sprechen sich für eine zusätzliche Vergütung des Werkschaffenden aus, wenn die Nutzung des Werkes außerhalb der betrieblichen Interessen eingesetzt wird,[370] was vom BAG bereits grundsätzlich für Pflichtwerke abgelehnt wird.[371] Eine Anpassung bei unangemessener Vergütung kann über

367 BVerfGE 31, 229ff. – Kirchen- und Schulgebrauch; BVerfGE 49, 382 – Kirchenmusik; BGHZ 17, 266, 278f. – Urheberrecht und Magnettonaufnahme.

368 Dreier/Schulze/*Dreier* § 43 UrhG Rn. 30; Dreyer/Kotthoff/Meckel/*Kotthoff* § 43 UrhG Rn. 23; Wandtke/Bullinger/*Wandtke* § 43 UrhG Rn. 134; *Binder/Kosterhon* Rn. 179; siehe näher zur Argumentation der herrschenden Abgeltungstheorie und zu den Gründen der Befürworter der Trennungstheorie Wandtke/Bullinger/*Wandtke* § 43 UrhG Rn. 134ff.; *Wandtke* GRUR 1999, 390ff.

369 Vgl. auch *Delp* Rn. 142.

370 Dreier/Schulze/*Dreier* § 43 UrhG Rn. 31; Fromm/Nordemann/*A. Nordemann* § 43 UrhG Rn. 30f.; *Rehbinder* Rn. 339; *Schack* Rn. 987; *Stickelbrock* GRUR 2001, 1087, 1091.

371 BAG GRUR 1984, 429, 432 – Statikprogramme; Schaub/*Schaub* § 115 Rn. 61; Richardi/Wlotzke/*Sack* § 100 Rn. 21; Dietrich/Hanau/Schaub/*Preis* § 612 BGB Rn. 19.

§ 32 UrhG erfolgen, auch wenn ein arbeitsvertragliches Verhältnis besteht.[372]

Entwirft der Schiffbauingenieur ein geschmacksmusterrechtliches Muster oder Modell im Rahmen seines Arbeitsverhältnisses, so steht der Entwurf in der Regel dem Arbeitgeber originär zu, sofern vertraglich nichts anderes vereinbart wurde, § 7 Abs. 2 GeschmMG.[373] Maßgeblich ist, ob der Entwurf des Musters oder Modells weisungsgebunden bzw. im Rahmen der arbeitsvertraglich festgelegten Aufgaben des Entwerfers entstanden ist. Der Aufgabenkreis, in dem der Entwerfer tätig wird, ist weit zu fassen. Er kann sogar über das allgemein im Arbeitsvertrag Festgehaltene hinausgehen und kann bezüglich der betrieblichen Verantwortlichkeit auch weiter ausfallen.[374] Ist der Entwurf frei entstanden, hat ein Schiffbauingenieur außerhalb der Arbeitszeit beispielsweise ein Schiff entworfen, so erwirbt der Arbeitgeber nicht kraft Gesetzes diesen Entwurf.[375] Er kann sich das Recht daran aber durch Übertragungsvertrag einräumen lassen.

Wie nach der h.M. im Urheberrecht wird auch im Geschmacksmusterrecht mit Auszahlung des Gehalts der fertige Entwurf, sofern er gebunden im Rahmen des Arbeitsvertrages erstellt wurde, vergütet.[376] Geht die Gestaltung allerdings über das Gewöhnliche hinaus und liegt insbesondere bei Werken der angewandten Kunst ein hochrangiger Entwurf vor, so kann nach dem Sonderleistungsprinzip im Sinne des § 32 Abs. 1 S. 3 UrhG bzw. des § 32a UrhG zu untersuchen sein, ob die Vergütung angepasst werden muss.[377]

bb) Selbstständiger Architekt/Schiffbauingenieur

Der selbstständig arbeitende Schiffbauingenieur wird in der Regel im Rahmen des Werkvertrages die urheberrechtlichen Nutzungsrechte

372 Loewenheim/*A. Nordemann* § 63 Rn. 66; *Delp* Rn. 401 ff. zur Haftung von Dritten bei auffälligem Missverhältnis der ursprünglichen Vergütungsvereinbarung zwischen Urheber und eigentlichem Vertragspartner.

373 Eichmann/v. Falckenstein/*v. Falckenstein* § 7 GeschmMG Rn. 20, 24.

374 Siehe vertiefend dazu Eichmann/v. Falckenstein/*v. Falckenstein* § 7 GeschmMG Rn. 20.

375 Eichmann/v. Falckenstein/*v. Falckenstein* § 7 GeschmMG Rn. 21, siehe auch vertiefend zur Meldepflicht von Entwürfen des Arbeitnehmers Rn. 23.

376 Eichmann/v. Falckenstein/*v. Falckenstein* § 7 GeschmMG Rn. 25.

377 BGH GRUR 2002, 149, 152 f. – Wetterführungspläne II; Eichmann/v. Falckenstein/*v. Falckenstein* § 7 GeschmMG Rn. 26.

auf den Auftraggeber übertragen. Im Gegenzug wird die Vergütung dementsprechend vereinbart werden, dass nicht nur für die Erstellung des Werkes Schiff eine Vergütung, sondern auch eine Vergütung für die Einräumung der Nutzungsrechte geleistet werden muss. Je nach Absatzerwartungen wird der Schiffbauingenieur gut beraten sein, dahingehend eine Lizenzvereinbarung zu treffen, dass eine wiederkehrende Vergütung bei positiven Marktchancen und bei weniger erwartungsträchtigen Absatzchancen mittels einer einzigen pauschalen Gebühr für den Wert des Werkes zu leisten ist.

Ist wiederum die Vergütung nicht angemessen, da beispielsweise die nutzungsberechtigte Werft einen ungemein hohen Absatzerfolg aufgrund der Gestaltung des Schiffes erfährt, so bedarf es unter Umständen einer Anpassung der einmal erfolgten Vergütung nach § 32 bzw. § 32a UrhG.[378]

Ohne eine ausdrückliche Vereinbarung über eine Nutzungsrechtseinräumung ist allerdings nicht davon auszugehen, dass mit Auslieferung des Werkes oder des Entwurfs Nutzungsrechte zugunsten des Auftraggebers eingeräumt worden sind.[379] Hat der Auftraggeber unzweifelhaft ausgedrückt, dass der Auftrag auch eine Nutzungsrechtseinräumung beinhaltet, so kann diese auch stillschweigend erfolgen.[380]

Geschmacksmustern liegt ein Vermögenswert zugrunde. Daher wird im Gegenzug für ein Muster oder Modell ebenfalls eine vermögenswerte Leistung zu erwarten sein.[381] Inwiefern die Vergütung durch einmalige oder wiederkehrende Zahlungsleistungen erfolgen soll, bleibt dem Rechtsinhaber selbst überlassen bzw. wird sich je nach Absatzchancen ermitteln lassen müssen.[382]

378 Siehe näher dazu Wandtke/Bullinger/*Wandtke/Grunert* § 32 UrhG Rn. 4 ff. und § 32a UrhG Rn. 4 ff.; Loewenheim/*v. Becker* § 29 Rn. 24 ff.
379 Wandtke/Bullinger/*Wandtke/Grunert* Vor §§ 31 ff. UrhG Rn. 93.
380 Vgl. auch OLG Frankfurt GRUR-RR 2007, 307, 308.
381 Eichmann/v. Falckenstein/*Eichmann* § 31 GeschmMG Rn. 24.
382 Siehe auch näher zur Einräumung von Lizenzen Teil II. 8. d).

7. Urheber-, Designerpersönlichkeitsrechte und sonstige Rechte

In welchen Bereichen ein Designschaffender der Schiffbauindustrie bzw. ein Schiffbauingenieur arbeiten kann und welche rechtliche Stellung er dabei innehaben kann, ist zuvor erläutert worden. Darüber hinaus können ihm auch Persönlichkeitsrechte zustehen. Da das Geschmacksmusterrecht keine ausgeprägten Persönlichkeitsrechte – mit Ausnahme des Rechts auf Entwerferbenennung aus § 10 GeschmMG – enthält,[383] besteht auf Grundlage des allgemeinen Persönlichkeitsrechts (Art. 2 Abs. 1 GG) ein so genanntes Designerpersönlichkeitsrecht. Bevor auf dieses ausführlich eingegangen wird, sollen zunächst die Urheberpersönlichkeitsrechte näher untersucht werden.

a) Urheberpersönlichkeitsrechte

Dem Urheber stehen ureigenste persönliche Befugnisse zu, die sich aus der Beziehung zwischen ihm und seinem Werk und aus dessen Nutzung ergeben.[384] Sie können gemäß § 29 Abs. 1 UrhG nicht übertragen werden, so dass die Verfügung hierüber nach § 134 BGB nichtig wäre. Lediglich deren Wahrnehmung kann auf Dritte übertragen werden. Diese so genannten Urheberpersönlichkeitsrechte stehen dem Urheber höchstpersönlich zu.

Wurde beispielsweise eine urheberrechtlich geschützte Kogge in einen pinkfarbenen Nachtclub umgebaut, so kann dieser in einer Entstellung im Sinne des § 14 UrhG liegenden Rechtsverletzung durch Wiederherstellung des ursprünglichen Zustandes oder durch Zahlung einer Geldleistung abgeholfen werden. Der Schiffbauingenieur kann aber auch mittels Einwilligung die Handlung rechtmäßig werden lassen.[385]

aa) Veröffentlichungsrecht, § 12 UrhG

Gemäß dem Veröffentlichungsrecht aus § 12 Abs. 1 UrhG hat der Urheber das Recht zu bestimmen, ob und wie sein Werk veröffent-

383 Wandtke/Bullinger/*Wandtke* Einl. UrhG Rn. 49.
384 Wandtke/Bullinger/*Bullinger* Vor §§ 12 ff. UrhG Rn. 1.
385 *Schricker* Vor §§ 28 ff. UrhG Rn. 28.

licht werden soll. Dem Urheber steht grundsätzlich das Recht zu, den Zeitpunkt der Veröffentlichung festzulegen bzw. der Veröffentlichung durch einen Dritten zuzustimmen[386]. Bei Schiffen wird dieses Recht in der Regel weniger bedeutsam sein, da die Bestimmung der Veröffentlichung dem Käufer mit Übertragung der Nutzungsrechte eingeräumt sein wird.[387]

bb) Anerkennung der Urheberschaft und Namensnennung, § 13 UrhG

(1) Anerkennungsrecht

Gemäß § 13 S. 1 UrhG hat der Urheber ein Recht auf Anerkennung seiner Urheberschaft am Werk. Er darf sich zu seinem Werk bekennen. Das Anerkennungsrecht aus § 13 S. 1 UrhG gewährt dem Urheber darüber hinaus die Befugnis, gegen Dritte vorzugehen, sofern sich etwa andere als Architekt oder Schiffbauingenieur eines Schiffes bezeichnen bzw. sofern andere diese Urheberschaft bestreiten.[388]

Da das Anerkennungsrecht zu den Urheberpersönlichkeitsrechten gehört, kann nur der Architekt selbst diesen Anspruch geltend machen. Weder der Auftrag gebende Reeder noch die Werft können dieses Recht für ihn wahrnehmen.[389]

(2) Namensnennungsrecht

Das Namensnennungsrecht gemäß § 13 S. 2 UrhG behält dem Urheber die Entscheidung vor, ob das Werk mit seiner Urheberbezeichnung zu versehen ist bzw. mit welcher Bezeichnung. Bei Werken, denen ein Gebrauchszweck innewohnt, wird das Namensnennungsrecht beispielsweise von *Ulmer*[390] und *Rehbinder*[391] entgegen der Ansicht

386 OLG Köln GRUR-RR 2005, 337, 338 – Dokumentarfilm Massaker; Wandtke/Bullinger/*Bullinger* § 12 UrhG Rn. 8, 10; Schricker/*Dietz* § 12 UrhG Rn. 7; Dreyer/Kotthoff/Meckel/*Dreyer* § 12 UrhG Rn. 3, 7.

387 Vgl. auch Thode/Wirth/Kuffer/*Knipp* § 32 Rn. 24.

388 BGH GRUR 1995, 671 f. – Namensnennungsrecht des Architekten; Loewenheim/*Dietz* § 16 Rn. 67; Schricker/*Dietz* § 13 UrhG Rn. 6 ff.; Wandtke/Bullinger/*Bullinger* § 13 UrhG Rn. 2; *Ulmer* 213; *Rehbinder* Rn. 240; *v. Welser* 34.

389 OLG Frankfurt NJW 1991, 1839; *Delp* Rn. 115; *Müller* 141.

390 *Ulmer* 214 f.; vgl. auch *Müller* 143.

391 *Rehbinder* ZUM 1991, 220, 224 ff.; vgl. auch *Müller* 143.

des BGH[392] verneint.[393] Ein Verzicht auf das Namensnennungsrecht soll erst nach (auch konkludenter) Zustimmung des Urhebers möglich sein.[394] Sogar Branchenüblichkeit soll ausreichend sein, um einen Verzicht annehmen zu dürfen, wenn es z.B. technisch unmöglich ist, den Namen des Urhebers am Werk zu befestigen.[395] Dies geht nach Ansicht *Müllers*[396] zu weit: Er geht zwar von einem stillschweigenden Verzicht aus, beharrt aber auf einer vorherigen eingehenden Prüfung des branchenüblichen Verzichts, damit kein wie etwa vom OLG München[397] angenommener nachträglich möglicher Widerruf dieses Verzichts mehr nötig ist.

In der Schiffbauindustrie unterbleibt in der Regel eine Benennung der Werftarchitekten von (Handels-)Schiffen. Dies hängt wohl eher damit zusammen, dass Schiffbauarchitekten bzw. -ingenieure Schiffe in einem Abhängigkeitsverhältnis erschaffen und damit die Benennung der Werft erfolgt. Dies ist bei angestellten Urhebern grundsätzlich als zulässig anerkannt, da sich aus dem Arbeitsverhältnis gewisse Beschränkungen je nach Eigenart der Tätigkeit ergeben können und solche im Rahmen des Rechts auf Namensnennung auch zulässig sind.[398]

(a) Entfallen der Namensnennung, § 63 Abs. 1 S. 4 und Abs. 2 UrhG

Wird über ein urheberrechtlich geschütztes Schiff mittels Verwendung einer Abbildung des Schiffes berichtet, so beinhaltet das Namensnennungsrecht auch, dass der Urheber genannt wird. Die Angabe kann allerdings im Falle des § 63 Abs. 1 S. 4 UrhG unterbleiben, wenn die Angaben des Urhebers weder auf oder an dem berichteten Werk genannt werden noch dem Berichterstatter anderweitig bekannt sind.

392 BGH GRUR 1995, 671, 673 – Namensnennungsrecht des Architekten.
393 Näher zur branchenüblichen Benennung von Architekten *Müller* 143 f.
394 *Delp* Rn. 120; *Müller* 148.
395 Möhring/Nicolini/*Kroitzsch* § 13 UrhG Rn. 20 ff.; *Haberstumpf* Rn. 136.
396 *Müller* 148 f. setzt sich mit dem Verzicht der Benennung von Architekten bei Bauwerken auseinander.
397 OLG München GRUR-RR 2004, 36 – Pumuckl.
398 Wandtke/Bullinger/*Bullinger* Vor §§ 12 ff. UrhG Rn. 7; Loewenheim/*Dietz* § 16 Rn. 79; *Rehbinder* Rn. 336.

Gemäß § 63 Abs. 2 UrhG darf die Quellenangabe nicht entfallen, wenn die öffentliche Wiedergabe eines Werkes zulässig ist und die Verkehrssitte es erfordert. In den Fällen, in denen die Verkehrssitte eine Quellenangabe also nicht erfordert, kann diese unterbleiben.[399] Unwirksam ist aber eine beispielsweise in einem Angestelltenverhältnis abbedungene Verzichtsklausel bezüglich des Nennungsrechtes aus § 13 UrhG.[400]

(b) Branchenüblichkeit in der Schiffbauindustrie

Da die Bezeichnung von Schiffen und der herstellenden Werft allgemein in Registern vermerkt ist, sollte der Urheber bei Schiffen nach § 63 Abs. 1 S. 4 UrhG grundsätzlich über die Werft ermittelbar und somit bekannt sein. Die Verpflichtung zur Quellenangabe entfällt damit nicht.

Wird etwa ein Schiff durch eine enge Flussmündung überführt und ergibt sich aus der Berichterstattung, um welche Werft es sich handelt, so kann eine Namensnennung des einzelnen Architekten unterbleiben, da zumindest die Werft aus der Berichterstattung hervorgeht. Damit ist zwar keine ausdrückliche Nennung im Sinne des § 13 UrhG erfolgt. In der Schiffbauindustrie ist es gebräuchlich, dass in derartigen Fällen die Werft stellvertretend für den (angestellten) Architekten bzw. Schiffbauingenieur genannt wird, auch wenn diese das Urheberpersönlichkeitsrecht nicht für den Architekten wahrnehmen kann.[401]

Wird über ein Schiff berichtet, so wird in der Praxis allenfalls der Name der Reederei genannt werden, d.h. der Name der das Schiff verwaltenden Gesellschaft.[402] Auf einem Logo an der Außenseite oder am Schornstein des Schiffes wird darüber hinaus die Bezeichnung der Reederei zu finden sein, die des eigentlichen Urhebers in der Regel nicht.

Es ist zwar anerkannt, dass sich aus dem Zweck des Arbeitsvertrages ergeben kann, dass eine Namensnennung unterbleiben kann, z.B.

399 Vgl. auch Dreier/Schulze/*Schulze* § 63 UrhG Rn. 21.
400 *Müller* 145.
401 *Müller* 145.
402 Siehe zu dem Begriff Reeder näher Teil II. 6. a) dd).

wenn eine Anbringung des Namens die wirtschaftliche Verwertung des Werkes beeinträchtigen würde.[403] Auf einem Schiff wirkt allerdings eine Benennung nicht beeinträchtigend, wie beispielsweise die Bezeichnung eines Urhebers auf einem Werbeplakat. So ist von einem Verzicht aufgrund Branchenüblichkeit in der Praxis auszugehen. Generell zulässig ist diese Regelung indes nicht.[404]

cc) Beeinträchtigungs- und Entstellungsverbot, § 14 UrhG

Das Änderungsverbot richtet sich im Wesentlichen nicht nur gegen Veränderungen zu „ästhetisch Minderwertigem“, sondern grundsätzlich auch gegen Änderungen, die die generellen prägenden Merkmale des Werkes verfälschen.[405] Der Urheber hat ein Recht auf Integrität und Bestand seines Werkes.[406] Es stellt sich aber auf der anderen Seite bei Schiffen die Frage, ob nicht der Reeder ein vorrangiges (Eigentümer-)Interesse an der äußeren Gestaltung wegen des dem jeweiligen Schiff zugrunde liegenden Gebrauchszwecks haben könnte.[407]

Abb. 6 *Verlängerung der Enchantment of the Seas*[408]

403 Wandtke/Bullinger/*Wandtke* § 43 UrhG Rn. 92.
404 Vgl. Wandtke/Bullinger/*Wandtke* § 43 UrhG Rn. 93.
405 *Delp* Rn. 129.
406 Loewenheim/*Dietz* § 16 Rn. 88; Wandtke/Bullinger/*Bullinger* § 14 UrhG Rn. 1; Schricker/*Dietz* § 14 UrhG Rn. 1, 3.
407 Vgl. zum Gebrauchszweck von Bauwerken Loewenheim/*Dietz* § 16 Rn. 100.
408 Quelle: www.keppelverolme.nl/news/Enchantment/Cruising%27s%20big%20stretch.pdf.

Veränderungen an Schiffen nach deren Fertigstellung und bereits mehrjährigem Gebrauch können beispielsweise durch Umbauten, Aufbauten, Verlängerung eines Schiffes durch Einfügung eines Mittelteils, Verkürzung durch Herausschweißen eines Elementes, durch ökologisch bedingte Maßnahmen (doppelwandige Nachrüstung von Tankern z.B.) oder dergleichen erfolgen. Das Kreuzfahrtschiff „Enchantment of the Seas“ (siehe Abb. 6) konnte durch Einfügung eines Zwischenteils um 22,2m auf eine Gesamtlänge von 301,8m verlängert werden. In solchen Fällen muss mittels einer Abwägung[409] zwischen Eigentümer- und Urheberinteressen ermittelt werden, welchen Belangen Vorrang zu gewähren ist[410] bzw., ob vertraglich nicht bereits ein Nutzungsrecht mit Änderungsbefugnis im Sinne von § 39 UrhG[411] eingeräumt war. Bei Änderungen wegen Anforderungen von Baubehörden spricht das Kammergericht[412] beispielsweise dem Eigentümer eine Änderungsbefugnis zu. Würde nun nachträglich eine Änderung von einer Klassifikationsgesellschaft aufgrund sicherheitsrechtlicher Bestimmungen angeordnet werden, so dürften die Interessen des Urhebers wohl eher nachrangig sein. Grundsätzlich ist davon auszugehen, dass, wie bei Bauwerken auch, wirtschaftliche oder sicherheitsbedingte Gegeninteressen und keine ästhetischen Interessen des Eigentümers bzw. Reeders ausschlaggebend für eine berechtigte Änderung sein dürften.[413]

dd) Bearbeitungen, § 23 UrhG

Gemäß § 3 UrhG beruht eine Bearbeitung auf einem die urheberrechtliche Gestaltungshöhe erreichenden Werk und besitzt als Abwandlung des Ausgangswerkes die nötige Schöpfungshöhe.[414] Das ursprüngliche Werk kann jedoch bereits zum Bearbeitungszeitpunkt

409 Siehe näher zum dreistufigen Prüfungsverfahren der Interessenabwägung Loewenheim/*Dietz* § 16 Rn. 103ff.; vgl. auch Wandtke/Bullinger/*Bullinger* § 14 UrhG Rn. 15ff.; Schricker/*Dietz* § 14 UrhG Rn. 18ff.; *Delp* Rn. 129; *Goldmann* GRUR 2005, 639, 642.

410 Loewenheim/*Dietz* § 16 Rn. 89; *Schack* Rn. 350; *Rehbinder* Rn. 243ff.

411 Siehe dazu unter Teil II. 7. a) ee).

412 KG Berlin ZUM 1997, 208.

413 Vgl. auch BGH GRUR 1999, 230; OLG Hamm ZUM-RD 2001, 590, 592 – Gartenanlage; Loewenheim/*Dietz* § 16 Rn. 100; *Delp* Rn. 129.

414 Wandtke/Bullinger/*Bullinger* § 23 UrhG Rn. 3; Loewenheim/*Hoeren* § 9 Rn. 207; *Delp* Rn. 158.

gemeinfrei geworden sein.[415] Das Bearbeitungsrecht aus § 23 UrhG schützt den Urheber gegen die unerlaubte Verwertung seines Werkes, das vom Bearbeiter übernommen wurde.[416] § 23 S. 1 UrhG nennt darüber hinaus den Begriff der „anderen Umgestaltungen". Dies sind solche, die – im Gegensatz zur Bearbeitung – nicht die nötige urheberrechtliche Schöpfungshöhe erreichen müssen.[417]

Sind die wesentlichen Züge des Ausgangswerkes im bearbeiteten Werk noch erkennbar, so handelt es sich um eine Bearbeitung oder andere Umgestaltung im Sinne von § 23 UrhG.[418] Hiervon muss die freie Benutzung nach § 24 UrhG unterschieden werden, die dann vorliegt, wenn das Ausgangswerk nur als eine Art Anregung gedient hat und dessen prägende Elemente in dem neuen Werk verblassen.[419]

Hat der Urheber seine Einwilligung zur Bearbeitung gegeben, so bezieht sich diese Befugnis allerdings auch nur auf urheberrechtlich geschützte Elemente, ansonsten können Bereicherungsansprüche und Schadensersatzansprüche geltend gemacht werden.[420] Beispielweise davon ausgehend, dass die „Enchantment of the Seas" (siehe oben Abb. 6) urheberrechtlich geschützt wäre,[421] so würde in der Verlängerung eine – aufgrund der Einwilligung[422] gemäß § 23 S. 1 UrhG – zulässige Bearbeitung liegen, da die individuellen Züge des Ausgangswerks übernommen worden und im neuen Schiff nicht derart

415 Loewenheim/*Hoeren* § 9 Rn. 207.

416 Schricker/*Loewenheim* § 23 UrhG Rn. 1; Loewenheim/*Hoeren* § 9 Rn. 210; *Delp* Rn. 129.

417 BGH GRUR 1981, 520, 521; Dreier/Schulze/*Schulze* § 23 UrhG Rn. 5; Fromm/Nordemann/*A. Nordemann* §§ 23/24 UrhG Rn. 10; Schricker/*Loewenheim* § 23 UrhG Rn. 10; Wandtke/Bullinger/*Bullinger* § 23 UrhG Rn. 4; *Schack* Rn. 237; *Rehbinder* 111; *Delp* Rn. 129.

418 *Rehbinder* Rn. 152; *Schack* Rn. 237; *Delp* Rn. 161; vgl. auch Schricker/*Loewenheim* § 23 UrhG Rn. 6.

419 Wandtke/Bullinger/*Bullinger* § 24 UrhG Rn. 9; Schricker/*Loewenheim* § 24 UrhG Rn. 11; Loewenheim/*Loewenheim* § 8 Rn. 8; *Delp* Rn. 163 und Rn. 193 ff.

420 *Delp* Rn. 161.

421 Wovon nicht auszugehen ist, da es der Enchantment of the Seas in der Gesamtbetrachtung an Individualität mangelt und damit die urheberrechtliche Schöpfungshöhe nicht erreicht sein wird.

422 Mit der Einwilligung in die Werkverwertung nach § 23 S. 1 UrhG ist die Einräumung eines Nutzungsrechts gemeint; vgl. auch Wandtke/Bullinger/*Bullinger* § 23 UrhG Rn. 8.

verblassen, dass von einem neuen eigenständigen Werk im Sinne des § 24 UrhG ausgegangen werden kann.

ee) Änderungen des Werkes, § 39 UrhG

§ 39 UrhG geht davon aus, dass bereits eine Befugnis zur Änderung besteht, d.h., dass ein urheberrechtliches Nutzungsrecht eingeräumt ist, womit es eine Ausnahme zum Änderungsschutz des Urheberpersönlichkeitsrechts aus § 14 UrhG darstellt.[423] In der Schiffbaubranche ist es oft notwendig, Änderungen an Schiffen oder einzelnen Elementen vorzunehmen, um den Sicherheitsstandards zu entsprechen oder um ein Schiff effektiver zu gestalten (beispielsweise durch Verlängerungen zur Maximierung der eigenen Kapazitäten oder Umgestaltungen von Fahrgastschiffen zur touristischen Nutzung[424]). Handelt es sich um sicherheitsbedingte Änderungen, so wird der Handlungsspielraum bezüglich der vorzunehmenden Änderung größer sein, als bei lediglich auf wirtschaftlich bedingten Gründen basierenden Änderungen.[425]

Eine vertragliche Änderungsbefugnis des Werknutzers, wie sie § 39 Abs. 1 UrhG vorsieht, soll dabei dessen Schutz dienen und den Urheber davon abhalten, diese Änderungen aufgrund möglicher Verletzungen des Urheberpersönlichkeitsrechts zu unterbinden.[426] § 39 Abs. 2 UrhG beinhaltet das gegenseitige vertragliche Rücksichtnahmegebot. Urheber und Nutzungsberechtigter haben auf die Interessen des anderen Rücksicht zu nehmen.[427] Müssen beispielsweise Schriftzüge für Wegweiser von Notausgängen unter Inkaufnahme der Änderung des Gesamteindrucks von Aufbauten vergrößert werden, so

423 BGH GRUR 1999, 230, 232 – Treppenhausgestaltung; Wandtke/Bullinger/*Wandtke/Grunert* § 39 UrhG Rn. 1, 17.

424 Siehe dazu noch ausführlich in Teil III. 7. b) aa) das Beispiel des Fahrgastschiffes MS Vindobona, das von Friedensreich Hundertwasser umgestaltet wurde.

425 Vgl. dazu auch Schricker/*Dietz* § 39 UrhG Rn. 14ff.; Wandtke/Bullinger/*Wandtke/Grunert* § 39 UrhG Rn. 37; *Delp* Rn. 125; vgl. auch LG Berlin GRUR 2007, 964, 969.

426 Vgl. dazu auch Wandtke/Bullinger/*Wandtke/Grunert* § 39 UrhG Rn. 5; Schricker/*Dietz* § 39 UrhG Rn. 8ff.; vgl. auch Dreier/Schulze/*Schulze* § 39 UrhG Rn. 9ff.

427 Vgl. auch Dreier/Schulze/*Schulze* § 39 UrhG Rn. 16 bzw. Schricker/*Dietz* § 39 UrhG Rn. 14ff.

kann der Urheber seine Einwilligung gemäß § 39 Abs. 2 UrhG nicht versagen.

Das Änderungsrecht bei Bauwerken gewährt dem Eigentümer beispielsweise jedoch nicht per se ein Änderungsrecht. Es werden mit der Veräußerung des Originalwerkes im Zweifel keine Nutzungsrechte eingeräumt sein, vgl. § 44 UrhG.

Von einer Veräußerung des Originalwerkes einmal ausgehend, ist mit § 44 UrhG eben nicht von einer Nutzungsrechtseinräumung auszugehen. Änderungen können dann lediglich als Ergebnis einer Interessenabwägung zwischen den Eigentümerbelangen und denen des Urhebers erfolgen.[428] Basieren die Änderungswünsche des Eigentümers auf nutzungserhaltenden, wirtschaftlichen oder technischen Gründen, die sich auf die Gestaltung des Werkes nicht erheblich auswirken, so werden die Urheberinteressen in der Regel zurücktreten.[429] Nach Ansicht des BGH[430] sollen auch Erweiterungen von Zweckbauten darunter fallen, was übertragen auf die Schiffbauindustrie bedeutet, dass Verlängerungen wie die der „Enchantment of the Seas" den Urheberinteressen wohl nicht aufgrund des dadurch erweiterten wirtschaftlichen Nutzens entgegenstehen könnten (vorausgesetzt das Schiff ist urheberrechtlich schutzfähig). Bei der „Enchantment of the Seas" ist keine ästhetische Veränderung vorgenommen worden, im Gegenteil wurde das verlängerte Element in den bereits vorhandenen Korpus derart eingefügt, dass bei entfernter Betrachtung ein Unterschied bezüglich der äußeren Gesamtgestaltung nicht feststellbar ist. Ästhetisch bedingte Änderungen werden im Rahmen der vorzunehmenden Interessenabwägung nicht gerechtfertigt werden können, es sei denn, es wurde von dem Eigentümer ein dahingehendes urheberrechtliches Nutzungsrecht vertraglich eingeräumt.[431]

428 *Goldmann* GRUR 2005, 639, 641.

429 Wandtke/Bullinger/*Wandtke/Grunert* § 39 UrhG Rn. 37; Thode/Wirth/Kuffer/*Knipp* § 32 Rn. 35; *Müller* 162; vgl. auch *Gerlach* GRUR 1976, 613, 622.

430 BGH GRUR 1999, 420, 426 – Verbindungsgang; BGH GRUR 1974, 675, 676 – Schulerweiterung.

431 BGH GRUR 1999, 230, 232 – Treppenhausgestaltung; Wandtke/Bullinger/*Wandtke/Grunert* § 39 UrhG Rn. 38; *Binder/Kosterhon* Rn. 260.

b) Sonstige Rechte

In §§ 25 bis 27 UrhG werden die sonstigen Rechte des Urhebers geregelt. Von Relevanz für die Schiffbauindustrie bzw. für den Schiffbauingenieur ist hierbei das Zugangsrecht gemäß § 25 UrhG.

aa) Zugang zu Werkstücken (Zugangsrecht), § 25 UrhG

Der Urheber kann vom Besitzer des Originals oder eines Vervielfältigungsstückes verlangen, dass er ihm das Werk zugänglich macht, § 25 Abs. 1 Halbs. 1 UrhG. § 25 UrhG soll einen Interessenausgleich für den Urheber darstellen, da auch nach der Trennung von Sach- und geistigem Eigentum weiterhin die andauernde ideelle Bindung zu seinem Werk bestehen bleiben soll.[432]

Dieser Zugang wird nur gewährt, soweit es zur Herstellung von Vervielfältigungsstücken oder Bearbeitungen des Werkes erforderlich ist und keine berechtigten Interessen des Besitzers entgegenstehen, § 25 Abs. 1 Halbs. 2 UrhG.[433] Auf das Zugangsrecht als Urheberpersönlichkeitsrecht kann nicht verzichtet werden. Es ist damit auch nicht übertragbar.[434]

Das Zugangsrecht soll jedoch auch vom Nutzungsrechtsberechtigten ausgeübt werden, wenn er hierzu vom Urheber ermächtigt wurde und der Zugang im Rahmen des eingeräumten Nutzungsrechts erforderlich ist.[435] In der Regel wird der Urheber sich zur Qualitätssicherung einer Unterstützung beispielsweise beim Fotografieren seines Werkes bedienen. Dies soll grundsätzlich möglich sein, indes ist im Rahmen der Interessenabwägung zu prüfen, ob der Zugang die berechtigen Interessen des Besitzers beeinträchtigen kann.[436]

432 Wandtke/Bullinger/*Bullinger* § 25 UrhG Rn. 1; Schricker/*Vogel* § 25 UrhG Rn. 1; Dreier/Schulze/*Schulze* § 25 UrhG Rn. 1.

433 Vgl. *Delp* Rn. 137.

434 Schricker/*Vogel* § 25 UrhG Rn. 7; Dreier/Schulze/*Schulze* § 25 UrhG Rn. 2, 5; *Müller* 188.

435 Dreier/Schulze/*Schulze* § 25 UrhG Rn. 5; *Ohly* FS Schricker 1995, 427, 455; a. A. Fromm/Nordemann/*A. Nordemann* § 25 UrhG Rn. 8; Schricker/*Vogel* § 25 UrhG Rn. 7.

436 Wandtke/Bullinger/*Bullinger* § 25 UrhG Rn. 3; Dreier/Schulze/*Schulze* § 25 UrhG Rn. 18; Schricker/*Vogel* § 25 UrhG Rn. 11.

bb) Zugang in der Schiffbauindustrie

Ist der Urheber nicht mehr im Besitz des von ihm geschaffenen Werkes, soll das Zugangsrecht gewährleisten, dass er seine urheberrechtlichen Befugnisse wahrnehmen kann. So kann der Urheber beispielsweise durch den Zugang Pläne des Werkes vervollständigen. Sind nur einzelne Elemente urheberrechtlich geschützt, so soll das Zugangsrecht im Sinne des § 25 UrhG zumindest bei Bauwerken das ganze Gebäude erfassen.[437] Dementsprechend wird damit auch das Zugangsrecht in Bezug auf Schiffe einer Beschränkung unterliegen, wenn urheberrechtlicher Schutz lediglich für einen Aufbau besteht. Dem Architekten müssen dann nicht die von einem anderen Architekten geschaffenen, in anderen Bereichen des Schiffes liegenden Bauteile oder Installationen zugänglich gemacht werden. Hingegen erscheint für den Architekten sinnvoll, sich bezüglich der stabilitätsbedingten Unterbauten Zugang verschaffen zu können. Ein vollumfängliches Zugangsrecht ist also bei Schiffen nicht per se gängig, wenn nur einzelne Teile geschützt sind.[438]

In der Praxis wird der Schiffbauingenieur zumeist auf die eigenen Pläne zurückgreifen. Es ist aber ebenso üblich, bereits gebaute Schiffe noch einmal im Original zur Orientierung bzw. zur genaueren Begutachtung zu betreten.

Der Architekt kann verlangen, dass das Werk auf seine Kosten zu Vervielfältigungszwecken beispielsweise an einen anderen Platz verbracht wird, damit er sich Zugang verschaffen kann.[439] In der Schiffbauindustrie wird dies aufgrund der immensen Verbringungskosten kaum zu realisieren sein. Hinzu kommt, dass der Zugang überhaupt erforderlich sein muss. Bei Bauwerken ist die Erforderlichkeit nach *Müller*[440] stets gegeben, da es sich um Unikate handle. Bei Schiffen dürfte sich dies dennoch anders verhalten, da zunächst auf die für

437 Wandtke/Bullinger/*Bullinger* § 25 UrhG Rn. 6; Fromm/Nordemann/*A. Nordemann* § 25 UrhG Rn. 11, 19; vgl. auch *Müller* 186; a. A. Schricker/*Vogel* § 25 UrhG Rn. 10; Baden/Gräfin Dohna/Groscurth/*Neuenfeld* Bd. I, Teil III, Rn. 70: nur bzgl. der urheberrechtlich geschützten Werke.

438 Ähnlich Fromm/Nordemann/*A. Nordemann* § 25 UrhG Rn. 19 zu Werken der Baukunst.

439 Vgl. auch *Müller* 186.

440 *Müller* 187.

den Bau von Schiffen ausreichend vorhandenen und erstellten Pläne hingewiesen werden muss. Bevor ein Schiff gebaut wird, werden umfangreiche technische Zeichnungen und Planungen angefertigt sowie Testergebnisse, Berechnungen etc. von maßstabsgetreu nachgebauten Modellen festgehalten. Es werden beispielsweise Tests in Wasserkanälen vorgenommen, um Strömungen am Schiff zu ermitteln. Mit Hilfe dieser umfangreichen Auswertungen dürfte ein Zugang schon kaum mehr erforderlich sein. Grundsätzlich muss er jedoch möglich bleiben, sofern Pläne nicht ausreichend Aufschluss geben. Das Recht soll dem Architekten damit nicht abgesprochen werden.
Der Zugang wird sich für Schiffe anders gestalten müssen als bei Werken, die nicht zur Fortbewegung erschaffen worden sind. Der Architekt wird das Werk selbst aufsuchen müssen; eine Verschaffung des Werkes zu ihm wird er nicht verlangen können, es sei denn, er nähme die damit einhergehenden immensen Kosten der Verbringung, des Liegeplatzes und des Ausfalls einer Vercharterung in Kauf.

cc) Zugangsgewährender und Zugangsberechtigter

Dem Urheber soll Zugang durch den Besitzer gewährt werden. Selten wird der Reeder auf seinem (Handels-)Schiff anzutreffen sein. Will der Architekt sein Zugangsrecht ausüben, so wird er auf den jeweiligen Charterer als „Mieter" des Schiffes angewiesen sein, um Zugang zu erhalten, der nicht an den Reeder als eigentlichen Werkbesitzer verweisen darf. Zugangsgewährender ist derjenige, der die tatsächliche Sachherrschaft innehat. Dies kann aber auch u.U. bei Nichtvercharterung der Reeder selbst sein, der dann dem Urheber das Recht auf Zugang ermöglichen muss.[441]

Zugangsberechtigter ist grundsätzlich der Urheber, also der Architekt bzw. Schiffbauingenieur, jedoch nur, wenn und soweit dies zur Herstellung von Vervielfältigungsstücken oder zur Bearbeitung des Werkes notwendig ist. Wurde beispielsweise einem Architekten gekündigt und versucht er sich nun Zugang zu verschaffen, um Beweismaterial für einen in Folge der Kündigung anstehenden Rechtsstreit zu sichern, so kann er sich nicht auf das Zugangsrecht nach

441 Vgl. auch *Müller* 186.

§ 25 Abs. 1 UrhG berufen.[442] Ebenso wenig wird eine Überprüfung des Schiffes (etwa über den Zustand des Schiffes nach Ingebrauchnahme) durch den Architekten vom Zugangsrecht erfasst.[443]

dd) Fazit Zugangsrecht

Die vorangegangene Darstellung hat gezeigt, dass das Zugangsrecht nach dem Urheberrechtsgesetz nur in beschränktem Maße besteht. Daher sollte ein Schiffbauingenieur sich zusätzlich ein Zugangsrecht vertraglich einräumen lassen. Dies eröffnet dem Urheber die Möglichkeit, sich über das gesetzliche Zugangsrecht gemäß § 25 UrhG hinaus als Urheber auch Zugang zu anderen Zwecken, wie z.B. zur Überprüfung, gewähren zu lassen. Im Falle einer vertraglichen Vereinbarung wäre das Zugangsrecht des Architekten bzw. Schiffbauingenieurs gewahrt, selbst wenn das Schiff tatsächlich keinem urheberrechtlichen Schutz unterliegen würde.

c) Urheberrechtliche Probleme bei Beschränkung oder Kündigung des Architektenvertrages

Wird der Auftrag eines Schiffbauingenieurs beschränkt oder gekündigt, so können sich Probleme in vielerlei Hinsicht ergeben. Es kann bei einem Wechsel der Architekten zu Verletzungen von urheberrechtlich geschützten Plänen oder Werken kommen. Hat der Schiffbauingenieur sich ein über eine Kündigung hinaus gehendes Mitwirkungsrecht vertraglich ausbedungen, so ist er auch bei der weiteren Gestaltung in dem vereinbarten Maße zu beteiligen. Ist dahingehend keine Vereinbarung getroffen worden, so sollen dem Architekten bei Beseitigung seiner Fehler keine Mitwirkungsrechte zustehen.[444] Im Wesentlichen kommt es darauf an, zu welchen „Leistungen" der Schiffbauingenieur gemäß dem Vertrag verpflichtet ist bzw. welche Rechte sich für ihn daraus ergeben. Ansonsten wird er in der Regel

442 Thode/Wirth/Kuffer/*Knipp* § 32 Rn. 49.
443 *Müller* 187; OLG Düsseldorf GRUR 1979, 318 – Treppenwangen; Baden/Gräfin Dohna/Groscurth/*Neuenfeld* Bd. I. Teil III Rn. 71.
444 Zum Bauarchitekten Thode/Wirth/Kuffer/*Knipp* § 32 Rn. 42.

Ansprüche beispielsweise wegen Entstellung oder Bearbeitung geltend machen können.[445]

d) Designerpersönlichkeitsrechte

Teil des Designerpersönlichkeitsrechts, das nicht umfassend gesetzlich geregelt ist, ist das Entwerferbenennungsrecht aus § 10 GeschmMG. Darüber hinaus enthält das Urheberrecht umfassendere Regelungen, die bei gleicher Interessenlage Anhaltspunkte für das Geschmacksmusterrecht geben können.[446] Dem Designer stehen wie dem Urheber ureigenste persönliche Befugnisse zu, die sich aus der Beziehung zwischen ihm und seinem Werk und aus dessen Nutzung ergeben.[447] Es entsteht mit der Schaffung des Musters[448], ist höchstpersönlicher Natur[449] und als Realakt einzustufen.

aa) Entwerferbenennung

Nach § 10 GeschmMG hat der Entwerfer gegenüber dem Anmelder oder dem Rechtsinhaber das Recht, im Verfahren vor dem DPMA genannt und im Register als solcher bezeichnet zu werden. Der Ruf und die Stellung des Entwerfers sollen dadurch gestärkt werden.[450] Es kann kein Team bzw. keine Gruppe von Entwerfern genannt werden, vielmehr muss jeder einzelne Entwerfer benannt werden. Die Nennung kann auch unterbleiben. Ansprüche auf Entwerferbenennung i.S.d. § 10 GeschmMG können allerdings erst für Muster geltend gemacht werden, die ab dem 1. Juni 2004 angemeldet wurden, § 67 Abs. 3 GeschmMG.

Ist eine Benennung des Designers bzw. Entwerfers eher unüblich, so kann sich dies auf Benennungen in Werbeprospekten und anderen

445 Siehe allgemein zur rechtlichen Stellung von Schiffbauingenieuren Teil II. 6. und näher zur Beauftragung weiterer Architekten Teil II. 6. b) dd).

446 Eichmann/v. Falckenstein/*Eichmann* Allgemeines GeschmMG Rn. 57.

447 Zum Designerpersönlichkeitsrecht Eichmann/v. Falckenstein/*Eichmann* Allgemeines GeschmMG Rn. 58; zum Urheberpersönlichkeitsrecht Wandtke/Bullinger/*Bullinger* Vor §§ 12ff. UrhG Rn. 1.

448 BGH GRUR 1979, 145, 148 – Aufwärmvorrichtung.

449 BGH GRUR 1978, 585 – Motorkettensäge.

450 Vgl. näher zur Benennung Eichmann/v. Falckenstein/*v. Falckenstein* § 10 GeschmMG Rn. 2; *Bulling/Langöhrig/Hellwig* Rn. 226f.

Werbemaßnahmen auswirken.[451] Ebenso ist es bei Mustererzeugnissen eher unüblich, eine Bezeichnung des Designers am Muster selbst anzubringen. Da an Schiffen in der Regel der Name des Designers bzw. Schiffbauingenieurs nicht angebracht wird, kann demnach auch eine dahingehende Benennung in einem Werbeprospekt entfallen.

Ein Anerkennungsrecht, wie in § 13 S. 1 UrhG geregelt, steht auch dem Designer zu. Dies bedeutet, dass der Designer (der Schiffbauingenieur) – ebenso wie der Urheber – gegen einen Dritten vorgehen kann, der seine Entwurfstätigkeit bestreitet.[452]

bb) Veröffentlichungsrecht

Aus dem Veröffentlichungsrecht ergibt sich, dass der Designer über den Zeitpunkt der Veröffentlichung selbst entscheiden kann, um unter anderem neuheitsschädliche Veröffentlichungen verhindern zu können.[453] Entwirft der Designer ein Muster aufgrund Weisung seines Arbeitgebers, so steht diesem das Recht daran zu, § 7 Abs. 2 GeschmMG. Dieser kann damit den Zeitpunkt der Veröffentlichung bestimmen. Entwickelt ein Schiffbaudesigner aufgrund seines Arbeitsvertrages ein Schiff, das geschmacksmusterschutzfähig ist, so kann der Arbeitgeber (eine Werft, ein Reeder, ein Architektenbüro) darüber bestimmen, wann das Schiff veröffentlicht wird. Der Ingenieur kann den Arbeitgeber an der Veröffentlichung nicht hindern.

cc) Änderungsverbot

Da die persönlichkeitsrechtliche Bindung des Entwerfers nicht so stark ausgeprägt ist wie die des Urhebers, ist von einem Genehmigungserfordernis bei Änderungen in der Regel nicht auszugehen.[454] Stehen berechtigte geistige oder persönliche Interessen des Entwerfers einer Änderung entgegen, kann die Änderung genehmigungsabhängig sein. Ob ein berechtigtes Interesse besteht, kann von der Art der Änderung oder des Gegenstandes abhängen.[455]

451 Eichmann/v. Falckenstein/*Eichmann* Allgemeines GeschmMG Rn. 59.

452 BGH GRUR 1978, 583, 585 – Motorkettensäge; näher dazu Eichmann/v. Falckenstein/*Eichmann* Allgemeines GeschmMG Rn. 61.

453 Eichmann/v. Falckenstein/*Eichmann* Allgemeines GeschmMG Rn. 62.

454 *Kur* FS Schricker 1995, 527; Eichmann/v. Falckenstein/*Eichmann* Allgemeines GeschmMG Rn. 63.

455 Vgl. näher dazu Eichmann/v. Falckenstein/*Eichmann* Allgemeines GeschmMG Rn. 63.

8. Urheberrechtliche Verwertungsrechte und Rechte aus dem Geschmacksmuster

Dem Schiffbauingenieur wird es häufig nicht erspart bleiben, Verwertungsrechte einzuräumen, sofern es sich um öffentlich vergebene Aufträge handelt. Deren Auftraggeber lassen sich in der Regel sämtliche Rechte einräumen. Oft wird dies auch im Interesse des Ingenieurs liegen, da er gerade hiervon finanziell profitieren kann. Bei privaten kleineren Auftraggebern unterbleibt eine Rechteeinräumung häufig aufgrund mangelnden Wissens, ungenügender Finanzierungsmöglichkeiten bzw. am fehlenden Interesse der Einräumung von Vervielfältigungsrechten oder Änderungsbefugnissen. Dabei sind es gerade die Verwertungsrechte, die ausschließlich dem Urheber oder Entwerfer einen wirtschaftlichen Nutzen aus ihrem Werk oder Entwurf ermöglichen, §§ 31 ff. UrhG und § 38 GeschmMG.

a) Urheberrechtliche Verwertungsrechte

Die urheberrechtlichen Verwertungsrechte sind in §§ 15 bis 23 UrhG geregelt. Sie beziehen sich neben den körperlichen Erscheinungsformen auch auf die unkörperlichen.[456] Durch die Verwertung seines Werkes kann der Urheber es wirtschaftlich nutzen[457] und finanziellen Gewinn abschöpfen. § 15 UrhG, der einige Verwertungsmöglichkeiten benennt, ist nicht abschließend gefasst („insbesondere"). Verwertungsrechte sind absolute Rechte.[458] Im Folgenden werden nur die für die Schiffbauindustrie in Betracht kommenden Verwertungsrechte erwähnt, um den Designschutz in dieser Branche näher erfassen zu können.

aa) Vervielfältigungsrecht, § 16 UrhG

Das Vervielfältigungsrecht nach § 16 UrhG ermöglicht es, das Werk körperlich in einer geeigneten Art festzulegen, um es den menschlichen Sinnen auf irgendeine Weise unmittelbar oder mittelbar zugäng-

456 *Delp* Rn. 145.
457 Schricker/*v. Ungern-Sternberg* § 15 UrhG Rn. 2; Wandtke/Bullinger/*Heerma* § 15 UrhG Rn. 1; Dreier/Schulze/*Schulze* § 15 UrhG Rn. 1.
458 Schricker/*v. Ungern-Sternberg* § 15 UrhG Rn. 1.

lich zu machen.[459] Es muss sich dabei um eine körperliche Festlegung handeln, vgl. § 15 Abs. 1 UrhG. Wird das Werk in einer anderen Art und Weise dargestellt, so liegt bereits eine Vervielfältigung vor.[460] Wird also ein Schiff beispielsweise anhand einer Grafik, eines abgemalten Bildes, per Foto oder Film dargestellt, so gilt es als vervielfältigt im Sinne des § 16 UrhG. Von einer Vervielfältigung ist bereits auszugehen, wenn die schöpferisch prägenden Elemente im Wesentlichen übernommen wurden.[461] Das Fotografieren eines urheberrechtlich geschützten Werkes[462] sowie das Ausführen von Vorentwürfen von Werken der Baukunst[463] stellt ebenfalls schon eine Vervielfältigung dar. Das Vervielfältigungsrecht gehört in der Regel nicht zu den erschöpfbaren Rechten, so dass weitere Vervielfältigungshandlungen vom Schutzrecht erfasst sind und eine Verletzung darstellen können.[464]

Da die Vervielfältigung als körperliche Festlegung definiert ist, die geeignet sein muss, den menschlichen Sinnen zugänglich gemacht zu werden, dürfte selbst die Ausführung eines Vorentwurfs eines Werks der angewandten Kunst eine Vervielfältigung im Sinne des § 16 UrhG sein. Werden beispielsweise Modelle von Bauwerken kopiert und in einen größeren Maßstab umgesetzt, so liegt damit eine Vervielfältigung vor. Es kommt lediglich darauf an, dass ein weiteres Werkstück entsteht. Bei Werken der angewandten Kunst kann eine derartige Umwandlung nicht zu einem abweichenden Ergebnis führen. Werden beispielsweise Schiffsmodelle derart umgewandelt, so handelt es sich ebenso wie bei den Werken der Baukunst um eine Vervielfältigung, da ebenso ein weiteres Werkstück entstanden ist, das körperlich festgelegt ist und den menschlichen Sinnen dadurch

459 Amtl. Begr. *M. Schulze* 439; BGH GRUR 1991, 449, 453 – Betriebssystem; BGHZ 17, 266, 270 – Grundig-Reporter; KG GRUR-RR 2004, 228, 231 – Ausschnittsdienst; KG GRUR 2002, 252, 253 – Mantellieferung; Schricker/*Loewenheim* § 16 UrhG Rn. 5; Dreier/Schulze/*Schulze* § 16 UrhG Rn. 6.

460 Schricker/*Loewenheim* § 16 UrhG Rn. 8; Dreier/Schulze/*Schulze* § 16 UrhG Rn. 4; Wandtke/Bullinger/*Heerma* § 16 UrhG Rn. 3.

461 KG GRUR 1997, 128 – Verhüllter Reichstag I; Schricker/*Loewenheim* § 16 UrhG Rn. 8ff.; Wandtke/Bullinger/*Heerma* § 16 UrhG Rn. 3.

462 BGH ZUM 2003, 955 – Hundertwasserhaus.

463 BGH GRUR 1988, 533, 535 – Vorentwurf II.

464 BGH GRUR 2001, 51, 53f. – Parfumflakon; Schricker/*Loewenheim* § 17 UrhG Rn. 37; *Sack* GRUR 2000, 610, 615.

zugänglich gemacht wurde. Für eine derartige Vervielfältigung kann der Urheber ein Nutzungsentgelt verlangen, es sei denn, die Vervielfältigungshandlung ist durch die gesetzliche Schrankenregelungen der §§ 44a ff. UrhG gedeckt.

Liegt hingegen eine Umgestaltung des Ausgangswerkes vor – wird beispielsweise bei einem Schiffsmodell lediglich die Rumpfform abgewandelt, der Aufbau aber beibehalten – so handelt es sich um einen Fall der Bearbeitung mit der Rechtsfolge des § 23 UrhG, nicht aber um eine Vervielfältigung gemäß § 16 UrhG.[465]

bb) Verbreitungsrecht, § 17 UrhG

Gemäß § 17 Abs. 1 UrhG gibt das Verbreitungsrecht dem Urheber das Recht, das Original oder Vervielfältigungsstücke des Werkes der Öffentlichkeit anzubieten oder in den Verkehr zu bringen.[466] Er kann dafür ebenso wie für das Vervielfältigungsrecht nach § 16 UrhG ein Nutzungsentgelt verlangen.

Das „Anbieten an die Öffentlichkeit" ist im wirtschaftlichen Sinne zu verstehen. Da es sich nicht um einen Antrag gemäß §§ 145ff. BGB handeln muss, kommen auch Inserate in Werbeprospekten als Verbreiten im Sinne des § 17 UrhG in Betracht. Eine Verbreitung kann etwa durch ein Inserat in der Deutschen Schifffahrts-Zeitung des THB (Täglicher Hafenbericht) erfolgen, wenn dort ein urheberrechtlich geschütztes Schiff als Werbung für eine Reederei und deren Kreuzfahrtangebot abgebildet wird. Die Ausstellung eines Schiffsmodells auf einem Messestand stellt ebenso ein Verbreiten dar, sofern es sich um ein Verkaufsstück handelt, da durch die wirtschaftliche Nutzung ein Verbreiten im Sinne des § 17 UrhG vermutet wird.[467] Ist das Modell lediglich Bestandteil des Standes und steht das damit repräsentierte Werk nicht zum Verkauf, so handelt es sich nicht um ein Verbreiten gemäß § 17 UrhG.[468]

465 Vgl. zu § 23 UrhG unter Teil II. 7. a) dd).
466 Siehe auch *Delp* Rn. 151, allgemein zu Verwertungsrechten Rn. 145ff.
467 Wandtke/Bullinger/*Heerma* § 17 UrhG Rn. 7.
468 OLG Düsseldorf GRUR 1983, 760, 761 – Standeinrichtung oder Ausstellung; a.A. *Wandtke* EWiR 2007, 189, 190.

Zur Öffentlichkeit gemäß § 15 Abs. 3 S. 2 UrhG gehört jeder, der nicht mit demjenigen, der das Werk verwertet, oder mit den anderen Personen, denen das Werk in unkörperlicher Form wahrnehmbar oder zugänglich gemacht wird, durch persönliche Beziehungen verbunden ist.[469]

Wird ein Schiffbauwerk auf einem Messestand angeboten und ist es nicht nur Bestandteil des Standes, an dem beispielsweise Kreuzfahrten angeboten werden, so liegt eine Verbreitung im Sinne des § 17 UrhG vor, auch wenn das Werk noch nicht vorhanden ist.[470] Anderenfalls wäre der Urheber insbesondere gegenüber dem Vorgehen modernster Piraterie schutzlos gestellt,[471] zumal Schiffe nicht den seriell hergestellten Produkten gleichen und daher in der Regel nur auf Bestellung angeboten werden. Auf einen Absatzerfolg soll es darüber hinaus nicht ankommen.[472] Nach § 15 Abs. 1 UrhG, der auf das Verbreitungsrecht des § 17 UrhG verweist, muss das Werk in einer körperlichen Form dargestellt sein,[473] d.h. in Form des Originals oder eines Vervielfältigungsstückes. Es kann sich dabei auch nur um eine Abbildung in einem Werbeprospekt oder einem Rundschreiben handeln.[474] Damit muss eine Verbreitungshandlung im Sinne des § 17 UrhG auch in einer Ausstellung des präsentierten Schiffsmodells gesehen werden.

469 Vgl. auch Schricker/*v. Ungern-Sternberg* § 15 UrhG Rn. 59.

470 BGH GRUR 1991, 316, 317 – Einzelangebot; BGH GRUR 1999, 707, 711 – Kopienversand; OLG München ZUM 1997, 136, 138; Dreier/Schulze/*Schulze* § 17 UrhG Rn. 13; Schricker/*Loewenheim* § 17 UrhG Rn. 8; Wandtke/Bullinger/*Heerma* § 17 UrhG Rn. 8; Dreyer/Kotthoff/Meckel/*Dreyer* § 17 UrhG Rn. 9; *Loewenheim* FS Traub 251 ff.; *Schack* Rn 387; a.A. KG GRUR 1983, 174 – Videoraubkassetten; OLG Köln GRUR 1995, 265, 268 – Infobank; LG München I AfP 1996, 181, 183.

471 Schricker/*Loewenheim* § 17 UrhG Rn. 8.

472 Vgl. auch BGHZ 113, 159, 163 – Einzelangebot; KG ZUM-RD 199, 340, 343 – Angebot von Sendemitschnitten durch Medienbeobachtungsdienst; Wandtke/Bullinger/*Heerma* § 17 UrhG Rn. 8; Dreier/Schulze/*Schulze* § 17 UrhG Rn. 11.

473 Das „Verbreiten" eines Schiffbauwerkes auf einer Webseite ist kein Verbreiten im Sinne des § 17 UrhG. Dabei handelt es sich vielmehr um die Präsentierung des Schiffbauwerkes in unkörperlicher Form, d.h. § 19a UrhG wäre einschlägig (Recht der öffentlichen Zugänglichmachung).

474 Vgl. zum Anbieten gemäß § 17 UrhG auch Dreier/Schulze/*Schulze* § 17 UrhG Rn. 11.

(1) Veräußerung von Schiffen

Ist das Schiff veräußert, hat der Urheber keine Herrschaft mehr über das Werkstück. Damit ist das Verbreitungsrecht erschöpft.[475] Der dann Berechtigte kann das Schiff weiterveräußern.[476] Veräußerung erfasst grundsätzlich jede Übereignung und Entäußerung des Eigentums an dem Werk und bedeutet damit die endgültige Aufgabe der Verfügungsmöglichkeiten.[477] Erschöpfung tritt beispielsweise nicht bei Einräumung eines Anwartschaftsrechts (Verkauf unter Eigentumsvorbehalt gemäß § 449 BGB) ein. Da bei einer Sicherungsübereignung eines Schiffes keine endgültige Aufgabe der Verfügungsgewalt vorliegt, kommt es in einem solchen Fall nicht zur Erschöpfung;[478] ebenso wenig, sofern das Schiff bzw. Schiffsmodell für eine Ausstellung an einen Dritten übergeben wurde.[479] Tritt Erschöpfung durch Verwertung ein, kann der Urheber nicht ein weiteres Mal Entgelt für die Verbreitung verlangen.[480]

Da der gesetzliche Eigentumsübergang im Sinne von §§ 946ff. BGB nicht zur Erschöpfung führt, kann es nur auf eine rechtsgeschäftliche Veräußerung ankommen,[481] wobei auch die Veräußerung an einen gewerblichen Zwischenhändler zur Erschöpfung führt.[482] Die Erschöpfung tritt dann aber stets nur an dem konkreten Werk ein.[483]

475 Schricker/*Loewenheim* § 17 UrhG Rn. 39; Dreier/Schulze/*Schulze* § 17 UrhG Rn. 25.

476 Wandtke/Bullinger/*Heerma* § 17 UrhG Rn. 14; Dreier/Schulze/*Schulze* § 17 UrhG Rn. 25.

477 BGH ZUM 2005, 475, 476 – Atlanta; BGH GRUR 1995, 673, 676 – Mauerbilder; Wandtke/Bullinger/*Heerma* § 17 UrhG Rn. 14.

478 Schricker/*Loewenheim* § 17 UrhG Rn. 41; Dreier/Schulze/*Schulze* § 17 UrhG Rn. 26.

479 BGH GRUR 1995, 673, 675 – Mauerbilder; siehe auch Dreier/Schulze/*Schulze* § 17 UrhG Rn. 25 zur Beschränkung der Erstverbreitung durch Verleihung oder Vermietung bzw. in Rn. 31 zum Umfang der Erschöpfung; vgl. zudem näher zum Ausstellungsrecht Teil II. 8. a) bb) (2).

480 Vgl. auch *Sack* GRUR Int. 2000, 610, 615.

481 BGH GRUR 1995, 673, 676 – Mauerbilder; Schricker/*Loewenheim* § 17 UrhG Rn. 42; a. A. *Omsels* GRUR 1994, 162, 167.

482 Wandtke/Bullinger/*Heerma* § 17 UrhG Rn. 15.

483 BGH GRUR 1993, 34, 36 – Bedienungsanweisung; BGH GRUR 1991, 449, 453 – Betriebssystem; Schricker/*Loewenheim* § 17 UrhG Rn. 52.

Der Reeder ist nach § 17 Abs. 3 S. 2 UrhG befugt, dass Schiff zu „vermieten“ bzw. zu verchartern, da Nr. 1 Alt. 2 ausdrücklich Werke der angewandten Kunst von dem Verbot des Vermietens (aufgrund des bei derartigen Werken vorrangig zu bewertenden Gebrauchszwecks) ausnimmt.[484] Jedoch ist die Ausnahme nicht auf Pläne von Werken der angewandten Kunst zu erstrecken, weil es hierbei nicht um die Nutzung des eigentlichen Gegenstandes geht.[485]

Wird ein urheberrechtlich geschütztes Schiff beispielsweise im Gebiet der europäischen Gemeinschaft durch Veräußerung in den Verkehr gebracht, so tritt Erschöpfung nunmehr gemeinschaftsweit ein, vgl. § 17 Abs. 2 UrhG.[486]

(2) Ausgestaltung des Verbreitungsrechts

Der Urheber kann das Verbreitungsrecht nach § 17 UrhG auch beschränkt einräumen. Er kann es beispielsweise zeitlich, räumlich oder inhaltlich beschränken (dingliche Beschränkung).[487]

Ist das Verbreitungsrecht beschränkt eingeräumt worden, so kann nur Erschöpfung hinsichtlich des beschränkt eingeräumten Teils eintreten.[488] Der Zweck einer Beschränkung erscheint allerdings fraglich, da bei einer Weiterveräußerung der anschließende Käufer die Beschränkungen außer Acht lassen kann. Der Berechtigte kann bei räumlicher Beschränkung aufgrund Erschöpfung des Verbreitungsrechts durch den ersten Verkauf nicht verhindern, dass das Schiff im Rahmen des beschränkt eingeräumten Verbreitungsrechts innerhalb der Europäischen Gemeinschaft weiter veräußert wird.[489]

484 Dreier/Schulze/*Schulze* § 17 UrhG Rn. 48; Wandtke/Bullinger/*Heerma* § 17 UrhG Rn. 28.

485 BT-Drucks. 13/115, 12; Dreier/Schulze/*Schulze* § 17 UrhG Rn. 48 a.E.; *Erdmann* FS Brandner 361, 370.

486 Dies gilt auch für Staaten, die dem Abkommen über den Europäischen Wirtschaftsraum (EWR) angehören, § 17 Abs. 2 UrhG.

487 Schricker/*Loewenheim* § 17 UrhG Rn. 16; Dreier/Schulze/*Schulze* § 17 UrhG Rn. 20f., siehe auch zur beschränkten Verbreitung bzw. zum Umfang der Erschöpfung Rn. 25 u. 31ff.; a.A. Möhring/Nicolini/*Kroitzsch* § 17 UrhG Rn. 33.

488 Schricker/*Loewenheim* § 17 UrhG Rn. 49.

489 Wandtke/Bullinger/*Heerma* § 17 UrhG Rn. 32; Schricker/*Loewenheim* § 17 UrhG Rn. 49; *Sack* GRUR 2000, 610, 616.

Ist eine Beschränkung lediglich in schuldrechtlicher Hinsicht erfolgt, beispielsweise dergestalt, dass das Schiff oder Teile dessen nur zu einem bestimmten Preis veräußert werden dürfen, so liegt in dem Verstoß keine Verletzung des Verbreitungsrechts.[490]

b) Rechte aus dem Geschmacksmuster

§ 38 Abs. 1 S. 1 GeschmMG gewährt dem Musterinhaber ein ausschließliches Recht, das Geschmacksmuster zu benutzen und Dritten zu untersagen, es ohne seine Zustimmung zu benutzen („Benutzungs- und Verbietungsrechte").[491] Dies gilt für das deutsche Geschmacksmuster sowie für das eingetragene Gemeinschaftsgeschmacksmuster, vgl. Art. 19 Abs. 1 GGV.[492] Was genau geschützt wird, ergibt sich aus der hinterlegten Darstellung unter Berücksichtigung der die Eigenart begründenden Merkmale.[493] Konsequenterweise können keine Rechte aus dem Muster abgeleitet werden, die sich nicht aus der zur Eintragungsanmeldung eingereichten Darstellung ergeben, § 37 Abs. 1 GeschmMG.

aa) Benutzungshandlungen

§ 38 Abs. 1 GeschmMG gewährt dem Musterinhaber ein umfangreiches Verwertungsrecht. Nach § 38 Abs. 1 S. 2 GeschmMG erfasst die Benutzung das Herstellen, das Anbieten, das Inverkehrbringen, die Ein- und Ausfuhr, den Gebrauch eines Erzeugnisses, in das das Geschmacksmuster aufgenommen oder bei dem es verwendet wird, sowie den Besitz eines solchen Erzeugnisses zu den genannten Zwecken. Die Benutzungshandlungen sind nicht abschließend aufgelistet („insbesondere").

(1) Herstellen

Mit dem Herstellen ist der komplette Ablauf der körperlichen Erstellung von Erzeugnissen gemeint, wobei die Anzahl der hergestellten

490 Vgl. auch Schricker/*Loewenheim* § 17 UrhG Rn. 16.
491 *Mittelstaedt* WRP 2007, 1161, 1161.
492 *Bulling/Langöhrig/Hellwig* Rn. 174.
493 Siehe genauer zur Einreichung von Darstellungen für eine Musteranmeldung Teil II. 3. b) aa) (1).

Erzeugnisse unerheblich ist,[494] ebenso wie der Ort, an dem das geschützte Muster in Verkehr gebracht wird.[495] Das Erzeugnis kann also auch außerhalb Deutschlands auf dem Markt angeboten werden. Ein besonderes Problem in der Schiffbauindustrie ergibt sich, wenn Schiffbaupläne erstellt werden, der Interessent diese einsieht und sich dann gegen den Bau entschließt, das Schiff aber anschließend von einem kostengünstigeren Anbieter auf Grundlage kopierter Baupläne produzieren lässt. Es handelt sich dabei um ein unbefugtes Herstellen, das Ansprüche nach § 42 Abs. 1 GeschmMG auslösen kann.

Unbeachtlich ist, wann das Erzeugnis in den Verkehr gebracht wird. Dies kann auch nach Ablauf der geschmacksmusterrechtlichen Schutzdauer erfolgen, solange die Herstellung innerhalb dieser Zeit vorgenommen wird.[496]

Wird ein geschmacksmusterrechtlich geschütztes Element eines Schiffes, wie z.B. ein Bullauge eines geschützten Aufbaus, aus Reparaturgründen neu produziert, so handelt es sich dabei ebenfalls um ein Herstellen im Sinne von § 38 Abs. 1 S. 2 GeschmMG.[497] Das Ausbessern von „Lackschäden“ soll hingegen nicht davon erfasst sein. Eine abweichende Regelung wäre für die Schiffbauindustrie auch nicht zweckmäßig, da Schiffe regelmäßig zu deren Erhaltung eine neue Rumpfbeschichtung benötigen, um Algenwuchs unter anderem zu verringern oder zu vermeiden.

Die Schrankenregelung des § 40 Nr. 5 GeschmMG ist auf das Herstellen nicht anwendbar.[498]

(2) Anbieten

Im Anbieten liegt grundsätzlich die Bereitschaft, das Erzeugnis auf dem Markt anzupreisen. Allein ein einziges Angebot[499] durch Wer-

494 Vgl. auch § 16 Abs. 1 UrhG; Eichmann/v. Falckenstein/*Eichmann* § 38 GeschmMG Rn. 12.

495 Brückmann/Günther/Beyerlein/*Beyerlein* § 38 GeschmMG Rn. 15; Eichmann/v. Falckenstein/*Eichmann* § 38 GeschmMG Rn. 12.

496 Eichmann/v. Falckenstein/*Eichmann* § 38 GeschmMG Rn. 12.

497 Vgl. dazu auch Eichmann/v. Falckenstein/*Eichmann* § 38 GeschmMG Rn. 12.

498 Brückmann/Günther/Beyerlein/*Beyerlein* § 40 Nr. 9; Eichmann/v. Falckenstein/*Eichmann* § 40 GeschmMG Rn. 6.

bung[500] genügt. Der Anbieter kann das Erzeugnis durch bloße Abbildung anpreisen, es bedarf keiner Verfügungsgewalt[501] oder Übergabe[502] des relevanten Erzeugnisses. Wird beispielsweise ein geschmacksmusterrechtlich geschütztes Bullauge in Deutschland von einem Dritten zum Export angeboten, reicht dies für den Rechtsinhaber des Musters aus, hiergegen gemäß § 42 Abs. 1 GeschmMG vorzugehen.

(3) Inverkehrbringen

Die Zugänglichmachung von rechtsverletzenden körperlichen Erzeugnissen an Dritte ist rechtswidrig.[503] Der Rechtsbegriff des Inverkehrbringens ist als Klarstellung zu dem Verbot von reinen Veräußerungsakten zu verstehen und erweitert damit den Kreis der Benutzungshandlungen, die dem Verbietungsrecht unterliegen. Es reicht aus, wenn die Verfügungsgewalt auf den Dritten übertragen wird, ohne das auch das Eigentum mit übergehen muss.[504] Die Vercharterung eines geschmacksmusterrechtlich geschützten Schiffes bzw. die Vercharterung eines Schiffes, das geschützte Elemente enthält, wird damit in Verkehr gebracht und stellt eine Rechtsverletzung dar, sofern keine entsprechende Befugnis vorlag.

Für das Inverkehrbringen enthält § 40 Nr. 5 GeschmMG ebenfalls keine Befreiung.[505]

(4) Einfuhr/Ausfuhr

Die Ein- und Ausfuhr bedeutet die Verbringung von Mustern aus einem Land nach Deutschland bzw. von Deutschland ins Ausland. Es kommt dabei auf die Handlung des Verletzers bzw. des Auftraggebers an.[506] Hierfür genügt es, wenn Ware nach Deutschland gelangt, ohne im inländischen Marktgeschehen gehandelt zu werden, sondern

499 BGH GRUR 1991, 316, 317 – Einzelangebot.
500 Eichmann/v. Falckenstein/*Eichmann* § 38 GeschmMG Rn. 13.
501 BGH GRUR 1991, 316, 317 – Einzelangebot.
502 BGH GRUR 1982, 371, 372 – Scandinavia.
503 BGH GRUR 1958, 613, 614 – Tonmöbel.
504 Eichmann/v. Falckenstein/*Eichmann* § 38 GeschmMG Rn. 14.
505 Eichmann/v. Falckenstein/*Eichmann* § 40 GeschmMG Rn. 6.
506 Brückmann/Günther/Beyerlein/*Beyerlein* § 38 GeschmMG Rn. 18; Eichmann/v. Falckenstein/*Eichmann* § 38 GeschmMG Rn. 15.

lediglich zum weiteren Export bestimmt ist. Ob das Land, in das das Muster ein- oder ausgeführt werden soll, Musterschutz für das jeweilige Erzeugnis bietet oder nicht, ist irrelevant.[507] Für die Schiffbaubranche bedeutet dies beispielsweise, dass ein Reeder, der lediglich einen einzelnen geschmacksmusterrechtlich geschützten Aufbau für ein Schiff in Deutschland bauen lassen will, diesen nicht ausführen darf, solange ihm dieses Recht nicht eingeräumt wurde. Will er etwa das Schiff selbst in den Niederlanden zusammenbauen lassen, so muss er mit der Ausfuhr bis zur Rechteübertragung warten.

(5) Durchfuhr

Von der Benutzungshandlung der Ein- und Ausfuhr ist die Durchfuhr zwar nicht erfasst, sie ist dieser aber ähnlich.[508] Sofern keine Einführung der Erzeugnisse in den Markt allerdings vorliegt, ist die Durchfuhr von Mustern nicht verboten.[509] Ein einzelstaatliches Durchfuhrverbot von rechtsverletzenden Karosserieteilen eines Kfz soll nicht gegen die EU-Grundrechte wie etwa Art. 27 Nr. 1 EuGVÜ verstoßen.[510] Werden also beispielsweise geschützte Teile im Ausland rechtswidrig hergestellt und werden diese über Deutschland in die Niederlande eingeführt, so kann danach diese Durchfuhr keine rechtsverletzende Handlung darstellen und Ansprüche gemäß § 42 Abs. 1 GeschmMG auslösen.

(6) Gebrauch

Im Gegensatz zum Urheberrecht stellt der Gebrauch von geschmacksmusterrechtlich geschützten Erzeugnissen ohne Befugnis eine Rechtsverletzung dar. In der schifffahrtlichen Praxis bedeutet dies, dass beispielsweise ein Reeder ein geschütztes Fahrgastschiff nicht ohne Rechteeinräumung zur Beförderung von Passagieren in Gebrauch nehmen darf.[511]

507 Eichmann/v. Falckenstein/*Eichmann* § 38 GeschmMG Rn. 15; Brückmann/Günther/Beyerlein/*Beyerlein* § 38 GeschmMG Rn. 18.
508 Eichmann/v. Falckenstein/*Eichmann* § 38 GeschmMG Rn. 10.
509 BGH GRUR 1957, 231, 234 – Taeschner I.
510 EuGH GRUR Int. 2000, 759, 759, 761 – Renault/Maxicar.
511 Vgl. dazu auch Eichmann/v. Falckenstein/*Eichmann* § 38 GeschmMG Rn. 17.

(7) Besitz

Wird ein vom Musterrecht geschütztes Schiff vom nicht befugten Rechtsinhaber verchartert, so liegt in und aufgrund der tatsächlichen Verfügungsgewalt nach § 854 BGB bereits eine Rechtsverletzung vor.[512] Der rechtmäßige Rechtsinhaber kann dann Ansprüche aus § 42 Abs. 1 GeschmMG gegen den Charterer geltend machen. Der Besitz ist derart zu verstehen, dass er in Ansehung einer der anderen Handlungen im Sinne von § 38 Abs. 1 S. 2 GeschmMG vorgelagert ist. Dabei reicht es bereits aus, wenn der Besitzer beabsichtigt, das geschützte Erzeugnis zu exportieren.[513]

(8) Wiedergabe

Unter Wiedergabe wird die zweidimensionale Darstellung eines geschützten Erzeugnisses, z.B. in Form eines Lichtbildes, verstanden.[514] Die Handlung der Wiedergabe ist nicht in § 38 Abs. 1 S. 2 GeschmMG aufgelistet. Sie gehört dennoch zu den Benutzungshandlungen nach Abs. 1 S. 2, da sie unter anderem in § 40 Nr. 3 GeschmMG als Rechtebeschränkung aufgeführt wird. Da zu jeder Ausnahmeregel eine Grundregel besteht, muss davon ausgegangen werden, dass die Wiedergabe ausschließlich dem Rechtsinhaber vorbehalten ist.[515] Erstellt zum Beispiel ein Dritter einen Bildband von Schiffen und wird ein musterrechtlich geschütztes Schiff oder ein geschütztes Element abgebildet, so bedarf es hierzu der Erlaubnis, da sonst eine unbefugte Wiedergabe vorliegt. Neben der verkörperten Abbildung in Prospekten kann die Wiedergabe beispielsweise auch unkörperlich auf Bildschirmen erfolgen.[516]

bb) Verbietungsrecht

Durch das Verbietungsrecht aus § 38 Abs. 1 S. 1 GeschmMG kommt es zur Sperrwirkung. Denn nur so kann der Schutz eines Musters voll zur Entfaltung gelangen. Im Geschmacksmusterregister kann nachgeforscht werden, welches Muster Schutz entfaltet bzw. entfalten

512 Vgl. dazu Eichmann/v. Falckenstein/*Eichmann* § 38 GeschmMG Rn. 18.
513 Eichmann/v. Falckenstein/*Eichmann* § 38 GeschmMG Rn. 18.
514 Eichmann/v. Falckenstein/*Eichmann* § 38 GeschmMG Rn. 19.
515 Mehr dazu bei Eichmann/v. Falckenstein/*Eichmann* § 38 GeschmMG Rn. 19.
516 Eichmann/v. Falckenstein/*Eichmann* § 38 GeschmMG Rn. 19.

könnte. Zu den bereits eingetragenen Mustern kann dann im Vergleich Schutz für sämtliche Muster ausgeschlossen werden, die mangels Eigenart und Neuheit keinen anderen Gesamteindruck erwecken, vorausgesetzt, das eingetragene Muster entspricht den materiellen Geschmacksmusterschutzkriterien.[517]

c) Beschränkungen des Schutzumfanges

Die Rechte eines Schiffbauingenieurs bzw. Architekten eines Schiffplans oder Schiffes können in vielfacher Weise beschränkt werden, um der Forschung und Wissenschaft Informationen zur weiteren Entwicklung nicht vorzuenthalten. Vielfach sind die Rechte von Schöpfern und Entwerfern für Handlungen im privaten Bereich in Grenzen gestattet.

aa) Beschränkungen der urheberrechtlichen Schutzwirkungen

Einerseits gewährt § 52a Abs. 1 Nr. 2 UrhG Wissenschaftlern eine Privilegierung beim Zugang zu und der Verschaffung von Informationen.[518] Es geht darum, Unterricht und Wissenschaft in gewissem Maße die Nutzung moderner Kommunikationsformen zu eröffnen.[519] Für die weitere Entwicklung und Fortführung des vorhandenen Wissens ist es notwendig, dass ein effektiver und kostengünstiger Austausch stattfindet.[520]

Andererseits dürfen beispielsweise Vervielfältigungen nach § 44a UrhG von Dritten erstellt werden, denen das Recht zur Vervielfältigung nach § 16 UrhG nicht eingeräumt worden ist, wenn diese nur flüchtig oder vorübergehend, also nicht auf Dauer erfolgen, und Teil eines technischen Verfahrens sind. Wird ein digitalisierter Plan eines Schiffes von einem nicht Nutzungsberechtigten lediglich vorübergehend im Arbeitsspeicher seines Computers gespeichert und geht diese beim Ausschalten des PCs verloren, so ist dieser Vorgang von

517 Eichmann/v. Falckenstein/*Eichmann* § 38 GeschmMG Rn. 23; vgl. auch *Sauer* 50.
518 *Hilty* GRUR Int. 2006, 179, 179.
519 Amtl. Begr. BT-Drucks. 15/38, 20; Schricker/*Loewenheim* § 52a UrhG Rn. 14.
520 Siehe dazu auch *Peifer* UFITA 2007/II, 327, 330.

§ 44a UrhG noch gedeckt und stellt keine Verletzungshandlung dar.[521]

Nach § 53 UrhG werden wiederum die Vervielfältigungsmöglichkeiten erweitert, ohne eine Urheberrechtsverletzung darzustellen, sofern es sich unter anderem um Vervielfältigungen für den privaten Gebrauch (Abs. 1), den sonstigen eigenen Gebrauch (Abs. 2) bzw. für den Schulunterricht oder Prüfungen (Abs. 3) handelt.[522] Dabei darf die Vervielfältigung eines Schiffsplans allerdings nicht zu Erwerbszwecken erfolgen.[523]

bb) Beschränkungen der geschmacksmusterrechtlichen Schutzwirkungen

§ 40 GeschmMG enthält Beschränkungen der Rechte aus dem Geschmacksmuster. Das Muster bleibt weiterhin geschützt. Es werden jedoch beispielsweise Handlungen zu Versuchszwecken gewährt, vgl. § 40 Nr. 2 GeschmMG.[524]

Interessant für die Schiffbaubranche dürften die Regelungen in § 40 Nr. 4 und Nr. 5 GeschmMG sein. Dabei handelt es sich um Beschränkungen der Rechte aus einem Geschmacksmuster gegenüber Einrichtungen auf Schiffen, die im Ausland zugelassen und nur vorübergehend in das Inland gelangt sind. Befinden sich Einrichtungen, deren Benutzung grundsätzlich nach § 38 Abs. 1 S. 2 GeschmMG verboten ist, an Bord eines Schiffes, sollen während des Zeitraumes im Inland Ansprüche nach § 42 Abs. 1 GeschmMG nicht durchsetzbar sein, damit der internationale Verkehr nicht unverhältnismäßig behindert wird.[525]

§ 40 Nr. 5 GeschmMG hingegen bezieht sich lediglich auf die Einfuhr von Ersatzteilen und Zubehör für die Reparatur sowie für die

521 KG GRUR-RR 2004, 228, 231; vgl. näher dazu Schricker/*Loewenheim* § 44a Rn. 5ff.
522 Vgl. näher dazu Schricker/*Loewenheim* § 53 UrhG Rn. 9ff.
523 Amtl. Begr. BT-Drucks. 15/38, 20; BGH GRUR 1993, 899, 900 – Dia-Duplikate; KG GRUR-RR 2004, 228, 232 – Ausschnittsdienst; KG GRUR 1992, 168, 169 – Dia-Kopien.
524 Brückmann/Günther/Beyerlein/*Beyerlein* § 40 GeschmMG Rn. 5; Eichmann/v. Falckenstein/*Eichmann* § 40 GeschmMG Rn. 1.
525 Eichmann/v. Falckenstein/*Eichmann* § 40 GeschmMG Rn. 5.

Durchführung von Reparaturen an Schiffen im Sinne von Nr. 4. Bedarf es einer Reparatur an einem musterrechtlich geschützten Bullauge, das sich beispielsweise nicht mehr ordnungsgemäß schließen lässt, so ist die Einfuhr von Zubehör oder Ersatzteilen erlaubt, sofern deren Bestimmung bereits bei der Einfuhr feststeht.[526]

Wie im Urheberrecht muss eine Abwägung hinsichtlich des wirtschaftlichen Nutzungsinteresses des Musterinhabers und der durch die Schrankenbestimmung verfolgten Interessen erfolgen.[527]

cc) Übertragbarkeit der Schranken des Urheberrechts auf das Geschmacksmusterrecht?

Grundsätzlich sollen urheberrechtliche Schranken nicht auf das Geschmacksmusterrecht übertragbar sein.[528] Zur Begründung wird angeführt, dass es sich beim Geschmacksmusterrecht und Urheberrecht um zwei eigenständige Rechtsgebiete handelt und die Schranken bereits innerhalb des Urheberrechts (§§ 44a ff. UrhG) selbst kaum analog angewendet werden.[529]

Fraglich ist, ob auf ein an einer öffentlich zugänglichen Anlegestelle per Fotografie abgelichtetes urheberrechtlich bzw. zumindest geschmacksmusterrechtlich geschütztes Schiff die Schranke aus § 59 UrhG (Ablichtung von Werken an öffentlichen Plätzen) anwendbar ist. In § 40 GeschmMG, in den Art. 13 der Geschmacksmusterrichtlinie und Art. 20 GGV nahezu wortgleich übernommen wurden,[530] fehlt es beispielsweise immer noch an einer Regelung, die der des § 59 UrhG über Werke an öffentlichen Plätzen ähnelt. Nach § 59 UrhG können Werke an öffentlichen Plätzen zu gewerblichen Zwecken vervielfältigt und verbreitet werden.

526 Brückmann/Günther/Beyerlein/*Beyerlein* § 40 GeschmMG Rn. 9; Eichmann/v. Falckenstein/*Eichmann* § 40 GeschmMG Rn. 6.

527 Eichmann/v. Falckenstein/*Eichmann* § 40 GeschmMG Rn. 1; vgl. zur urheberrechtlichen Abwägung BGH GRUR 2003, 1035, 1037 – Hundertwasserhaus.

528 Eichmann/v. Falckenstein/*Eichmann* § 40 GeschmMG Rn. 1, § 38 GeschmMG Rn. 20.

529 Eichmann/v. Falckenstein/*Eichmann* § 38 GeschmMG Rn. 20.

530 Eichmann/v. Falckenstein/*Eichmann* § 40 GeschmMG Rn. 1.

Wollte man weiterhin mit der Rechtsprechung[531] das Geschmacksmusterrecht als „kleineres Urheberrecht" auffassen, so müsste man aufgrund der Wesensgleichheit der beiden Rechtsgebiete auch die Schranken des Urheberrechts im Geschmacksmusterrecht zulassen.[532]

Ginge man mit der differenzierenden Literaturansicht und der europäischen Urheberrechtsentwicklung davon aus,[533] dass sich das Geschmacksmusterrecht vom Urheberrecht abhebt und sich eher am Kennzeichenrecht im Sinne eines eigenen „Design Approach" orientiere, so handelt es sich um zwei unterschiedliche Rechtsgebiete.[534] Da es im Geschmackmusterrecht allerdings grundsätzlich um den Form- und Farbenschutz und damit primär immer noch um das „Produkt" der angewandten Kunst geht, bestünde insofern hinsichtlich des Schutzgutes kein Unterschied, der eine Anwendung der Schrankenbestimmungen des Urheberrechts auch nach dieser Ansicht möglich erscheinen lässt.[535]

Da Urheber- und Geschmacksmusterrecht weiterhin nebeneinander anwendbar sein sollen und sich nicht gegenseitig ausschließen, hält *G. Schulze* fest, dass beide Rechtsgebiete nicht völlig andersartig seien.[536] Er geht daher ebenfalls von einem lediglich graduellen, abgestuften Verhältnis aus und befürwortet eine Anwendung der urheberrechtlichen Schranken im Geschmacksmusterrecht.[537]

Befürwortet man hiernach den kumulativen Schutz von Geschmacksmuster- und Urheberrechtsschutz, so erscheint es widersprüchlich, wenn man die Schrankenbestimmung des § 59 UrhG beispielsweise auf ein urheberrechtlich geschütztes Werk anwendet, so

531 Siehe dazu ausführlicher unter Teil III. 5. a).
532 *G. Schulze* FS Ullmann, 93, 103.
533 Siehe dazu ausführlicher Teil III. 5. b) cc) und c).
534 *Ohly* ZEuP 2004, 296, 301; vgl. auch *Beier* GRUR Int. 1994, 716, 717.
535 *G. Schulze* FS Ullmann, 93, 104.
536 *G. Schulze* FS Ullmann, 93, 105.
537 *G. Schulze* FS Ullmann, 93, 106; die graduelle Abstufung ebenfalls befürwortend BGH GRUR 1995, 581, 582 – Silberdistel; BGHZ 27, 351, 354 – Candida-Schrift; BGH GRUR 1974, 669, 671 – Tierfiguren; BGH GRUR 1983, 377, 378 – Brombeer-Muster; Möhring/Nicolini/*Ahlberg* § 2 UrhG Rn. 68, 110; *Ulmer* 149; Schricker/*Loewenheim* § 2 UrhG Rn. 157; *Kur* 194f.; *Koschtial* GRUR 2004, 555, 555; *Wandtke/Bullinger* GRUR 1997, 573, 573ff.

dass ein urheberrechtlich geschütztes Schiff durchaus abgelichtet werden kann, wenn es sich an öffentlichen Plätzen befindet, hingegen ein „lediglich" geschmacksmusterrechtlich Geschütztes nicht – mangels entsprechender Anwendung des § 59 UrhG – abgelichtet werden darf. Dabei wird der Schutz für geschmacksmusterrechtliche Gestaltungen doch eher gewährt als für urheberrechtliche. Dies spricht für eine Durchbrechung des Grundsatzes, dass urheberrechtliche Schrankenregelungen – auch bei Nichtvorliegen eines kumulativen Schutzes beider Rechtsgebiete – nicht auf das Geschmacksmusterrecht angewandt werden können.[538] Dieses Vorgehen widerspricht nicht den europarechtlichen Vorgaben. Eine ausdrückliche Regelung, dass urheberrechtliche Schranken nicht auf geschmacksmusterrechtliche Gestaltungen anzuwenden sind, ist dort nicht vorgesehen.[539]

Dagegen wird angeführt, dass die Wiedergabe geschützter Erzeugnisse beispielsweise in einem Katalog oder in einer Berichterstattung über die Eröffnung einer Ausstellung über § 40 Nr. 3 GeschmMG geregelt ist.[540] Die Berichterstattung über Tagesereignisse ergäbe sich aus dem Verfassungsrang des Grundrechts der Pressefreiheit.

Dem ist entgegen zu setzen, dass grundsätzlich bei Fehlen einer Beschränkung der Rechte aus dem Geschmacksmusterrecht durchaus auf die urheberrechtlichen Schrankenregelungen zurückgegriffen werden kann, da nicht einzusehen ist, warum eine Ablichtung eines urheberrechtlich geschützten Werkes möglich sein soll, die eines geschmacksmusterrechtlichen Erzeugnisses hingegen nicht. Im Verhältnis zueinander ist der Geschmacksmuster- gegenüber dem Urheberrechtsschutz ein eher zur Verfügung stehendes Designschutzrecht. Das Urheberrecht ist gegenüber dem Geschmacksmusterrecht hingegen ein wesentlich stärkeres Recht. Es gewährt längeren und umfassenderen Schutz, da es im Gegensatz zu den gewerblichen Schutzrechten auch ausgeprägte Persönlichkeitsrechte für den Urheber enthält. Eine Privilegierung der geschmacksmusterrechtlichen Erzeugnisse ist dahingehend sicherlich nicht bezweckt.

Ob auch andere Schrankenbestimmungen des Urheberrechts entsprechend auf das Geschmacksmusterrecht übertragen werden können,

538 *G. Schulze* FS Ullmann, 93, 106 f.
539 Vgl. dazu näher *G. Schulze* FS Ullmann, 93, 107.
540 Eichmann/v. Falckenstein/*Eichmann* § 38 GeschmMG Rn. 20.

hängt von dem jeweiligen Regelungsfall ab. Da Schranken eng auszulegen sind,[541] ist für den Entwerfer wie für den Urheber an eine angemessene Vergütung – die nicht in § 40 GeschmMG Eingang gefunden hat – zu denken, wenn es beispielsweise um Vervielfältigungen zum privaten Gebrauch oder sonstigen Zwecken geht.[542]

Eine umgekehrte Anwendung der geschmacksmusterrechtlichen Schranken auf das Urheberrecht erscheint aufgrund des höherrangigen Urheberrechts hingegen ausgeschlossen.[543]

dd) Informationsverlust durch Schrankenregelung beim Wissensaustausch in der Schiffbauindustrie

Problematisch wird es, wenn Forschung unter Zugrundelegung von urheber- bzw. geschmacksmusterrechtlich geschützten Werken bzw. Erzeugnissen betrieben wird. Findet ein Austausch von Daten und Informationen zwischen Werften, Schiffbauingenieuren oder wissenschaftlichen Einrichtungen (wie Hochschulen und unabhängigen Forschungseinrichtungen usw.) statt, so birgt dies die Gefahr, dass dabei schiffbautechnisches Know-how zwar zu weiteren Erkenntnissen führt, aber Formen und Gestaltungen ebenfalls übernommen werden können.[544] Nicht die eigentliche Wissensvermittlung an bestimmte Einrichtungen könnte eine Rechtsverletzung hervorbringen, sondern die dadurch geschaffenen Missbrauchsmöglichkeiten für Dritte, die sich die Informationen zu Eigen machen.[545]

ee) Ergebnis der Beschränkungen des Schutzumfanges

Der dringend notwendige Wissensaustausch zwischen Forschung und Praxis birgt Gefahren, die es so gering wie möglich zu halten gilt, für den Designschutz von Schiffen bzw. deren Elementen. Effektivere Absicherungen können durch engere und offenere Zusammenarbeit zwischen der Praxis einerseits und der Forschung andererseits erreicht werden. Dafür bedarf es wiederum der Klarstellung, welche Möglich-

541 BGHZ 50, 147 – Kandinsky I; BGHZ 87, 126 – Zoll- und Finanzschulen; BGHZ 123, 149 – Verteileranlagen; BGH GRUR 2002, 963 – Elektronischer Pressespiegel.

542 *G. Schulze* FS Ullmann 93, 109.

543 *G. Schulze* FS Ullmann 93, 109.

544 Vgl. LeaderSHIP 2015, 24.

545 Vgl. LeaderSHIP 2015, 26.

keiten der Designschutz der Schiffbaubranche bietet, und der Aufklärung der daran Beteiligten. Nur durch Klärung der rechtlichen Stellung kann eine bessere und sicherere Kooperation gewährleistet werden.

d) Übertragung von Nutzungsrechten

Das Geschmacksmusterrecht gehört zu den geistigen Eigentumsrechten, die durch Rechtsgeschäft übertragen werden können, während das Urheberrecht nicht übertragbar ist, § 29 UrhG. Dieses ist aber vererbbar, §§ 28, 29 UrhG (ebenso das Geschmacksmusterrecht, § 29 Abs. 1 GeschmMG).

Nutzungsrechte sind abgeleitete Rechte, die von Verwertungsrechten nach den §§ 15 ff. UrhG differenziert werden müssen. Verwertungsrechte verbleiben beim Urheber, der über seine Verwertungsrechte verfügen kann.[546] Er räumt dem Nutzungsrechtsinhaber ein vom Verwertungsrecht abgetrenntes Recht ein: das Nutzungsrecht, das dem Käufer oder dem Reeder das Recht ermöglicht, das fertig gestellte Schiff wirtschaftlich zu verwerten.[547]

aa) Einfache und ausschließliche Nutzungsrechte

In Form eines Lizenzvertrages[548] können urheberrechtliche Nutzungsrechte eingeräumt werden. Es muss zwischen ausschließlicher und nicht ausschließlicher Lizenz[549] bzw. zwischen einfachen und ausschließlichen Nutzungsrechten (so genannten quasi-dinglichen Rechten) unterschieden werden.

Einfache Nutzungsrechte befugen den Nutzungsrechtsinhaber jeweils nur zur Ausübung des ihm übertragenen Rechts. Ausschließliche Nutzungsrechte berechtigen den Inhabern, das Werk uneingeschränkt zu nutzen.[550]

546 Vgl. näher zur Unterscheidung von Verwertungs- und Nutzungsrechten Wandtke/Bullinger/*Wandtke/Grunert* Vor §§ 31 ff. UrhG Rn. 23 ff.

547 Thode/Wirth/Kuffer/*Knipp* § 32 Rn. 47.

548 Lizenzverträge sind eigenständige Vertragstypen und sind auf Austausch von Leistungen gerichtet. Näher zu der Rechtsnatur von Lizenzverträgen Eichmann/v. Falckenstein/*Eichmann* § 31 GeschmMG Rn. 2.

549 *McGuire/von Zimbusch/Joachim* GRUR Int. 2006, 682, 688.

550 Thode/Wirth/Kuffer/*Knipp* § 32 Rn. 64; vgl. auch zum graduellen Unterschied zwischen einfachen und ausschließliche Nutzungsrechten Dreier/Schulze/*Schulze* § 31 UrhG Rn. 25; Schricker/*Schricker* § 31 UrhG Rn. 4.

Auch geschmacksmusterrechtlich besteht die Möglichkeit, ausschließliche oder nicht ausschließliche (einfache) Lizenzen einzuräumen, § 31 Abs. 1 GeschmMG.

Der Musterinhaber kann Benutzungsrechte im Sinne des § 38 GeschmMG eingeschränkt oder uneingeschränkt übertragen. Darüber hinaus kann er auch Verbietungsrechte einräumen.[551]

bb) Übertragbarkeit einer Lizenz durch den Lizenzgeber/ -nehmer

Da die rechtsgeschäftliche Übertragung des Urheberrechts selbst nicht möglich ist, § 29 UrhG, kann dahingehend keine Lizenz übertragen werden. Nur durch Einräumung eines Nutzungsrechts (Lizenz) kann der Urheber über sein Recht verfügen, § 29 Abs. 2 UrhG. Im Gegensatz dazu ist das Geschmacksmuster allerdings übertragbar, § 29 Abs. 1 GeschmMG.

Im Urheberrecht kann der Lizenznehmer eines ausschließlichen Nutzungsrechts hingegen weitere Nutzungsrechte (auch ausschließliche) nur mit Zustimmung des Urhebers einräumen, soweit nicht etwas anderes vereinbart ist, § 35 UrhG.[552] Der einfache Nutzungsrechtsinhaber kann ohne die Zustimmung des Urhebers oder ausschließlich Nutzungsberechtigen keine Lizenzen einräumen. Wird der Reeder lediglich befugt, das urheberrechtlich geschützte Schiff beispielsweise durch Veräußerung im Sinne von § 17 Abs. 1 UrhG verbreiten zu dürfen, so steht ihm nicht zu, das Schiff darüber hinaus gemäß § 16 Abs. 1 UrhG vervielfältigen zu lassen.

Eine ausschließliche geschmacksmusterrechtliche Lizenz kann nach § 31 Abs. 1 S. 2 GeschmMG als Alleinlizenz oder Alleinbenutzungsrecht ausgestaltet sein.[553] Besteht eine nicht ausschließliche Lizenz, so können neben dem Lizenznehmer auch weitere Lizenznehmer berechtigt sein, ebenso wie der Lizenzgeber selbst.[554] Der Lizenzinha-

551 Eichmann/v. Falckenstein/*Eichmann* § 31 GeschmMG Rn. 2.

552 Vgl. dazu auch Loewenheim/*J. B. Nordemann* § 60 Rn. 37.

553 Eichmann/v. Falckenstein/*Eichmann* § 31 GeschmMG Rn. 6 mit weiteren Nachweisen zur ausschließlichen Lizenz.

554 Eichmann/v. Falckenstein/*Eichmann* § 31 GeschmMG Rn. 7.

ber kann allerdings nur mit Zustimmung des Rechtsinhabers Verletzungen aus dem Geschmacksmuster geltend machen.[555]

Die (vollständige oder teilweise) Einräumung von Unterlizenzen unterliegt im Geschmacksmusterrecht dem durch die Parteien bestimmten Vertragsinhalt. Eine Übertragung liegt vor, wenn der Lizenznehmer die ihm eingeräumten Nutzungsrechte vollständig mittels einer Unterlizenz einräumt.

Problematisch ist, ob der ausschließliche Nutzungsrechtsinhaber eine Unterlizenz erteilen darf. Die höchstrichterliche Rechtsprechung befürwortet dies.[556] Der Kommentarliteratur zufolge bedarf die Einräumung einer Unterlizenz auch durch den exklusiven bzw. ausschließlichen Lizenznehmer der Zustimmung des Inhabers des Geschmacksmusters.[557]

Eine einfache Lizenz hingegen berechtigt nicht zur Erteilung einer Unterlizenz.

cc) In geschmacksmusterrechtlicher Lizenz gebaute Teile außerhalb der europäischen Gemeinschaft

Fraglich erschien die Behandlung von Bauteilen, die außerhalb der europäischen Gemeinschaft in Lizenz gebaut wurden und inwiefern sich der Schutz in (gemeinschafts)geschmacksmusterrechtlicher Hinsicht entfalten kann. Ist das Muster wirksam national oder international beim DPMA bzw. HABM registriert worden und liegen die entsprechenden geschmacksmusterrechtlichen materiellen Voraussetzungen vor, ist der Schutzrechtsgegenstand und dessen Umfang festgelegt.

Liegt keine Eintragung vor, so kommt lediglich der Schutz über das nicht eingetragene Gemeinschaftsgeschmacksmuster in Betracht. Die einzig zu überwindende Hürde bestand darin, festzustellen, wann die Gestaltung innerhalb der EU Schutz erlangt, wenn diese z.B. außerhalb der EU bereits ausgestellt wurde. Entwirft ein Zulieferer beispielsweise Schiffstüren, -fenster, -treppen und -gangways, produziert diese und stellt sie zu Werbezwecken auf einer Messe außerhalb

555 Vgl. *Bulling/Langöhrig/Hellwig* Rn. 191.
556 BGH GRUR 1953, 114 – Reinigungsverfahren.
557 Eichmann/v. Falckenstein/*Eichmann* § 31 GeschmMG Rn. 9.

der EU aus. Wurden diese Produkte dann in die Gemeinschaft eingeführt, so blieb zu klären, ob noch gemeinschaftsgeschmacksmusterrechtlicher Schutz erlangt werden konnte oder ob ein Schutz mangels Neuheit verwehrt bleiben musste.

(1) Schutz bleibt verwehrt

Art. 11 Abs. 1 GGV[558] besagt, dass die dreijährige Schutzfrist für das nicht eingetragene Gemeinschaftsgeschmacksmuster an dem Tag beginnt, da es der Öffentlichkeit innerhalb der Gemeinschaft erstmals zugänglich gemacht wurde. Es lässt sich nun argumentieren, dass sich ein Schutz insofern nicht ergeben kann, da die Fachkreise gar keine Kenntnis nehmen konnten. Begrenzt man den betroffenen Personenkreis, d.h. die Öffentlichkeit, aufgrund des den Art. 11 Abs. 1 GGV konkretisierenden[559] Abs. 2 S. 1 GGV auf die Fachkreise, so kommt man zu dem Ergebnis, dass kein Schutz ohne die Möglichkeit der Kenntnisnahme gerade dieser Fachkreise gewährt werden kann.[560] Abs. 2 S. 1 GGV[561] besagt nämlich, dass dem Ort der maßgeblichen Veröffentlichung für die Entstehung des Schutzes keine geografischen Grenzen gesetzt sind und dass der relevante Personenkreis, der von der Veröffentlichung Kenntnis nehmen konnte, nicht begrenzt ist. Dann dürfte erst recht kein Schutz gewährt werden, wenn außerhalb der EU aufgrund der geografischen Begrenzung („*innerhalb der Gemeinschaft*") ein nicht eingetragenes Muster bzw. Modell veröffentlicht wird.[562]

558 Art. 11 Abs. 1 GGV: Ein Geschmacksmuster, das die im 1. Abschnitt genannten Voraussetzungen erfüllt, wird als ein nicht eingetragenes Gemeinschaftsgeschmacksmuster für eine Frist von drei Jahren geschützt, beginnend mit dem Tag, an dem es der Öffentlichkeit innerhalb der Gemeinschaft erstmals zugänglich gemacht wurde.

559 *Bulling* Mitt. 2002, 170, 173.

560 OLG Hamburg NJOZ 2007, 459, 463; *Bulling/Langöhrig/Hellwig* Rn. 107.

561 Art. 11 Abs. 2 S. 1 GGV: Im Sinne des Absatzes 1 gilt ein Geschmacksmuster als der Öffentlichkeit innerhalb der Gemeinschaft zugänglich gemacht, wenn es in solcher Weise bekannt gemacht, ausgestellt, im Verkehr verwendet oder auf sonstige Weise offenbart wurde, dass dies den in der Gemeinschaft tätigen Fachkreisen des betreffenden Wirtschaftszweigs im normalen Geschäftsverlauf bekannt sein konnte.

562 OLG Hamburg NJOZ 2007, 459, 464ff.; *Bulling/Langöhrig/Hellwig* Rn. 108; *Rahlf/Gottschalk* GRUR Int. 2004, 821, 824.

(2) Schutz wird gewährt

Andererseits kann der Abs. 2 S. 1 der GGV derart interpretiert werden, dass die Voraussetzung „innerhalb der Gemeinschaft“ in dem Sinne auszulegen ist, dass die Voraussetzung als Fiktion zu verstehen ist und keine geografische Begrenzung beinhaltet, sondern lediglich eine personelle.[563] Das bedeutet, dass eine Ausstellung wie z.B. eine Schiffbaumesse, außerhalb der Europäischen Union stattfinden kann. Sind Personen der Fachkreise aus der EU anwesend bzw. bekommen die europäischen Fachkreise Kenntnis davon, so soll der Schutz eines nicht eingetragenen Gemeinschaftsgeschmacksmusters gewährt werden.

Diese Ansicht geht mit dem urheberrechtlichen Schutz für außerhalb der Gemeinschaft erschaffene Werke einher,[564] wendet sich aber gegen den Territorialitätsgedanken des Patent- und Markenrechts.[565]

(3) Ergebnis

Das Geschmacksmuster gehört zu den gewerblichen Schutzrechten. Eine territoriale Begrenzung vorzunehmen, dürfte zwar in der Tat bedeuten, dass Muster, die außerhalb der Gemeinschaft entworfen wurden, jüngeren Mustern innerhalb der EU mangels Neuheit den Schutz versperren würden. Andererseits handelt es sich beim Geschmacksmusterrecht um ein Schutzrecht, dass ästhetische Erzeugnisse ähnlich wie das Urheberrecht zu schützen beabsichtigt. Wie Art. 11 GGV auszulegen ist, war vor Einführung des Art. 110a GGV unklar.[566] Es scheint zwar paradox, Mustern den Schutz als nicht eingetragenes Gemeinschaftsgeschmacksmuster zu verwehren, wenn sie beispielsweise außerhalb der Gemeinschaft entworfen und unter Kenntnisnahme der Fachkreise ausgestellt werden. Art. 110a Abs. 5 GGV stellt allerdings klar, dass ein Muster, das nicht in der Gemeinschaft öffentlich zugänglich gemacht wurde, keinen Schutz als nicht eingetragenes Gemeinschaftsgeschmacksmuster genießt.

563 *Bulling* Mitt. 2002, 170, 173.

564 Schricker/*Katzenberger* Vor §§ 120ff. UrhG Rn. 47f.

565 *Rahlf/Gottschalk* GRUR Int. 2004, 821, 825; *Stolz* 35.

566 Art. 110a GGV wurde im Jahr 2003 mit Wirkung ab 1. Mai 2004 eingefügt; vgl. BGH – I ZR 126/06, Urteil vom 9. 10. 2008; vgl. auch *Bulling/Langöhrig/Hellwig* Rn. 108.

9. Schutz des Schiffes als nicht urheberrechtliche/ geschmacksmusterrechtliche Leistung

Erreicht die Gestaltung eines Schiffes oder eines Schiffteils weder die urheberrechtliche Gestaltungshöhe noch kann in ihm geschmacksmusterrechtliche Eigenart und Neuheit erkannt werden, so stellt sich die Frage, inwiefern dennoch ein Designschutz über andere Schutzrechte vermittelt werden kann. Designschutz kann beispielsweise über das Markenrecht für dreidimensionale Marken bestehen bzw. über das Wettbewerbsrecht, sofern eine unlautere Handlung begangen wurde. Inwiefern diese Rechtsgebiete Schutzmöglichkeiten für den Designschutz in der Schiffbauindustrie bereithalten können, wird in Kapitel V. näher erläutert.

III. Geschmacksmusterrechtlicher und urheberrechtlicher Schutz von Schiffsbauten

1. Einleitung

Multilaterale Handelsregeln finden sich für die meisten Industriezweige. In der Schiffbauindustrie sind derartige Regularien wegen ihrer Besonderheiten kaum durchsetzbar. Es bestehen in dieser Industrie gegenwärtig weder Antidumping-Regeln noch Zölle.[567] Dieser unzureichende Regelungsstand kann nicht durch das Urheber- oder Geschmacksmusterrecht aufgefangen werden. Es lassen sich allerdings Schutzmechanismen vor Markteinführung des Produktes „Schiff" aktivieren, indem die entsprechende Werft, der Reeder o.a. besonderen Fokus auf den Schutz des geistigen Eigentums setzen.

Damit sich urheber- und/oder geschmacksmusterrechtlicher Schutz für Schiffe und Schiffselemente entfalten kann, müssen Kriterien beachtet werden, die den Schutz einschränken (wie z.B. Bauvorschriften, Vorschriften von Klassifikationsgesellschaften), von vornherein gänzlich ausschließen (beispielsweise Schutzausschluss bei technisch bedingten Formen) bzw. ausdrücklich ausschließen (z.B. Schutzaus-

[567] Vgl. LeaderSHIP 2015, 4.

schluss bei gänzlich computergesteuerten Gestaltungen). Unter Beachtung dieser Kriterien ist entscheidend, auf welchen Ebenen der Schutz von Geschmacksmuster- bzw. Urheberrecht anzusetzen ist bzw. ansetzt und in welches Verhältnis diese Rechtsgebiete zueinander gestellt werden müssen. Auf der Basis dieser Kriterien und festgelegten Rechtsebenen wird dann konkreter Schutz für diverse Schiffstypen untersucht sowie aufgezeigt, inwiefern sich bereits ein Schutz für einzelne Elemente entfalten kann.

2. Einsatz von Computern bei der Schiffsentwicklung

Heutzutage ist der Einsatz von Computern bzw. Robotern in der Schiffsentwicklung und der anschließenden Konstruktion nicht mehr wegzudenken. Dies bedeutet nicht, dass dadurch keine urheberrechtliche eigenpersönliche Schöpfung bzw. keine geschmacksmusterrechtliche Eigenart mehr vorliegt. Da der Computer bzw. Roboter lediglich als Hilfsmittel zur Erzeugung des Werkes durch den Menschen eingesetzt wird, der eigenständig seine Ideen und Gestaltungen in den Computer eingibt bzw. aufgrund derer den Roboter programmiert, ist die schöpferische Leistung durch den Urheber bzw. Entwerfer und nicht durch das verwendete Hilfsmittel entstanden.[568]

In der Schiffbauindustrie wird bei einigen Produktionsprozessen auch von Computer Aided Designs (CAD) gesprochen. Dies betrifft hauptsächlich die technische Seite des Designs und reduziert sich auf geometrische Grundmuster.[569] Es dient als Unterstützung für den eigentlichen kreativen Teil. Die technisch notwendigen Grundmuster werden errechnet und erstellen damit ein erstes Design, das individuell angepasst werden kann.

3. Bauvorschriften von Klassifikationsgesellschaften

Zu den physikalisch vorausgesetzten Bedingungen, um ein Schiff im Wasser zum Schwimmen zu bringen, müssen die Vorgaben der Klas-

568 Wandtke/Bullinger/*Bullinger* § 2 UrhG Rn. 16; Schricker/*Loewenheim* § 2 UrhG Rn. 13; Fromm/Nordemann/*A. Nordemann* § 2 UrhG Rn. 21; *Rehbinder* Rn. 114; *Schack* Rn. 156.
569 Vgl. auch *Andritsos/Perez* 18, 30.

sifikationsgesellschaften[570] beachtet werden (z.B. die des Germanischen Lloyds)[571]. Die Tätigkeit der Klassifikationsgesellschaft umfasst heute die eigentliche Klassifikation (die sich mit der Festigkeit des Schiffskörpers und der Sicherheit und Zuverlässigkeit der wesentlichen Systeme an Bord befasst) und die Wahrnehmung staatlicher Schiffssicherheitsaufgaben, deren Ursprung im Erkennen der staatlichen Fürsorgepflicht für die Menschen an Bord zu sehen ist.[572] Sie überwacht also nicht nur die eigentliche Schiffskonstruktion, sondern überprüft alle Materialien und Zulieferungen, die beim Bau von Schiffen verwendet werden.[573] Die Schiffselemente, die unter Berücksichtigung der Bauvorschriften der Klassifikationsgesellschaften und der konkreten technischen Vorschriften der Konventionen, also den Vorschriften im staatlichen Bereich, entstanden sind, müssen bei der Hinterfragung hinsichtlich eines geschmacksmuster- und urheberrechtlichen Schutzes von Schiffsbauten ausgenommen werden, wenn sie keinen kreativen Gestaltungsspielraum mehr erübrigen.

4. Berücksichtigung der Vorschriften von internationalen Organisationen und Abkommen

In Time-, Bareboat-Charterverträgen[574] oder ähnlichen Verträgen wird verlangt, dass das Schiff „seaworthiness" aufweisen muss. Diese Voraussetzung ist rechtlich national sowie international verankert.[575] „Seaworthiness" bedeutet „Seetüchtigkeit" des Schiffes, um den gewöhnlichen Gefahren auf See begegnen zu können.[576] Durch viele internationale Abkommen wurden Richtlinien oder ähnliche Vorgaben erlassen, unter deren Beachtung das Schiff konstruiert bzw.

570 Vgl. Fn. 352.

571 Der Germanische Lloyd ist in etwa vergleichbar mit dem deutschen TÜV.

572 *Hormann* 2.

573 *Scholl* Bd. 1, 57.

574 Charter = zeitweilige Überlassung eines Gegenstandes gegen die Entrichtung einer Nutzungsgebühr; bareboat charter = Überlassen eines unbemannten Schiffes für eine einzelne Reise oder einen genau festgelegten Zeitraum; time charter = Überlassen eines betriebsbereiten, ladefähigen und bemannten Schiffes für eine einzelne Reise oder einen genau festgelegten Zeitraum.

575 Dazu genauer *Wöhrn* 37.

576 *Wöhrn* 35.

zur Fahrt vorbereitet werden muss, um „seaworthiness“ aufweisen zu können. Nicht selten nehmen diese Regeln, die teilweise in nationales Recht umgesetzt wurden (wie beispielsweise die Regeln der IMO – International Maritime Organization), durch ihre Vorgaben Einfluss auf die Gesamtgestaltung oder Teile des Schiffes in der Art und Weise, wie Elemente auf dem Schiff anzuordnen sind oder was bei dessen Konstruktion zu beachten ist.

a) IMO

Die von den Vereinten Nationen 1948 gegründete Internationale Seeschifffahrtsorganisation IMO (International Maritime Organization) setzt Maßstäbe für Richtlinien oder weltweit verbindliche Übereinkommen fest. Die IMO hat sich unter anderem der Sicherheit des Lebens auf See verpflichtet. 1954 hat sie die Verhütung und Bekämpfung der Meeresverschmutzung zu ihren Zielen erkoren (Oil Pollution Convention). Andere durch die IMO entwickelte Vorgaben sind z.B. die SOLAS (International Convention for Safety of Life at Sea, 1974), die die sicherheitstechnischen Grundlagen bzw. Rahmenvorschriften für den Bau, die Ausrüstung und den Betrieb von Handelsschiffen im internationalen Verkehr zum Schutz des Lebens auf See bilden.[577] Aufgrund dieser Vorgaben entstandene Elemente eines Schiffes müssen ebenfalls bei der Beurteilung eines Schutzes nach dem Urheber- bzw. Geschmacksmustergesetz außer Betracht bleiben, sofern sie keine Gestaltungsmöglichkeiten im urheber- oder geschmacksmusterrechtlichen Sinne mehr zulassen.

b) SOLAS

Zweck der SOLAS-Konvention[578] ist es, Mindeststandards für die Konstruktion, die Ausrüstung und die Bedienung des Schiffes um der Sicherheit Willen aufzustellen. Die Flaggenstaaten sind selbst verantwortlich, dafür Sorge zu tragen, dass Schiffe, die unter ihrer Flagge fahren, diesen Anforderungen entsprechen. SOLAS hält zahlreiche Zertifikate bereit, die nach Kontrollen der Schiffe garantieren, dass entsprechend den Vorschriften der SOLAS-Konvention geprüft worden ist.

577 *HANSA* Januar 2005, 39.
578 International Convention for the Safety of Life at Sea – SOLAS.

Sind aufgrund von SOLAS-Vorgaben Änderungen an Schiffen vorzunehmen, kann damit auch ein Schutzausschluss einhergehen, da es hier wie bei den Vorgaben der Klassifikationsgesellschaften zu zwingenden Umsetzungen aufgrund einer Konvention und nicht mehr zu eigenschöpferischer Tätigkeit oder ästhetischer Gestaltung im urheber- bzw. geschmacksmusterrechtlichen Sinn kommen kann. Gelingt es dennoch, den Vorgaben entsprechend zu konstruieren, gleichzeitig aber urheber- bzw. geschmackmusterrechtlich kreativ tätig zu werden, so kann lediglich für den schöpferisch gestalteten Teil Schutz in Betracht kommen.[579]

c) MARPOL

Die MARPOL-Konvention[580] ist das maßgebliche internationale Abkommen, dass die Umweltverschmutzung auf See durch Schiffe – ob zufällig oder durch den Betrieb des Schiffes – zu verhindern beabsichtigt. Wenn zwingend notwendige Änderungen aufgrund dieser Konvention kein eigenpersönliches schöpferisches oder Eigenart bedingendes Tätigwerden zulassen, so dürfen sie ebenso wenig Beachtung bei der Bewertung der urheber- und geschmacksmusterrechtlichen Schutzfähigkeit finden.

d) Sonstige Vorschriften/Richtlinien

Abhängig von der beabsichtigten Einsatzfähigkeit des Schiffes können durch andere Vorschriften oder Richtlinien zusätzliche Auflagen bei dessen Konstruktion zu berücksichtigen sein. Soll ein Schiff beispielsweise zur Durchfahrung des Panamakanals tauglich sein, so muss für das Schiff ein „Panama Tonnage Certificate“ vorgewiesen und das Schiff den Panamakanal-Richtlinien entsprechend konstruiert werden. Entsprechendes gilt für die Durchfahrung des Suezkanals. Schiffe benötigen ein „Suez Canal Tonnage Certificate“ und müssen entsprechend der Suezkanal-Richtlinien gebaut sein.

579 Vgl. auch zum Schutz von Werkteilen Schricker/*Loewenheim* § 2 UrhG Rn. 66f.; Dreier/Schulze/*Schulze* § 2 UrhG Rn. 76; Wandtke/Bullinger/*Bullinger* § 2 UrhG Rn. 42ff.

580 The International Convention for the Prevention of Pollution from Ships – MARPOL 73/78.

Diese Vorgaben nehmen damit unter anderem Einfluss auf die Größe des Schiffes. Werden dadurch Formen vorgegeben, die wiederum ein eigenpersönliches schöpferisches Schaffen unterbinden, so schließt sich dadurch ein urheber- oder geschmacksmusterrechtlicher Schutz per se aus.

e) Ergebnis

Finden Änderungen in der Konstruktion aufgrund von verbindlichen und zwingend zu beachtenden Abkommen, Richtlinien, internationalen Übereinkommen oder ähnlichen Vorgaben statt, so kann hierdurch baulich bedingten Umsetzungen grundsätzlich weder urheber- noch geschmacksmusterrechtlicher Schutz zukommen. Bleibt ein schöpferisches Tätigwerden im Sinne des Urheber- oder Geschmacksmusterrechtes möglich, so kann sich Schutz allerdings nur für diese Elemente entfalten. Tragen diese Teile prägend zum Gesamteindruck des Schiffes bei, so können sie auch durch ihre charakteristische Gestaltung zum Schutz für das gesamte Schiff beitragen. Schiffe oder Schiffselemente, die bedingt durch Vorgaben gebaut sind und keine eigenpersönliche Schaffensfreiheit zulassen, sind vom Schutz ausgenommen.

5. Schutzverhältnis Urheberrecht und Geschmacksmusterrecht

Schließlich sind das Verhältnis und der mögliche Umfang geschmacksmuster- und/oder urheberrechtlichen Schutzes von Schiffen zu erörtern. Dies hängt natürlich von den den Schiffen innewohnenden schöpferisch umgesetzten Leistungen ab. Unzweifelhaft kann neben dem Schutz nach dem Urheberrecht auch Geschmacksmusterrechtsschutz bestehen und umgekehrt.[581] Liegt eine eigenpersönliche Schöpfung vor, die allerdings mangels Schöpfungshöhe nicht den

581 Schricker/*Schricker* Einleitung UrhG Rn. 34; Schricker/*Loewenheim* § 2 UrhG Rn. 157; Dreier/Schulze/*Schulze* § 2 UrhG Rn. 174; Wandtke/Bullinger/*Bullinger* § 2 UrhG Rn. 97; Fromm/Nordemann/*A. Nordemann* Einl. UrhG Rn. 78; Eichmann/v. Falckenstein/*Eichmann* Allgemeines GeschmMG Rn. 39; Brückmann/Günther/Beyerlein/*Beyerlein* Einführung GeschmMG Rn. 19; *Rehbinder* Rn. 101; *Schack* Rn. 202; *Kur* GRUR 2002, 661, 669 f.; *Zech* 159.

Schutz des Urheberrechts erreicht, so kann geschmacksmusterrechtlicher Schutz durch wirksame Eintragung erlangt werden. Andererseits kann auch nur urheberrechtlicher Schutz bei Vorliegen der nötigen Gestaltungshöhe vorliegen, ohne dass Geschmacksmusterrechtsschutz etwa mangels gewerblicher Verwertbarkeit vorliegt.[582]

Es bleibt zu klären, inwiefern die beiden Rechtsgebiete kumuliert für die Schiffbauindustrie Designschutz bieten können bzw. wie sie sich zueinander verhalten, damit Klarheit bezüglich der Schutzgrenzen besteht. Zum Teil wird das Geschmacksmusterrecht immer noch nicht unabhängig vom Urheberrecht betrachtet. Es wird als Auffangrecht zum Urheberrecht angesehen, was der Selbstständigkeit der geschmacksmusterrechtlichen Regelungen abträglich ist.[583] Erklärte man das Geschmacksmusterrecht als „kleineres Urheberrecht", so müssten beide Rechtsgebiete in weiten Teilen übereinstimmende Regelungen aufweisen. Bereits bei den Schrankenregelungen finden sich Unterschiede. Die Klärung dieser uneinheitlich beantworteten Frage ist für den Designschutz insofern wichtig, als dass dadurch bestimmt werden kann, ob auch schon geringere Schöpfungen, die unter die so genannte Kleine Münze fallen, bereits urheberrechtlich geschützt werden können. Dann würde Schiffen eher urheberrechtlicher und damit auch längerer und effektiverer Schutz zukommen. Zusätzlich könnten Kosten (für die Eintragung von Schutzrechten) minimiert werden.

a) Auffassung in der Rechtsprechung zur Schutzuntergrenze von Werken der angewandten Kunst

Die Rechtsprechung setzt bei Werken der angewandten Kunst im Urheberrechtsgesetz eine höhere Schutzuntergrenze an als bei anderen Werkarten. Dies wird aus dem Verhältnis von Geschmacksmusterrecht und Urheberrecht abgeleitet.[584] Das Geschmacksmusterrecht

582 *Kur* FS Schricker 503, 510; *Ritscher* 71; *Zech* 159.

583 Vgl. zur Meinung der Rechtsprechung und der herrschenden Literaturansicht hinsichtlich der Stufentheorie Teil III. 5. a), b) aa).

584 BVerfG GRUR 2005, 410, 410 – Laufendes Auge; BGH GRUR 1995, 581 – Silberdistel II; BGH GRUR 2000, 144, 145 – Comic-Übersetzungen II; BGH GRUR 1983, 377, 378 – Brombeer-Muster; BGH GRUR 1979, 332, 336 – Brombeerleuchte; BGH GRUR 1974, 669, 671 – Tierfiguren; BGH GRUR 1972,

wurde bisher als „kleines Urheberrecht“ oder als „Unterbau des Urheberrechts“ angesehen.[585] Der Unterschied zum Urheberrecht sei nur ein gradueller und kein wesensmäßiger und damit im Sinne eines Stufenverhältnisses zu verstéhen,[586] da das Geschmacksmustergesetz lediglich eine objektiv-eigenartige, das Urheberrecht eine individuell-künstlerische Gestaltung voraussetzen würde.[587] Daran soll bisher die Geschmacksmusterrichtlinie 98/71/EG,[588] die mit dem neuen Geschmacksmustergesetz vom 12. März 2004 umgesetzt wurde,[589] auch nichts geändert haben.

Da sich bereits die geschmacksmusterschutzfähige Gestaltung von der nicht geschützten Durchschnittsgestaltung, dem rein Handwerksmäßigen und Alltäglichen abheben müsse, sei für die Urheberrechtsschutzfähigkeit ein noch weiterer Abstand, ein deutliches Überragen der Durchschnittsgestaltung zu fordern.[590] Nach der Entscheidung „Laufendes Auge“ des Bundesverfassungsgerichts soll dies bedeuten, dass für einen Schutz nach dem Urheberrechtsgesetz ein höherer schöpferischer Eigentümlichkeitsgrad zu verlangen ist als bei geschmacksmusterfähigen Erzeugnissen, da sich bereits eine geschmacksmusterfähige Gestaltung von der nicht geschützten Durch-

38, 39 – Vasenleuchter; BGH GRUR 1967, 315, 316 – skai-cubana; BGHZ 22, 209, 217 – Europapost; BGHZ 50, 340, 350 – Rüschenhaube; OLG Hamburg GRUR 2002, 419 – Move; OLG Düsseldorf GRUR-RR 2001, 294, 296 – Spannring; KG GRUR-RR 2001, 292, 293 – Bachforelle; LG Leipzig GRUR 2002, 424f. – Hirschgewand.

585 Schricker/*Loewenheim* § 2 UrhG Rn. 157f.; *Heutz* MMR 2005, 567, 570; *Ohly* ZEuP 2004, 296, 307.

586 BGH GRUR 1995, 581, 582 – Silberdistel; BGHZ 27, 351, 354 – Candida-Schrift; BGH GRUR 1974, 669, 671 – Tierfiguren; BGH GRUR 1983, 377, 378 – Brombeer-Muster; Möhring/Nicolini/*Ahlberg* § 2 UrhG Rn. 68, 110; *Ulmer* 149; Schricker/*Loewenheim* § 2 UrhG Rn. 157; *Kur* Die Alternativen zum Schutz durch das Urheberrecht, 194f.; *Koschtial* GRUR 2004, 555; *Wandtke/Bullinger* GRUR 1997, 573, 573ff.

587 Schricker/*Loewenheim* § 2 UrhG Rn. 157.

588 Richtlinie 98/71/EG des Europäischen Parlaments und des Rates vom 13. Oktober 1998 über den rechtlichen Schutz von Mustern und Modellen, Abl. EG L 289/98 vom 24. September 1998, abgedruckt in GRUR Int. 1998, 959ff.

589 Wandtke/Bullinger/*Bullinger* § 2 UrhG Rn. 98; *Wandtke/Ohst* GRUR Int. 2005, 91, 92.

590 BVerfG GRUR 2005, 410, 410 – Laufendes Auge; BGH GRUR 1995, 581, 582 – Silberdistel; BGH GRUR 1998, 3773 – Les-Paul-Gitarren; *Loewenheim* GRUR 2004, 765, 765.

schnittsgestaltung, dem rein Handwerksmäßigen und Alltäglichen, abheben muss.[591]

aa) Zugrunde zu legender Maßstab

Die Abgrenzung zwischen Urheber- und Geschmacksmusterrecht nimmt die Rechtsprechung anhand der Gestaltungshöhe vor.[592] Das „deutlich Überdurchschnittliche" wird dem urheberrechtlichen Schutz zugeordnet. Da der Unterschied der beiden Rechtsgebiete in der von der Rechtsprechung vertretenden Stufentheorie begründet wird und es für den Urheberrechtsschutz eine höhere Gestaltungshöhe zu erreichen gilt als für das Geschmacksmusterrecht, kann das lediglich „Überdurchschnittliche" nur Geschmacksmusterschutz erlangen.

Dass das Geschmacksmusterrecht nunmehr auch Schutz für durchschnittliche Gestaltungen gewährt, da der Begriff der Eigenart seit der Geschmacksmusterrichtlinie neu definiert wurde,[593] muss hier vorerst außer Acht gelassen werden, kann aber im weiteren Sinne dennoch auf die nunmehr veränderte Rechtslage übertragen werden. Die Rechtsprechung geht noch veraltet von einem Verhältnis des Geschmacksmusterrechts, das überdurchschnittlichen Gestaltungen, und dem Urheberrecht, das deutlich überdurchschnittlichen Schöpfungen Schutz gewährt, aus.

Offen bleibt bei der Begründung zur Stufentheorie, von welchem Maßstab bei der Ermittlung des „deutlich Überdurchschnittlichen" und „Überdurchschnittlichen" ausgegangen wird.

Die Rechtsprechung äußert sich nicht zu diesem Maßstab. *A. Nordemann/Heise*[594] versuchen diesem Maßstab näher zu kommen, indem sie die Durchschnittsgestaltung in prozentualen Werten mittels Gauss'scher Glockenformel errechnen lassen. Diese Berechnung kommt zu dem Ergebnis, dass Gestaltungen im Schnitt zu 68 Pro-

591 BVerfG GRUR 2005, 410, 410; der eigentliche Maßstab hat sich im Geschmacksmusterrecht mit der Geschmacksmusterrichtlinie bereits schon vor dieser Entscheidung dahingehend geändert, dass durch das Geschmacksmusterrecht nunmehr auch durchschnittliche Gestaltungen geschützt werden können. Dazu näher die kritische Wertung in Teil III. 5. d) bb).

592 Siehe bereits Teil III. 5. a).

593 Siehe dazu näher bereits Teil II. 3. a) cc).

594 Z.B. in *A. Nordemann/Heise* ZUM 2001, 128, 135.

zent durchschnittlich, zu 16 Prozent überdurchschnittlich[595] und zu 2,5 Prozent deutlich überdurchschnittlich sind. *A. Nordemann/Heise* gelingt es mit dieser Errechnung des prozentualen Durchschnitts leider nicht, geeignete Kriterien für eine Festlegung des zugrunde liegenden Maßstabs zu ermitteln.

Das Problem liegt in einer anderen Tatsache begründet. Der stete Wandel und Fortschritt verhindern diese Konkretisierung. Heutzutage mag etwas noch als überdurchschnittlich gelten, das in wenigen Jahren bereits als durchschnittlich empfunden wird. Die Konturen eines Schiffes waren beispielsweise vor ca. 30 Jahren eher rund, heutzutage sind die Linien hauptsächlich kantig. Containerschiffe, die heutzutage 100.000 Tonnen transportieren können, sind ein anderes Beispiel des steten Wandels.

Eine größere Zeitspanne zugrunde gelegt, wird der Wandel der Zeit noch deutlicher. Im Mittelalter hätte sicherlich ein Passagierschiff wie die „Queen Mary 2" nicht nur aufgrund ihrer Größe, sondern vor allem wegen ihrer Ausstattung, ihrer Linien und ihrer Farbgebung als deutlich überdurchschnittlich gegolten.

bb) Ergebnis

Der Durchschnitt unterliegt damit einem steten Wandel, was die abstrakte Festlegung von Kriterien für einen Maßstab, nach dem die Gestaltungshöhe oder Schutzschwelle des Geschmacksmusters bemessen werden könnte, nicht nur erschwert, sondern unmöglich werden lässt.

b) Meinungsstand in der Literatur

aa) Herrschende Meinung: Stufenverhältnis

Die herrschende Meinung im Schrifttum hat sich der Meinung der Rechtsprechung angeschlossen.[596] Es wird angenommen, dass der an sich einheitliche Werkbegriff des § 2 UrhG bei Werken der ange-

595 Ebenso sollen 16 Prozent der Gestaltungen lediglich unterdurchschnittlich sein.

596 Schricker/*Loewenheim* § 2 UrhG Rn. 158; Schack Rn. 202; *Rehbinder* Rn. 136; *Ulmer* 149f.; *Erdmann* FS v. Gamm 389, 402f.; *Loewenheim* GRUR Int. 2004, 765, 765; *Erdmann/Bornkamm* GRUR 1991, 877, 878; *D. Reimer* GRUR 1980, 572, 574; *Loewenheim* GRUR Int. 2004, 765, 765; *Zentek* 63.

wandten Kunst durch den Schutz nach dem Geschmacksmusterrecht durchbrochen und die formellen Anforderungen des Geschmacksmustergesetzes unterlaufen werden könnten, wenn Urheberrechtsschutz auch für die „Kleine Münze“, d.h. Schutz für einfachere Schöpfungen, gewährt werden würde.[597]

bb) Literaturstimmen zum Stufensystem mit Ausprägung des Merkmals „ästhetischer Gehalt“

Andere Stimmen der Literatur gehen unter Befürwortung des Stufensystems weiter und hinterfragen die judikative Handhabung dessen. Es wird kritisch angemerkt, dass das Merkmal des ästhetischen Gehaltes ausgeprägter gefasst sein müsse,[598] was in sich aber ähnliche Abgrenzungsprobleme birgt, da die Vorschläge der Literatur nicht viel greifbarere Ansätze bieten.[599]

cc) Vom Stufensystem distanzierte Literaturstimmen

Wiederum andere halten das Stufensystem für überflüssig und vertreten stattdessen die Auffassung, wonach Kunst im Sinne von einer künstlerischen Gestaltung zu verstehen sei. Damit einhergehend werden dreidimensionale Formen, die einem Gebrauchszweck unterliegen per se ausgeschlossen. Kunst könne nur zweidimensional gestaltet sein.[600] Anderer Ansicht ist *Kummer*, der urheberrechtlichen Schutz nur gewähren will, wenn ein Werk statistisch einmalig ist, wobei er auch geringsten Darstellungen Werkcharakter entnehmen will, sofern diese ansprechend präsentiert werden.[601] *Nordemann* hingegen will nach dem Hervortreten des Gebrauchszwecks unterscheiden. Ist dieser vorrangig vor dem ästhetischen Aspekt, so kann es keinen urheberrechtlichen Schutz geben. Es käme dann nur geschmacksmusterrechtlicher in Betracht.[602]

597 *Dietz* betrachtet eine Absenkung als nicht zwingend, da der Wegfall des Geschmacksmusterrechts als „Unterbau“ des Urheberrechts durch die Beibehaltung der höheren Anforderungen an die Gestaltungshöhe für Werke der angewandten Kunst eine Entlastung des Urheberrechts bedeuten könnte, vgl. *Dietz* FS Beier 355ff.

598 *Zech* 160.

599 Siehe ausführlicher dazu *Zech* 161.

600 *Wassner* 33ff.; *Zech* 162.

601 Vgl. näher *Kummer* 38, 75, 80; Schricker/*Loewenheim* § 2 UrhG Rn. 8, 16.

602 *Nordemann* UFITA Band 50 (1967), 906, 911f.; *Zech* 163.

Es hat sich nunmehr eine differenzierte Literaturansicht (ebenso die europäische Urheberrechtsentwicklung) dahingehend herausgebildet, wonach das neue Geschmacksmusterrecht seit der Umsetzung der Geschmacksmusterrichtlinie weniger dem Urheber- als dem Kennzeichenrecht zuzuordnen sei. Es ginge nicht mehr um den so genannten „Copyright Approach", sondern um einen eigenständigen „Design Approach", wodurch es zu einer Eigenständigkeit des Geschmacksmusterrechts komme und es sich nunmehr damit um zwei unterschiedliche Rechtsgebiete handele.[603]

c) Europäische Urheberrechtsentwicklung

Die einschlägigen europäischen Richtlinien[604] für Werke der Fotografie, Computerprogramme und Datenbankwerke besagen explizit, dass zur Bestimmung der Schutzfähigkeit ausschließlich die Kriterien der eigenen geistigen Schöpfung heranzuziehen sind und keine anderen. Es muss sich also um eine eigene geistige Schöpfung handeln, weshalb die frühere Anforderung an eine überdurchschnittliche Gestaltungshöhe abgelehnt wird.[605] Die Tendenz in der europäischen Urheberrechtsentwicklung geht dahin, dass ein einheitlicher europäischer Werkbegriff mit einheitlicher Schutzuntergrenze gefordert wird. Zudem besteht seit der Gemeinschaftsgeschmacksmusterverordnung (GGV),[606] die neben das nationale Urheber- und Geschmacksmusterrecht tritt, zusätzlich die Möglichkeit eines kostenlosen, zeitlich auf drei Jahre befristeten Schutzes über das nicht eingetragene Gemeinschaftsgeschmacksmuster.[607]

603 Dreier/Schulze/*Schulze* § 2 UrhG Rn. 174; *G. Schulze* FS Ullmann, 93, 103; Schricker/*Schricker* Einleitung Rn. 34; *Beier* GRUR Int. 1994, 716, 717; *Ohly* ZEuP 2004, 296, 301; *Vieregge* GRUR 2004, 214; vgl. auch den Bericht über ein Symposium zum Diskussionsentwurf des MPI für ein europäisches Musterrecht *Ritscher* GRUR Int. 1990, 559, 560.

604 Schutzdauer-RL Art. 6 (93/98/EWG, ABl. Nr. L 290/9 v. 24. November 1993, 13 – GRUR Int. 1994, 141); Computerprogramm-RL Art. 1 Abs. 2 S. 3 (91/250/EWG, ABl. Nr. L 122 v. 17. Mai 1991, 42 – GRUR Int. 1991, 545); Datenbank-RL Art. 3 Abs. 1 (96/9/EG, ABl. Nr. 77 v. 27. März 1996, 20 – GRUR Int. 1996, 806).

605 Schricker/*Loewenheim* § 2 UrhG Rn. 32f., 158.

606 ABl. EG Nr. L 3 v. 5. Januar 2002, S. 1.

607 BVerfG GRUR 2005, 410, 411 – Laufendes Auge; *Bulling/Langöhrig/Hellwig* Rn. 107; *Klawitter* EWS 2002, 357ff.; vgl. auch Eichmann/v. Falckenstein/*Eichmann* Allgemeines GeschmMG Rn. 16ff.

d) Wertung der unterschiedlichen Standpunkte und Kritik

aa) Gesetzessystematische Stellung von Werken der angewandten Kunst

Eine Unterscheidung hinsichtlich der Werke der angewandten Kunst zu den anderen Werkarten ist dem Gesetzestext des § 2 Abs. 1 UrhG nicht zu entnehmen.[608] Vielmehr wäre aufgrund der systematischen Stellung der Werke der angewandten Kunst in § 2 Abs. 1 Nr. 4 UrhG anzunehmen, dass gerade eine Gleichbehandlung mit Werken der bildenden Künste und den Werken der Baukunst intendiert ist. Wäre eine Unterscheidung ausdrücklich beabsichtigt gewesen, hätten die Werke der angewandten Kunst nicht einheitlich in § 2 Abs. 1 Nr. 4 UrhG mit den Werken der rein bildenden Kunst und den Werken der Baukunst normiert werden dürfen.[609] Bei einer Differenzierung hätte bereits systematisch eine klarere Trennung vorgenommen werden müssen.

bb) Stufensystem

Die von der Rechtsprechung[610] und der herrschenden Literatur[611] vorgenommene Stufenprüfung ist seit der Geschmacksmusterrichtlinie nicht mehr haltbar.[612] Im Gegenteil entfernt sich das Geschmacksmusterrecht seit Aufgabe des Kriteriums der ästhetischen Gestaltung weiter vom Urheberrecht.[613] Das Geschmacksmusterrecht ist somit kein kleineres Urheberrecht, sondern ein hiervon unabhängiges Schutz-

608 Vgl. auch Dreyer/Kotthoff/Meckel/*Dreyer* § 2 UrhG Rn. 62.

609 Ähnlich dazu *Ohly* GRUR 2007, 731, 733.

610 BVerfG GRUR 2005, 410, 410 – Laufendes Auge; BGH GRUR 1995, 581 – Silberdistel II; BGH GRUR 2000, 144, 145 – Comic-Übersetzungen II; BGH GRUR 1983, 377, 378 – Brombeer-Muster; BGH GRUR 1979, 332, 336 – Brombeerleuchte; BGH GRUR 1974, 669, 671 – Tierfiguren; BGH GRUR 1972, 38, 39 – Vasenleuchter; BGH GRUR 1967, 315, 316 – skai-cubana; BGHZ 22, 209, 217 – Europapost; BGHZ 50, 340, 350 – Rüschenhaube; OLG Hamburg GRUR 2002, 419 – Move; OLG Düsseldorf GRUR-RR 2001, 294, 296 – Spannring; KG GRUR-RR 2001, 292, 293 – Bachforelle; LG Leipzig GRUR 2002, 424f. – Hirschgewand.

611 Schricker/*Loewenheim* § 2 UrhG Rn. 158; *Schack* Rn. 202; *Rehbinder* Rn. 136; *Ulmer* 149f.; *Erdmann* FS v. Gamm 389, 402f.; *Loewenheim* GRUR Int. 2004, 765, 765; *Erdmann/Bornkamm* GRUR 1991, 877, 878; *D. Reimer* GRUR 1980, 572, 574; *Loewenheim* GRUR Int. 2004, 765, 765; *Zentek* 63.

612 BVerfG ZUM 2005, 387; Wandtke/Bullinger/*Bullinger* § 2 UrhG Rn. 98.

613 Schricker/*Loewenheim* Einleitung UrhG Rn. 28 a. E., 34.

recht,[614] das sich dem Kennzeichenschutz annähert. Der Doppelschutz von Urheber- und Geschmacksmusterrecht soll damit nicht in Frage gestellt werden und weiterhin europaweit möglich bleiben.[615] Damit muss letztendlich der Schutz der „Kleinen Münze" bei Werken der angewandten Kunst bejaht werden, da der vermeintliche „Unterbau" des Geschmacksmusterrechts sich verselbstständigt hat und nicht mehr in gradueller Abstufung zum Urheberrecht steht.[616]

Die Begründung der Entscheidung des Bundesverfassungsgerichts zum „Laufenden Auge" ist nach Umsetzung der Geschmacksmusterrichtlinie teils nicht mehr nachvollziehbar. Das Bundesverfassungsgericht geht in seiner Begründung davon aus, dass geschmacksmusterrechtlich schutzfähige Gestaltungen sich von dem Durchschnittlichen, Alltäglichen und rein Handwerksmäßigen abheben müssen.[617] Nach Umsetzung der Geschmacksmusterrichtlinie geht das neue Geschmacksmusterrecht aber gerade von dieser Anforderung nicht mehr aus, sondern billigt auch unter der Voraussetzung der Eigenart durchschnittlichen Gestaltungen Schutz zu. Diese soll bei einem Muster gegeben sein, wenn sich der Gesamteindruck, den es bei einem informierten Benutzer hervorruft, von dem Gesamteindruck unterscheidet, den ein anderes Muster bei diesem Benutzer hervorruft, das vor dem Anmeldetag offenbart worden ist, § 2 Abs. 3 S. 1 GeschmMG.[618] Damit ist nicht mehr die individuelle Leistung maßgeblich. Es geht nunmehr um die Unterschiedlichkeit des Musters im Vergleich mit anderen Gestaltungen des vorbekannten Formenschatzes.[619] Die neue Definition hebt sich damit von der früheren, die eine über das Durchschnittliche hinausgehende Gestaltung verlangte, grundlegend ab und eröffnet mithin auch durchschnittlichen Gestaltungen Schutz.[620] Die Geschmacksmusterrichtlinie 98/71/EG

614 Dreier/Schulze/*Schulze* § 2 UrhG Rn. 174; *Koschtial* ZUM 2004, 555, 556; vgl. auch *Wandtke/Bullinger* GRUR 1997, 573, 575.
615 *Wandtke/Ohst* GRUR Int. 2005, 91, 94.
616 Siehe dazu auch Teil III. 5. d) ff).
617 BVerfG GRUR 2005, 410, 410 – Laufendes Auge.
618 Eichmann/v. Falckenstein/*Eichmann* § 2 GeschmMG Rn. 7, § 38 GeschmMG Rn. 24; *Bulling/Langöhrig/Hellwig* Rn. 59; *Wandtke/Ohst* GRUR Int. 2005, 91, 95; *Jestaedt* GRUR 2008, 19, 19.
619 Eichmann/v. Falckenstein/*Eichmann* § 2 GeschmMG Rn. 10; *Jestaedt* GRUR 2008, 19, 19; *Sauer* 42.
620 Fromm/Nordemann/*A. Nordemann* Einl. UrhG Rn. 79; *Sauer* 41.

ist schon im Jahre 1998 verabschiedet worden und müsste demnach bereits vor dieser Entscheidung dem Bundesverfassungsgericht bekannt gewesen oder zumindest berücksichtigt worden sein.

Mit der neuen Schutzbereichsdefinition von geschmacksmusterfähigen Gestaltungen lässt sich die erhöhte Anforderung an die urheberrechtliche Gestaltungshöhe nicht mehr nachvollziehen.[621]

cc) Andere Literaturansichten

Die Literaturstimmen, die sich vom Stufensystem distanzieren, bedienen sich zur Unterscheidung des Schutzes von Urheber- und Geschmacksmusterrecht unbrauchbarer Kriterien. Die Trennung von Kunst und Zweck, so wie es *Wassner*[622] beabsichtigt, ist heutzutage nicht mehr haltbar. Kunst ist im Alltag in fast sämtlichen Formen und Darstellungen allgegenwärtig. Nach Meinung des Bundesverfassungsgerichts ist der Kunstbegriff nicht definierbar, da es seinem Wesen widersprechen würde.[623] Wollte man versuchen, es zu definieren, so müsste schon von einem weiten Kunstbegriff ausgegangen werden.[624] Für den Kunstbegriff bestehen bereits im öffentlichen Recht drei verschiedene Ansätze (der materielle,[625] der formale[626] und der offene[627] Kunstbegriff). Aufgrund der unterschiedlichen Definitionsversuche kann der Kunstbegriff nicht nur am Zweidimensionalen festgemacht werden. Dies wird der Vielgestaltigkeit der Erscheinungsformen von Kunst nicht gerecht.

Würden zweckgebundenen Gegenständen der Werkcharakter versagt, würden Produkten des Industriedesigns gänzlich der Urheberrechts-

621 So auch unter anderem *Sauer* 89.

622 *Wassner* 33 ff.

623 BVerfGE 67, 213, 224 f.; BVerfGE 75, 369, 377; BVerwGE 39, 197, 207.

624 Jarass/Pieroth/*Jarass* Art. 5 GG Rn. 106.

625 Kunst ist nach dem materiellen Kunstbegriff die „freie schöpferische Gestaltung, in der Eindrücke, Erfahrungen, Erlebnisse des Künstlers durch das Medium einer bestimmten Formensprache zur unmittelbaren Anschauung gebracht werden" BVerfGE 30, 173, 188 f.; BVerfGE 67, 213, 226; BVerwGE 77, 75, 82.

626 Kunst liegt nach dem formalen Kunstbegriff vor, wenn bei formaler, typologischer Betrachtung die Gattungsanforderungen eines bestimmten Werktyps erfüllt sind, wie das Malen, Zeichnen, Dichten usw. – BVerfGE 67, 213, 227.

627 Kunst soll nach dem offenen Kunstbegriff vorliegen, wenn sich das Werk im Wege einer fortgesetzten Interpretation immer neuen Deutungen erschließt – BVerfGE 67, 213, 227.

schutz verwehrt bleiben. Auch *Nordemanns* Abgrenzungskriterium, wonach der Gebrauchszweck in den Vorder- oder Hintergrund tritt, mittels dessen er Schutz zusprechen oder versagen will, erscheint paradox vor dem Hintergrund, dass urheberrechtlicher Schutz allein nach dem ästhetischen Aspekt zu beurteilen ist und nicht, welcher weitere Zweck dem Gegenstand zugrunde liegt.[628] *Kummers* Ansatz, einen statistisch einzigartigen Gegenstand für ein urheberrechtliches Werk zu deklarieren, sofern es „ordentlich" präsentiert ist, fehlt der urheberrechtlich geforderte gestalterische Schöpfungsakt. Auch diese Lehre ist abzulehnen.

Die Ansicht der Literaturstimmen,[629] die sich vom Stufenverhältnis abwendet und damit einem Copyright Approach entsagt, dem Design Approach dafür aber Vorrang einräumt, erscheint plausibler. Diese Auffassung wird damit begründet, dass das Geschmacksmuster im direkten Vergleich mit dem Urheberrecht ein aliud sei und sich mehr durch Unterschiede als durch Gemeinsamkeiten auszeichnen würde.[630] Dem ist zuzustimmen, da seit Umsetzung der Geschmacksmusterrichtlinie das Geschmacksmusterrecht eigene Wege geht. Durch Neufassung der Eigenart und der Aufgabe des Kriteriums der ästhetischen Gestaltung[631] wird nunmehr der Fokus nicht mehr auf die individuelle Leistung gerichtet, sondern ein Vergleich hinsichtlich der Unterschiede des Gesamteindrucks der schutzfähigen Gestaltung mit dem vorbekannten Formenschatz angestellt.[632] Im Urheberrecht kommt es hingegen immer noch auf die individuelle Leistung an, hier muss also eine eigenpersönliche Schöpfung vorliegen, um Werkschutz zu erreichen.

628 Siehe dazu auch *Zech* 163f.

629 Vgl. Dreier/Schulze/*Schulze* § 2 UrhG Rn. 174; *Kur* GRUR Int. 1998, 353, 354; *Beier/Haertel/Kur/Levin* GRUR Int. 1990, 566ff. in: *Ritscher* GRUR Int. 1990, 559ff.

630 *E.-V. v. Gamm* Die Problematik der Gestaltungshöhe im deutschen Urheberrecht 90ff., 129, 134; Eichmann/v. Falckenstein/*Eichmann* Allgemeines GeschmMG Rn. 40; *G. Schulze* FS Ullmann 93, 103; *Wandtke* ZUM 2005, 769, 774, Fn. 59.

631 Vgl. auch *Sauer* 55.

632 Eichmann/v. Falckenstein/*Eichmann* § 2 GeschmMG Rn. 10; Schricker/*Loewenheim* Einleitung UrhG Rn. 28 a.E., 34; *Jestaedt* GRUR 2008, 19, 19; *Sauer* 42.

dd) Europarechtliche Bedenken

Dem Argument, dass der dreijährige Schutz des nicht eingetragenen Gemeinschaftsgeschmacksmusters aufgrund einer Absenkung der Gestaltungshöhe bei Werken der angewandten Kunst leer laufen könnte,[633] ist entgegenzuhalten, dass selbst eine einheitliche Gestaltungshöhe von Werken eine höhere Schutzuntergrenze haben wird als das nicht eingetragene Gemeinschaftsgeschmacksmuster. Befürchtungen, dass dieser Schutz überflüssig werden könnte, bestehen damit nicht. Der Erwägungsgrund 9 des Vorschlags und geänderten Vorschlags der Richtlinie weist zudem darauf hin, dass eine europäische Harmonisierung bezüglich der Gestaltungshöhe von besonderem Gewicht ist.

ee) Bedenken gegen eine Absenkung der Gestaltungshöhe für Werke der angewandten Kunst

Die Ansicht, das Geschmacksmusterrecht als „kleineres Urheberrecht" bzw. als Auffangrecht hinsichtlich des Urheberrechts zu begreifen, ist nicht mehr haltbar. Das Geschmacksmusterrecht ist mit eigenen, vom Urheberrecht abweichenden Normen und Rechtsfolgen versehen. Es ist spätestens seit Umsetzung der Geschmacksmusterrichtlinie 98/71/EG,[634] die mit dem neuen Geschmacksmustergesetz vom 12. März 2004 umgesetzt wurde,[635] als selbstständiges Schutzrecht zu betrachten. Ob damit allerdings auch eine Absenkung der urheberrechtlichen Gestaltungshöhe für Werke der angewandten Kunst einhergehen sollte, erscheint wegen des Freihaltebedürfnisses bzw. des Gebrauchszweckes derartiger Werke bedenklich.

(1) Berücksichtigung des Gebrauchszwecks

Bedenken gegen eine Absenkung der Gestaltungshöhe könnten in Bezug auf den *Gebrauchszweck* bestehen. Es wurde von der Recht-

633 *Ohly* ZeuP 2004, 296, 308; *Ohly* GRUR 2007, 731, 733.

634 Richtlinie 98/71/EG des Europäischen Parlaments und des Rates vom 13. Oktober 1998 über den rechtlichen Schutz von Mustern und Modellen, ABl. EG L 289/98 vom 24. September 1998, abgedruckt in GRUR Int. 1998, 959 ff.

635 Wandtke/Bullinger/*Bullinger* § 2 UrhG Rn. 98; *Wandtke/Ohst* GRUR Int. 2005, 91, 92.

sprechung und der Literatur angeführt, dass gerade bei Werken, die auch Gebrauchszwecken dienen sollen (was bei Schiffsbauten immer der Fall sein wird), mehr Individualität gefordert werden muss, als bei Werken der rein bildenden Kunst. Jedoch wird damit verkannt, dass der Gebrauchszweck allein nicht dem Urheberrechtsschutz entgegensteht,[636] sondern es derartigen Werken immer der geistigen schöpferischen Leistung des Urhebers zu verdanken ist, dass diese Werke Schutz genießen können. Nur das, was an ästhetischem Überschuss zu erkennen ist, kann geschützt werden. Damit ist aber belegt, dass es nur eines ästhetischen Gehaltes bei einer zweckgebundenen Gestaltung bedarf und die Gestaltungshöhe bzw. Individualität insgesamt nicht höher angesetzt werden muss.

(2) Berücksichtigung des Freihaltebedürfnisses

Ein weiteres Problem könnte sich aus dem *Freihaltebedürfnis* ergeben, das gewährleisten soll, dass ein ausreichend großer Bereich von Formen allgemein zugänglich bleibt. Gerade bei der Entwicklung von Schiffen darf der funktionale Formenschatz nicht vereitelt werden, sonst droht eine Behinderung des normalen Produktions- und Innovationsprozesses am Markt.

Diese Befürchtung kann jedoch entschärft werden. Allein funktionale Werkteile können nicht geschützt werden, da funktionsgebundenen Gestaltungselementen keine Individualität zukommen kann. Werden Teile eines Schiffes nach Sicherheitsvorgaben[637] konstruiert und verbleibt dabei kein schöpferischer Gestaltungsspielraum mehr, so kann dieser Teil weder geschmacksmuster- noch urheberrechtlichen Schutz erlangen. Nur die individuelle, schöpferische Leistung des Urhebers wird schützbar sein, nicht aber die Idee einer Funktionsweise oder funktionale Elemente.

636 RGZ 21, 357, 358 – Rechentabelle; BGHZ 27, 351, 354 – Candida-Schrift; OLG Hamburg GRUR 2002, 419 – Move; Wandtke/Bullinger/*Bullinger* § 2 UrhG Rn. 29; Dreier/Schulze/*Schulze* § 2 UrhG Rn. 47; Schricker/*Loewenheim* § 2 UrhG Rn. 43; Loewenheim/*Loewenheim* § 6 Rn. 24; *Neuenfeld* NZBau 2005, 15, 16.

637 Siehe dazu bereits unter Teil III. 3. und 4.

ff) Angleichung der Gestaltungshöhe für Werke der angewandten Kunst

Eine Angleichung der Gestaltungshöhe von Werken der angewandten Kunst an die der anderen Werke ist daher geboten. Das Bundesverfassungsrecht hat zwar ausgeführt, dass der von der höchstrichterlichen Rechtsprechung entwickelte Begriff von Werken der angewandten Kunst gemäß § 2 Abs. 1 Nr. 4 UrhG verfassungsrechtlich nicht zu beanstanden ist.[638] Damit ist jedoch nicht gesagt, dass eine Absenkung der Gestaltungshöhe bzw. eine Angleichung derer und damit eine Gleichbehandlung verfassungsrechtlich ausgeschlossen ist. Zudem ist die Begründung des Bundesverfassungsgerichts heute insofern nicht mehr zwingend, als es auch bei Lichtbildwerken und Datenbankwerken einen Unterbau durch den Lichtbildschutz des § 72 UrhG und den Datenbankschutz nach §§ 87ff. UrhG gibt, hier aber eine höhere Schutzuntergrenze nicht mehr angenommen wird.[639] Das neue Geschmacksmusterrecht ist eben nicht mehr als Unterbau des Urheberrechts zu sehen, sondern als eigenständiges Schutzrecht. Die europäische Urheberrechtsentwicklung zielt auf eine einheitliche Schutzuntergrenze ab.

Eine unterschiedliche Wertung mittels Absenkung bzw. Anhebung der Gestaltungshöhe verbietet sich nach Auffassung des Bundesgerichtshofs, da keine Inhaltskontrolle zwischen den Werkarten der reinen und der angewandten Kunst angestellt werden darf. Es soll keine Wertung zwischen den beiden Werkarten vorgenommen werden, um eine dahingehende Polemisierung, wonach erstere höherwertig und letztere niederen Ranges sei, zu verhindern.[640]

Die Schutzlücke, die durch Beibehalten einer höheren Gestaltungshöhe entstehen würde, könnte selbst das nicht eingetragene Gemeinschaftsgeschmacksmuster nicht schließen. Seit Einführung dieses europäischen Geschmacksmusterschutzes scheint es zunächst als eine Rechteerweiterung für Erzeugnisse der angewandten Kunst. Nach dem nicht eingetragenen Gemeinschaftsgeschmacksmuster wird jedoch nur ein Schutz von drei Jahren beginnend ab dem ersten Tag der

638 BVerfG GRUR 2005, 410, 410 – Laufendes Auge.

639 BGH GRUR 1999, 39 – Buchhaltungsprogramm; BGH GRUR 2000, 317, 318 – Werbefotos; Schricker/*Loewenheim* § 2 UrhG Rn. 32, 158.

640 Vgl. dazu auch RGZ 76, 339, 344 – Schulfraktur.

öffentlichen Zugänglichmachung gewährt. Verletzungsfälle können aber noch im Laufe der folgenden Jahrzehnte auftreten,[641] so dass dieser Schutz die auftretende Lücke nicht zu schließen vermag.

Mit der Absenkung der Gestaltungshöhe soll dieser Schutzlücke in Bezug auf Werke der angewandten Kunst Rechnung getragen werden. Es ist damit nicht von einer generalisierenden Gleichbehandlung der Werkarten auszugehen. Eine Anhebung der Gestaltungshöhe von Musikwerken[642] unter Abschaffung der Kleinen Münze mag insofern Sinn machen. Mittels des recht niedrig angesetzten urheberrechtlich gewährten Schutzes für Musikwerke können banalste Formen von Klingeltönen urheberrechtlichen Schutz erlangen. Daraus haben sich bereits Märkte entwickelt.

Bei Schiffen hingegen gestaltet sich die Schaffung eines Werkes durchaus schwieriger. Schiffe als Industrieprodukte zählen zu den Werken der angewandten Kunst.[643] Diese Produkte entstehen meist mit einem enormen Aufwand in der Planung. In der Schiffbauindustrie ist in nahezu allen Fällen davon auszugehen. Bei der Planung und dem Bau eines Schiffes werden in der Regel hohe finanzielle Kosten für diverse Arbeitsschritte bis zur Fertigstellung anzusetzen sein. Schiffe sind in den meisten Fällen als Unikate hergestellt. Werden sie seriell hergestellt, so handelt es sich um Kleinstserien. Fahrtüchtigkeit, Stabilität, Sicherheitsbestimmungen werden vor Beginn der Konstruktion detailliert geplant, berechnet und getestet. Hieraus folgt ein enormer Aufwand an Arbeitsstunden, Materialien sowie Kosten und setzt Fachwissen voraus.

e) Ergebnis

Bei Absenkung der urheberrechtlich geforderten Gestaltungshöhe für Werke der angewandten Kunst wäre das Resultat, dass der Schutz von Schiffsbauten, die vor der Geschmacksmusterrichtlinie nicht die höhere Gestaltungshöhe von Werken der angewandten Kunst mangels Schutz durch die kleine Münze erreicht haben, nun eher in den Genuss des umfangreichen urheberrechtlichen Schutzes kommen könnten.

641 *Hartwig* 8.
642 Vgl. *Schunke* 38ff.
643 Siehe die bereits dazu erörterte Problematik in Teil II. 2. b).

Festzuhalten ist, dass eine Absenkung bzw. eine Angleichung der Gestaltungshöhe für Werke der angewandten Kunst geboten ist. Das Geschmacksmustergesetz ist ein eigenständiges Schutzrecht, das gegenüber dem Urheberrecht nicht wesensgleich ist.[644] Maßgeblich ist, dass die urheber- und geschmacksmusterrechtlichen Schutzvoraussetzungen und -wirkungen unterschiedlich sind und nicht, dass jedes Geschmacksmuster auch dem Schutz als Werk der angewandten Kunst zugänglich sein kann. Da nunmehr das Geschmacksmusterrecht auch durchschnittlichen Gestaltungen Schutz gewährt und bei der Festlegung der Schutzfähigkeit von anderen, sich vom Urheberrecht abhebenden Ausgangspunkten ausgeht, sollte von einer Beibehaltung an die erhöhten Anforderungen der urheberrechtlichen Gestaltungshöhe nicht mehr ausgegangen werden. Es bleibt abzuwarten, wann die Rechtsprechung sich von dem bisher von ihr noch vertretenen Standpunkt entfernen wird.

6. Schutzausschluss durch technisch bzw. ökonomisch bedingte Formvorgaben von Schiffen?

Ein weiteres Problem bei den herkömmlichen Schiffsbauten besteht darin, dass deren Form zumeist ähnlich ausgestaltet sein wird. Dies hat unter anderem seine Gründe in den dem Schiffbau zugrunde liegenden physikalischen Prinzipien (Stabilität, Auftrieb durch das archimedische Prinzip etc.), damit es überhaupt schwimmen bzw. fahren kann. Während Binnenschiffe meist mit flachem Boden gebaut werden, besitzen Seeschiffe in der Regel einen Kiel, der das Schiff unten in ganzer Länge von Bug zum Heck durchzieht. An ihn sind seitlich zur Aussteifung des Bodens die Bodenwrangen wie Rippen angesetzt. Eine oben auf sie gelegte Beplattung, der Innenboden, bildet mit dem äußeren Boden zusammen den Doppelboden. Die Bordwände an den Seiten werden durch die Spanten ausgesteift. Oberer Abschluss ist das Hauptdeck mit den Aufbauten, so dass das Ganze eine Art Kastenträger mit großem Querschnitt bildet. Der Raum zwischen Innenboden und Hauptdeck wird je nach Schiffsgröße und -art durch weitere Decks waagerecht unterteilt. Längs- und Querwände (Schotten) unterteilen weiter in wasserdichte Einzelräume, deren Verbindungen

644 Eichmann/v. Falckenstein/*Eichmann* Allgemeines GeschmMG Rn. 40.

(Schotttüren, seemänn. Schotten) bei Gefahr von der Kommandobrücke aus geschlossen werden und dadurch auch beim Volllaufen einzelner Abteilungen eine bestimmte Sicherheit gegen ein Sinken gewährleisten. Der Baustoff größerer Schiffe ist heute vornehmlich Stahl. Das Schiff wird von der Kommandobrücke aus geführt. Jedes Fahrgastschiff muss mit Rettungsbooten und -flößen ausgerüstet sein. Haupt- und Hilfsmaschinen, Anker, Feuerlöscheinrichtungen, Lenzpumpen und Ladegeschirr, Lüftungseinrichtungen und eine umfassende Stromversorgung bilden die Betriebseinrichtungen für nahezu jedes Schiff.

a) Technisch bedingte Formvorgabe

Ein Schutz im urheber- und geschmacksmusterrechtlichen[645] Sinne ist grundsätzlich auszuschließen, wenn die Technik die Form vorgibt, wenn also das Endprodukt nicht der „künstlerischen Phantasie" entsprungen, sondern Ergebnis technischer Berechnungen ist.[646] Ihre Begründung findet diese Regel unter anderem darin, dass der Schutz von Erfindungen und technischen Innovationen dem Patent- und Gebrauchsmusterrecht vorbehalten ist.[647]

Zu hinterfragen ist, ob eine Schiffsform aufgrund von technisch zu beachtenden Maßgaben notwendigerweise so aussehen muss, da sie sonst nicht realisierbar ist. Etwas anderes könnte anzunehmen sein, wenn sich gar verschiedene Formen verwirklichen lassen, die eben nicht ausschließlich auf technischen Vorgaben beruhen, sondern einen Gestaltungsspielraum bei der Entwicklung eines Schiffsäußeren eröffnen.[648] Anhaltspunkt für eine Verneinung des urheberrechtlichen Schutzes dürfte sein, dass Schiffe typischerweise immer eine ähnliche Form mit Bug, Heck, Kiel und variierenden Aufbauten je nach Typ und Nutzzweck des Schiffes aufweisen. Meist stromlinienförmig gebaut, mit unterschiedlichem Tiefgang und runden Formen, um auf

645 Eichmann/v. Falckenstein/*Eichmann* § 2 GeschmMG Rn. 18; *Bulling/Langöhrig/Hellwig* Rn. 92; *Koschtial* IIC 2005, 297, 306; *Kur* GRUR 2002, 661, 663 f.
646 *Gerstenberg* § 2 Nr. 9; *Meineke* 45.
647 Eichmann/v. Falckenstein/*Eichmann* § 3 GeschmMG Rn. 4.
648 *Gerstenberg* § 2 Nr. 8.

See mehr oder weniger gut „stampfen“[649] und „rollen“[650] zu können. Dass Menschen schon seit dem ersten Bau eines Schiffes diese Form gewählt haben, dürfte wohl kein ausreichendes Kriterium sein, höchstens ein Indiz dafür, dass sich diese Gestaltungsweise bezüglich einer gewissen ökonomischen Fortbewegung und Sicherheit auf Fahrt bewährt hat.

aa) Urheberrechtlicher Schutzausschluss

Bei Schiffen ist zu berücksichtigen, dass technische Elemente, die notwendigerweise dazu veranlassen, ein Schiff derart zu bauen, dass es schwimmbar wird, nicht schützfähig sein können. Urheberrechtlich bedeutet dies, dass Technik oder Methoden zwingend einen Schutz ausschließen, wenn sie die Form bestimmen und das Schiff bzw. einzelne Formen des Schiffes nicht anders zu konstruieren sind.[651] Kommen aber mehrere mögliche Formen/Designs in Betracht, die demselben Zweck dienlich sein können, so dürfte wiederum ein Schutz möglich sein.[652] Bezieht sich die Formvorgabe nur auf einzelne technische Elemente, so ist nicht ausgeschlossen, dass andere Teile des Schiffes schutzfähig gestaltet sind bzw. das Schiff in seiner Gesamtbetrachtung urheberrechtlichen Schutz genießen kann.

bb) Geschmacksmusterrechtlicher Schutzausschluss

Ebenso wie im Urheberrecht muss der geschmacksmusterrechtliche Schutz für Formen versagt bleiben, sofern diese technisch bedingt entstanden sind, § 3 Abs. 1 Nr. 1 GeschmMG.

(1) Must-fit- bzw. Verbindungselemente in der Schiffbauindustrie

Im Geschmacksmusterrecht gilt es darüber hinaus noch eine Besonderheit zu beachten: Der Schutzausschluss von „*must-fit*-Teilen“ nach

649 Mit „Stampfen“ bezeichnet man das Ein- und Auftauchen des Schiffes in Längsrichtung.

650 Mit „Rollen“ bezeichnet man die Bewegung des Schiffes in Richtung Steuerbord und Backbord (Querrichtung).

651 Vgl. auch BGH GRUR 1988, 690 – Kristallfiguren; Dreier/Schulze/*Schulze* § 2 UrhG Rn. 45; Wandtke/Bullinger/*Bullinger* § 2 UrhG Rn. 40; *Bullinger* 45.

652 *Durie* 90.

§ 3 Abs. 1 Nr. 2 GeschmMG. Dabei handelt es sich um Teile, die zwangsläufig in ihrer Form und in ihren Abmessungen so nachgebildet werden müssen, dass das Erzeugnis mit einem anderen Teil zusammenpasst (durch Zusammenbau, Verbindung in, an oder um dieses herum).[653] Damit soll die Interoperabilität zwischen verschiedenen Bauteilen nicht beeinträchtigt werden,[654] ein Schutz kann für solche Teile nicht gewährt werden. Der Schutzausschluss der must-fit- bzw. Ersatzteile (§ 3 Abs. 1 Nr. 2 GeschmMG) wird ebenso in der Schiffbauindustrie Anwendung finden. Ein geschmacksmusterrechtlich schutzfähiges Bullauge, dessen Befestigungsanschlüsse beispielsweise überall Risse im Metall aufweisen, kann eben nur durch Austausch dieser repariert werden. Da die Anschlüsse zu dem Bullauge und der Wand, an der es befestigt ist, exakt passen müssen, kann in der Nachbildung dieser Befestigungsanschlüsse keine Verletzungshandlung liegen, da derartige must-fit-Teile vom geschmacksmusterrechtlichen Schutz ausgenommen sind.

Mittlerweile hat sich ein sekundärer Markt parallel zur Schiffbauindustrie aufbauen können, der sich auf Reparaturen von Schiffen spezialisiert hat. Unter den Werften haben sich in dem Sektor der Schiffbauindustrie zum einen so genannte Neubauwerften, beispielsweise die Meyer-Werft in Papenburg, und zum anderen so genannte Reparaturwerften (die auch Umbauten vornehmen), wie z.B. die Lloyd-Werft in Bremerhaven, herauskristallisiert. Ein must-fit-Teil kann demnach von einer Reparaturwerft nachgebaut werden, ohne dass beispielsweise die (Neubau-)Werft, die das Schiff und damit das Teil entworfen und gebaut hat, dadurch eine Schutzrechtsverletzung geltend machen kann. Geht es also lediglich um Teile, die aufgrund ihrer Beschaffenheit nicht anders (nach-)gebaut werden können, um in die vorgegebene Lücke bzw. zu ersetzende Stelle zu passen, besteht für dieses Element insoweit kein Musterschutz. Der Nachbau stellt keine rechtsverletzende Handlung dar.

(2) Must-match-Teile

Must-match-Teile müssen zwar in einer bestimmten Weise produziert werden, um im Nachhinein zusammenpassen. Da aber die Gesamt-

653 *Bulling/Langöhrig/Hellwig* Rn. 93; *Kur* GRUR Int. 1993, 71, 72.
654 Eichmann/v. Falckenstein/*Eichmann* § 3 GeschmMG Rn. 10; *Wandtke/Ohst* GRUR Int. 2005, 91, 97.

gestaltung nicht zwingend ist, sondern nur die bestimmten Abmessungen beim Zusammensetzen ausschlaggebend sind, können diese Teile über das Geschmacksmusterrecht geschützt werden.[655] Für den Schiffbau dürfte gerade diese Regelung besonderes Interesse wecken, da auf einem Schiff viele Elemente vorhanden sind, die darauf oder daran ersetzt werden können. Ausbuchtungen der Fenster und Türen (unter anderem auf der Brücke), Gangways, Foyers, Emporen etc., also alle Elemente, die individuell geformt sind und damit besondere Entwurfscharakteristika des Architekten (Ingenieur, Naval Architect) tragen, aber fest in das „Gefüge" bzw. in die vorgegebenen Abmessungen des jeweiligen Schiffes wieder eingepasst werden müssen, können als must-match-Teile deklariert werden. Damit genießen diese Teile Geschmacksmusterschutz und bedürfen beispielsweise bei Anfertigung einer Treppe durch eine Reparaturwerft der Erlaubnis des Rechtsinhabers des Musters, sofern diese Treppe wieder die gleiche Form der ursprünglichen aufweisen soll. Wird eine andersartige, sich von der ursprünglichen in ihren prägenden Merkmalen abhebende Treppe eingebaut, so ist zu prüfen, inwiefern ein Änderungsverbot verletzt sein könnte.[656]

(3) Reparaturklausel, § 67 GeschmMG

Nach § 4 i.V.m. § 1 Nr. 3 GeschmMG können einzelne Bauelemente eines komplexen Erzeugnisses schutzfähig sein, wenn die Sichtbarkeit des einzelnen Teils bei bestimmungsgemäßer Verwendung bestehen bleibt und das sichtbar bleibende Element des Bauteils darüber hinaus Neuheit und Eigenart aufweist.[657] § 67 Abs. 1 GeschmMG ist allerdings zu entnehmen, dass Reparaturteile, die den ursprünglichen Zustand (also den status quo ante) wieder herstellen sollen, vom geschmacksmusterrechtlichen Schutz ausgenommen werden. Letztere Regel ist jedoch nur auf solche Handlungen zur Wiederherstellung anzuwenden, die bis zum Ablauf des 31. Mai 2004 vorgenommen wurden.[658]

655 *Wandtke/Ohst* GRUR Int. 2005, 91, 97.

656 Vgl. näher zum designerpersönlichkeitsrechtlichen Änderungsverbot Teil II. 7. d) cc).

657 Eichmann/v. Falckenstein/*Eichmann* § 4 GeschmMG Rn. 4; *Bulling/Langöhrig/Hellwig* Rn. 143.

658 *Bulling/Langöhrig/Hellwig* Rn. 144.

Hintergrund dieser unterschiedlichen Regelungen ist Art. 14 der Geschmacksmusterrichtlinie,[659] der eine so genannte Freeze-Plus-Lösung für Reparaturteile zur Herstellung der ursprünglichen Erscheinungsform eines komplexen Erzeugnisses vorsieht.[660] Der Schutz von Bauelementen komplexer Erzeugnisse war bis dahin dem nationalen Geschmacksmusterrecht fremd.[661] Der Ursprung liegt im in der Kraftfahrzeugindustrie bestehenden Problem der Schutzfähigkeit von (inneren wie äußeren) Ersatzteilen. Die EU-Kommission hat sich eine Überprüfung der Auswirkung der Geschmacksmusterrichtlinie (nach deren Umsetzung nunmehr § 4 GeschmMG einen Schutz für Bauelemente komplexer Erzeugnisse regelt, sofern diese bei ihrer bestimmungsgemäßen Benutzung sichtbar bleiben) bis Ende Oktober 2004 vorbehalten und wollte danach einen Änderungsvorschlag zur Vereinheitlichung des Binnenmarktes hinsichtlich der Reparaturteile einbringen. Die Freeze-Plus-Lösung sieht somit vor, dass die bis dahin bestehenden Regelungen der Mitgliedstaaten (ob Schutz für derartige Teile versagt oder gewährt wird) beibehalten werden oder alternativ eine Reparaturklausel zur Liberalisierung des Handels mit derartigen Teilen eingeführt werden soll.[662]

In Deutschland können gemäß § 67 Abs. 1 GeschmMG keine Rechte aus einem Muster geltend gemacht werden, wenn es sich um zur Wiederherstellung des ursprünglichen Zustandes benutzte Reparaturteile eines komplexen Erzeugnisses handelt, die bis zum 31. Mai 2004 eingebaut wurden. Seit dem 1. Juni 2004 ist auf derartige Handlungen die Regelung des § 4 GeschmMG anzuwenden.

(a) Europarechtliche Tendenzen

Die EU-Kommission hat am 14. September 2004 bereits einen Vorschlag zur Lösung dieser Problematik eingereicht. Nach Vorschlag der Kommission soll kein Schutz über das Geschmacksmusterrecht gewährt werden, wenn durch das einzufügende Bauelement das ur-

659 Eingehender *Beier* GRUR Int. 1994, 716 ff.

660 Eichmann/v. Falckenstein/*Eichmann* § 67 GeschmMG Rn. 2; *Bulling/Langöhrig/Hellwig* Rn. 133; eingehender *Kur* GRUR Int. 1998, 977, 980.

661 *Sauer* 46.

662 Siehe dazu bereits *Kur* GRUR Int. 1998, 977.

sprüngliche Bild des komplexen Erzeugnisses wieder hergestellt werden soll.[663]

Damit soll dem Musterinhaber auf dem Primärmarkt ein (Erst-) Verwertungsrecht zugebilligt werden. Auf dem Sekundärmarkt soll Raum für freie Entscheidungsmöglichkeiten des Verbrauchers offen gehalten werden sowie Platz für die Entwicklung preisgünstigerer Alternativen von Ersatzteilanbietern.[664]

Argumentiert wird unter anderem, dass der Hersteller des Originals ausreichend Schutz für Reparaturteile auf dem Primärmarkt erhalte, da der Markt den Zugang Dritter mit neuen Modellen unterbinden würde.[665]

Die erste Lesung des Europäischen Parlamentes,[666] die vom 10.–13. Dezember 2007 stattfand, beinhaltet einen Vorschlag für eine Richtlinie des Europäischen Parlamentes und Rates zur Änderung der Richtlinie 98/71/EG über den rechtlichen Schutz von Mustern und Modellen. Eine Tendenz zur Liberalisierung des Ersatzteilmarktes in den Mitgliedstaaten hat sich, trotz von Gegenstimmen geäußerter Bedenken hinsichtlich einer damit womöglich einhergehenden negativen Beeinflussung des europäischen Arbeitsmarktes, gezeigt.

(b) Ansichten der Bundesregierung, der ALEA und des BDI

Widerspruch gegenüber diesen Vorschlägen besteht seitens der Bundesregierung, der europäischen Autoindustrie (ALEA) und des Bundesverbandes der Deutschen Industrie (BDI).[667] Unter anderem wird als Argument angeführt, dass gemäß Art. 3 Abs. 2 RL 98/71/EG ein Muster schutzfähig ist, sofern es die Schutzvoraussetzungen der Neuheit und Eigenart erfüllt. Gemäß Art. 3 Abs. 3 RL 98/71/EG (§ 4 GeschmMG) soll dies auch für Teile von komplexen Erzeugnissen gelten, wenn die Sichtbarkeit des Bauelements bei bestimmungsgemäßer Verwendung gewährleistet ist und es selbst die Schutzvoraussetzungen der Neuheit und Eigenart erfüllt. Es müssen die geltenden

663 *Bulling/Langöhrig/Hellwig* Rn. 146 ff.
664 *Bulling/Langöhrig/Hellwig* Rn. 149.
665 *Bulling/Langöhrig/Hellwig* Rn. 150.
666 Interinstitutionelles Dossier: 2004/0203 (COD), 16342/07.
667 Vgl. auch BT-Drucks. 15/4099 vom 29. 10. 2004, S. 12.

Schutzvoraussetzungen beachtet und können nicht durch Schaffung eines neuen Ersatzteilmarktes ausgehebelt werden.[668] Setzen die Bauelemente eines komplexen Erzeugnisses Eigenart und Neuheit nicht voraus, so besteht auch kein Schutz. Zu beachten sei, dass nicht jedes Reparaturteil geschmacksmusterschutzfähig sei. Damit bestünde für solche Teile zumindest die Möglichkeit der freien Verwertung seitens Dritter. Weiterhin trägt diese Ansicht vor, dass der Vorschlag der europäischen Kommission systemwidrig sei. Das alleinige Nutzungs- und Verwertungsrecht steht in allen gewerblichen Schutzrechten dem Rechtsinhaber selbst zu.[669]

Ein weiterer wirtschaftlicher Aspekt, der angeführt wird, ist folgender: Unabhängige Ersatzteilhersteller würden sich auf den Nachbau von Reparaturteilen spezialisieren, die auf dem Ersatzteilmarkt in großen Stückzahlen benötigt werden, ohne dabei größere finanzielle Risiken einzugehen. Teile, die weniger gewinnbringend für den unabhängigen Ersatzteilhersteller sind, müssten nach wie vor vom ursprünglichen Hersteller vorrätig gehalten werden, damit der Kunde auch diese ersetzt erhalten könnte. Diese Ersatzteile würden aber in der Herstellung, da sie auf dem Ersatzteilmarkt nicht erhältlich wären, gerade teurer ausfallen.[670]

(c) Tendenzen in der Schiffbauindustrie

Ob die gerade beschriebene Regelung bezüglich der Reparaturteile, die bisher von großer Relevanz für den Automobilmarkt ist, Auswirkungen auf die Schiffbauindustrie hat, ist zweifelhaft. Da die Schiffbauindustrie sich von der Automobilindustrie sehr unterscheidet,[671] ist dieses Problem differenziert zu betrachten. Zum einen hat sich ein so genannter Ersatzteilmarkt für größere Handelsschiffe in der Art, wie es ihn in der Automobilindustrie mittlerweile gibt, nicht entwickelt. Reparaturteile für Schiffe können in gleichem Umfang wie für Kraftfahrzeuge schon aus ökonomischen Gründen gar nicht vorrätig gehalten werden, da hierfür enorme Lagerkapazitäten von Nöten wären. Schiffe sind fast ausschließlich Sonderanfertigungen und werden

668 *Bulling/Langöhrig/Hellwig* Rn. 152.
669 *Bulling/Langöhrig/Hellwig* Rn. 151.
670 *Bulling/Langöhrig/Hellwig* Rn. 151.
671 Siehe dazu auch Teil I. 2. b).

nicht wie Kraftfahrzeuge in großen Massen und damit seriell[672] produziert.

Zum anderen befinden sich in der Regel gewisse Ersatzteile bereits an Bord eines jeden Schiffes, die im Falle des Ausfalls sofort ausgewechselt werden müssen (z.B. Zylinder). Darüber hinaus lässt die zuständige Versicherung bei Reparaturbedarf eines nicht umgehend auswechselbaren Schiffteils eine Ausschreibung vornehmen. Werften können sich für den Reparaturauftrag bewerben (wobei es in der Regel auf die veranschlagte Dauer und die Kosten der Reparatur ankommen wird). Wird eine Werft beauftragt und der Reparaturvertrag abgeschlossen, dann ist diese Werft verpflichtet, ausschließlich Originalersatzteile zu verwenden. Originalersatzteile sind zu verwenden, da im Falle des Versagens eines Plagiats in der Regel die jeweilige Versicherung die Deckung für einen hierdurch verursachten Schaden verweigert.

Ausgehend von den wenigen seriell hergestellten Schiffen ergäbe sich ein Nachteil für Subunternehmer und Zulieferer, wenn die Regel entsprechend dem Kommissionsvorschlag gesetzlich umgesetzt werden müsste. Die Geltendmachung von Schutzrechten wäre dadurch erschwert bzw. gänzlich versagt, was zu Absatzeinbußen von Subunternehmern und Zulieferern führen würde.[673]

(d) Ergebnis Reparaturklausel in der Schiffbauindustrie

Zwar erscheint es paradox, dass für Elemente, die bei ihrer bestimmungsmäßigen Verwendung in das Erscheinungsbild des Gesamterzeugnisses passen müssen, der Schutz reduziert wird. Auch in der Schiffbauindustrie wird trotz der eher selten vorkommenden seriellen Fertigung von Schiffen ein gewisses Kontingent an Teilen ersatzweise auf dem Markt zur Verfügung stehen müssen. Dennoch ist es mit dem Sinn und Zweck des Geschmackmusterrechts unvereinbar, derartigen Einzelteilen, die die nötige Neuheit und Eigenart aufweisen und bereits im Geschmacksmusterregister wirksam eingetragen sind, den Schutz abzusprechen, sofern es sich um Reparaturteile handelt,

672 Abgesehen beispielsweise von einigen wenigen Ausnahmen bei den mittlerweile in kleinen Serien hergestellten Containerschiffen der Werft Schichau Seebeck Shipyard GmbH in Bremerhaven.
673 Vgl. auch *Kroher* GRUR 1994, 158, 161.

die dazu beitragen, die ursprünglich geschützte Form wieder herzustellen. Die Entwicklung auf europarechtlicher Ebene geht dahingegen leider zu einer Liberalisierung des Ersatzteilmarktes über.

cc) Ergebnis urheber-/geschmacksmusterrechtlicher Schutzausschluss technischer Formvorgaben

Damit steht fest, dass technisch bedingte Formen keinen urheber- bzw. geschmacksmusterrechtlichen Schutz genießen können. Die geschmacksmusterrechtlichen must-fit-Teile nehmen den Schutz gerade aus, wohingegen die must-match-Teile Ausnahmen im Geschmacksmusterrecht zu dem technisch bedingten Schutzausschluss bilden und dergestalt einen Schutz zulassen, dass es zwar auf eine genaue Anpassung der Teile an die Form ankommt, diese Elemente aber im Gesamtkonzept anders hätten gestaltet werden können.

Deutschland ist eines von fünfzehn Ländern, das überhaupt einen Geschmacksmusterschutz für Reparaturteile im Sinne von § 4 i.V.m. § 1 Nr. 3 GeschmMG vorsieht.[674] Nach § 67 Abs. 1 GeschmMG können zwar keinerlei geschmacksmusterrechtliche Rechtsverletzungen gegenüber Handlungen geltend gemacht werden, die die Benutzung eines Bauelements zur Reparatur eines komplexen Erzeugnisses zur Wiederherstellung dessen ursprünglicher Erscheinungsform betreffen. Dies betrifft jedoch nur Handlungen, die bis einschließlich 31. Mai 2004 erfolgten. Ist das Reparaturteil sichtbar und weist es Eigenart und Neuheit auf, so ist es geschmacksmusterrechtlich, unter Voraussetzung der Anmeldung und Eintragung, geschützt.

b) Ökonomisch bedingte Formvorgabe

Die Geschmacksmusterrichtlinie berücksichtigt keine ökonomischen oder ästhetischen Aspekte des Designs. Es ist daher zu hinterfragen, was beachtet werden muss, wenn ein Design nicht nur funktional, also technisch, sondern auch ökonomisch herausragend ist. Es erscheint problematisch, durch Bejahung eines Schutzes eine Monopolisierung in Kauf zu nehmen und damit gleichzeitig einen Ausschluss der Wettbewerber zu ermöglichen. Nach der Richtlinie sollen allerdings nur derartige Designs von einem Schutz ausgenommen werden, die auch für den Konkurrenten wegen technischer oder funktionaler Hinter-

674 *Bulling/Langöhrig/Hellwig* Rn. 139.

gründe notwendig sind. Dies würde jedoch zu einem Widerspruch im Wettbewerb führen. Würde man weiterhin der Ansicht sein, dass auch ökonomisch nicht anders realisierbare Formen nicht zu schützen sind, so würde der eigentliche Sinn und Zweck der Marktwirtschaft unterlaufen. Auch wenn die Gestaltung von Formen, d.h. das Design eines Schiffes beispielsweise, kostspielig sein kann, sollte das Produkt, sofern es sich erfolgreich am Markt durchsetzen kann, diese Kosten wieder amortisieren können. Wettbewerb lebt davon, dass das bessere Produkt sich durchsetzen kann. In diesem Fall wäre das Wettbewerbsrecht der bessere Schutz für das jeweilige Produkt, nicht aber das Urheber- bzw. Geschmacksmusterrecht.[675] Ein Freihaltebedürfnis von Formen wegen ökonomischer Gründe ist abzulehnen.

7. „Konkreter" Schutz von Schiffsbauten – das Schiff in der Gesamtbetrachtung

Inwiefern nun ein urheber- bzw. geschmacksmusterrechtlicher Schutz von Schiffen vorliegen kann, ist bislang in designschutzrechtlichen Streitigkeiten oder nationalen zivilrechtlichen Prozessen noch nicht erörtert worden. Das schließt aber grundsätzlich derartige Schutzmöglichkeiten nicht aus bzw. bedeutet nicht, dass es in dieser Branche keine designschutzrechtlichen Probleme gibt. Im Gegenteil: Den Beteiligten ist häufig nicht bewusst, welche Schutzmechanismen ihnen zur Verfügung stehen, da bislang die finanziellen Gewinnmargen, die technischen Daten und der Zweck des in Auftrag gegebenen Schiffes im Vordergrund stehen. Der Designschutz ist bislang nachrangig oder findet aufgrund mangelnden Wissens oder gar Resignation in diesem Bereich keine Beachtung. In zunehmendem Maße werden Formen ohne Berechtigung vervielfältigt. Einem Schiff in seiner Gesamtheit kann allerdings urheberrechtlicher Schutz zukommen, wenn beispielsweise die Anordnung der einzelnen Elemente eines Schiffes über eine Durchschnittsanordnung hinausgeht. Bei der Feststellung, ob diese Schutzvoraussetzungen bei einer Gestaltung vorliegen, sind zwar die einzelnen gestalterischen Elemente daraufhin zu würdigen, ob sie zur Individualität der Gestaltung beitragen, entscheidend bleibt jedoch der Gesamteindruck der Gestal-

675 *Koschtial* IIC 2005, 297, 309 f.

tung.[676] Auch wenn die einzelnen Elemente für sich gesehen nur eine geringe Individualität aufweisen, kann sich aus dem Gesamteindruck, der auf dem Zusammenspiel der verschiedenen Elemente beruht, eine ausreichende Individualität ergeben.[677] Insbesondere bei Werken der angewandten Kunst sollte der Gesamteindruck berücksichtigt und nicht lediglich eine getrennte Betrachtung nach Formgestalt und Material angestellt werden.[678]

Im *Register für Geschmacksmuster* beim DPMA lassen sich beispielsweise einige Schiffskörper von Fahrgastschiffen, Autofähren, Polizeibooten, Passagierfähren etc. finden. Dass es bislang keine Rechtsprechung zu urheberrechtlichen Verletzungen von Schiffen gibt, bezeugt, dass ein geschmacksmusterrechtlicher Schutz im Vergleich zum urheberrechtlichen anscheinend verbreiteter ist. Aufgrund der geringeren Schutzvoraussetzungen ist dies nachvollziehbar. Die Gefahr eines „lediglich" geschmacksmusterrechtlichen Schutzes besteht darin, dass Nachbauten mittels gering veränderter Formgebung ohne Verstoß gegen das Musterrecht unkomplizierter möglich sind.

Die bereits eingetragenen Geschmacksmuster eines Fahrgastschiffes verdeutlichen, dass es lediglich geringer Veränderung der Gestaltung bedarf, um den Schutz zu umgehen (siehe Abb. 7). Die Anmelder haben hier zwei sehr ähnlich aussehende Fahrgastschiffe als Geschmacksmuster registrieren lassen.

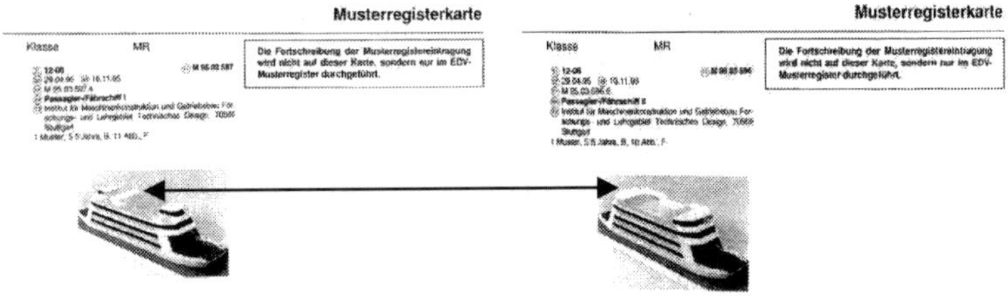

Abb. 7[679]

676 Für Werke der angewandten Kunst BGH GRUR 1981, 820, 822 – Stahlrohrstuhl II; BGH GRUR 1988, 690, 692 – Kristallfiguren.

677 BGH GRUR 1991, 533, 535 – Brown Girl II.

678 BGH GRUR 1988, 690, 692 – Kristallfiguren.

679 Geschmacksmusterregistereintragungen für: Institut für Maschinenkonstruktion und Getriebebau Forschungs- und Lehrgebiet Technisches Design, Stuttgart.

Die minimale Änderung am oberen Deck lässt bereits einen neuen Schutz des zweiten, fast identisch aussehenden Schiffes zu. Wünschenswerter wäre daher, den urheberrechtlichen, wesentlich weiter reichenden, länger andauernden und kraft Gesetzes entstehenden Schutz zu erlangen. Ob nun geschmacksmuster- oder/und urheberrechtlicher Schutz für einzelne Schiffstypen in Betracht kommt, soll im Folgenden näher untersucht werden.

a) Handelsschiffe

Von 1650 bis zum Aufkommen des Dampfantriebs um 1830 erlebte die Handelsschifffahrt trotz der Unterbrechung durch zahlreiche Kriege eine gewaltige Ausweitung. Der Schiffbau war wenig spezialisiert und Schiffe wie Ostindienfahrer oder Kohlebriggs unterschieden sich vornehmlich durch die Größe oder die Ladekapazität, und weniger durch bestimmte Gestaltungsmerkmale. Die meisten Schiffe konnten Fracht oder Passagiere (oder beides) befördern. Bei den kleinen Küstenschiffen gab es in Europa bereits eine größere Variationsbreite.[680]

Heutzutage werden unter dem Begriff „Handelsschiffe" im Wesentlichen Container-, Massengut-, Schwergut-, Öltanker, Chemikalientanker, Gastanker- und Ro-Ro-Schiffe[681] verstanden. Ebenso fallen unter diese Bezeichnung Passagier- und Spezialschiffe, die zum Erwerb durch die Seefahrt dienen (§ 484 HGB).

aa) Containerschiffe

Der Frachtcontainer hat die Handelsschifffahrt von Grund auf verändert. Mit seiner strengen Kastenform, den funktionalen Toren und den gewellten Wänden mag er unästhetisch erscheinen, doch dieser Nachfolger der antiken Amphore und des mittelalterlichen Fasses ist heutzutage nach *Lavery* der Schlüssel für den Warentransport bis in die entlegensten Weltgegenden.[682] Containerschiffe erinnern heutzutage nicht mehr an ein klassisches Schiff, sondern eher selbst an einen fahrenden Container oder Kasten. Diese Form ist zweckmäßig. Es sollen

680 *Lavery* 360.
681 Ro-Ro = roll on, roll off, vgl. näher dazu unter Punkt III. 7. a) dd).
682 *Lavery* 360.

so viele Container wie möglich befördert werden ohne Verschwendung von wertvollem Stauraum. Containerschiffe zeichnen sich durch einen hohen Stahlanteil und eine größere Ausrüstung als Massengutschiffe aus. Dies ist unter anderem auf die Art und Weise der Verstauung der Ladung und der dafür benötigten Lademechanismen zurückzuführen. Auf Ästhetik wird in der Regel kein Wert gelegt, da Containerschiffe dem Zweck der Beförderung dienen. Ästhetische Elemente würden die Planungs- und Konstruktionskosten, die ohnehin bei derartigen Schiffen hoch sind, nur unnötig steigern.

(1) Geschmacksmusterrechtlicher Schutz

In geschmacksmusterrechtlicher Hinsicht mag ein Schutz dennoch für die Form eines Containerschiffes in Frage kommen. Problematisch erscheint allerdings das Kriterium der Neuheit, da die typische kastenartige Form (siehe Abb. 8) bereits bekannt ist.

Abb. 8 *Beispiel eines kastenförmigen Containerschiffes (MSC Shanghai)*

Sofern allerdings gestalterische Elemente verwendet werden, wie z. B. eine leichte Kante entlang des Rumpfes oberhalb der Wasserlinie oder weitere Elemente wie etwa individuell geformte, den Gesamteindruck prägende Flutlichter, Treppen, Leitern, die dem Containerschiff ein signifikantes Äußeres verleihen, kann von Musterschutz bei Vorliegen der geschmacksmusterrechtlichen formellen und materiellen Voraussetzungen ausgegangen werden.

Beachtet werden sollte, dass in diesem Erzeugnissektor von einer großen Musterdichte aufgrund der typisch vorbekannten Muster für Containerschiffe ausgegangen werden muss. Daher muss die Anforderung an die geschmacksmusterrechtlich geforderte Unterschiedlichkeit bei derartigen Handelsschiffen niedriger angesetzt werden.[683] Dies bedeutet allerdings auch, dass nur ein geringer Schutzumfang zu erwarten ist und bei geringen Abweichungen keine Musterverletzung geltend gemacht werden kann. Eine derartige Abweichung kann bei Containerschiffen beispielsweise bereits in der Veränderung der Höhe der Brücke hinsichtlich der Stockwerkanzahl liegen, wie das bereits erwähnte Beispiel bezüglich der Fahrgastschiffe belegt.[684]

(a) Gemeinschaftsgeschmacksmusterrechtlicher Schutz

Im Gemeinschaftsgeschmacksmusterrecht verhält es sich ähnlich wie im nationalen Geschmacksmusterrecht. Allerdings ist hinsichtlich des nicht eingetragenen Gemeinschaftsgeschmacksmusterrechts eine Besonderheit zu beachten. Es besteht nach Art. 19 Abs. 2 S. 2 GGV kein Anspruch wegen Nachahmung, wenn das Erzeugnis Gegenstand eines selbstständigen Entwurfs ist und der Entwerfer keinerlei Kenntnis von dem nicht eingetragenen Gemeinschaftsgeschmacksmuster hatte.[685] Hatten also ein deutscher und ein englischer Schiffbauingenieur die gleiche kreative Idee, eine leichte Kerbung in den Schiffskörper seitlich einzulassen, so kann bei Unkenntnis des jeweils anderen Erzeugnisses kein Anspruch wegen Nachahmung geltend gemacht werden.

Mangels Eintragung wird sich häufig das Problem der fehlenden Nachforschungsmöglichkeiten ergeben. Da die Recherche nach einem Erzeugnis (einer Schiffskonstruktion beispielsweise) vor Einführung in der Schiffbauindustrie nicht durchgeführt werden bzw. nur unter sehr schwierigen und aufwendigen Bedingungen erfolgen kann, bietet der Art. 19 Abs. 2 S. 2 GGV eine Ausnahme zum Nachahmungsschutz des nicht eingetragenen Gemeinschaftsgeschmacksmusters.[686]

Darüber hinaus müsste dem Wortlaut des Art. 19 Abs. 2 S. 2 GGV zufolge der Kläger beweisen können, dass sein Erzeugnis tatsächlich

683 *Bulling/Langöhrig/Hellwig* Rn. 61; *Jestaedt* GRUR 2008, 19, 22; vgl. dazu ferner *Koschtial* GRUR Int. 2003, 973, 977; *Kur* GRUR 2002, 661, 666.

684 Siehe unter Teil III. 7., Abb. 7.

685 *Rahlf/Gottschalk* GRUR Int. 2004, 821, 822 f.

686 *Rahlf/Gottschalk* GRUR Int. 2004, 821, 823.

nachgeahmt wurde.[687] Nach *Rahlf/Gottschalk*[688] und dem *LG Hamburg*[689] soll hierfür der Anscheinsbeweis genügen. Demnach obliegt es dem Beklagten zu beweisen, inwiefern sein Entwurf selbstständig angefertigt wurde. Wird kein erheblicher Vortrag geleistet, so darf die Nachahmung im Sinne des Art. 19 Abs. 2 GGV angenommen werden, da der Kläger zumeist keine Möglichkeit haben dürfte, diesen Beweis anzutreten. Der Anscheinsbeweis dürfte jedenfalls dann ausreichen, wenn das spätere Erzeugnis nicht offensichtlich am Markt präsent ist.[690] Mit dem Mittel des Anscheinsbeweises sollte aber aufgrund der schwierigen Nachforschungsmöglichkeiten eher vorsichtig umgegangen werden.[691]

(b) Ergebnis

Kommt einem Containerschiff beispielsweise Schutz über das nicht eingetragene Gemeinschaftsgeschmacksmuster zu, so kann es durchaus passieren, dass ein anderes Containerschiff Ähnlichkeiten aufweist, aber mangels hinreichend objektiver Gemeinsamkeiten keinem Anspruch wegen Nachahmung eines nicht eingetragenen Gemeinschaftsgeschmacksmusters ausgesetzt ist. Sind beide Schiffe hinsichtlich der prägenden Elemente identisch und unterscheiden sich damit die Gestaltungen nicht, so müsste nach den Regeln des Anscheinsbeweises der Beklagte (z.B. mittels Vorlegung von Unterlagen, die auf seinen selbstständigen Entwurf schließen lassen) den Beweis antreten, dass keine Nachahmung vorliegt.

(2) Urheberrechtlicher Schutz

Urheberrechtlicher Schutz dürfte grundsätzlich möglich sein, wird aber im Sektor des Containerschiffbaus häufig mangels Erreichens der Schöpfungshöhe versagt bleiben müssen.

(3) Praxisrelevanz

In der Praxis dürfte ein Schutz urheber- oder geschmacksmusterrechtlicher Art für Containerschiffe kaum von Relevanz sein, wenn-

687 *Klawitter* EWS 2002, 357, 359.
688 *Rahlf/Gottschalk* GRUR Int. 2004, 821, 823.
689 LG Hamburg Urteil vom 26. November 2003, Az. 308 O 564/03.
690 Vgl. näher dazu *Rahlf/Gottschalk* GRUR Int. 2004, 821, 823.
691 *Rahlf/Gottschalk* GRUR Int. 2004, 821, 827.

gleich er damit grundsätzlich nicht ausgeschlossen ist. Urheberrechtlicher Schutz dürfte – soweit ersichtlich – bislang bei keinem der auf dem Weltmarkt befindlichen Handelsschiffe dieser Art festgestellt werden.

Geschmacksmusterrechtlicher Schutz wird in den meisten Fällen zu kostspielig sein, da von einer relativ hohen Musterdichte von kastenförmigen Containerschiffen ausgegangen werden muss und daher der Schutzumfang geringer ausfällt.[692] Eine geringe Abänderung der Form dürfte dann bereits nicht mehr musterrechtsverletzend sein. Darüber hinaus zeigt die rasante Entwicklung von Containerschiffen, dass es bei diesen Schiffen mehr auf die ihnen zugrunde liegende Technik ankommt als auf deren äußere Gestaltung. Der Schutz rentiert sich somit nicht. Die Zweckmäßigkeit steht im Vordergrund, was in diesem Fall auch mit finanziellen Einsparungen am Design einhergeht. Maßgeblich ist bei dieser Art von Schiffen, wie viel Fassungsvermögen möglich ist bzw. auf welchen Gewässern es eingesetzt werden soll. Die äußere Form wird dem gewünschten idealen Fassungsvermögen angepasst. Während das erste Containerschiff, die IDEAL X,[693] 58 Behälter transportieren konnte, gibt es heute bereits Containerschiffe, die 13.000 TEU befördern können. In dieser Branche ist der Profit ausschlaggebender Faktor. Werftingenieure, die derartige Schiffe entwickeln, sehen mit der geschmacksmusterrechtlichen Anmeldung eines solchen Modells und der damit unter Umständen verbundenen Rechtsverfolgung, um aufgrund unberechtigter geschmacksmusterrechtlicher Benutzungshandlungen durch Dritte Ansprüche geltend zu machen, zu hohe Kosten und Mühen verbunden. Die Entwicklung schreitet in diesem Geschäft zu schnell voran, als dass es sich lohnt, eine Geschmacksmusterrechtsverletzung geltend zu machen.

Eine Ausnahme hierzu bildet das nicht eingetragene Gemeinschaftsgeschmacksmuster, das auch ohne vorherige Anmeldung und Registrierung einen Nachahmungsanspruch gewährt. Problematisch wird

692 *Bulling/Langöhrig/Hellwig* Rn. 61; *Jestaedt* GRUR 2008, 19, 22.

693 1956 ließ der Spediteur Malcolm McLean in den USA den Frachter IDEAL X in ein Containerschiff umbauen und entwickelte somit das erste Containerschiff. Es wurde als erstes Schiff mit genormten Boxen am 26. April 1956 in Gebrauch genommen.

allerdings die Ermittlung sein, ab wann eine mögliche Nachahmung vorliegt bzw. inwiefern der in Anspruch genommene nachgeahmt hat.

bb) Massen- und Schwergutschiffe (Bulker)

(a) Massengutschiffe

Massengutschiffe (siehe Abb. 9) zeichnen sich durch einen hohen Stahlanteil aus. Ihnen liegt eine einfache Konstruktion zugrunde und sie haben relativ wenig Ausrüstung im Vergleich zu Tankern. Bei

Abb. 9 *Massengutfrachter „A. V. Kastner" und Massengutschiff „Explorer II"*

Massengutschiffen wird sich das gleiche Problem wie bei Containerschiffen ergeben. Urheberrechtlich wird die Schöpfungshöhe (mangels ausreichender Individualität) kaum erreicht werden. Bei diesen Schiffen gilt es, den Kostenfaktor bei der Planung und der anschließenden Konstruktion so gering wie möglich zu halten. Der Zweck und der mittels des Massengutschiffes zu erzielende Erlös stehen wieder im Vordergrund. Die Ästhetik rentiert sich in der Regel nicht. Geschmacksmusterrechtlich werden bei derartigen Schiffen, ebenso wie bei Containerschiffen, die Anmelde- und Eintragungsgebühren gespart, da eine Verfolgung von möglichen Ansprüchen wiederum zu kostspielig wäre. Beim nicht eingetragenen Gemeinschaftsgeschmacksmuster dürfte ebenso aus finanziellen Gründen von Nachahmungsansprüchen abgesehen werden.

(b) Schwergutschiffe

Schwergutschiffe sind im Gegensatz zu Massengutschiffen mit wesentlich stärkerer Ausrüstung ausgestattet, da sie extrem schwere Güter befördern können. Meist sind sie mit eigenem Ladegeschirr (Schwergutbäumen oder Kränen) ausgerüstet, das die schweren Güter an Bord hebt und teils bis zu 1500 Tonnen trägt. Bei Schwergutschiffen wird der ästhetische Aspekt wie bei Massengut- und Containerschiffen nahezu keinen Einfluss auf deren Konstruktion haben. Es zählen Funktion und Wirtschaftlichkeit.

(c) MS Beluga SkySails

Bei Massen- oder Schwergutschiffen kann sich ein vom vorbekannten Formenschatz abweichender Gesamteindruck unter Beibehaltung der Ursprungsform ergeben, wenn beispielsweise ein Segel hinzugefügt wird, das technisch die Fortbewegung unterstützen und damit ökonomische Vorteile erzeugen soll.

Die Beluga Group hat am 15. Dezember 2007 einen Mehrzweck-Schwergutfrachter, die MS „Beluga SkySails“, in Hamburg taufen lassen. Am vorderen Deck ist ein so genanntes SkySails-System angebracht worden, mit dessen Hilfe ein 160 Quadratmeter großes Drachensegel (Kite) gesetzt werden kann. Das Segel ähnelt einem Gleitsegelschirm, der vom Vorschiff aus mit Hilfe eines Teleskopmastes vollautomatisch in den Wind gebracht und über ein aus Kunststoff gefertigtes Hochleistungsseil computergesteuert in der günstigsten Position gehalten wird. In der Regel liegt die stärkste Windkraft in einer Höhe von 100 bis 300 Metern. Beschreibt das Segel in dieser Höhe in Form einer Acht beispielsweise Figuren, so wird die meiste Zugkraft entwickelt, da es dann pro Quadratmeter Segelfläche zu einer bis zu dreifach erhöhten Vortriebskraft kommt als bei herkömmlichen Segeln, die an Masten befestigt sind.

Von einer urheberrechtlichen Individualität kann hier nicht ausgegangen werden, da zwei unveränderte bekannte Formen übernommen und miteinander verbunden wurden. Würde ein Schutz dieser sich nicht aus der Masse des Alltäglichen abhebenden Gestaltung allein aufgrund der Kombination angenommen werden, so würde der Allgemeinheit diese Kombinationsmöglichkeit für eine freie Benutzung entzogen. Eine Monopolisierung würde hinsichtlich dieser Verbindung zugunsten des Urhebers erfolgen. Bei der simplen Verbindung zweier bislang bekannter Formen wäre diese Rechtsfolge zu weit gehend. Ein urheberrechtlicher Schutz kann hierfür nicht in Betracht gezogen werden.

Geschmacksmusterrechtlich betrachtet dürfte es sich hierbei allerdings um eine in der Gesamtbetrachtung eigenartige, die geschmacksmusterrechtlichen Voraussetzungen erfüllende Verbindung handeln, da die Verbindung eines mit Schweröl angetriebenen Handelsschiffes mit einem Drachensegel sich von dem vorbekannten Formenschatz abhebt. Das Schiff weist mit „Setzen" des Segels eine Veränderung in seiner Gesamtbetrachtung auf, da bisher das Schiff für sich in seiner bisherigen Gestaltung ebenso bekannt ist wie die Gestaltung eines Gleitschirms. Deren Kombination miteinander hebt es vom vorbekannten Formschatz der Gestaltungen ab.

Dass der eigentliche Zweck des Segels Energiesparmaßnahmen sind und es zur Reduzierung von CO_2-Emmissionen beiträgt, steht dem Geschmacksmusterschutz nicht entgegen.[694] Ebenso wenig ergibt sich ein Schutzausschluss wegen technischer oder funktioneller Bedingtheit, da das Segel nicht notwendigerweise in der verwendeten Weise hätte angebracht werden müssen bzw. es auch eine andere Form hätte aufweisen können.[695]

cc) Öl-/Chemikalien-/Gastankerschiffe

Öltanker zeichnen sich ebenfalls durch einen hohen Stahlanteil aus und sind mit großen Pumpanlagen ausgerüstet, um die Ladung aufnehmen zu können. Für *Chemikalientanker* wird zumeist eine spezielle Beschichtung und spezielles Baumaterial verwendet. Zudem sind deren Pumpanlagen teils noch komplexer gestaltet. Die Ausstattung ist weitaus aufwendiger als bei Containerschiffen. *Gastankerschiffe* sind ähnlich komplex gebaut wie kleinere Chemikalientanker. Für die Ladungstanker wird besonders dehnbarer, gegenüber niedrigen Temperaturen resistenter Stahl verwendet.

Für *Gastanker* haben sich zwei Formen bewährt. Zum einen kann der Hohlraum des Tankers wie bei Öltankern ausgestaltet sein (Membrane Type – siehe Abb. 10).

694 Vgl. Eichmann/v. Falckenstein/*Eichmann* § 2 GeschmMG Rn. 18f.
695 Vgl. auch Eichmann/v. Falckenstein/*Eichmann* § 2 GeschmMG Rn. 18f.; *Sauer* 45.

Abb. 10 Gastanker – „membrane type“[696]

Zum anderen kann die Ladefläche des Gastankers mit kugelförmigen Hohlräumen ausgestattet sein (Spherical Type – siehe Abb. 11), die weit über den Schiffsrumpf hinausragen. Letzterem liegt ein komplexes System für die Ladebehälter selbst und für den Umgang mit der Ladung zugrunde.

Abb. 11 Gastanker – „spherical type“[697]

Während der Konstruktion müssen hochwertige Inspektionen durchgeführt werden, um die Sicherheit zu gewährleisten, was dazu führt,

[696] Quelle: European Commission – Shipbuilding market monitoring background report Mai 2003, S. 40.

[697] Quelle: European Commission – Shipbuilding market monitoring background report Mai 2003, S. 40.

dass die Konstruktion länger dauert und nur einige wenige spezialisierte und lizenzierte Schiffbauer dazu in der Lage sind. Für den Hohlraumgastanker (Membrane Type) bestehen mehrere komplexe Ladungssystemmodelle, die alle kompliziert in der Konstruktion sind. Auch hierbei müssen während des Baus hochwertige Inspektionen durchgeführt werden, was ebenfalls nur von einer limitierten Anzahl von lizenzierten Schiffbauern durchgeführt werden kann und längerer Bauzeiten bedarf.

Die strengen Sicherheitsanforderungen schließen auch bei derartigen Schiffen eine schöpferische Gestaltungsfreiheit grundsätzlich nicht aus. Bei Öl-, Chemikalien- und Gastankerschiffen lassen sich jedoch die gleichen Hürden wie bei Tankern und Massengutschiffen aufzeigen. Ein ästhetisches Äußeres wird in der Regel an den Kosten, auch bezüglich einer geschmacksmusterrechtlichen Anmeldung sowie einer sich unter Umständen anschließenden Rechtsverfolgung, scheitern. Der Zweck ist wiederum vorrangig und lässt das Design damit gänzlich zurücktreten, obwohl geschmacksmuster- und urheberrechtlicher Schutz durchaus möglich wären.

dd) Ro-Ro-Schiffe

Ro-Ro-Schiffe (roll on, roll off) werden für den Transport von beweglichen Gütern wie z.B. Pkws und Lkws und zur Beförderung von Personen genutzt. Die Ladung „rollt“ selbst auf das Schiff und wird auch derart wieder entladen. Kabinen sind zur Beförderung von Personen ebenfalls vorhanden. Für Roll-on-Roll-off-Fähren wird viel Stahl aufgrund der im Innenraum für Autos befindlichen Ladedecks benötigt. Diese Schiffe sind mit hoch entwickelten hydraulischen Rampen und Schotten z.B. für die Autobeladung ausgestattet. Der Antrieb erfolgt über zwei bis vier mittlere Maschinen. Spezialtypen des Ro-Ro-Schiffes sind z.B. Fähren, Autotransporter und Con-Ro-Schiffe, die eine Kombination von einem Container- und einem Ro-Ro-Schiff sind.

Urheber- und geschmacksmusterrechtlich dürfte den Schiffbauingenieuren bei diesen Schiffen mehr Gestaltungsspielraum offen stehen, da sie in einigen Fällen zugleich der Beförderung von Passagieren dienen. Wird ein Schiff für den Personentransport eingesetzt, so spielt der Faktor Ästhetik wieder eine Rolle, da bei der Verbringung von Menschen per Schiff Kriterien wie Komfort und Erholung über den Beförderungszweck hinausgehend für deren Nutzung ausschlaggebend sein können. Das Äußere des Schiffes sollte dem Inneren entsprechen, um ansprechend zu wirken und ein stimmiges Konzept bieten zu können, das den Fahrgast in sein Inneres lockt. Die folgenden Beispiele bereits realisierter Schiffe sollen die Möglichkeiten eines Designschutzes aufzeigen.

(1) Fähren

Fähren verfügen über eine komplexe Ausrüstung im Vergleich zu dem ihnen innewohnenden Stahl- bzw. Aluminiumanteil, der heutzutage immer häufiger Verwendung findet. Es sind hohe Anforderungen an die Elektronik – nicht nur aufgrund der nach SOLAS[698] geforderten Verschlüsse und Zwischenabschottungen – und die Geschwindigkeit zu stellen, was einen enormen Energiebedarf erfordert. Für derartige Schiffe werden darüber hinaus längere Konstruktionszeiten eingeplant. Bei Passagierfähren wird das Äußere heutzutage ansprechender gestaltet, wie die folgenden Beispiele zeigen.

(a) Tàbor

Die Tàbor ist eine Autofähre, die zwischen Meersburg und Konstanz auf dem Bodensee verkehrt und 700 Personen und 60 Kraftfahrzeuge transportieren kann. Sie hat den weltweit begehrten Fährschiffpreis ShipPax Award[699] in der Kategorie „außergewöhnliches Exterieur des Jahres 2005" gewonnen.[700] Die Jury bezeichnete die elegant geschwungenen Glaswände des Autodecks, die über ein zweckmäßiges Ambiente hinausgehen (siehe Abb. 12), als innovativ.

Geschmacksmusterrechtlich betrachtet weist die Tàbor durch das verglaste Autodeck in der Tat eine über den eigentlichen Zweck hinausgehende Gestaltung auf, da bei konventionellen Autofähren den ästhetischen Formen nicht in diesem Umfang Beachtung geschenkt wird. Tatsächlich ist die Tàbor bereits unter der Nr. 402 08 446 im

698 Siehe dazu unter Teil III. 4. b).

699 Der ShipPax Award wird seit 1999 von dem schwedischen Beratungsunternehmen und Publikationshaus ShipPax Informationen gestiftet. Damit sollen Innovationen im Passagierschiffbau prämiert und zukunftsorientiert eingestellte Werften und Reedereien gefördert werden.

700 *Bodan Werft* VSM I 2007, 24.

Abb. 12 Autofähre Tàbor, Bodan Werft Metallbau GmbH & Co KG

Musterregisterkarte

Klasse 12-06 MR 402 08 446

Die Fortschreibung der Musterregistereintragung wird nicht auf dieser Karte, sondern nur im EDV-Musterregister durchgeführt.

(51) **12-06** (11) **402 08 446**
(22) 11.10.2002 (45) 10.02.2003
(21) 402 08 446.2
(54) **Autofähre**
(73) Bodan-Werft Metallbau GmbH & Co KG, 88079 Kressbronn
(74) Engelhardt & Engelhardt Patentanwälte, 88045 Friedrichshafen
1 Muster, S 5 Jahre, 3 Abb.

Abb. 13 Muster Nr. 402 08 446 geschmacksmusterrechtlich registrierte Autofähre Tàbor, Bodan Werft Metallbau GmbH & Co KG

nationalen Geschmacksmusterregister beim DPMA eingetragen (siehe Abb. 13), was allerdings noch nicht bedeutet, dass die materiellen Voraussetzungen wirklich vorliegen.[701]

Bei Autofähren wie der Tàbor kommt es auf die Beförderungsmöglichkeit von Kraftfahrzeugen an. Deren äußere Wände bestehen in der Regel aus Stahl und haben keinerlei besondere Verkleidung. Um geschmacksmusterrechtliche Eigenart annehmen zu können, müsste

701 Siehe oben bereits Teil II. 3. b), das Geschmacksmuster wird nur formell vor der Eintragung geprüft.

sich die Tàbor von Gestaltungen des vorbekannten Formenschatzes abheben. Durch die gläserne Wandverkleidung und die geschwungenen halb elipsenförmigen Stahlträger an beiden Seiten entlang der Autofähre wirkt sie leicht und wendig. Sie erweckt den Eindruck als würde eine 780 Quadratmeter große, durch Stahlträger gehaltene Glasfläche durch das Wasser gleiten. Dem Entwerfer der Fähre gelingt durch seine transparente Gestaltung eine Täuschung. Das schwere Wasserfahrzeug (Eigengewicht 660 Tonnen), das dazu bestimmt ist, Kraftfahrzeuge und Personen mit einem Gewicht von 400 Tonnen zu befördern, scheint optisch weder behäbig oder wuchtig noch schwer. Da die Eigenart nicht durch einen Gesamtvergleich mit mehreren Mustern, sondern durch einen Einzelvergleich der für den Gesamteindruck prägenden Merkmale ermittelt wird,[702] kann hier lediglich die Vermutung aufgestellt werden, dass die Tàbor sich von anderen Formen anderer vorbekannter Gestaltungen von Fähren unterscheidet, da unter anderem die den Aufbau tragende Konstruktion eine besonders harmonisch wirkende Linienführung aufweist. Vom Vorliegen der geschmacksmusterrechtlichen Voraussetzung der Eigenart dürfte ausgegangen werden. Ist diese Art von Autofähre noch nicht den einschlägigen Fachkreisen bekannt, so wird sie damit auch das Neuheitskriterium erfüllen. Damit stehen dem Rechtsinhaber aufgrund bereits erfolgter Anmeldung und Eintragung in das Register Rechte aus seinem Geschmacksmuster zu.

Für die Tàbor kann gleichzeitig der dreijährige Schutz über das nicht eingetragene Gemeinschaftsgeschmacksmuster in Anspruch genommen werden, sofern die Autofähre auch das Neuheitskriterium noch erfüllen würde. Da allerdings bereits seit Offenbarung sechs Jahre vergangen sind, ist der Schutz bereits abgelaufen.

Fraglich ist, ob die Schiffsgestaltung der Tàbor in ihrer Gesamtheit als Werk der angewandten Kunst bezeichnet werden kann. Sicherlich hebt die Autofähre sich von den herkömmlichen Fähren ab, da diese in der Regel konventionell und weder derart gläsern noch in einer besonders harmonischen Linienführung konstruiert werden. Autofähren wurden bislang zumeist aus Stahl gebaut.[703] Das ist kostengünstig in

702 Eichmann/v. Falckenstein/*Eichmann* § 2 GeschmMG Rn. 12, 16; *Jestaedt* GRUR 2008, 19, 20.

703 Der Trend geht zur Verwendung von Aluminium anstelle von Stahl.

der Herstellung und im Schiffbau üblich. In der Gesamtkonzeption kann der Gestaltung dennoch keine prägenden Elemente entnommen werden, die eine urheberrechtliche Schutzfähigkeit begründen könnten. Die beiden halbrund gespannten Bögen an den seitlichen Glaswänden scheinen die gläserne Fassade zu stützen und zu halten. Es wurden im Wesentlichen bekannte Formen genutzt, die das gesamte Schiff innovativ, modern und ansprechend aussehen lassen. Herausragende Details, die der Fähre in ihrer Gesamtheit eine überragend andersartige Konzeption des Äußeren verleihen, liegen nicht vor. Es mangelt an den so genannten prägenden Merkmalen. Ein urheberrechtlicher Schutz kann für eine derartige Konstruktion daher nicht erwartet werden, da hierbei lediglich vorbekannte Formen nicht außergewöhnlich und individuell zusammengefügt wurden. Urheberrechtlicher Schutz schließt nicht eine Gestaltung aus herkömmlichen und konventionellen Formen aus. Es muss aber ein gewisses Maß an schöpferischer Gestaltung hinzukommen, so dass davon ausgegangen werden kann, dass die urheberrechtliche Gestaltungshöhe von Werken der angewandten Kunst erreicht ist, um damit von einer eigenpersönlichen geistigen Schöpfung im urheberrechtlichen Sinne ausgehen zu können.

(b) Pascal Paoli

Die Fähre „Pascal Paoli“ (Abb. 14) ist mit dem ShipPax Award 2004 für ein außergewöhnliches Äußeres von Fähren ausgezeichnet worden. Dieses Schiff wurde für das gesamte Design als modernes Hochgeschwindigkeitsschiff in der Fährschifffahrtsindustrie gelobt. Insgesamt kann es 594 Personen und 130 Fahrzeuge bei einer Geschwindigkeit von 24 Knoten befördern und wird für den Verkehr zwischen Marseille und Korsika eingesetzt.

Geschmacksmusterrechtlich betrachtet weist die Pascal Paoli einen beeindruckenden Bug auf, der wohlgeformt und mächtig einen segelförmigen Ausschnitt auf beiden Seiten aufweist. Die Form des Schiffes verläuft zum Heck hin schnittig mit einer kleinen Einkerbung für Rettungsboote. Vor dem Heck erhebt sich wiederum symmetrisch an beiden Seiten eine Art riesiger Spoiler, der am hinteren Ende durch eine Überleitung eines Viertelkreises eine Hebeluke, die für Be- und Entladungszwecke eingefügt wurde, aufweist. Die in weiß mit blauem Wasserpass, blauem Schriftzug und blau, umrandender Linie ge-

Abb. 14 *Fähre Pascal Paoli*[704]

haltene Fähre weist keine geschmacksmusterrechtliche Eigenart bezüglich der Farbgestaltung auf. Zum einen sind Farben selbst grundsätzlich keinem geschmacksmusterrechtlichen Schutz zugänglich, da sie kein Erzeugnis im Sinne des Geschmacksmusters sind.[705] Zum anderen hebt sich die Farbgestaltung auf dem Schiff als Erzeugnis nicht derart von anderen vorbekannten farblich gehaltenen Formgestaltungen von Fähren ab, dass von einem Eigenart aufweisenden Gesamteindruck auszugehen ist. In dem Farbanstrich ist kein prägendes Merkmal zu erkennen.

Dennoch erscheint die Gesamtgestaltung der Fähre sich unter anderem durch den segelförmige Ausschnitte aufweisenden Bug und das spoilerartige Heck von herkömmlichen Fähren in der Art und Weise zu unterscheiden, dass eine in sich stimmige Linienführung vorliegt, die ein generell kastenförmig gehaltenes Schiff modern und innovativ erscheinen lässt. Es vereint in der Linienführung Komponenten eines Kreuzfahrtschiffes und eines Sportbootes. Dabei ist es dem eigentlichen Zweck nach lediglich eine Autofähre. Die genannten Kriterien können durchaus zur Annahme der geschmacksmusterrechtlichen Eigenart für den Gesamteindruck der Pascal Paoli führen. Liegt

704 Quelle: www.simplonpc.co.uk/SNCM_JPEGS/Pascal_Paoli_SNCM_01.jpg.
705 *Bulling/Langöhrig/Hellwig* Rn. 37, 97.

darüber hinaus die Neuheit vor, so kann von einem geschmacksmusterrechtlichen Schutz ausgegangen werden.

Der dreijährige Schutz über das nicht eingetragene Gemeinschaftsgeschmacksmuster ist für die im Jahre 2003 gebaute Pascal Paoli bereits abgelaufen.

Urheberrechtlich erreicht das Schiff allerdings nicht die erforderliche Gestaltungshöhe. Es weist zu sehr fährentypische Merkmale durch die für das Urheberrecht zu simple farbliche Gestaltung auf. Es fallen keine das Gesamtbild urheberrechtlich prägenden Elemente auf, die einen dementsprechenden Schutz annehmen lassen können, weshalb es sich in einem nicht für das Urheberrecht ausreichenden Maße vom Alltäglichen abhebt.

(c) Ergebnis

Grundsätzlich kommt Schutz über das Geschmacksmusterrecht sowie über das nicht eingetragene Gemeinschaftsgeschmacksmuster in dem Bereich der Ro-Ro-Fähren bereits für in Betrieb genommene Schiffe in Betracht. Wenn auch bei den genannten Beispielen keine urheberrechtliche Schutzfähigkeit angenommen werden konnte, so ist diese sicherlich bei Vorliegen der urheberrechtlichen Gestaltungshöhe für zukünftige Schöpfungen nicht auszuschließen.

b) Fahrgast-/Passagier-/Kreuzfahrtschiffe

Bei der Konstruktion nimmt die Ausstattung von Kreuzfahrtschiffen ebenso wie bei Fähren einen im Vergleich zum benötigten Stahl höheren Anteil ein. In der Regel werden für derartige Schiffe, insbesondere für die Ausarbeitung der für Passagiere zugänglichen Bereiche, Subunternehmer eingesetzt. Ebenso sind für Kreuzfahrt- wie für Fahrgastschiffe hohe Anforderungen an die Elektronik und die Geschwindigkeit unter Inkaufnahme des hohen Energiebedarfs zu stellen. Für Passagiere zugängliche Servicebereiche sind besonders komplex, da sie vielen (Sicherheits-)Anforderungen entsprechen müssen. Insgesamt muss vor allem für Kreuzfahrtschiffe eine lange Fertigungszeit eingeplant werden.

Der den Schiffbauingenieuren zugestandene Gestaltungsspielraum wird bei Fahrgast-, Passagier- und Kreuzfahrtschiffen nicht zu knapp bemessen sein. In dieser Sparte kommt es auf einen attraktiven, dem Passagier ein Gefühl von Urlaub, Entspannung und manchmal gar Abenteuer vermittelnden Anreiz an, um eine Reise mit einem derartigen Schiff unternehmen zu wollen.

aa) MS Vindobona (Fahrgastschiff)

Der Künstler Friedensreich Hundertwasser gestaltete ein Fahrgastschiff um, das 1996 als Donauschiff mit Namen „MS Vindobona" (Abb. 15) eingeweiht wurde.

***Abb. 15** Fahrgastschiff MS Vindobona*[706]

Diesem von ihm umgestalteten Donauschiff dürfte durchaus in seiner Gesamtheit urheberrechtlicher Schutz im Sinne eines Werkes der angewandten Kunst zukommen. Seit der Umgestaltung durch Hundertwasser ist es geprägt durch eine markant violett abgesetzte äußere Farbgestaltung, diverse Goldkugeln und eine besondere Inneneinrichtung. Das zuvor teils offene Oberdeck wurde zu einem geschlossenen Salon umgebaut. Allein die Gestaltung der blau angestrichenen, das ganze Schiff umfassenden Säulen mit den abschließenden goldenen Kugeln, der eckigen Fassung durch den vorderen

[706] Quelle: http://de.wikipedia.org/wiki/MS_Vindobona. © Hundertwasser Archiv, Wien.

Teil des Fahrgastraumes, die die halbrund verlaufende Fassade der Fenster durchbricht und der roten Abfassungen einzelner, am Schiffskörper befestigter Elemente lässt auf eine individuelle Anordnung schließen. Geht man von einer abgesenkten Gestaltungshöhe aus,[707] so ist eine eigene geistige Schöpfung des Urhebers hierin durchaus zu sehen. Der Gesamteindruck des Schiffes, also das Zusammenspiel von verwendeten Farben, Formen, Materialien und den für ein Schiff grundsätzlich nicht unbedingt notwendigen Verzierungen, grenzt es zu rein handwerksmäßigen Erzeugnissen ab. Im Vergleich zu anderen Fahrgastschiffen hebt sich diese Gestaltung mit seinen teils bereits genannten prägenden Gestaltungsmerkmalen deutlich ab. Es lässt damit Individualität erkennen. Bei Betrachtung des Schiffes begreift man, dass Hundertwasser den ihm zustehenden Gestaltungsspielraum genutzt hat. Hier ist die für den urheberrechtlichen Schutz notwendige Schöpfungshöhe anzunehmen, so dass das Schiff in seiner Gesamtheit in den Genuss urheberrechtlichen Schutzes als Werk der angewandten Kunst kommt.

Von diesem für das Schiff in seiner Gesamtheit bestehenden Schutz ist hingegen ein Schutz für die Form selbst auszunehmen. Die Linien des Schiffes lagen schon vor der Umgestaltung vor, so dass hierin nicht die von Hundertwasser geleistete eigenpersönliche Schöpfung zu sehen ist.

Der zugestattete urheberrechtliche Schutz der MS Vindobona schließt einen gleichzeitigen geschmacksmusterrechtlichen Schutz nicht aus.[708] Dieser dürfte ebenfalls gegeben sein, sofern Eigenart und Neuheit vorliegen. Es existiert kein zweites Schiff dieser Art. Durch seine prägenden Merkmale – die mit Goldkugeln abschließenden blauen Streben, der äußeren farblichen mit grün, blau, violett, weiß und gold abgestimmten Gestaltung des Schiffes – unterscheidet es sich vom vorbekannten Formenschutz der Fahrgastschiffe in der Gesamtbetrachtung. Ein geschmacksmusterrechtlicher Schutz wäre

707 Siehe oben Teil III. 5. d) ff).

708 Schricker/*Loewenheim* Einleitung UrhG Rn. 34, § 2 UrhG Rn. 157; Fromm/Nordemann/*A. Nordemann* Einl. UrhG Rn. 78; Möhring/Nicolini/*Ahlberg* § 2 UrhG Rn. 26; Wandtke/Bullinger/*Bullinger* § 2 UrhG Rn. 97; *Schack* Rn. 202; *Rehbinder* Rn. 101; *Ulmer* § 25 III.

aufgrund der gegebenen Eigenart anzunehmen, wenn eine Eintragung erfolgt wäre.

Der Schutz als nicht eingetragenes Gemeinschaftsgeschmacksmuster dürfte in diesem Fall bereits abgelaufen sein, da die Schutzfrist drei Jahre nach der öffentlichen Zugänglichmachung, die 1996 für das Schiff erfolgte, endet.

bb) MS Sonnenkönigin (Passagierschiff)

Die Bodan Werft[709] hat für die Vorarlberg-Lines ein Passagierschiff, die „MS Sonnenkönigin", gebaut, die einem 69 m langen, schwimmenden Kongresszentrum ähnelt (siehe Abb. 16).[710] Die gläserne Fensterfront ermöglicht, dass die großzügig angelegten Innenräume lichtdurchflutet sind. Auf dem Dach befindet sich ein begehbares Freideck und das Schiff kann auf balkonartigen Wegen umgangen werden. Dem Gesamtkonzept des Schiffes liegt ein futuristisches Design zugrunde.[711]

Abb. 16 Event(passagier)schiff MS Sonnenkönigin für die Vorarlberg-Lines[712]

Geschmacksmusterrechtlich weist das Eventschiff durch die komplett verglasten Decksebenen eine sich von den bisher bekannten Formen unterscheidende Gestaltung auf. Dem ästhetischen Faktor kommt bei dieser modernen Konstruktion eine große Rolle zu. Der Passagier wird durch den gläsernen Aufbau in die Lage versetzt, von nahezu sämtlichen Positionen die Umgebung des Schiffes begutach-

709 Bodan Werft Metallbau GmbH & Co. KG, Kressbronn.

710 *Bodan Werft* VSM I 2007, 25.

711 *Bodan Werft* VSM I 2007, 25.

712 *Bodan Werft* VSM I 2007, 24 f. bzw. vgl. auch www.sonnenkoenigin.com.

ten zu können. Da es sich nicht lediglich um ein gläsernes Gestell handelt, das auf dem tragenden Schiffskörper angebracht worden ist, hebt es sich durch die zum Heck verlaufenden, runden seitlichen Formen von anderen Fähren ab. Die Ausgestaltung des Hecks ähnelt eher einem futuristischen Gebäude als einem Schiff. Der Bug ist im Gegensatz dazu spitz zulaufend. Er trägt einen abgerundeten Aufbau. Die rundlichen Formen setzen sich zur Front nach oben hin fort, so dass dadurch der Aufbau den Eindruck einer in sich stimmigen, runden, gläsernen Gestaltung vermittelt. Die Kombination dieses in sich harmonisch abgestimmten Aufbaus mit dem schwimmenden Schiffskörper, der fast einer lediglich leicht schwimmenden Plattform gleicht, setzt sich dadurch von den vorbekannten Gestaltungen dieser Schiffsart ab. Von der geschmacksmusterrechtlichen Eigenart kann durchaus ausgegangen werden. Wäre die Voraussetzung der Neuheit ebenfalls erfüllt, so könnte von einem geschmackmusterrechtlichen Schutz ab wirksamer Registereintragung ausgegangen werden.

Für dieses Eventschiff der Vorarlberg-Lines kann gleichzeitig der dreijährige Schutz über das nicht eingetragene Gemeinschaftsgeschmacksmuster in Anspruch genommen werden, sofern es auch in diesem Falle das Neuheitskriterium erfüllt.

Ob der MS Sonnenkönigin auch urheberrechtlicher Schutz zukommen kann, erscheint zweifelhaft. Zwar ist sie durch den gläsernen Aufbau futuristisch und modern durchgestaltet. Es mangelt diesem Schiff allerdings an herausragenden prägenden Details bzw. Elementen, die dem Schiff in der Gesamtbetrachtung ein andersartiges Äußeres im urheberrechtlichen Sinne verleihen. Bekannte Formen sind verwendet worden, denen es an Individualität fehlt. Eine lediglich ästhetisch anmutende Form reicht nicht aus, um urheberrechtlichen Werkschutz annehmen zu können.

cc) Kreuzfahrtschiffe

Kreuzfahrtschiffe zeichnen sich dadurch aus, dass sie Passagiere nicht von einem Ort zum anderen befördern, sondern für eine Reise auf See ausgestattet sind. Je nach Kreuzfahrtgebiet (See, Flüsse, größere Binnengewässer) kann die Größe und Form eines Kreuzfahrtschiffes variieren. Nach SOLAS[713] muss die Seetüchtigkeit des Schiffes zu-

713 Vgl. dazu Teil III. 4. b).

nächst zertifiziert werden, damit Passagiere überhaupt befördert werden dürfen.

Bei Kreuzfahrtschiffen wie bei anderen Schiffen kann wohl von einer grundsätzlichen Möglichkeit der urheber- und/oder geschmacksmusterrechtlichen Schutzfähigkeit ausgegangen werden, sofern die entsprechenden Voraussetzungen vorliegen. Die Kreuzfahrtschiffe der in diesem Bereich tätigen Reedereien ähneln sich allerdings bereits weitgehend und unterscheiden sich in der Regel lediglich dadurch, für welches Preissegment sie gebaut wurden bzw. was für Kabinen in welcher Anzahl vorhanden sind, wie viele Speisesäle und Unterhaltungseinrichtungen wie vielen Passagieren Platz bieten können. Dies bedeutet geschmacksmusterrechtlich, dass eine relativ hohe Musterdichte besteht, was zu geringeren Anforderungen an die Unterschiedlichkeit zur Bestimmung der Eigenart führt und ebenfalls zu einer Einengung des Entwerfers hinsichtlich der Gestaltungsfreiheit.[714]

Urheberrechtlicher Schutz dürfte Kreuzfahrtschiffen kaum einmal zugesprochen werden, da die hohe Musterdichte wenig Individualität ermöglichenden Gestaltungsspielraum zulassen wird. Kreuzfahrtschiffe werden lediglich im Inneren ebenso wie an Deck für den Passagier ansprechend gestaltet sein, was Schutz für einzelne Teilbereiche bzw. Elemente zulässt, allerdings nicht für ein Schiff in seiner Gesamtheit.[715] Letzteres wird in der Regel zweckmäßig gestaltet, um ausreichend Kapazität für die innen liegenden Restaurants, Cafés, Bars, Theater usw. zu schaffen.

c) Spezialschiffe

Spezialschiffe sind Schiffe, die besondere Fähigkeiten aufweisen. Im Folgenden werden vier Spezialschiffe exemplarisch vorgestellt und auf deren Schutzfähigkeit überprüft.

714 *Bulling/Langöhrig/Hellwig* Rn. 61; *Jestaedt* GRUR 2008, 19, 22; *Koschtial* GRUR Int. 2003, 973, 977; *Kur* GRUR 2002, 661, 666.

715 Siehe im Einzelnen zu der Schutzfähigkeit der einzelnen Decksaufbauten bzw. der farblichen Gestaltung von Schiffen Teil III. 8. b) aa), bb).

aa) Schiff des Typs „X-Bow“

Einer kürzlich[716] von der Ulstein Werft aus Norwegen entwickelten Schiffsform des Typs „X-Bow“ (siehe Abb. 17) dürfte geschmacksmusterrechtlicher Schutz ohnehin aufgrund seiner äußeren, sich vom vorbekannten Formenschatz unterscheidenden Gesamtgestaltung zustehen.[717] Zugleich dürfte es auch ein seltenes Exemplar in der Handelsschifffahrt sein, welches ebenso in den Genuss urheberrechtlichen Schutzes kommen dürfte. Dies ergibt sich aus der exklusiv gestalteten Form des Schiffes, indem der nach oben hin gebogene Bug ungewöhnlicherweise nicht nach einer gewissen Höhe über dem Wasserspiegel in die Reling des „normalen“ Hauptdecks übergeht, sondern hoch hinausragt und gleichzeitig scheinbar die Brücke beinhaltet. Es wird der Eindruck vermittelt, dass der Bug Stauraum und Brücke in einem ist. Zudem ist bei einem anderen Entwurf die Helikopterlandefläche auf dem Bug angebracht. Danach verläuft die Form ähnlich einem Kraftfahrzeug des Typs „Pickup“. Nach der scheinbaren „Bugbrücke“ fällt der Bug schlagartig ab. Der hintere Teil wirkt wie eine Art Ladefläche. Das Heck ist wieder „schiffsformtypisch“ ausgestaltet. Betrachtet man das Schiff in seiner Gesamtheit, hat man eine außergewöhnliche Form vor sich: asymmetrisch gehalten, wobei die Brücke in der Schiffsform gänzlich

***Abb. 17** X-Bow-Schiffsform*[718]

716 *HANSA* 2006, Nr. 12, S. 18 ff.

717 Für die Bezeichnung „X-Bow“ besteht bereits markenrechtlicher und für den X-Bow als technische Erfindung patentrechtlicher Schutz für die Ulstein Werft.

718 Quellen: www.ntnu.no/satsingsomraader/marin/index.htm und www.ship-technology.com/projects/ulstein/ulstein2.html.

aufzugehen scheint. Zusätzlich fällt die Helikopterlandefläche auf, die bei herkömmlichen Handelsschiffen auf dem Deck (zumeist in gutem Abstand von der Brücke) vorgesehen ist. Bei der X-Bow Form ist sie in Einheit mit der „Bugbrücke" auf ihr angebracht worden. In der Gesamtbetrachtung fällt diese gänzlich andersartige Anordnung der einzelnen für das Schiff vorgesehenen Elemente sofort auf. Der schöpferische Gestaltungsakt wird dadurch erkennbar, weshalb bei dieser Form von urheberrechtlichem Schutz ausgegangen werden muss. Dass dieser neuen Bugform technische Vorteile zugrunde liegen, nämlich bessere Manövrierfähigkeit bei höheren Geschwindigkeiten unter schwierigen Bedingungen, spielt für den urheber- und geschmacksmusterrechtlichen Schutz keine Rolle.[719] Diese Ulstein X-Bow Bugform ist durch ihre exzentrische Form, den auffällig lang hochgezogenen Bug in Gesamtbetrachtung mit den anderen Komponenten des Schiffes schöpferisch durchgestaltet.

Auf geschmacksmusterrechtlicher Ebene wäre ein Schutz vor öffentlicher Zugänglichmachung in Deutschland ebenfalls nicht zu versagen gewesen, da Eigenart in diesem Falle durch die genannten prägenden Merkmale (Form des Bugs, andersartige Anordnung der Brücke im Bug selbst, Anordnung der Helikopterlandefläche auf dem Bug, abfallendes Heck in Form einer für Kraftfahrzeuge gebräuchlichen Ladefläche, die Anordnung der einzelnen Elemente zueinander usw.) erzeugt wird, wodurch sich der Gesamteindruck vom vorbekannten Formenschutz anderer in dieser Art bestehender Gestaltungen wesentlich unterscheidet. Die bereits erfolgte öffentliche Zugänglichmachung ist neuheitsschädlich gewesen, so dass ein Schutz mittels Registereintragung nicht mehr erlangt werden kann.

Schutz müsste sich noch als nicht eingetragenes Gemeinschaftsgeschmacksmuster für das Schiff mit dem X-Bow der Ulstein Werft ergeben. Zumindest dürfte aber der wesentlich bedeutendere urheberrechtliche Werkschutz gegeben sein.

bb) SWATH@A&R-Schiff

Schiffe, die mit der SWATH@A&R-Technologie ausgestattet sind, zeichnen sich dadurch aus, dass sich der Aufbau derartiger Schiffe

719 Vgl. zum grundsätzlichen Schutzausschluss bei technischer Bedingtheit Teil III. 6.

auf zwei getauchten Schwimmkörpern befindet, die den Auftrieb erzeugen und durch minimale Wasserberührung, selbst bei stärkerem Seegang, eine ruhige Wasserlage halten können. SWATH ist die Übersetzung für „Small Waterplane Area Twin Hull", zu Deutsch frei übersetzt: Doppelrumpfschiff mit kleiner Wasserlinienfläche.[720]

***Abb. 18** SWATH-Technologie Jacht (Abeking&Rasmussen) und Grafik der SWATH-Technologie*[721]

Am 25. September 2008 wurde von der Abeking & Rasmussen Werft die Explorer-Jacht „Silver Cloud" abgeliefert, bei der die SWATH-Technologie angewendet wird. Die 40 Meter lange Jacht (siehe Abb. 18) liegt auf zwei Schwimmkörpern, hat drei Decksaufbauten, die sich nach oben hin der Länge nach etappenweise verkleinern und sich seitlich abgerundet um die Außenseiten ziehen. Am Heck befindet sich ein Helikopterlandeplatz. Nach Angaben der Abeking & Rasmussen Werft gibt die vergleichsweise breite Ausgestaltung gegenüber anderen Jachten oder Schiffen neuen Spielraum für die Innenraumgestaltung und großzügige Gestaltungsmöglichkeiten der freien Deckbereiche.[722] Für die SWATH-Jacht ebenso prägendes Attribut ist die breite Fensterfront (auch Frontschott genannt), die jedem Mitfahrenden eine besondere Panaromasicht in Fahrtrichtung von jedem Deck aus ermöglicht, was bei herkömmlichen Jachtmodellen in dieser Form nicht denkbar ist.

720 *Abeking&Rasmussen* VSM I 2007, 16.
721 Quelle: www.yachtforums.com/forums/abeking-rasmussen-yacht/7794-abeking-rasmussen-swath-silver-cloud.html; vgl. auch www.yachtsilvercloud.com/.
722 *Abeking&Rasmussen* VSM I 2007, 17.

Dieser Schiffstyp weist die Besonderheit auf, dass die beiden Schwimmkörper aufgrund technischer Berechnungen derart konzipiert wurden, dass zwei Körper den Auftrieb des Schiffes bedingen und hierdurch die leichtere Manövrierbarkeit und ruhigere Bewegungen auch bei stärkerem Seegang ermöglichen. Fraglich ist nun, ob diese Schwimmkörper auch anders hätten gestaltet werden können. Die vom Grundsatz her technisch bedingten Körper müssten gestalterisch auch anders konstruiert werden können, um schutzfähig zu sein, da die technische Bedingtheit einen Schutzausschlussgrund darstellt.[723]

Die Schwimmkörper liegen unter der Wasseroberfläche und sind damit nicht sichtbar. Dadurch erhält das Schiff allerdings zwei Bugs und zwei Hecks, was bei herkömmlichen Schiffen auf jeweils einen Bug und ein Heck reduziert ist. Dieser Schiffstyp hätte sicherlich auch mit drei oder mehr Schwimmkörpern ausgestattet werden können, so dass der Eindruck der weiteren Bugs und Hecks demgemäß schon ein prägendes Merkmal für diese Gestaltung darstellt. Es kann also zur Ermittlung der Schutzfähigkeit des Schiffes dahinstehen, ob die Schwimmkörper auch anders hätten konstruiert werden können.

In geschmacksmusterrechtlicher Hinsicht liegt der Explorer-Jacht eine besondere strukturelle Gestaltung zugrunde. Sie unterscheidet sich von herkömmlichen Modellen, indem die beiden Schwimmkörper drei aufeinander liegende Decks tragen, deren Fensterfront sich nicht nur im vorderen Bereich des Schiffes befindet, sondern den Rundungen des Schiffes folgend entlang den beiden Seiten Back- und Steuerbord verläuft und das Schiff mit zwei Bugs und Hecks aus dem Wasser ragt. Es hebt sich damit von den bislang bekannten Jachtmodellen ab, die lediglich einen Ausblick in Richtung eines Bugs nach vorne erlauben. Es bleibt bei der äußeren Form dieser Art von Schiff nicht bei den herkömmlichen vorbekannten Gestaltungen. Mit seiner Breite von ca. 17,8 m ist es im Vergleich zu konventionellen Jachten von ca. 8,7 m doppelt so breit. Daraus ergibt sich eine Deckfläche im Gegensatz zu konventionellen Jachten (ca. 300 m^2) von ca. 650 m^2.[724] Es hebt sich somit durch die genannten Merkmale in seiner Gesamtgestaltung ab. Damit weist das Schiff die nötige geschmacksmusterrechtliche Eigen-

723 Vgl. näher Teil III. 6.
724 *Abeking&Rasmussen* VSM I 2007, 17.

art auf. Vorausgesetzt, dass diese Form auch das Neuheitskriterium erfüllen kann, dürfte ihr geschmacksmusterrechtlicher Schutz nicht verwehrt bleiben. Schutz dürfte sich ohnehin bereits als nicht eingetragenes Gemeinschaftsgeschmacksmuster seit der öffentlichen Zugänglichmachung über die Dauer von drei Jahren ergeben.

Ob auch urheberrechtlicher Schutz zugesprochen werden kann, bleibt zu bezweifeln. Problematisch erscheint die urheberrechtlich geforderte Gestaltungshöhe. Individuell gestaltet erscheint die Explorer-Jacht dadurch, dass sie auf zwei Bugs und Hecks gestellt ist und die drei Decks stimmig, etagenweise ansteigend und abgerundet auf dem oberen Deck angeordnet sind bzw. verlaufen. Es muss allerdings ein Mindestgrad an Individualität vorliegen.[725] Es muss damit nicht völlig neu sein, allerdings dürfen keine vorhandenen Formen lediglich wiederholt werden.[726] Durch die individuellen Züge des Urhebers muss sich die Schöpfung von der ungeschützten Masse des Alltäglichen abheben ungeachtet dessen, ob eine qualitativ fachmännische Ausführung vorliegt.[727] Die Decksaufbauten sind zwar stimmig und ästhetisch gestaltet, dennoch hebt sich ihre Anordnung oder Formgestaltung noch nicht in einer Art und Weise vom Herkömmlichen ab, dass individuelle Züge erkennbar werden. Ebenso wenig weist die Form der Bugs, die farbliche Gesamtgestaltung des Schiffes oder die Fensterfront eine individuelle Gestaltung auf. Ein urheberrechtlicher Schutz muss verneint werden, da sich die Schöpfungsqualität nicht aus der Masse des Alltäglichen heraushebt. Allein die Anbringung eines formschönen Aufbaus auf zwei Bugs und Hecks kann nicht urheberrechtlich schutzfähig sein.

cc) Benchijigua Express (Trimaran)

Das Schiff „Benchijigua Express“ hat den ShipPax Award[728] 2006 in der Kategorie Fährenkonzept gewonnen. Dieser Typ Schiff ist in sei-

725 Dreier/Schulze/*Schulze* § 2 UrhG Rn. 20 f.; Wandtke/Bullinger/*Bullinger* § 2 UrhG Rn. 21; Schricker/*Loewenheim* § 2 UrhG Rn. 23 ff.

726 Wandtke/Bullinger/*Bullinger* § 2 UrhG Rn. 22.

727 BGH GRUR 1993, 34, 36 – Bedienungsanweisung; BGH GRUR 1991, 529, 530 – Explosionszeichnungen; BGH GRUR 1991, 449, 452 – Betriebssystem; BGH GRUR 1986, 739, 741 – Anwaltsschriftsatz; OLG Hamburg GRUR-RR 2003, 33, 34 – Maschinenmensch; OLG München GRUR-RR 2002, 281 f. – Conti; KG GRUR-RR 2002, 313, 314 – Das Leben, dieser Augenblick.

728 Siehe zum ShipPax Award Fn. 699.

ner Art neu und von enormer Größe (126,7 m lang und 30,4 m breit). 341 Autos und 1350 Passagiere können damit befördert werden. Es ist damit das weltweit größte vollständig aus Aluminium gebaute Schiff.

Ausgangspunkt für die Entwicklung dieses Schiffes war eine Verbesserung des sanfteren Gleitens über das Wasser bei hohen Geschwindigkeiten. Dafür sollten die sanften, rollenden Bewegungen eines einrumpfigen Schiffes mit der ruhigen Gleitfähigkeit eines Katamarans kombiniert werden. Das Endprodukt ist ein Trimaran. Das Schiff hat drei Rümpfe, wobei der mittlere Rumpf durch zwei weitere außen liegende Rümpfe unterstützt bzw. abgefedert wird. Der „Benchijigua Express“ erreicht bei bis zu vier Meter hohen Wellen und einer Geschwindigkeit von 45 Knoten (ca. 83,3 km/h) noch eine gute Stabilität.

***Abb. 19** Trimaran „HSC Benchijigua Express“*[729]

Für die urheber- bzw. geschmacksmusterrechtliche Schutzfähigkeit kann nicht die Stabilität bei enormen Geschwindigkeiten und hohem Wellengang ausschlaggebend sein, da funktionell bedingte Formen nicht schutzfähig sind.[730] Veranschaulicht man sich die Gesamtgestaltung des Schiffes, weist der Trimaran die Besonderheit auf, dass er sich auf drei Rümpfen über das Wasser bewegt. Frontal betrachtet (siehe Abb. 19) wirkt das Schiff vollkommen achsensymmetrisch aufgebaut. Auf dem Rumpf, der von enormer Breite ist, befindet sich

729 Werft: Austal Ships, Australia; Reeder: Fred Olsen & Co; Quellen: Fred Olsen Line und http://home.vrweb.de/~k-d.redeker/LaPalma/Inselhopping.htm.

730 Eichmann/v. Falckenstein/*Eichmann* § 3 GeschmMG Rn. 7, § 2 GeschmMG Rn. 19.

flach aufliegend und sich über die Breitseite erstreckend das erste („Panorama"-)Deck. Darauf befinden sich zwei weitere, wesentlich kleiner gehaltene Deckebenen. Das oberste Deck bildet die Brücke. Die Gestaltung dieses Kolosses mit seinem grauen Rumpf, gelben Deckaufbauten und deren schwarzen Fensterfronten erscheint in seiner Art recht futuristisch und bedrohlich. Um geschmacksmusterrechtlich von Eigenart ausgehen zu können, muss sich der Gesamteindruck des Originals mit seinen prägenden Gestaltungsmerkmalen im Vergleich von der Gesamtheit der vorbekannten Gestaltungen unterscheiden können. Im Unterschied zu vorbekannten Gestaltungen wirkt der Trimaran nicht nur aufgrund seiner Größe gespenstisch und unheimlich, sondern auch aufgrund seiner kompakten und neuartig mächtig erscheinenden Struktur andersartig. Er suggeriert durch den wuchtigen Schiffskörper eine hohe Leistungsfähigkeit. Der Trimaran hebt sich etwa durch seinen wuchtigen Schiffskörper, der den Eindruck enormer Kraft vermittelt, den wesentlicher kleiner ausfallenden Decks und den drei Rümpfen in seiner gesamten Gestaltung von vorbekannten Gestaltungen ab. Er weist damit die für das Geschmacksmusterrecht nötige Eigenart auf. Wäre nun auch die weitere Voraussetzung der Neuheit gegeben, so könnte von geschmacksmusterrechtlichem Schutz ab Registereintragung ausgegangen werden. Ein Schutz als nicht eingetragenes Gemeinschaftsgeschmacksmuster dürfte damit ebenso vorliegen.

In urheberrechtlicher Hinsicht erscheint problematisch, ob der Trimaran die geforderte Gestaltungshöhe erreichen kann und ob die Besonderheit der drei Rümpfe, die Kompaktheit des Trimarans und dessen farbliche Gestaltung ausreichen, um urheberrechtlichen Schutz gewähren zu können. Es muss sich um ein individuelles, sich aus der Masse des Alltäglichen abhebendes Werk handeln.[731] In der Gesamtbetrachtung, auf die es hierbei ankommt, stellen die genannten Besonderheiten keine prägenden Ausgestaltungen im Sinne des Urheberrechts dar. Es fehlt am Signifikanten, also am prägenden Eindruck. Zwar erscheint der dreigeteilte Rumpf beeindruckend. Er ist jedoch allein nicht urheberrechtlich prägend für das gesamte Schiff, da doch eine gewisse Ähnlichkeit im Vergleich mit Katamaranen auffällt. Im

731 Schricker/*Loewenheim* § 2 UrhG Rn. 26; Dreier/Schulze/*Schulze* § 2 UrhG Rn. 18; Wandtke/Bullinger/*Bullinger* § 2 UrhG Rn. 21.

Ergebnis sind damit die in Betracht gezogenen Erwägungen, die zur Annahme eines geschmacksmusterrechtlichen Schutzes führen, nicht für einen urheberrechtlichen ausreichend.

dd) WAM-V^{TM} (Spinnenwasserfahrzeug)

WAM-V^{TM} steht für „Wave Adaptive Modular Vessel“. Der Ingenieur und Erfinder Ugo Conti hat das Wasserfahrzeug gestaltet (siehe Abb. 20). Das Fahrzeug, das sich zu Wasser bewegen lässt, ähnelt einer Spinne, die zwei Schwimmkörper am Ende ihrer lediglich vier Beine besitzt. Auf jeweils zwei Beinen steht das spinnenartige Gerüst, in dessen Mittelpunkt eine Gondel hängt, von der aus manövriert wird. Die Kapsel oder Gondel kann je nach Beförderungswunsch ausgetauscht werden. Dementsprechend kann eine bequeme Zwei-Personen-Kabine, eine 12-Personen-Plattform, eine Schlafkapsel für vier Personen oder eine Tauchkapsel angebracht werden.[732]

***Abb. 20** WAM-V^{TM} Spinnenschiff*[733]

Aus geschmacksmuster- und ebenfalls aus urheberrechtlicher Sicht handelt es sich hierbei um eine Gestaltung, die sich von dem Konventionellen und bislang bekannten Formenschatz abhebt. Wasserfahrzeuge sind herkömmlicher Weise keinem Wesen aus der Natur ähnlich. Die Gestaltung des spinnenähnlichen Gefährts setzt sich

732 www.wam-v.com/what_is_wamv.htm.
733 Quelle: http://wam-v.com/applications.htm.

deutlich vom Hergebrachten ab. Von der geschmacksmusterrechtlichen Eigenart kann insofern ausgegangen werden, da sich der Gesamteindruck des Originals durch seine eigenartige, kunstvoll gearbeitete Spinnenform, die auf zwei Schwimmkörpern über das Wasser bewegt werden kann, deutlich von der Gesamtheit der vorbekannten Gestaltungen abhebt. Individuell bzw. vielmehr originell ist beispielsweise die für Passagiere zugängliche, über dem Wasser hängende Gondel (siehe Abb. 21). Die Kapsel scheint förmlich an den oberen Enden der „Spinnenbeine" zu schweben, so dass die Mitfahrenden Sicht auf die Wasseroberfläche, die sich direkt unter ihren Füßen befindet, haben. Diese Schöpfung hebt sich damit aus der Masse des Alltäglichen heraus. Es kann von einer urheberrechtlich eigenpersönlichen geistigen Schöpfung ausgegangen werden.

Abb. 21 *WAM-V™ Spinnenschiff*[734]

Der technische Aspekt, der es dieser Konstruktion ermöglicht, seicht über das Wasser zu gleiten, ist der urheber- und geschmacksmusterrechtlichen Schutzfähigkeit nicht abträglich, da hier durchaus eine andere Form der Vorrichtung, an der die Gondel hängt, sowie der Gondel selbst, hätte gewählt werden können.[735] Ähnlich dem Katamaran hätte beispielsweise eine Art Brücke am Ende der „Spinnenbeine" angebracht werden können. Bei der vorliegenden Form sind die Beine bzw. Tragekonstruktionen der Gondel kunstvoll und originell zusammengeführt worden.

734 Quelle: http://wam-v.com/what_is_wamv.htm.

735 Vgl. zum urheber- und geschmacksmusterrechtlichen Schutzausschluss aufgrund technischer Bedingtheit Teil III. 6.

Einzig problematisch erscheint, ob das Abbild bzw. die Ähnlichkeit zum Spinnenkörper einen Schutzausschluss darstellen kann.[736] Zum einen hat der Konstrukteur ein vorgefundenes Modell aus der Natur in eine überdimensionale Größe überführt, zum anderen hat er es durch Verringerung der Beinanzahl und durch Verwendung eines anderen Materials andersartig gestaltet. Allerdings hat er das Modell „Spinne“ nicht 1:1 umgesetzt. Der spinnenartige Korpus erhält durch die Gestaltung als Wasserfahrzeug eine völlig neue Bedeutung. Dadurch wird er individuell abgeändert. Es ist keine Spinne im ursprünglichen Sinn mehr. Damit liegt eine urheberrechtliche persönliche geistige Schöpfung und eine sich vom vorbekannten Formenschatz unterscheidende geschmacksmusterrechtlich schutzfähige Gestaltung vor.[737]

Darüber hinaus dürfte sich bereits seit öffentlicher Zugänglichmachung ein Schutz als nicht eingetragenes Gemeinschaftsgeschmacksmuster für das spinnenartige Wasserfahrzeug ergeben.

ee) Ergebnis

Nach dem Ausgeführten kann festgestellt werden, dass urheber- und geschmackmusterrechtlicher Schutz für Schiffe grundsätzlich in Betracht kommen kann. Es wird umso seltener von der Schutzfähigkeit auszugehen sein, je eher die Aufgabe des Schiffes im Transport von Gütern begründet und damit rein zweckbedingt ist. Liegt die Prioriät darüber hinaus oder gänzlich in der Beförderung von Menschen, so spielt in der Regel die Ästhetik bzw. die Gestaltung der Form des Schiffes eine größere Rolle. Selbst bei so genannten Ro-Ro-Fähren, die einerseits dem Transport von Waren wie Autos dienen und andererseits Menschen befördern, gewinnt der ästhetische Aspekt bzw. die Ausgestaltung der Form eines Schiffes an Relevanz. Schiffe, wie etwa die MS Vindobona oder das spinnenförmige WAM-V™, wecken einen besonderen Reiz durch ihre äußeren Gestaltungen. Attraktivität eines Schiffes kann zu einer kürzeren oder längeren Verweildauer von Personen führen, die sich durch das Schiffsäußere angesprochen fühlen. Handelsschiffe, wie Öltanker, Container- oder Massengutschiffe

736 Vgl. Fromm/Nordemann/*A. Nordemann* § 2 UrhG Rn. 26; Dreyer/Kotthoff/Meckel/*Dreyer* § 2 UrhG Rn. 22.

737 Siehe auch Dreier/Schulze/*Schulze* § 2 UrhG Rn. 9; vgl. auch Wandtke/Bullinger/*Bullinger* § 2 UrhG Rn. 90 zu vorgefundenen Modellen aus dem Trivialbereich und deren „Verzerrung“.

werden in der Regel zweckmäßig entwickelt sein, da gestalterische Elemente in diesem Bereich der Schiffbaubranche nur zu unnötigen Kosten führen bzw. die Sicherheit und Effektivität der Beladungs- und Entladungsvorgänge behindern könnten.

d) See- und Binnenschiffe (Motor/Segel)

Unter Seeschiffen werden Schiffe, die Güter und Personen auf Meeren und Ozeanen befördern können, definiert. Zu diesem Gebiet gehören auch für die Seeschifffahrt taugliche Wasserstrassen wie etwa große Flüsse, Kanäle sowie größere Seen, die durch Wasserstrassen mit dem Meer verbunden sind.

Unter Binnenschiffen werden Segel- und Motorschiffe ab einer Länge von ca. 5 m definiert. Derartige Schiffe können beispielsweise zur Beförderung von Gütern über Flusswege dienen oder zu Freizeitaktivitäten eingesetzt werden. Die Variation der für die See- und Binnenschifffahrt gedachten Segel- und Motorschiffe bzw. -boote ist weit gefächert und kann daher nicht in vollem Umfang dargestellt werden.

In Bezug auf das Schiffsdesign zeichnet sich in der Praxis ein gewisser Trend ab: Insbesondere bei den Motorschiffen wird deren Gestaltung häufig an bedeutenden Regattajachten ausgerichtet sein. Das gewünschte Schiff soll ähnliche Maße, ähnliche Formen oder eine ähnliche Farbgestaltung aufweisen bzw. ähnliche Leistungen erbringen können. Der Gestaltungsfreiheit sind dadurch enge Grenzen gesetzt, was wiederum einer möglichen Schutzfähigkeit des Designs in diesem Sektor abträglich ist.

aa) „Kleinere" Jachten bzw. „kleinere" Segel- und Motorboote

Jachten[738] sind Wasserfahrzeuge, die für den Freizeitgebrauch, zur Erholung oder zur Teilnahme an Regatten bestimmt sind. Boote ab fünf Metern Länge werden Jachten genannt.

738 Das Wort „Jacht" stammt aus dem Holländischen und bedeutet Jagd, da Jachten ursprünglich der holländischen Marine zur Verfolgung von Piraten dienten. Mit diesen Booten konnten sie sich bis in die flachsten Gewässer bewegen.

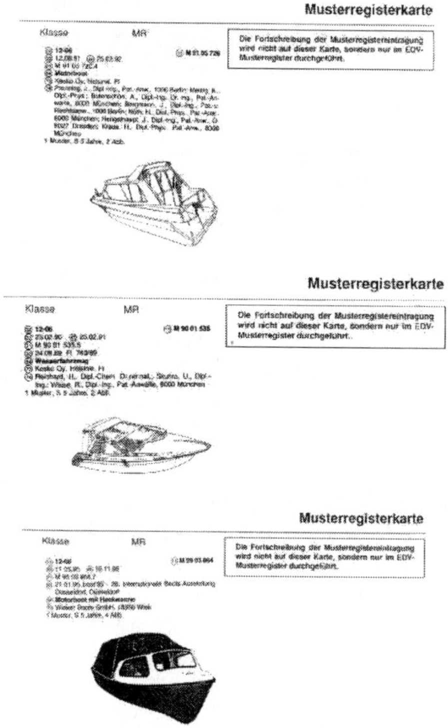

Abb. 22 *Geschmacksmusterrechtlich registrierte Boote*[739]

Konventionelle Jachten sind ca. zehn Meter lang. Neben den herkömmlichen Jachten gibt es auch Segel-[740] und Motorboote.[741] Generell wird geschmacksmusterrechtlicher Schutz nicht selten im Bereich der kleineren Jachten bzw. kleineren Segel- und Motorboote vorkommen (siehe Abb. 22, 23). „Kostspieligere Extravaganzen" sind

739 Geschmacksmusterregistereintragungen für: Kesko Oy, Helsinki; Kesko Oy, Helsinki; Wieker Boote GmbH, Wiek.

740 Segelboote sind Wasserfahrzeuge mit Segeln, die durch die Windkraft fortbewegt werden. Abhängig von der Bauart des Schiffskörpers und der Anzahl der Masten, der Form und der Anordnung der Segel ist der Segelboottyp einzuordnen.

741 Motorboote werden grundsätzlich von einem oder mehreren Diesel- oder Benzinmotoren angetrieben. Motorboote sind in der Regel nicht seetauglich, dafür können sie in Binnengewässern sowie in Küstennähe eingesetzt werden.

Abb. 23 Geschmacksmusterrechtlich registriertes Boot[742]

dennoch eher im Bereich der Megajachten zu entdecken, da die jeweiligen Eigner bzw. Reeder die zusätzlich entstehenden Kosten zu tragen bereit sind.

bb) Megajachten

Ab einer Länge von 50 bis 60 Metern wird bei Jachten aufgrund ihrer Größe, ihres Komforts und wegen ihrer professionellen Steuerung (der Eigner steuert in der Regel bei derartigen Größenverhältnissen nicht mehr selbst) von „Megajachten" oder „Super-Jachten" gesprochen, die per Wind- und/oder Motorkraft angetrieben werden können.

(1) Motorjachten

Eine Motorjacht wird gewöhnlich zu Freizeitzwecken Verwendung finden. Sie kann zumeist bewohnt werden und im Gegensatz zu Motorbooten auch hochseetauglich sein. Grundsätzlich wird bei der Planung einer Motorjacht auf die ästhetischen Formen sehr viel Wert gelegt. Auf individuell gestaltete Jachten haben sich bereits viele Firmen eingestellt, so dass sich ein regelrechter Markt für funktionell und ästhetisch designte Motorjachten entwickelt hat. In diesem Sektor kommt es auf formschöne Gestaltungen an, die nicht unbedingt neu und kreativ sein müssen. Das Problem in diesem Sektor liegt darin, dass es den meisten Eignern darauf ankommt, dass ihre Jacht einem berühmten Vorbild ähneln soll bzw. dass Elemente von besonders erfolgreich an Wettbewerben teilgenommenen Schiffen übernommen werden sollen. Damit werden selten wirklich individuelle Gestaltungen von Motorjachten, die sich darüber hinaus von den herkömmli-

742 Geschmacksmusterregistereintragung für: Honda Giken Kogyo K.K., Tokio.

chen abheben können, geschaffen, wodurch grundsätzlich der Zugang zu einem urheberrechtlichen Schutz versagt bleiben muss.

Geschmacksmusterrechtsschutz wird hingegen in diesen Bereichen eher bejaht werden können (siehe Abb. 24), der jedoch durch geringe Veränderungen an der Ursprungsgestaltung einer geschützten Jacht leichter umgangen werden kann als der Urheberrechtsschutz.[743]

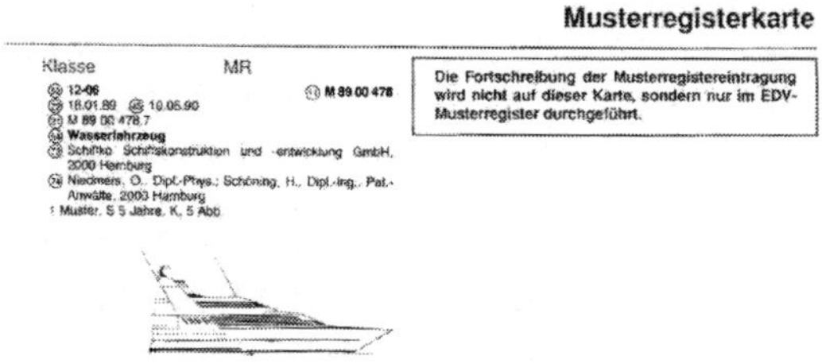

Abb. 24 *Registrierte Motorjachten*[744]

(2) Segeljachten

Segeljachten können von 6 m bis über 30 m lang sein und verfügen in der Regel über einen oder zwei Masten. Der Unterschied zwischen Jacht und Schiff ist dann fließend. Segeljachten können in vier unterschiedliche Kategorien gefasst werden: in die Kategorie der so genannten „day sailing yachts“, in die der „weekender yachts“, in die der „cruising yachts“ und in die Kategorie der „racing yachts“. Segeljachten, die Größe und Klasse von Megajachten erreichen, werden meist eine Besegelung von Segelschiffen aufweisen.[745]

Die klassische Jacht wurde vor 1970 unter Verwendung von Holz, Stahl oder Aluminium gebaut. Klassische Jachten, die nunmehr mittels moderner Ausrüstung gefahren werden, werden als so genannte Vintagejachten bezeichnet.

Bei Segeljachten wird der klassischerweise bekannte Schiffskörper[746] in der Regel mangels Erreichens der urheberrechtlichen Schöpfungs-

[743] Vgl. dazu auch Teil III. 7. und Abb. 7.

[744] Geschmacksmusterregistereintragung für: Schiffko Schiffskonstruktion und -entwicklung GmbH, Hamburg.

[745] Zu Segelschiffen siehe näher unter Teil III. 7. d) cc).

[746] Vgl. zur generellen Schutzfähigkeit von Spantformen unter Teil III. 8. a).

höhe nicht geschützt sein. Geschmacksmusterrechtlich gibt es bereits Anmeldungen von Schiffsrümpfen und Segelformen.[747] Ob in der Gesamtheit Schutz erlangt werden kann, hängt von den den Gesamteindruck der Segeljacht prägenden Merkmalen ab. Gattungsspezifische Erfordernisse (Seetauglichkeit etc.) können die Gestaltungsfreiheit des Entwerfers dabei erheblich einschränken.[748] In der Praxis wird sich bei Segeljachten häufig ein ähnliches Problem wie bei den Motorjachten ausmachen lassen: Eigner von Segeljachten sind eher gegenüber klassischen Gestaltungen aufgeschlossen als gegenüber Innovativem. Dies schränkt die Möglichkeit, eine urheberrechtlich geschützte Segeljacht zu entwerfen, ein. Geschmacksmusterrechtlich betrachtet kommt es auf die Unterschiedlichkeit vom vorbekannten Formenschatz an. Da bei Segeljachten eine hohe Musterdichte besteht, kann zwar von geringeren Anforderungen an die Unterschiedlichkeit zu vorbekannten Gestaltungen ausgegangen werden. Jedoch wird der Schutzumfang dementsprechend geringer ausfallen müssen.[749]

cc) Segelschiffe

Segelschiffe sind Schiffe, die im Wesentlichen durch die Kraft des Windes mittels eines oder mehrerer Segel bewegt werden. Sie waren ab dem 19. Jahrhundert das wichtigste Transportmittel für die Beförderung von Personen und Gütern zu Wasser. Anhand eines Beispiels soll die Schutzfähigkeit eines Segelschiffes näher dargestellt werden.

(1) Alexander von Humboldt

Die Alexander von Humboldt ist ein so genannter Windjammer,[750] der zuvor ein Feuerschiff mit Namen „Reserve Sonderburg“ war (Abb. 25). Die Gestaltung des ursprünglichen Feuerschiffs ist nach der Form eines eleganten, schlanken Seglers konzipiert, um auch sehr schlechte Wetterbedingungen möglichst schadenfrei zu überstehen.

747 Siehe näher zur Schutzfähigkeit von Segeln Teil III. 8. b) gg).

748 Eichmann/v. Falckenstein/*Eichmann* § 2 GeschmMG Rn. 28.

749 Vgl. dazu Eichmann/v. Falckenstein/*Eichmann* § 2 GeschmMG Rn. 29; *Bulling/Langöhrig/Hellwig* Rn. 61; *Jestaedt* GRUR 2008, 19, 22.

750 Windjammer, auch Tiefwassersegler genannt, ist eine Segelschiffsgattung, die die letzten großen Segelschiffe bzw. Großsegler erfasst, die ca. ab 1870 gebaut wurden.

Abb. 25 Feuerschiff „Reserve Sonderburg"[751]

Auch aufgrund seiner besonderen V-Spant-Konstruktion[752] wurde das Schiff 1988 zu einer Bark[753] umgebaut. Der Rumpf wurde in Anlehnung an die Segelschiffe der Rickmers Reederei grün gestrichen. Die grünfarbigen Segel basieren auf der Idee der Brauerei Beck & Co (Abb. 26).[754] Die ursprüngliche Form des Schiffskörpers ist erhalten geblieben. Urheber- bzw. geschmacksmusterrechtlicher Schutz ist für den Rumpf auszuschließen, weil es ihm an urheberrechtlicher Individualität sowie am geschmacksmusterrechtlichen Kriterium der Neuheit fehlt, da er gänzlich unter Beibehaltung der ursprünglichen Gestaltung übernommen wurde.

Die gesamte Gestaltung des Schiffes hingegen könnte einem Schutz zugänglich sein, wenn sich in geschmacksmusterrechtlicher Hinsicht die prägenden Merkmale in der Gesamtgestaltung vom vorbekannten Formenschatz unterscheiden und es sich in urheberrechtlicher Hinsicht ausreichend von den anderen herkömmlich bekannten Segelschiffen abhebt.

751 Quelle: Alexander von Humboldt – Deutsche Stiftung Sail Training, www.gruene-segel.de/static/historie_de-2-page1.html.
752 Vgl. zu Spantformen und deren Designschutz Teil III. 8. a).
753 Eine Bark ist ein Segelschiffstyp, der ursprünglich mit drei Masten gebaut wurde, an den vorderen Masten Rahsegel und am hinteren Mast Gaffelsegel trägt. In der weiteren Entwicklung wurden Barken auch mit vier oder fünf Masten gebaut. Barken waren ab 1850 als Hochseefrachtschiff weit verbreitet.
754 Quelle: Alexander von Humboldt – Deutsche Stiftung Sail Training, www.gruene-segel.de/static/historie_de-2-page1.html.

Abb. 26 *Bark „Alexander von Humboldt"*[755]

Geschmacksmusterrechtlich betrachtet wird durch den grünen Rumpf und die grünen Segel ein vollkommen andersartiger Gesamteindruck als bei vorbekannten Gestaltungen hervorgerufen. Segel sind zumeist weiß und in der Regel nicht farblich auffallend gehalten. Das einheitliche Bild einer herkömmlichen Bark ist damit auffallend und kreativ gestaltet. Da jedoch Farben kein Erzeugnis zugrunde liegt, sind sie einem Geschmacksmusterschutz nicht zugänglich.[756] Sie können aber in Verbindung mit einem Gegenstand musterfähig werden.[757] Dann muss die Farbe sich konkret darauf beziehen. Die Alexander von Humboldt weist sich durch ihre insgesamt harmonisch farblich abgestimmte Gestaltung aus. Sie ist vom Rumpf beginnend bis zum letzten Segel grün gestaltet. Aufbauten, Masten und Deck hingegen sind von dieser Farbe ausgespart, allerdings in den Farben Weiß und Gelb mit dem hervortretenden Grün kombiniert worden. Zwar ist die Farbe Grün nicht als grafisches Muster aufgetragen, allerdings steht sie in Verbindung mit den Elementen des Schiffes (Rumpf und Segel) als Muster. Aufgrund der stimmigen Gesamtkonzeption der Bark hebt sie sich dadurch vom vorbekannten Formenschutz der Gruppe

755 Quelle: Alexander von Humboldt – Deutsche Stiftung Sail Training, www.gruene-segel.de/static/historie_de-2-page1.html.
756 *Bulling/Langöhrig/Hellwig* Rn. 97; Eichmann/v. Falckenstein/*Eichmann* § 1 GeschmMG Rn. 7.
757 Eichmann/v. Falckenstein/*Eichmann* § 1 GeschmMG Rn. 7.

der Segelschiffe ab. Es geht nicht um den Schutz für die Form des Rumpfes oder der Segel bzw. um die Farbe selbst. Eigenart kann hier aufgrund dieser in sich farblich aufeinander abgestimmten Gestaltung, die in der Art über das Vorbekannte hinausgeht, bejaht werden. Geschmacksmusterrechtlich wäre ein Schutz zu befürworten gewesen, wenn die Voraussetzung der Neuheit noch erfüllt werden könnte.

Urheberrechtlich ist zweifelhaft, ob der Alexander von Humboldt in ihrer Gesamtheit Schutz als Werk der angewandten Kunst zukommen könnte. Im Vergleich mit anderen herkömmlichen Segelschiffen hebt sich die Alexander von Humboldt durch den grünen Rumpf und die grünen Segel durchaus ab. Gewöhnlicherweise sind Segelschiffe vornehmlich in unauffälligeren Farben gehalten.

Farben sind allerdings ebenso wie ein Stil oder eine Manier urheberrechtlich nicht schutzfähig.[758] Allerdings kann eine konkrete farbliche Gesamtgestaltung Schutz genießen. Ginge man von einem urheberrechtlichen Schutz der mit einem grünen Rumpf und grünen Segeln gehaltenen Alexander von Humboldt aus, so dürfte während der langen urheberrechtlichen Schutzdauer die Farbe grün weder für ein Segel noch für einen Rumpf in der Kombination verwendet werden. Die wesentlichen Züge der Alexander von Humboldt würden ansonsten übernommen werden, was beispielsweise zu einer urheberrechtlichen Verletzung des Vervielfältigungsrechts gemäß § 16 UrhG führen könnte. Ausreichend für eine Vervielfältigung ist bereits, wenn die schöpferischen Eigenarten in ihrem Kern übernommen werden.[759] Dies würde zu einer ungewollten Monopolisierung führen. Urheberrechtlichen Schutz für das Schiff in seiner Gesamtbetrachtung zu gewähren, würde eine zu starke Behinderung anderer Urheber bedeuten. Sie wären sodann nicht mehr frei, Schiffe mit grünem Rumpf und Segeln gestalten zu können. Das Freihaltebedürfnis und die Rechtsfolge des bis 70 Jahre nach Tod des Urhebers währenden Schutzes sprechen gegen den Schutz einer farblich grün gehaltenen Gestaltung eines Schiffes, so dass der äußeren farblichen

[758] Wandtke/Bullinger/*Bullinger* § 2 UrhG Rn. 40; Schricker/*Loewenheim* § 2 UrhG Rn. 48; Dreier/Schulze/*Schulze* § 2 UrhG Rn. 45.

[759] KG GRUR 1997, 128 – Verhüllter Reichstag I; Wandtke/Bullinger/*Heerma* § 16 UrhG Rn. 3.

Struktur der Alexander von Humboldt kein urheberrechtlicher Schutz zukommt.[760]

(2) Ergebnis

Bei der Alexander von Humboldt ist genau zu unterscheiden, dass die Segel, der Schiffsrumpf und die Farbe Grün einzeln betrachtet weder urheberrechtlichem noch geschmacksmusterrechtlichem Schutz zugängig sind. Für die Annahme der geschmacksmusterrechtlichen Schutzfähigkeit kam es allein auf die Kombination dieser Merkmale und die Frage an, inwiefern andere Elemente (wie z.B. Masten, Decksaufbauten) damit verbunden wurden, so dass ein Gesamteindruck entstand, der sich vom vorbekannten Formenschatz anderer Gestaltungen unterscheiden konnte.

e) Schiffsähnliche Wasser- und Einsatzfahrzeuge

aa) Schlepper, Einsatzschiffe

Schlepper sind Schiffe, die mit einem besonders starken Motor ausgestattet sind, um andere Schiffe zu manövrieren (durch Schieben oder Ziehen). Es gibt sie mittlerweile in unterschiedlichsten Formen. Es bestehen neben der herkömmlichen „bekannten“ Form (siehe Abb. 27) auch andere Konstruktionen, wie z.B. Schlepper, die auf beiden Seiten gleich gestaltet sind, um flexibler eingesetzt zu werden. Geschmacksmusterrechtlicher Schutz kann für derartige Schiffe durchaus bestehen. Urheberrechtsschutz dürfte eher versagt bleiben, da Schlepper zumeist einander ähnlich und zweckmäßig gestaltet sind. Damit wird sich deren Form selten aus der Masse der herkömmlich bekannten Gestaltungen abheben.

Andere Einsatzfahrzeuge wie z.B. Polizeischiffe sind bereits im Geschmacksmusterregister beim Deutschen Patent- und Markenamt angemeldet (siehe Abb. 28). Dieser Anmeldung lässt sich entnehmen, dass ein für einen bestimmten öffentlichen Zweck bestimmtes Fahrzeug einem geschmacksmusterrechtlichen Schutz nicht abträglich ist.

760 Die Brauerei Beck & Co verwendet darüber hinaus die Alexander von Humboldt als optisches Erkennungszeichen ihrer internationalen Werbeauftritte der Marke Beck's. Vgl. näher zum markenrechtlichen Schutz von Schiffen Teil V. 1. a).

Abb. 27 Schlepper „Bremerhaven“

Abb. 28 Geschmacksmusterrechtlich registriertes Polizeiboot[761]

bb) Halbtaucher/Semi-Submersible Ships

Ein Halbtaucher (englisch: Semi-Submersible Ship) ist ein Wasserfahrzeug, das den Großteil seines Schiffskörpers unter Wasser setzen kann. Dadurch ist es weniger den Kräften der Wellen ausgesetzt. Neben dem Rumpf besitzt ein Halbtaucher zusätzlich Schwimmkörper, die relativ weit unter der Wasserlinie unter einem katamaranartigen Aufbau montiert sind.[762]

761 Geschmacksmusterregistereintragung für: Meidericher Schiffswerft GmbH & Co. KG, Duisburg.

762 Unter den Begriff Halbtaucher fallen neben den Halbtaucherschiffen auch Bohrinseln und andere Arbeitsplattformen, die nach dem gleichen Prinzip funktionieren.

Abb. 29 *Halbtaucher*[763]

Abb. 30 *Halbtaucher*[764]

Im Gegensatz dazu kann ein Semi-Submersible Heavy-Lift Ship seine Ladeflächen gänzlich unter Wasser setzen, indem die Ballasttanks geflutet werden. Durch das Absenken können schwere Ölplattformen bzw. ganze Schiffe auf die eigentliche Ladefläche bewegt und durch anschließendes Auftauchen, d.h. Leeren der Ballasttanks, transportiert werden (Abb. 29, 30).

Derartige Schiffe ähneln zumeist Massengutschiffen oder Öltankern und heben sich lediglich durch das versetzte Ladedeck ab. Damit dürfte in den meisten Fällen ein urheberrechtlicher Schutz mangels Individualität, aufgrund dessen die urheberrechtliche Schöpfungshöhe nicht erreicht werden kann, auszuschließen sein.

763 Quellen: Halbtaucher „Blue Marlin“, http://shipoftheday.blogspot.com/2007/02/blue-marlin.html und Halbtaucher „Mighty Servant I“, http://shipoftheday.blogspot.com/2008/05/mighty-servant-i.html.

764 Quellen: Blue Marlin, http://engineering.curiouscatblog.net/2007/02/08/worlds-largest-dry-transport-ship/ und www.nuclearfiles.org/images/key-issues/missile-defense/sea-based-radar.jpg.

Geschmacksmusterrechtlicher Schutz kann bereits angenommen werden, sobald die prägenden Merkmale der Gesamtgestaltung sich vom vorbekannten Formenschatz anderer Gestaltungen unterscheiden.[765] Dabei wird es sich in der Regel um den Schutz des Schiffes in seiner Gesamtbetrachtung handeln. Durch die Gestaltung diverser den Gesamteindruck prägender Merkmale wie z.B. der Form der Ladefläche oder der Brücke kann sich eine Unterschiedlichkeit ergeben.

cc) Bohrinsel/FPSO – Floating Production Storage Offshore Ship

FPSO-Schiffe sind schwimmende Fabriken, die ähnlich wie Ölplattformen funktionieren und zur Erschließung von Rohöl dienen, welches nach der Raffinierung und Zwischenlagerung in Tankern abtransportiert wird. Sie sind zumeist aufgrund der extremen Wetterbedingungen durch eine feste Verankerung am Meeresboden befestigt, können sich aber dennoch je nach Wind- und Wellenrichtung flexibel ausrichten. Nach Erschöpfung des Rohstoffes kann das Schiff allerdings im Gegensatz zur fest installierten Plattform einfach den Standort wechseln (siehe Abb. 31).

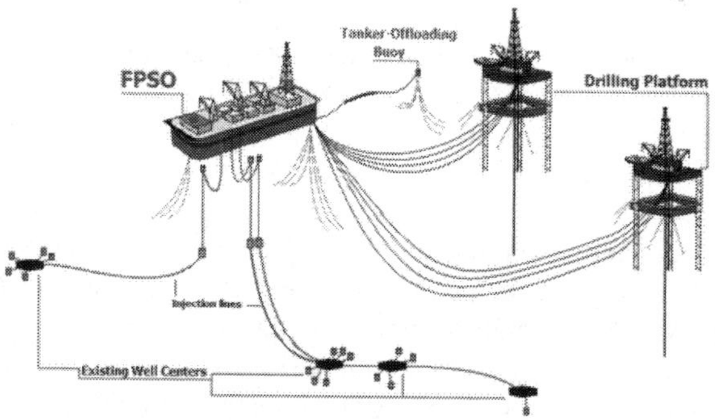

***Abb. 31** FPSO – Floating Production Storage Offshore Ship*[766]

[765] Vgl. zur geschmacksmusterrechtlichen Eigenart Teil II. 3. a) cc).
[766] Quelle: http://commons.wikimedia.org/wiki/Image:FPSO_diagram.PNG.

Wieder besteht für den Designschutz in urheberrechtlicher Hinsicht das Problem der Individualität bzw. Gestaltungshöhe. Geschmacksmusterrechtlicher Schutz dürfte wie bei anderen Handelsschiffen (Container-, Massengut-, Schwergutschiffen usw.) dem Schiff eher in der Gesamtbetrachtung zukommen, da die geschmacksmusterrechtlichen Anforderungen geringer sind. Aufgrund der Funktion der FPSO-Schiffe kann durch die Gestaltung von den auf dem Deck befindlichen Förderelementen eine sich von den herkömmlichen Formen absetzende Gestaltung entstehen, sofern diese für den Gesamteinruck ausreichend prägend sind.

f) Schiff im Bau

Das Schiff im Bau (Schiffbauwerk) befindet sich in der Vorstufe zum eigentlichen Werk. Da das Urheberrecht mit Erstellung des Werkes entsteht, kommt es also darauf an, inwiefern bereits Eigenschaften während der Bauphase zu erkennen sind, die die eigenschöpferische persönliche Leistung ausmachen.[767]

Aus urheberrechtlicher Sicht betrachtet beginnt der Werkschutz mit der Entstehung des Werkes.[768] Das Schiff oder Teile dessen können somit durchaus schon während der Bauphase Schutzfähigkeit erlangen, sofern die Schöpfungshöhe erreicht ist.

Hinsichtlich des geschmacksmusterrechtlichen Schutzes erscheint das Kriterium der Neuheit problematisch. Wird bereits in dieser Phase Wert auf einen derartigen Schutz gelegt, bedarf es der Anmeldung und Eintragung beim DPMA.[769] Ein wirksamer Schutz besteht dann, sofern ein Muster oder Modell vorliegt, das Eigenart und Neuheit im Sinne des Geschmacksmusterrechts aufweist.[770] Vorausgesetzt, diese Bedingungen liegen vor, kann für das betreffende Element bzw. das fertig gestellte Schiff kein erneuter Schutz bestehen, da sich die erfolgte Offenbarung neuheitsschädlich in Bezug auf die fertig gestellte Form des Schiffes auswirkt. Unterscheidet sich die fertig gestellte

767 Vgl. zu Vorentwürfen Thode/Wirth/Kuffer/*Knipp* § 32 Rn. 20.

768 Siehe oben zu den gesetzlichen Schutzvorschriften nach dem Urheberrechtsgesetz Teil II. 2.

769 Dazu Teil II. 3. b) aa).

770 Dazu Teil II. 3. a) bb) und cc).

Gestaltung jedoch derart von der während der Bauphase eingetragenen Gestaltung, so dürfte nicht mehr von einer neuheitsschädlichen ursprünglichen Offenbarung ausgegangen werden.

Die Anmeldung zur Eintragung eines Schiffbauwerkes bietet sich also nur für bereits fertig gestellte Elemente an, für die keine erneute Anmeldung nach Konstruktion des gesamten Schiffes und ein Schutz lediglich dieses Elementes beabsichtigt wird.

g) Nicht eingetragenes/registriertes Schiff

Bei dem noch nicht eingetragenen bzw. nicht registrierten Schiff verhält es sich ähnlich wie bei dem sich noch in der Konstruktionsphase befindlichen Schiff.[771] Das Schiff mag bereits fertig gestellt sein, aber ist noch nicht registriert bzw. nicht in ein Schiffsregister eingetragen.

Urheberrechtlich wird, sofern die Werkvoraussetzungen vorliegen, sich bereits der gewünschte Schutz entfalten. Geschmacksmusterrechtlich kommt es, wiederum vom Vorliegen der materiellen Voraussetzungen ausgehend, darauf an, ob mit der Offenbarung eines anderen Herstellers gerechnet werden muss. Eine Anmeldung zur Eintragung wird sich – im Gegensatz zum noch nicht fertig gestellten Schiffbauwerk – hierbei nicht mehr als problematisch erweisen, da das Schiff bzw. das entsprechende Teilelement des Schiffes bereits fertig gestellt ist und dadurch eine zweite Anmeldung nicht mehr beabsichtigt sein wird.

h) Ergebnis Schutz von Schiffsbauten

Nach der vorangegangenen Darstellung lässt sich festhalten, dass es Schiffe gibt, die in der Gesamtbetrachtung urheberrechtlich als Werke der angewandten Kunst und geschmacksmusterrechtlich als Modelle schutzfähig sein können. An folgenden Kriterien kann dies verallgemeinert festgelegt werden:

- Das Urheber- wie auch das Geschmacksmusterrecht setzen voraus, dass die Form des Modells bzw. des Schiffes nicht allein durch

[771] Siehe zum Schiffbauwerk Teil III. 7. f).

seine technische Funktion bedingt ist.[772] Es kommt für den geschmacksmusterrechtlichen Schutz darauf an, dass durch prägende Merkmale ein Gesamteindruck des Schiffes entsteht, der sich vom vorbekannten Formenschatz unterscheidet. Urheberrechtlich kommt es auf prägende ästhetische Elemente an, die durch ihre Anordnung ein individuelles Äußeres darstellen bzw. eine ästhetische Gesamtgestaltung hervorbringen.[773]
- Der Gebrauchszweck des Schiffes steht einem Schutz in der Regel nicht entgegen.[774]
- Die Gesamtgestaltung des Schiffes muss sich von konventionellen Schiffsformen abheben, da kein Schutz von herkömmlichen Modellen bestehen kann, um das Urheber- und Geschmacksmusterrecht nicht zu bagatellisieren.
- Die Gesamtgestaltung des Schiffes muss nicht durchgängig prägend sein. Es reichen prägende Elemente, die in ihrer Anordnung zueinander den Eindruck einer sich von vorbekannten Formen abhebenden äußeren Gesamtgestaltung vermitteln.
- Der Schutz ist unabhängig vom Schiffstyp. Bei zur Beförderung von Menschen dienenden Schiffen und Schiffen zum Freizeitgebrauch spielt die Ästhetik in der Regel eine größere Rolle als bei Handelsschiffen. Der finanzielle Mehraufwand rentiert sich eher in dieser Sparte.

8. Schutz einzelner Elemente des Schiffes

Der urheber- und geschmacksmusterrechtliche Schutz eines Schiffes in seiner Gesamtheit ist also grundsätzlich möglich. An einigen ausgewählten Elementen soll exemplarisch untersucht werden, ob auch einzelne Teile eines Schiffes im Sinne des Geschmacksmuster- und Urheberrechts schutzfähig sein können.

772 Eichmann/v. Falckenstein/*Eichmann* § 2 GeschmMG Rn. 18; *Bulling/Langöhrig/Hellwig* Rn. 92; *Koschtial* IIC 2005, 297, 306; *Kur* GRUR 2002, 661, 663 f.
773 Vgl. auch Wandtke/Bullinger/*Bullinger* § 2 UrhG Rn. 100.
774 RGZ 21, 357, 358 – Rechentabelle; BGHZ 27, 351, 354 – Candida-Schrift; OLG Hamburg GRUR 2002, 419 – Move; Wandtke/Bullinger/*Bullinger* § 2 UrhG Rn. 29; Dreier/Schulze/*Schulze* § 2 UrhG Rn. 47; Schricker/*Loewenheim* § 2 UrhG Rn. 43; Loewenheim/*Loewenheim* § 6 Rn. 24.

a) Getrennte Betrachtung einzelner Elemente unterhalb der Wasserlinie

Mittels einer gedanklichen Zweiteilung des Schiffes über- und unterhalb der Wasserlinie soll eine getrennte Betrachtung vorgenommen werden.

Der unterhalb der Wasserlinie befindliche Teil ist derjenige, der grundsätzlich von Ingenieuren durch Stabilitätsberechnungen, Auftriebskalkulationen und nautischen Vorgaben entwickelt wird und damit fast rein technischer Natur ist.

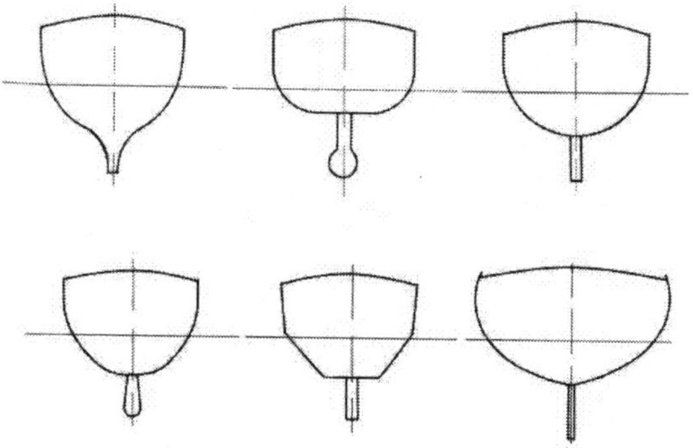

Abb. 32 *Spantformen*

Zu bedenken ist, ob sich die Linienführung eines Bootskörpers zwangsläufig aus diesen Vorbedingungen ergibt. In der Linienführung von Jachten wird beispielsweise grundsätzlich zwischen Rumpf und den Anhängen unterschieden. Die Spantform (Abb. 32) als wichtigstes Element der Rumpfkonstruktion basiert auf technischen Entwicklungen. Zur Charakterisierung der Spantformen wurden die in etwa der jeweiligen Form entsprechenden Großbuchstaben des Alphabets verwendet (siehe beispielhaft Abb. 32: S-, U-, R-Spantform, darunter Trapez-, Doppelknick- und Tumble-Home-Spantform). Dies schließt aber nicht aus, dass auch eine andere möglich ist. Eine wellenförmige Spantform mag zunächst technisch nicht sinnvoll erscheinen, würde aber zumindest aufgrund der Eigenart zu geschmacksmusterrechtlichem Schutz führen können. Ein urheberrechtlicher Schutz würde hier wohl an der fehlenden Gestaltungshöhe scheitern. Allerdings bestünde die Möglichkeit, die Spantform besonders künstlerisch auszugestalten. Generell einen Urheberrechtsschutz von Spantformen auszuschließen, ginge wohl zu weit.

Zu den Anhängen zählen Kiel, Ruder, Skeg, eine eventuelle Hacke, Wellenböcke und die Welle mit Propeller.[775] Zu den registrierten Mustern beim Deutschen Patent- und Markenamt zählen beispielsweise

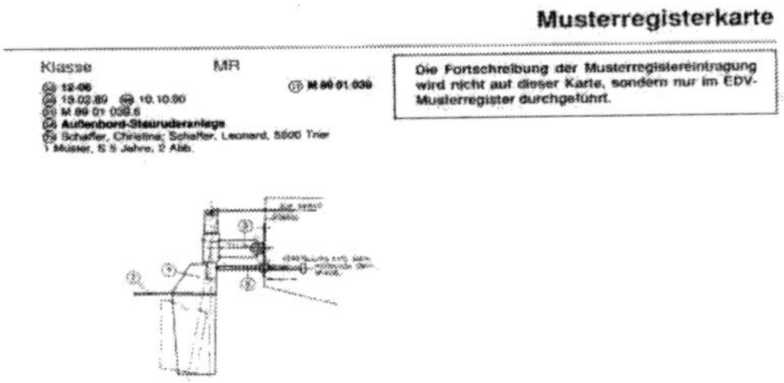

Abb. 33 *geschmacksmusterrechtlich registrierte Ruderanlage*[776]

auch Ruderanlagen (Abb. 33). Urheberrechtlicher Schutz wurde bisher für ein Ruder ausdrücklich noch nicht erwähnt. Ablehnen sollte man diesen generell nicht. Einem besonders künstlerisch gestalteten Ruder (z.B. einem aus Holz geschnitzten in einer sehr ausgefallenen Form) könnte durchaus urheberrechtlicher Schutz zukommen. Eine schöpferische Formgebung eines Rumpfes oder einer Spantform (sei es nun ein einförmiger Rumpf, ein doppelter Rumpf im Sinne eines Katamarans oder ein dreifacher wie bei dem zuvor genannten Trimaran „Benchijigua Express")[777] wie bei den Anhängen ist trotz einer gewissen technischen Gebundenheit, um das Boot seetüchtig werden zu lassen, nicht ausgeschlossen.

775 *Scharping* 99.
776 Geschmacksmusterregistereintragung für: Christina und Leonard Schaffer, Trier.
777 Der dreigeteilte, auch ansatzweise über der Wasseroberfläche sichtbare Rumpf des Trimaran „Benchijigua Express" ist durchaus in der Einzelbetrachtung geschmackmusterrechtlich schutzfähig, da er sich durch seinen massiven Schiffskörper, der auf zwei äußeren, sehr spitz zulaufenden Rümpfen und einem mittleren, etwas größeren Rumpf ruht, auszeichnet.

Zusätzlich bleibt natürlich noch die Möglichkeit, die urheber- und geschmacksmusterrechtlichen Schutzvoraussetzungen unterstellt, durch besonderen Farbanstrich und Kombination von Mustern oder durch ein besonderes Dekor am Rumpf (damit ist nicht die üblich zu verwendende Schutzfarbschicht gegen Korrosion und Algenbefall gemeint) einen Schutz dieser Leistung durch das Geschmacksmuster- bzw. Urheberrecht zu erreichen.

b) Getrennte Betrachtung oberhalb der Wasserlinie

Der Teil des Schiffes, der sich oberhalb der Wasserlinie befindet, ist eher der „kreative“ Teil im Bereich des Schiffdesigns.[778] In der Praxis wird das Äußere eines Fahrgastschiffes oder einer Passagierfähre im Vergleich zu Tankern oder Containerschiffen von größerer Relevanz sein.[779] Dabei können unterschiedlichste Heck- und Bugverzierungen, Aufbauten und Detailausführungen oberhalb der Wasserlinie schützbar sein. Erreicht ein einzelnes Element eines Schiffes nicht die urheberrechtliche Gestaltungshöhe bzw. die geschmacksmusterrechtliche Eigenart, so kann es, sofern es in Kombination mit anderen prägenden Elementen dem Schiff einen schutzfähigen Gesamteindruck verleiht, dennoch als Teil des gesamten Schiffes urheber- und/oder geschmacksmusterrechtlichen Schutz erlangen.[780] Schutz erlangt es dann allerdings nicht als Einzelteil, sondern wird vielmehr über den Schutz des gesamten Schiffes erfasst.[781] Verleiht beispielsweise ein Schornstein, der selbst nicht schutzfähig ist, in Kombination mit anderen gestalterischen prägenden Elementen dem Schiff einen urheberrechtlich schutzfähigen Gesamteindruck, so kann dieser selbst von einem Dritten nachgebaut werden, da eine Vervielfältigung nach § 16 UrhG erst dann vorliegt, wenn die schöpferischen Eigenarten in ihrem Kern übernommen werden.[782] Eine urheberrechtliche Verletzung im Sinne des § 16 UrhG kann nämlich nur

778 *Edmunds* 19.

779 *Watson* 387; vgl. auch Ausführungen zu Teil III. 7. b); ebenso ist ein gewisses ästhetisches Äußeres in Ausnahmefällen von einem zu repräsentativen Zwecken genutzten Kriegsschiff zu erwarten.

780 Vgl. zum konkreten Schutz von Schiffsbauten Teil III. 7.

781 Eichmann/v. Falckenstein/*Eichmann* § 1 GeschmMG Rn. 13, 19.

782 KG GRUR 1997, 128 – Verhüllter Reichstag I; Wandtke/Bullinger/*Heerma* § 16 UrhG Rn. 3.

dann angenommen werden, wenn das vervielfältigte Teil selbst schutzfähig ist.[783]

Kann dem gesamten Schiff urheberrechtlicher Schutz zugesprochen werden, so wird das einzelne Element in der Regel als Teil eines Werkes der angewandten Kunst gewertet werden müssen. Erlangt es selbst eigene urheberrechtliche Schutzfähigkeit, so ist je nach Art des einzelnen Teils wiederum zu untersuchen, unter welche Werkart es zu subsumieren ist, wie z.B. ein Schwimmbad auf einem Kreuzfahrtschiff für sich betrachtet als Werk der Baukunst eingestuft werden kann.[784]

aa) Farbe des Schiffsköpers und Oberflächenstrukturen eines Schiffes

(1) Farbe

Ein wichtiger ästhetischer Faktor ist neben der Form eines Schiffes die Farbe. Grundsätzlich kann eine Farbe selbst nicht Gegenstand geschmacksmuster- oder urheberrechtlichen Schutzes sein, da ihr kein Erzeugnis zugrunde liegt.[785] Das Urheber- und das Geschmacksmusterrecht bezwecken den Formenschutz.[786] Allerdings kann eine farbliche Gestaltung eines Schiffteils als prägendes Element in Verbindung mit anderen prägenden Merkmalen ein insgesamt schutzfähiges Modell darstellen, vgl. § 1 Nr. 1 GeschmMG.[787]

Das konventionelle Bild des Schiffsäußeren (insbesondere von Kreuzfahrtschiffen der Cunard Line (siehe Abb. 34) oder Postschiffen der Hurtigruten (siehe Abb. 35) ist in der Regel durch einen roten oder schwarzen Wasserpass, einen schwarzen oder roten Rumpf, weiße Aufbauten, gelbe Masten und einen schwarzen oder gelben Schorn-

783 OLG Köln GRUR 2001, 97, 98 – Suchdienst für Zeitungsartikel; OLG Hamburg GRUR 2001, 831 – Roche Lexikon Medizin; Dreier/Schulze/*Schulze* § 16 UrhG Rn. 9; Schricker/*Loewenheim* § 16 UrhG Rn. 14.

784 Dreier/Schulze/*Schulze* § 2 UrhG Rn. 184; Wandtke/Bullinger/*Bullinger* § 2 UrhG Rn. 108; vgl. dazu auch Teil III. 8. b) bb) (1).

785 *Bulling/Langöhrig/Hellwig* Rn. 37, 97; Eichmann/v. Falckenstein/*Eichmann* § 1 GeschmMG Rn. 7.

786 Wandtke/Bullinger/*Wandtke* Einl. UrhG Rn. 4; Wandtke/Bullinger/*Bullinger* § 2 UrhG Rn. 33; ausführlich Schricker/*Loewenheim* § 2 UrhG Rn. 53ff.

787 *Bulling/Langöhrig/Hellwig* Rn. 37.

Abb. 34 Kreuzfahrtschiff der Cunard Line „Queen Mary 2“

Abb. 35 Hurtigruten Postschiff „Richard With“ und die „Kong Harald“

stein gekennzeichnet. Im Gegensatz hierzu sind Kühlschiffe grundsätzlich weiß gestrichen, um die Aufheizung durch Sonneneinstrahlung zu verringern.

Heutzutage bestimmt häufig ein reedereispezifisches Äußeres die farbliche Gestaltung von Schiffen (Abb. 36).[788] Schutzfähig können derartige Gestaltungen zumindest in geschmacksmusterrechtlicher Hinsicht werden, wenn diese sich vom vorbekannten Formenschatz anderer Gestaltungen unterscheiden können.

Abb. 36 spezifische äußere Gestaltung der Reederei Color Line: die „Color Fantasy“, die „Color Festival“ und die „Color Magic“

788 *Schneekluth* 619.

***Abb. 37** AIDA Blue*

Die AIDA-Kreuzfahrtschiffe[789] (Abb. 37), die mit einem roten Kussmund und zwei leuchtenden Augen bemalt sind, heben sich von vorbekannten Gestaltungen von Kreuzfahrtschiffen ab, da den Schiffsrümpfen eine Art Gesicht verliehen wird, das sich entlang der Schiffe erstreckt.

Bei der von Hundertwasser gestalteten MS Vindobona hat die Auswahl der Farben (violett, grün, rot, weiß) und deren Anordnung und Gestaltung zueinander neben den Formgebungen mit dazu geführt, dass bei der Gesamtbetrachtung durchaus von einem nicht nur geschmacksmusterrechtlichen, sondern sogar urheberrechtlichen Schutz ausgegangen werden kann. Wären die den Gesamteindruck prägenden Merkmale lediglich einfarbig gehalten gewesen, hätte die Gestaltung des Schiffes einen gänzlich andersartigen Eindruck vermittelt, der kaum die urheberrechtliche Gestaltungshöhe erreicht haben dürfte.

Die farbliche Gestaltung eines konkreten Schiffskörpers kann damit grundsätzlich zur geschmacksmuster- und urheberrechtlichen Schutzfähigkeit beitragen.[790]

(2) Oberflächenstrukturen eines Schiffes

Eine Oberflächenstruktur eines Erzeugnisses kann grundsätzlich als Schutzgegenstand vom Geschmacksmusterrecht erfasst werden, § 1

789 „AIDA – Das Clubschiff“ ist eingetragene Marke der Reederei AIDA Cruises mit Sitz in Rostock. AIDA ist nicht die Einzelbezeichnung für den Namen eines Schiffes, sondern der Überbegriff für eine ganze Flotte von Kreuzfahrtschiffen.

790 Vgl. zu Farbmarken Teil V. 1. a) bb) (5).

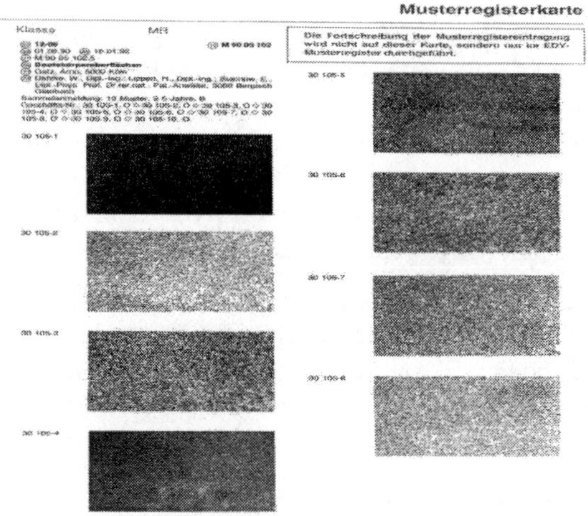

Abb. 38 *geschmacksmusterrechtlich registrierte Oberflächenstrukturen*[791]

Nr. 1 GeschmMG (siehe Abb. 38). Dies aber nur, sofern sie real existiert und sich auf einen konkreten Gegenstand bezieht.[792]

Urheberrechtlicher Schutz wurde für eine sich auf einem Gebäude befindliche Oberflächenstruktur als Werk der Baukunst gewährt.[793] Bei einem urheberrechtlich geschützten Schiff als Werk der angewandten Kunst dürfte dies ebenso möglich sein, sofern die Oberflächenstruktur beispielsweise als prägendes Element zur urheberrechtlich schutzfähigen Gesamtbetrachtung beiträgt. Eine besonders gestaltete, das ganze Schiffe erfassende Oberfläche, die reliefartig eine Skyline einer Großstadt darstellt, könnte bereits selbst eine urheberrechtlich schutzfähige persönliche geistige Schöpfung darstellen.

Beispielsweise wird bei Oberflächen von Jachten in der Regel die mit der Konstruktion beauftragte Werft ein bestimmtes Design eines extern durch den Käufer eingesetzten Architekten umsetzen müssen. Durch Vertrag wird der Käufer meist daran gehalten sein, alles zu unternehmen, was das Gewicht des Bootes reduzieren oder den Ge-

791 Geschmacksmusterregistereintragung für: Arno Gatz, Köln.
792 Eichmann/v. Falckenstein/*Eichmann* § 1 GeschmMG Rn. 9.
793 Wandtke/Bullinger/*Bullinger* § 2 UrhG Rn. 111.

räuschpegel dämmen kann. Ist der Architekt somit daran gehalten, nur bestimmte Materialien zu verwenden und erfährt er dahingehend eine besonders starke Einschränkung seiner Gestaltungsfreiheit, so dass keine eigenpersönliche Schöpfung mehr möglich ist, fällt damit ein urheberrechtlicher Schutz per se aus. Ob die geschmacksmusterrechtliche Eigenart noch erreicht werden kann, bleibt davon abhängig, inwiefern die Gestaltung sich vom vorbekannten Formenschatz anderer Oberflächengestaltungen abheben kann.

Auf dem Gebiet der geräuschdämmenden Materialien für Oberflächen ist allerdings bereits ein breites Spektrum einzusetzender Produkte vorhanden, so dass etwa die Struktur eines Leichtmetalls wie Aluminium nunmehr variabel verändert werden kann. Der Gestaltungsfreiheit werden damit wiederum Möglichkeiten eröffnet.

bb) Gestaltung der Decks/Decksaufbauten

Einzelne Aufbauten von Schiffen können ebenso geschmacksmusterrechtlich schützfähig sein, wie deren Verkleidungen (siehe Abb. 39).

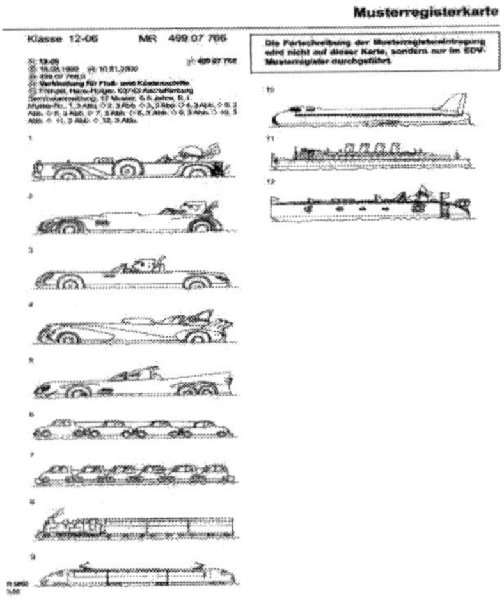

Abb. 39 *Geschmacksmusterrechtlich registrierte Oberflächenstrukturen*[794]

794 Geschmacksmusterregistereintragung für: Hans-Holger Frenzel, Aschaffenburg.

(1) Schutz abhängig von der Art des Schiffes

Je nach Art des Schiffes werden Aufbauten origineller oder weniger kreativ gestaltet sein. Aufbauten an Deck werden bei Containerschiffen, Tankern oder Massengutschiffen wenig facettenreich ausgeprägt sein (Abb. 40).

Deren Anordnung wird zumeist durch die zu transportierende Ladung zweckmäßig bedingt sein. Eine wesentlich größere Rolle spielen Dekor und gestalterische Elemente bei Fahrgast-, Passagierschiffen oder Fähren. Fast alle größeren Passagierschiffe werden mittlerweile mit Schwimmbädern ausgestattet. Als Werk der Baukunst können Schwimmbäder sogar selbst urheberrechtliche Schutzfähigkeit erlangen.[795] Als Teil des Industrieproduktes Schiff können sie ebenso Werkschutz im Sinne des § 2 Abs. 1 Nr. 4 UrhG erreichen, sofern sie die schöpferische Eigenart (mit-)prägen.

Abb. 40

[795] BGH GRUR 1982, 369, 370 – Allwetterbad; Dreier/Schulze/*Schulze* § 2 UrhG Rn. 184; Wandtke/Bullinger/*Bullinger* § 2 UrhG Rn. 108; Schricker/*Loewenheim* § 2 UrhG Rn. 154.

Ebenso wie Schwimmbäder können ausgefallene Dachkonstruktionen urheberrechtlich als Werke der Baukunst geschützt werden.[796] Würde sich nun eine derartige Dachkonstruktion an Bord eines Schiffes befinden, so könnte dadurch der Gesamteindruck dahingehend geprägt werden, dass dem Schiff Schutz als Werk der angewandten Kunst in seiner Gesamtheit zukäme. Neben der Dachkonstruktion müssten dann allerdings noch andere prägende eigenpersönlich gestaltete Schiffselemente zur Werkqualität verhelfen, damit insgesamt von einem Werk der angewandten Kunst gemäß § 2 Abs. 1 Nr. 4 UrhG ausgegangen werden kann.

(2) Anordnung zur Geringhaltung des Geräuschpegels

Problematisch wird es, wenn einzelne Elemente wie Rahmen, Säulen oder Pfeiler nach Effektivität angeordnet werden. Schiffbauverträge für Jachten enthalten in der Regel Klauseln, die eine besonders zweckmäßige Anordnung von soeben genannten Elementen bedingen, um Vibrationen gering und damit den Geräuschpegel möglichst niedrig zu halten. Ist eine Anordnung der Elemente derart bedingt und kann sie somit nicht mehr aus eigenschöpferischer Tätigkeit heraus vorgenommen werden, kann dafür urheberrechtlicher Schutz nicht zugesprochen werden. Maßgeblich ist, dass die Anordnung dieser Elemente nicht mehr zu einem Schutz führen kann. Schutz kann jedoch dahingehend bestehen, dass die Elemente selbst eine eigenpersönliche Schöpfung oder ein Eigenart aufweisendes Modell darstellen bzw., wenn sie derart prägend gestaltet sind, dass sie insgesamt einen urheber- bzw. geschmacksmusterrechtlich schutzfähigen Gesamteindruck des Schiffes hinterlassen.

cc) Profil von Bug und Heck

Die Gestaltung des vorderen Teils, des Bugs, kann unterschiedliche Formen annehmen (Abb. 41). Grundsätzlich wird der hervorstehende Teil Bugwulst genannt. Dieser Bugwulst verringert die Reibung des Wassers an der Schiffswand durch eine spezielle Formung der Wellen, die der Schiffsbug im Wasser erzeugt. Die Formgebung des Bugs spielt eine große Rolle.

796 BGH GRUR 1982, 369, 370 – Allwetterbad; BGH GRUR 1980, 853, 854 – Architektenwechsel; BGH GRUR 1988, 533, 534 – Vorentwurf II; Dreier/Schulze/*Schulze* § 2 UrhG Rn. 184; Wandtke/Bullinger/*Bullinger* § 2 UrhG Rn. 111.

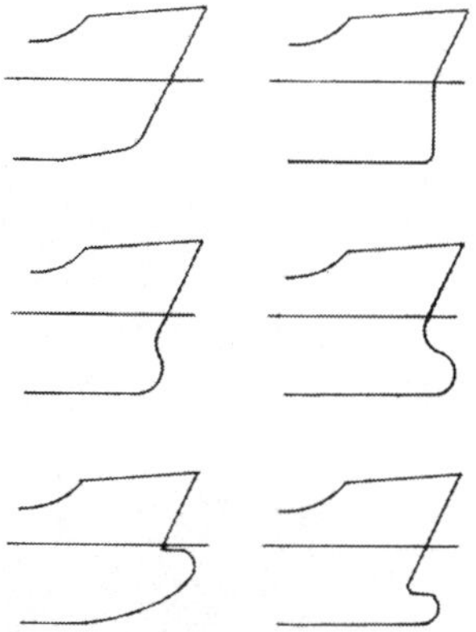

Abb. 41 *Bugformen*

Abb. 42

Ein gerader, senkrechter Vorsteven verlängert die Wasserlinie, und der Eintrittswinkel wird kleiner. Der nach vorn schräge Vorsteven verkürzt die Wasserlinie und vergrößert dadurch den Eintrittswinkel. Kleine Eintrittswinkel haben ein schlankes und größere Eintrittswinkel ein bauchigeres Vorschiff zur Folge. Dies sind wiederum rein technische, für den Schutz nicht zu berücksichtigende Maßgaben. Zunächst scheint ein Gestaltungsspielraum beim Gedanken an ein herkömmliches Containerschiff kaum gegeben zu sein. Hält man sich aber die so genannte „Ulstein X-Bow“ Bugform (Abb. 17, 43) vor Augen, so unterscheidet sich diese vom vorbekannten Formenschatz derartiger Gestaltungen. Sie stellt damit für sich ein Eigenart aufweisendes geschmacksmusterrechtliches Modell dar. Urheberrechtlich wird bei diesem Beispiel mangels ausreichender Schöpfungshöhe wohl eher nicht von einem Schutz ausgegangen werden können.[797]

Abb. 43 *X-Bow Bug der Ulstein Werft*[798]

Generell einen urheberrechtlichen Schutz für Bugformen zu verneinen, ginge dennoch zu weit; gleiches dürfte für die Form eines Hecks gelten.

dd) Verzierungen an Bug und Heck

Die Verzierungen an Schiffen erreichten in den 1630er-Jahren mit der englischen *Sovereign of the Seas* (Abb. 44) und der schwedischen *Vasa* (Abb. 45) ihren Gipfel. Doch auch danach spielte die Ausschmückung eine wichtige Rolle. Jede Nation pflegte hier einen eigenen Stil.[799] Insbesondere im 17. und 18. Jahrhundert hatte die künstlerische Gestaltung des Hecks Vorrang vor der des Bugs.[800] Die Heckzierden wurden stark von der jeweils herrschenden Kunstrichtung beeinflusst und der Heckform wiederum angepasst. Diese Heckzier wurde im Laufe der Jahre weniger. Heutzutage gibt es sie kaum mehr.

797 In Teil III. 7. c) aa) wurde für das Schiff mit dem X-Bow Ulstein Bug in seiner Gesamtheit urheberrechtlicher Schutz angenommen.
798 Quellen: www.ntnu.no/satsingsomraader/marin/index.htm und www.ship-technology.com/projects/ulstein/ulstein2.html.
799 *Lavery* 118.
800 *Schneekluth* 617.

Abb. 44 *Sovereign of the Seas*[801]

Abb. 45 *VASA*

801 Quelle: Bill Short – Poupe, http://de.wikipedia.org/w/index.php?title=Datei:Bill_Short_-_Poupe.jpg&filetimestamp=20061118202955.

Würde in heutiger Zeit nochmals ein derartig reich verziertes Heck mit Figuren und anderen Verzierungen für ein Schiff gestaltet, könnte, sofern es sich von Gestaltungen des vorbekannten Formenschatzes abhebt und neu ist, Geschmacksmusterschutz des verzierten Hecks nach wirksamer Eintragung angenommen werden.[802] Nach § 1 Nr. 1 GeschmMG können auch Verzierungen als Erzeugnisteil gelten und einzeln beim DPMA als Geschmacksmuster angemeldet werden. Als Werk der rein bildenden Kunst wird solch eine Verzierung nicht erfasst sein, da sie der repräsentativen Ausgestaltung des Schiffskörpers dient und ihr somit nicht allein Beachtung als Kunstwerk zukommt. Ist die Heckzierde unabhängig von ihrem eigentlichen Zweck als Kunstwerk geschaffen worden, so kann urheberrechtlicher Schutz im Sinne des § 2 Abs. 1 Nr. 4 UrhG als Werk der rein bildenden Kunst in Betracht kommen.

ee) Galionsfiguren als Bugzier

Die Galionsfigur war in der Zeit von Mitte des 18. Jahrhunderts bis Mitte des 19. Jahrhunderts Hauptgegenstand der künstlerischen Gestaltung eines Schiffes. Sie war nicht selbst als Kunstwerk zu begreifen, sondern hatte sich in Form und Größe dem Schiffskörper anzupassen[803] (Abb. 46). Durch sie wurde dem Schiffsrumpf ein gewisser ästhetischer Akzent verliehen. Die Abhängigkeit war also eine gegenseitige.

Ein weiterer Bezug bestand meist zum Namen des Schiffes. Die Galionsfiguren stellten in der Regel Menschen, Tiere und allegorische Figuren dar, wobei weibliche Wesen bevorzugt wurden.

Trotz der Anpassung der Form einer Galionsfigur an den Schiffskörper, kann grundsätzlich ein urheberrechtlicher Schutz in Betracht kommen, wenn die nötige Gestaltungshöhe vorliegt. Fraglich ist dann, welcher Werkart sie zuzuordnen ist. Unter Werke der angewandten Kunst können generell Schiffsbauten subsumiert werden. Galionsfiguren können aber auch als Werke der rein bildenden Kunst geschützt sein, wenn davon ausgegangen werden kann, dass nur der ästhetische Ausdruck im Mittelpunkt steht und keine Zweckgebunden-

802 Eichmann/v. Falckenstein/*v. Falckenstein* § 1 GeschmMG Rn. 11.
803 *Schneekluth* 616.

Abb. 46 *Galionsfigur der Vasa als Bugzier*

denheit vorliegt. Die Anfertigung einer Galionsfigur erfolgt in der Regel unter Berücksichtigung ihres Geltungsortes. Die Form der Figur wird entsprechend der Form des Schiffbugs gestaltet. Maßanfertigung ist nötig, damit sie exakt an den Schiffskörper angepasst werden kann. Sie gilt als Objekt der Zierde des Schiffes. Werke der angewandten Kunst hingegen unterliegen einem Gebrauchszweck.[804] Der Übergang solcher Werke zu denen der rein bildenden Kunst ist fließend.[805] Handelt es sich bei Galionsfiguren im herkömmlichen Sinne um eine Bugzier, so ist von einem Werk der angewandten Kunst auszugehen, da mit der Anbringung einer Galionsfigur die Verzierung eines Schiffes bezweckt wird. In Betracht kommt hingegen ein Schutz als Werk der rein bildenden Kunst, sofern ein Urheber eine Galionsfigur als reines Kunstwerk erschafft, die Figur also nicht

804 Schricker/*Loewenheim* § 2 UrhG Rn. 156; Dreier/Schulze/*Schulze* § 2 UrhG Rn. 158 f.

805 Wandtke/Bullinger/*Bullinger* § 2 UrhG Rn. 96.

als Verzierung eines Schiffskörpers Geltung erhalten soll, sondern selbst zum Kunstwerk erhoben wird.[806]

ff) Wappen und Ranken als Bugzier

Um die Jahrhundertwende des 20. Jahrhunderts findet man oft eine Bugzier in Form vergoldeten Rankenwerks, in das manchmal auch Wappen eingebettet sind. Heutzutage wird man eher Wappen, meist das Stadtwappen des Heimathafens, an Schiffen angebracht finden. Bei derartigen Wappen ist davon auszugehen, dass sie im amtlichen Interesse sind und daher keinen urheber- oder geschmacksmusterrechtlichen Schutz genießen können,[807] vgl. § 5 Abs. 2 UrhG und § 3 Abs. 1 Nr. 3 GeschmMG, selbst wenn diese eine gewisse Schöpfungshöhe oder Eigenart aufweisen würden. Bei Ranken kommt es wiederum auf die urheberrechtliche Gestaltungshöhe bzw. geschmacksmusterrechtlich neben der Neuheit auf die Unterschiedlichkeit zu Gestaltungen des vorbekannten Formenschatzes an.

gg) Segel

Segel können geschmackmusterrechtlich schutzfähig sein. Zumindest bestehen bereits Eintragungen im Register beim DPMA (Abb. 5, 47). Urheberrechtlicher Schutz könnte bei besonderer farblicher Ausgestaltung und individueller Form der Segel angenommen werden, indem das Segeltuch beispielsweise durch besondere Motive, ein besonderes Muster oder Bilder (farblich akzentuiert) gestaltet wird.

hh) Flaggen, Flaggenmast

Da Flaggen bzw. Flaggenmasten zusätzlich mit Hoheitszeichen, der Bundesflagge, ausgestattet sein können, ist zu klären, ob Hoheitszeichen als Teil eines Geschmacksmusters angemeldet werden kön-

806 Vgl. auch Wandtke/Bullinger/*Bullinger* § 2 UrhG Rn. 96.
807 Dreier/Schulze/*Dreier* § 5 UrhG Rn. 11; Wandtke/Bullinger/*Marquardt* § 5 UrhG Rn. 17; Eichmann/v. Falckenstein/*v. Falckenstein* § 3 GeschmMG Rn. 16, 20.

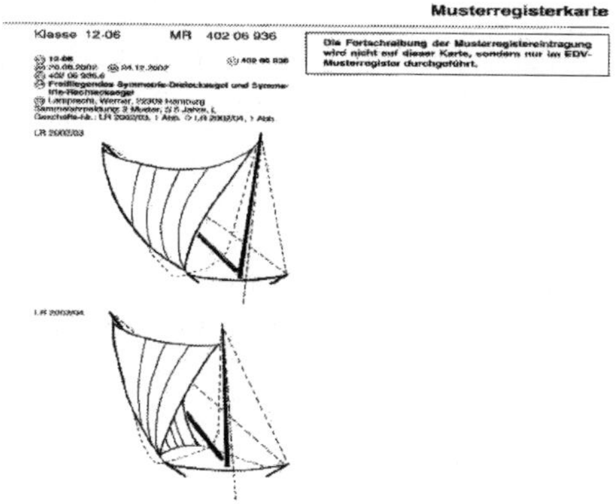

***Abb. 47** Geschmacksmusterrechtlich registrierte Segel*[808]

nen.[809] Würde man Teilschutz zumindest annehmen, so dürfte das schwarz-rot-goldene Muster einer beispielsweise dreieckig geformten Flagge von einem Dritten nicht mehr ohne Befugnis genutzt werden können. Zeichen von öffentlichem Interesse dürfen allerdings nicht durch Rechte Privater monopolisiert werden, vgl. § 3 Abs. 1 Nr. 4 GeschmMG. Ansonsten würde die Kontrolle über die Benutzung staatlicher Souveränitätssymbole verloren gehen.[810] Auch eine Änderung der Farben oder der Form wird den geschmacksmusterrechtlichen Teilschutz nicht ermöglichen können, es sei denn, es handelt sich um derartige Änderungen, dass eine Verwechslungs- und Missbrauchsgefahr, wie z. B. bei dekorativen Mitteln, die keinen hoheitlichen Bezug aufweisen, auszuschließen ist.[811] Dies legt nahe, den Schutz von Hoheitszeichen nach dem Geschmacksmustergesetz, wenngleich nur als Teilschutz, gänzlich zu versagen,[812] da der Schutz staatlicher Hoheits-

808 Geschmacksmusterregistereintragung für: Werner Lamprecht, Hamburg.

809 *Pagenkopf* GRUR 2002, 758, 762.

810 Alte nicht mehr vom Staat verwendete Hoheitszeichen, deren Nutzung nicht verboten ist, können frei genutzt werden, vgl. Brückmann/Günther/Beyerlein/*Günther* § 3 GeschmMG Rn. 16 f.; Eichmann/v. Falckenstein/*v. Falckenstein* § 3 GeschmMG Rn. 18.

811 Eichmann/v. Falckenstein/*v. Falckenstein* § 3 GeschmMG Rn. 20; *Pagenkopf* GRUR 2002, 758, 763.

812 Auch wenn beispielsweise die Europäische Zentralbank Teilschutz der Europaflagge über das Geschmacksmustergesetz befürwortet – siehe dazu BPatG GRUR 2002, 337, 339.

zeichen Vorrang vor privatrechtlich ausgestaltetem Musterschutz genießen muss.[813] Gleiches muss für das Urheberrecht gelten.

ii) Schiffsbezeichnungen, Schiffsnamen

Schiffsbezeichnungen und -namen werden in der Regel an beiden Seiten des Bugs und des Hecks zu finden sein. Es kann sich dabei um aufgemalte Buchstaben oder die Anbringung einzelner bzw. zusammenhängend gestalteter Schriftzeichen handeln. Weder geschmacksmuster- noch urheberrechtlicher Schutz kann hinsichtlich der Bedeutung oder des Inhalts des Namens bestehen.[814]

Geschmacksmusterrechtlich besteht ein Schutz typografischer Schriftzeichen gemäß § 1 Nr. 2 GeschmMG. Da die in Nr. 2 genannten Erzeugnisses lediglich beispielhaft aufgeführt sind, kann einer Schrift Schutz zukommen, auch wenn sie nicht in der Form von typografischen Schriftzeichen angemeldet wurden.[815] Somit kann die Schrift eines Schiffnamens geschmacksmusterrechtlich geschützt werden, nicht aber die Bedeutung des Namens.

Urheberrechtlicher Schutz für Schriftzeichen ist von der Rechtsprechung bislang abgelehnt worden.[816]

jj) Sonstige einzelne Teile

Grundsätzlich können auch einzelne Teile eines Schiffes selbstständig schutzfähig sein, sofern alle Voraussetzungen in urheber- bzw. geschmacksmusterrechtlicher Hinsicht vorliegen. So sind Bullaugen (siehe Abb. 48) bereits als eingetragenes Gemeinschaftsgeschmacksmuster beim Harmonisierungsamt für den Binnenmarkt in Alicante registriert worden.

813 Es besteht ansonsten die Gefahr der gewerblichen Nutzung (Lizenzierung) durch Private, hiermit verbundener Rechtsstreitigkeiten und damit einer Herabwertung der staatlichen Symbolwirkung.

814 Eichmann/v. Falckenstein/*Eichmann* § 1 GeschmMG Rn. 33.

815 Eichmann/v. Falckenstein/*Eichmann* § 1 GeschmMG Rn. 18; *Bulling/Langöhrig/Helliwg* Rn. 35, 623; Wandtke/*Wöhrn* Teil 2 Kap. 11 Rn. 114.

816 BGHZ 27, 351 – Candida-Schrift; BGH GRUR 1999, 923, 924 – Tele-Info-CD; BGHZ 22, 209, 219 – Europapost; Wandtke/Bullinger/*Bullinger* § 2 UrhG Rn. 103; lediglich in einem einzigen Fall ist das Reichsgericht bei Schriftzeichen von urheberrechtlicher Schutzfähigkeit ausgegangen, vgl. RG GRUR 1943, 65.

Abb. 48 *Beispiel eines beim HABM eingetragenen Gemeinschaftsgeschmacksmusters: Bullauge eines Schiffes*[817]

c) Geschmacksmusterrechtliche Sammel- und Setanmeldungen

Auf Schiffen, insbesondere Segelschiffen, Megajachten und Kreuzfahrtschiffen, findet man häufig ein einheitliches Dekor. Türklinken, Fenstergriffe und andere Details sind an solchen Schiffen aufeinander abgestimmt. Erlangt ein Schiff selbst in seiner Gesamtheit weder urheber- noch geschmacksmusterrechtlichen Schutz, so können dennoch einzelne Elemente, wie eben dargestellt wurde, urheber- bzw. geschmacksmusterrechtlich schutzfähig sein. Werden beispielsweise für ein Segelschiff einheitlich ein oder mehrere aufeinander abgestimmte Jugendstildekors für diverse Messingbeschläge von Türen, Fenstern und Rahmen entworfen oder lassen sich diese an den an Deck befindlichen Holzbänken, Vertäfelungen bzw. am Steuerrad wieder finden, so würde eine Anmeldung zur Eintragung jedes einzelnen Details als Muster nicht nur kosten-, sondern ebenfalls zeitintensiv sein. Zur Erleichterung hält das Geschmacksmusterrecht so genannte Sammel- oder Setanmeldungen bereit.

aa) Sammelanmeldungen

Sammelanmeldungen im Sinne des § 12 GeschmMG bezwecken, dass eine einheitliche, kostengünstige Anmeldung von mehreren sich

[817] Unter der Nr. 000278437-0003 beim HABM registriert, angemeldet und registriert am 18. Januar 2005, Ablaufdatum: 18. Januar 2010; Eurolocarnoklasse 12.06.

ähnelnden Erzeugnissen erfolgen kann.[818] Die Produkte müssen einer Warenklasse entstammen, vgl. § 12 Abs. 1 S. 2 a.E. GeschmMG. Wenigstens zwei und maximal 100 Muster sind in einer Sammelanmeldung zugelassen, vgl. § 12 Abs. 1 S. 2 GeschmMG.[819] Die Muster selbst bleiben eigenständige Schutzrechtsgegenstände, was dazu führt, dass auch aus dem jeweiligen Muster eigene Ansprüche geltend gemacht werden können.[820] Sie haben nur den Anmeldetag und die anfangs bestehende gleiche Schutzdauer gemeinsam. Sie sind gegenseitig nicht neuheitsschädlich und durch eine gewisse Einheitlichkeit aufgrund der gleichen Warenklasse verbunden.[821]

Auf gemeinschaftsgeschmacksmusterrechtlicher Ebene ist eine Sammelanmeldung ebenfalls nach Art. 37 GGV, Art. 2 GGDV[822] möglich. Die maximale Anmeldungsgrenze ist hingegen offen gelassen. Die Warenklasse muss die gleiche sein, abgesehen von Verzierungen.[823] Dies kommt der Schiffbauindustrie zugute, wenn etwa ein Bug oder Heck als selbstständiges Muster Bestandteil einer Sammelanmeldung sein soll, daneben aber auch dessen Verzierung als eigenständiges Element geschützt werden soll. Eine separate Anmeldung hat dann für die Verzierung nicht zu erfolgen, da diese trotz unterschiedlicher Warenklasse einheitlich in einer Sammelanmeldung von Bug und Heck ebenso vorgenommen wird.

bb) Setanmeldungen

Setanmeldungen ermöglichen die Anmeldung gleich mehrerer schutzfähiger Muster, die einen Satz von Mustern mit gestalterischem Zusammenhang darstellen.[824] Unterschieden wird zwischen echten und unechten Setanmeldungen. Die echte Setanmeldung beinhaltet die

818 Brückmann/Günther/Beyerlein/*Günther* § 12 GeschmMG Rn. 1; Eichmann/v. Falckenstein/*v. Falckenstein* § 12 GeschmMG Rn. 2.

819 Eichmann/v. Falckenstein/*v. Falckenstein* § 12 GeschmMG Rn. 8.

820 Brückmann/Günther/Beyerlein/*Günther* § 12 GeschmMG Rn. 8.

821 Eichmann/v. Falckenstein/*v. Falckenstein* § 12 GeschmMG Rn. 3.

822 Verordnung (EG) Nr. 2245/2002 der Kommission vom 21. Oktober 2002 zur Durchführung der Verordnung (EG) Nr. 6/2002 des Rates über das Gemeinschaftsgeschmacksmuster (GGDV), ABl. EG Nr. L 341, 28 ff.

823 Brückmann/Günther/Beyerlein/*Günther* § 12 GeschmMG Rn. 4; Eichmann/v. Falckenstein/*v. Falckenstein* § 12 GeschmMG Rn. 23.

824 Wie z.B. Kehrschaufel und Besen; vgl. auch Eichmann/v. Falckenstein/*v. Falckenstein* § 11 GeschmMG Rn. 34, § 12 GeschmMG Rn. 8.

Anmeldung einer Warenklasse, während die unechte meist die Anmeldung kombinierter Warenklassen bedeutet.[825]

9. Ergebnis für den Designschutz einzelner Schiffselemente

Insgesamt ist ein geschmacksmusterrechtlicher Schutz im Vergleich zum urheberrechtlichen, aufgrund der weniger strengen geschmacksmusterrechtlichen Voraussetzungen, wie die bereits registrierten Muster einzelner Elemente eines Schiffes belegen,[826] leichter erreichbar (siehe Abb. 5, 33, 47, 49). Aus urheberrechtlicher Sicht be-

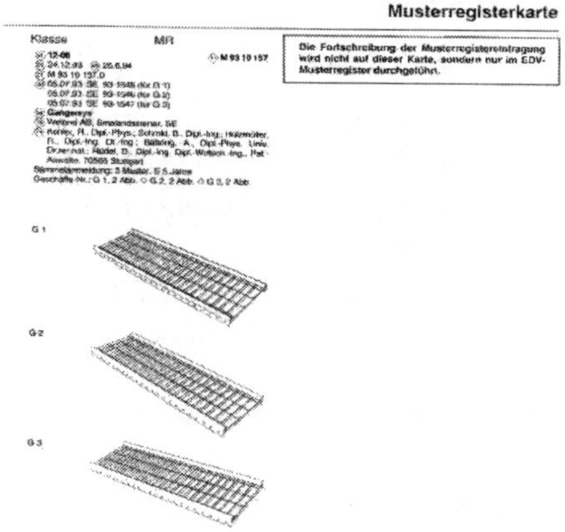

Abb. 49 Im Geschmacksmuster registrierte einzelne Schiffselemente[827]

trachtet ist der Schutz von einzelnen Elementen zwar aufgrund der insgesamt höher angesetzten Schutzvoraussetzungen schwieriger zu erlangen, aber grundsätzlich nicht ausgeschlossen. Darüber hinaus besteht die Möglichkeit, über das Institut des nicht eingetragenen

825 *Eck* GRUR 1998, 977, 977f. – siehe dort auch näher zu gebührenrechtlichen Problemen bei Setanmeldungen und uneinheitlicher Warenklassen auf Abbildungen.

826 Wie z. B. Gangways, Ruder, Schiffsoberflächen u. v. m.

827 Geschmacksmusterregistereintragung für: Weland AB, Smalandsstenar.

Gemeinschaftsgeschmacksmusters einen Designschutz zu erreichen, selbst wenn das Erzeugnis außerhalb der EU entworfen, aber innerhalb der EU ausgestellt wurde.[828]

Wie auch beim Schutz eines Schiffes in der Gesamtbetrachtung[829] lassen sich bei den einzelnen Elementen verallgemeinernde Kriterien zusammenfassen:

- Das Urheber- wie auch das Geschmacksmusterrecht setzen voraus, dass die Form des Musters bzw. des einzelnen Schiffteils nicht durch seine technische Funktion allein bedingt ist.[830]
- Dem Schutz eines Schiffteils steht sein Gebrauchszweck grundsätzlich nicht entgegen.[831]
- Damit der Schutz durch das Urheberrecht nicht bagatellisiert wird, muss sich die Gestaltung des Schiffselementes von konventionellen Formen abheben, da kein Schutz von herkömmlichen, sich vom Alltäglichen nicht entfernenden Modellen bestehen kann. Für das Geschmacksmusterrecht kommt es auf die Unterschiedlichkeit der Gestaltung von Gestaltungen des vorbekannten Formenschatzes an und nicht mehr auf die individuelle Leistung; Schutz des Durchschnittlichen ist damit möglich.
- Der Schutz eines Schiffselementes ist unabhängig vom Schiffstyp. Ästhetisch gestaltete Elemente spielen bei Schiffen, die zur Beförderung von Personen dienen oder solchen, die zum Freizeitgebrauch benutzt werden, eine wesentlich größere Rolle als bei Handelsschiffen. Der finanzielle Mehraufwand von Schiffselementen, wie z. B. Messingbeschlägen, rentiert sich eher in dieser Sparte.

828 Siehe dazu bereits Teil II. 8. d) cc).

829 Vgl. Teil III. 7.

830 Eichmann/v. Falckenstein/*Eichmann* § 2 GeschmMG Rn. 18; *Bulling/Langöhrig/Hellwig* Rn. 92; *Koschtial* IIC 2005, 297, 306; *Kur* GRUR 2002, 661, 663 f.; *Beier* GRUR Int. 1994, 716, 717.

831 RGZ 21, 357, 358 – Rechentabelle; BGHZ 27, 351, 354 – Candida-Schrift; OLG Hamburg 2002, 419 – Move; Wandtke/Bullinger/*Bullinger* § 2 UrhG Rn. 29; Dreier/Schulze/*Schulze* § 2 UrhG Rn. 47; Schricker/*Loewenheim* § 2 UrhG Rn. 43; Loewenheim/*Loewenheim* § 6 Rn. 24.

IV. Schiffszeichnungen und -entwürfe

Bevor ein Schiff gebaut wird, werden Pläne für dessen Konstruktion entwickelt. Handelt es sich um ein urheber- und/oder geschmacksmusterrechtlich schutzfähiges Schiff, so stellt sich die Frage, ob nicht bereits dessen Konstruktionszeichnung geschützt wird und inwiefern sich dieser Schutz auf das daraus entstehende Werk erstreckt. Liegt dem Plan kein schutzfähiges Schiff zugrunde, ist fraglich, inwiefern sich ein Schutz für die Zeichnung ergibt bzw. ob daraus dennoch ein Schutz für das nicht schutzfähige Erzeugnis abzuleiten ist.

1. Planungsphasen

Die Planung eines Schiffes verläuft grundsätzlich in drei Phasen, nämlich der Pre Design-Phase (Entwurf), der Basic Design-Phase und der Detail Design-Phase, ab.

Entwickelt ein potentieller Käufer Interesse für ein Schiff, so wird bereits in dieser ersten Phase der reinen Anfrage ein Plan oder Entwurf („Pre Design") erstellt. Unter diesem ersten „Pre Design" versteht man generell alle konzeptionellen Umsetzungen, die im Wesentlichen auf den speziellen Bedürfnissen des Käufers basieren. In dieser Phase wird das Schiff mit den Bauvorschriften und Vorschriften der Klassifikationsgesellschaften abgestimmt. Der Architekt konfiguriert das gesamte Schiff und gibt die hauptsächlichen Dimensionen und dessen Rumpfform, die Daten für die Struktur des Schiffes, die Ladebedingungen und das Verhältnis des Schiffes auf See sowie die hauptsächlichen Daten für die Ausrüstung (wie z.B. Rettungsboote etc.) wieder. Die Gestaltung von grundsätzlich prägenden Elementen, die einen urheber- oder geschmacksmusterrechtlichen Schutz für das gesamte Schiff ausmachen können, kann bereits in dieser Phase erfolgen.

Das „Basic Design" erfolgt, nachdem der Auftrag durch den Interessenten vergeben wurde, also nach Abschluss des Schiffbauvertrages. Diese Designphase basiert auf dem „Pre Design". Es werden die speziellen Anforderungen durch Vorgaben von internationalen Abkommen und Klassifikationsgesellschaften etc. in das Design des Schiffes übertragen, woraufhin die Rumpfstruktur und andere Schiffselemente angepasst werden. Dieser Entwurf bzw. Plan wird dem Käufer vorgelegt und mit diesem abgestimmt. Führt dies zu Veränderungen oder Aktualisierungen des Planes, damit das Schiff klassifiziert werden kann, so sind sie ebenfalls mit dem Käufer abzusprechen und ggfs. nach seinem Einvernehmen zu modifizieren.

In dieser Phase kann es vorkommen, dass bestimmte Elemente bei der Überprüfung, ob eine urheber- oder geschmacksmusterrechtliche Schutzfähigkeit generell vorliegen kann, vom Schutzumfang wieder ausgenommen werden müssen, da sie beispielsweise nach Vorgaben der Klassifikationsgesellschaften oder anderen Bauvorschriften in einer bestimmten Art und Weise technisch nicht anders umzusetzen sind.

Das „Detail Design" betrifft die Ausführung des Planes und bedeutet dessen eigentliche Umsetzung. Nach Abschluss der „Pre Design"- und der „Basic Design"-Phase wird damit begonnen. Die Übergänge sind dabei fließend.

2. Technische Zeichnungen (Schiffszeichnungen), Pläne, Entwürfe und Modelle

a) Grundbegriffe

aa) Urheberrechtliche Zeichnung, Plan, Entwurf, plastische Darstellung

Im Urheberrecht gibt es zwei unterschiedliche Möglichkeiten, Entwürfe und Darstellungen wissenschaftlicher Art, die in Form von Zeichnungen, Plänen, Skizzen oder plastischen Darstellungen ausfallen können, Werkarten zuzuordnen. Zum einen können Entwürfe zu Werken der angewandten Kunst gemäß § 2 Abs. 1 Nr. 4 a. E. UrhG gezählt werden. Zum anderen besteht die Möglichkeit, Darstellungen wissenschaftlicher Art unter § 2 Abs. 1 Nr. 7 UrhG zu subsumieren. Der grundlegende Unterschied zwischen den Werkarten besteht darin, dass es bei Entwürfen im Sinne des § 2 Abs. 1 Nr. 4 UrhG auf die Schutzfähigkeit des dargestellten Werkes ankommt, während es bei § 2 Abs. 1 Nr. 7 UrhG darum geht, dass die Darstellung selbst geschützt ist.[832]

832 Schricker/*Loewenheim* § 2 UrhG Rn. 155; Dreier/Schulze/*Schulze* § 2 UrhG Rn. 223; Wandtke/Bullinger/*Bullinger* § 2 UrhG Rn. 136; Loewenheim/*G. Schulze* § 9 Rn. 194; *Schulze* NZBau 2007, 537, 539.

(1) Schutz nach § 2 Abs. 1 Nr. 4 a.E. UrhG

Entwürfe von Werken der angewandten Kunst nach § 2 Abs. 1 Nr. 4 a.E. UrhG schützen demgemäß ebenso das daraus resultierende zu erstellende Werk. Dies bedeutet, dass Schutz für die Ausführung des Werkes unter Zugrundelegung des Entwurfs besteht.[833] In dem Entwurf muss allerdings eine eigenpersönliche Schöpfung ermittelbar vorhanden sein. Zudem muss er bereits individuell prägende Züge des eigentlichen Werkes erkennen lassen.[834] Basiert der Entwurf selbst auf einer eigenpersönlichen Schöpfung und können ihm bereits in diesem Stadium prägende Züge des Schiffes entnommen werden, so ist der Entwurf wie auch dessen Ausführungen nach § 2 Abs. 1 Nr. 4 a.E. UrhG urheberrechtlich geschützt.

Bei Bauwerken wird allgemein angenommen, dass bei Vorliegen des Urheberrechtsschutzes eines Werkes der Baukunst auch bereits dessen Entwurf geschützt ist.[835] Da es auf die Besonderheit der abgebildeten Darstellung nach § 2 Abs. 1 Nr. 4 UrhG ankommt,[836] könnte dieser Grundsatz auf Schiffe übertragen werden. Die Art und Weise des Vorgangs von der Planung bis zur Herstellung eines Schiffes ist der bei Bauwerken ähnlich. Bauwerke werden ebenso mittels technischer Zeichnungen und Darstellungen geplant und berechnet. Sie werden den öffentlich-rechtlichen Bauvorschriften entsprechend angepasst und modifiziert, nach Absprache mit dem Bauherren schließlich plangerecht umgesetzt und konstruiert. Systematisch stehen sich damit gleiche Vorgänge gegenüber.

Selbst wenn sich bei der Planung von Bauwerken weitere Einschränkungen für den Schöpfer durch bauplanungsrechtliche Vorschriften, beispielsweise im Hinblick auf das Einfügen in die Umgebung, ergeben können, bedeutet dies lediglich eine weitere Einschränkung für den Schöpfer, aber keine Unterbindung des Spielraums für kreative,

833 Wandtke/Bullinger/*Bullinger* § 2 UrhG Rn. 136 zu Entwürfen von Werken der bildenden Kunst und Werken der Baukunst.

834 LG München I GRUR 2004, 1, 3 – Lagerhalle; Schricker/*Loewenheim* § 2 UrhG Rn. 155; Dreyer/Kotthoff/Meckel/*Dreyer* § 2 UrhG Rn. 230; Dreier/Schulze/*Dreier* § 2 UrhG Rn. 187; Loewenheim/*G. Schulze* § 9 Rn. 123.

835 Schricker/*Loewenheim* § 2 UrhG Rn. 155; Dreier/Schulze/*Schulze* § 2 UrhG Rn. 188; Loewenheim/*G. Schulze* § 9 Rn. 199.

836 Dreier/Schulze/*Schulze* § 2 UrhG Rn. 187.

schöpferische Gestaltungen.[837] Schiffbauingenieure unterliegen bei der Gestaltung von Schiffen ähnlichen Einschränkungen, die sich etwa aus den jeweiligen seerechtlichen Sicherheitsvorschriften ergeben können.[838] Lassen sich gestalterische, prägende Elemente an einem Bauwerk finden, die zur Schutzfähigkeit des Gesamteindrucks des Bauwerks beitragen und es zum Werk der Baukunst erheben, so liegen diese in der Regel dem dazugehörigen Entwurf zugrunde. Daraus resultiert der Grundsatz, dass der Entwurf eines urheberrechtlich geschützten Bauwerks ebenso schutzfähig sein wird.[839]

Ist ein Schiff urheberrechtlich als Werk der angewandten Kunst schutzfähig, so wie beispielsweise dem Donauschiff MS Vindobona aufgrund der Anordnung und Ausgestaltung seiner prägenden Elemente Schutz zukommt,[840] kann die Wiedergabe auf dem zugrunde liegenden Plan in der Regel als ebenso schutzwürdig angesehen werden. Somit ist davon auszugehen, dass ein urheberrechtlich schutzfähiges Schiff in der Regel auf einen ebenfalls urheberrechtlich schutzfähigen Entwurf zurückgeführt werden kann.

(2) Schutz nach § 2 Abs. 1 Nr. 7 UrhG

Darstellungen wissenschaftlicher oder technischer Art können gemäß § 2 Abs. 1 Nr. 7 UrhG urheberrechtlich geschützt werden. Die dort aufgezählten Werke sollen vornehmlich Informationen über den wissenschaftlichen oder technischen Gegenstand, mit dem sie sich befassen, auf ästhetische Art und Weise vermitteln bzw. veranschaulichen.[841] Bei der Erstellung von Darstellungen wissenschaftlicher oder technischer Art, wie z.B. einem Schiffbauplan, bedarf es einer eigenpersönlichen, schöpferischen Leistung, damit ein urheberrechtlicher Schutz im Sinne des § 2 Abs. 1 Nr. 7 UrhG beansprucht wer-

837 Vgl. zu zu eng bemessenen funktionellen bzw. detaillierten Vorgaben eines Bauherren BGH GRUR 1973, 664 – Wählamt; Wandtke/Bullinger/*Bullinger* § 2 UrhG Rn. 108; *Binder/Kosterhon* Rn. 52.

838 Vgl. Teil III. 4.

839 Dreier/Schulze/*Schulze* § 2 UrhG Rn. 188; Schricker/*Loewenheim* § 2 UrhG Rn. 155; Loewenheim/*G. Schulze* § 9 Rn. 199.

840 Vgl. Teil III. 7. b) aa).

841 Der dargestellte Gegenstand muss selbst nicht technischer oder wissenschaftlicher Natur sein, Schricker/*Loewenheim* § 2 UrhG Rn. 192; Loewenheim/*G. Schulze* § 9 Rn. 193; a. A. *Rehbinder* Rn. 139.

den kann. Der Begriff „wissenschaftlicher oder technischer Art“ gemäß § 2 Abs. 1 Nr. 7 UrhG soll weit ausgelegt werden,[842] wobei auch einfachste wissenschaftliche oder technische Erkenntnisse erfasst sind. Es kommt also nicht auf die Komplexität der vermittelten Informationen oder auf den Gebrauchszweck einer Zeichnung oder eines Plans für dessen Schutzfähigkeit an.[843] Rein alltägliche Handwerkskunst fällt allerdings in der Regel nicht darunter.[844] Es bedarf eines Entwurfs, der über eine einfache technische und alltägliche Gestaltung hinausgeht. Der Plan, die Zeichnung bzw. plastische Darstellung muss etwas enthalten, was sich durch die schöpferische Eigengestaltung vom Üblichen, Funktionalen abhebt.[845]

Schiffspläne sind in der Regel zweidimensionale Darstellungen wissenschaftlicher oder technischer Art, da sie unter den Begriff der Konstruktionszeichnungen bzw. Baupläne fallen. Sie werden auf jedem Schiff benötigt, um sich bei Schäden am oder im Schiff orientieren zu können.[846] Darstellungen im Sinne von § 2 Abs. 1 Nr. 7 UrhG können auch dreidimensional ausfallen. Wird ein Modell eines Fahrzeuges angefertigt, kann dieses unter Umständen Schutz als Darstellung wissenschaftlicher oder technischer Art erlangen.[847] Damit kann Schiffsmodellen grundsätzlich als Modell eines Wasserfahrzeuges

[842] Fromm/Nordemann/*A. Nordemann* § 2 UrhG Rn. 210; Dreier/Schulze/*Schulze* § 2 UrhG Rn. 222; Schricker/*Loewenheim* § 2 UrhG Rn. 192; *Schricker* GRUR 1991, 563, 564; KG GRUR-RR 2002, 91, 92 – Tabellen zum Erlernen des Tastaturschreibens; OLG München GRUR 1992, 510 – Rätsel.

[843] Thode/Wirth/Kuffer/*Knipp* § 32 Rn. 19; für die urheberrechtliche Schutzfähigkeit kommt es grundsätzlich nicht auf den Gebrauchszweck an: RGZ 21, 357, 358 – Rechentabelle; BGHZ 27, 351, 354 – Candida-Schrift; OLG Hamburg 2002, 419 – Move; Wandtke/Bullinger/*Bullinger* § 2 UrhG Rn. 29; Dreier/Schulze/*Schulze* § 2 UrhG Rn. 47; Schricker/*Loewenheim* § 2 UrhG Rn. 43; Loewenheim/*Loewenheim* § 6 Rn. 24; vgl. auch *Neuenfeld* NZBau 2005, 15, 16.

[844] BGH GRUR 1993, 34, 36 – Bedienungsanweisung; BGH GRUR 1991, 449, 452 – Betriebssystem; BGH GRUR 1983, 377, 378 – Brombeermuster; OLG Hamburg ZUM 2004, 386 – Handy-Logos I; OLG Hamburg GRUR-RR 2003, 33, 34 – Maschinenmensch; KG GRUR-RR 2002, 313, 314 – Das Leben, dieser Augenblick; Schricker/*Loewenheim* § 2 UrhG Rn. 26.

[845] Schricker/*Loewenheim* § 2 UrhG Rn. 197; Thode/Wirth/Kuffer/*Knipp* § 32 Rn. 18, 19; Loewenheim/*G. Schulze* § 9 Rn. 197; Dreier/Schulze/*Schulze* § 2 UrhG Rn. 231; Wandtke/Bullinger/*Bullinger* § 2 UrhG Rn. 144.

[846] *Wöhrn* 289.

[847] Vgl. Schricker/*Loewenheim* § 2 UrhG Rn. 193; Dreier/Schulze/*Schulze* § 2 UrhG Rn. 238; siehe auch Wandtke/Bullinger/*Bullinger* § 2 UrhG Rn. 144.

urheberrechtlicher Schutz ebenfalls gemäß § 2 Abs. 1 Nr. 7 UrhG zukommen.

Der urheberrechtliche Schutz bei Darstellungen technischer oder wissenschaftlicher Art bezieht sich nicht auf den Inhalt, der technischer oder wissenschaftlicher Natur ist, sondern allein auf die Form der Darstellung.[848] Es kommt also nicht auf die Individualität etwa eines abgebildeten Bugs an, sondern auf die Art und Weise, wie der Bug dargestellt wurde.[849] Dadurch, dass der Schutz nicht auf die Lehre oder die Aussage selbst abzielt, erstreckt sich der Schutz nicht auf den in der Darstellung abgebildeten Gegenstand. Die Ausführung des Inhalts einer technischen oder wissenschaftlichen Darstellung ist daher nicht urheberrechtsverletzend. Eine Nachbildung des abgebildeten Bugs stellt keine Urheberrechtsverletzung dar, es sei denn, der Plan ist ebenfalls als Entwurf im Sinne des § 2 Abs. 1 Nr. 4 UrhG schutzfähig.[850] Dann würde in der Nachbildung eine Urheberrechtsverletzung liegen.

(3) Besonderheit beim Schutz von Darstellungen von Werken der angewandten Kunst

Bei Werken der angewandten Kunst, die ebenfalls geschmacksmusterrechtlich schutzfähig sein können, ist nach der Rechtsprechung noch von einem erhöhten Maßstab der Gestaltungshöhe im Vergleich zu anderen in § 2 Abs. 1 UrhG aufgezählten Werkarten auszugehen.[851] Geht man weiterhin von diesem Maßstab aus, so ist bei der Darstellung eines Schiffes genau zwischen der Darstellung selbst im Sinne des § 2 Abs. 1 Nr. 7 UrhG und der Individualität des darge-

848 Fromm/Nordemann/*A. Nordemann* § 2 UrhG Rn. 212; Wandtke/Bullinger/*Bullinger* § 2 UrhG Rn. 132; Schricker/*Loewenheim* § 2 UrhG Rn. 192; a.A. *Rehbinder* Rn. 139.

849 Vgl. dazu auch BGH GRUR 1998, 916, 917 – Stadtplanwerk; BGH GRUR 1993, 34, 35 – Bedienungsanweisung; BGH GRUR 1979, 464, 465 – Flughafenpläne; Dreier/Schulze/*Schulze* § 2 UrhG Rn. 223, 225.

850 BGH GRUR 1997, 464, 465 – Flughafenpläne; BGH GRUR 1998, 416, 417 – Bauaußenkante; BGH GRUR 1985, 129, 130 – Elektrofabrik; OLG Hamburg GRUR-RR 2001, 289, 290; *Binder/Kosterhon* Rn. 57 f.; Schricker/*Loewenheim* § 2 UrhG Rn. 194; Dreier/Schulze/*Schulze* § 2 UrhG Rn. 223; Fromm/Nordemann/*A. Nordemann* § 2 UrhG Rn. 212, 152; Wandtke/Bullinger/*Bullinger* § 2 UrhG Rn. 135; *Reimer* GRUR 1980, 572, 580; *Rehbinder* Rn. 139.

851 Siehe bereits oben in Teil III. 5. a).

stellten Gegenstandes im Sinne des § 2 Abs. 1 Nr. 4 UrhG zu trennen.[852] Ein Schutz wird nach der noch herrschenden Stufentheorie[853] gemäß § 2 Abs. 1 Nr. 4 UrhG erst bei Erreichen der „erhöhten" Gestaltungshöhe gewährt werden können. Nach § 2 Abs. 1 Nr. 7 UrhG wird demnach eine Darstellung eines Erzeugnisses der angewandten Kunst eher schutzfähig sein als das Erzeugnis selbst.

Geht man mit der immer stärker werdenden Ansicht davon aus, dass die Anforderungen an die Gestaltungshöhe nicht erhöht anzusetzen sind,[854] so wird auch der Entwurf eines Schiffes im Sinne des § 2 Abs. 1 Nr. 4 UrhG eher geschützt sein.

bb) Geschmacksmusterrechtlicher Schutz von Zeichnungen und Plänen

Geschmacksmusterrechtlicher Schutz kann sich für technische Zeichnungen und Pläne ergeben, sofern Eigenart und Neuheit vorliegen. Insbesondere wird gemäß § 1 Nr. 1 GeschmMG erwähnt, dass sich ein (zweidimensionales) Muster unter anderem aus den Merkmalen der Linien und Konturen ergeben kann. Da Konstruktionszeichnungen bzw. Schiffspläne in der Regel mittels Umrisslinien (Konturen) und geraden, gekrümmten oder anderweitig geformten Strichen innerhalb von Konturen erstellt werden, sind sie grundsätzlich einem Geschmacksmusterschutz zugänglich.[855]

Wird hingegen lediglich eine Konstruktionszeichnung eines Schiffes bei der Anmeldung zur Geschmacksmustereintragung eingereicht, um das Schiff in seiner Gesamtheit schützen zu lassen, so reicht diese Darstellung nicht aus, da sie nicht die Erscheinungsform des angegebenen, fertig erstellten Erzeugnisses abbildet.[856]

852 Dreier/Schulze/*Schulze* § 2 UrhG Rn. 225; Schricker/*Loewenheim* § 2 UrhG Rn. 155; Dreier/Schulze/*Schulze* § 2 UrhG Rn. 223; Wandtke/Bullinger/*Bullinger* § 2 UrhG Rn. 136; Loewenheim/*G. Schulze* § 9 Rn. 194; *Schulze* NZBau 2007, 537, 539.

853 Siehe oben Teil III. 5. a), b) aa).

854 Vgl. dazu Teil III. 5. b) cc), c).

855 Eichmann/v. Falckenstein/*Eichmann* § 1 GeschmMG Rn. 6.

856 Eichmann/v. Falckenstein/*v. Falckenstein* § 11 GeschmMG Rn. 36; *Bulling/Langöhrig/Hellwig* Rn. 37.

cc) Vorentwürfe

Vorentwürfe (ebenso wie Skizzen), die bereits Eigenschaften erkennen lassen und die eine eigenschöpferische persönliche Leistung darstellen, können durchaus schon urheberrechtlich schutzfähig sein.[857] Da das Urheberrecht an Werken durch die Erschaffung als Realakt und damit graduell entsteht, kann auch schon in der „Vorstufe" zum eigentlichen Plan bzw. der technischen Zeichnung Schutz entstehen. Geschmacksmusterrechtlicher Schutz wird erst ab Eintragung erlangt werden können, weshalb Vorentwürfe nur insofern Schutz beanspruchen können, als dass auch dieser angemeldet wird.

In der Praxis wird davon abzuraten sein. Die Anmeldung eines Vorentwurfs dürfte die Anmeldung des eigentlichen Musters konterkarieren, da eine Anmeldung zur Eintragung des beabsichtigen, fertig gestellten Planes aufgrund der neuheitsschädlichen Anmeldung des Vorentwurfs scheitern könnte.[858]

dd) Schutzausschluss durch Berücksichtigung von Bauvorschriften der Klassifikationsgesellschaften

Sämtliche Pläne und Zeichnungen für Schiffe müssen von einer Klassifikationsgesellschaft[859] abgenommen werden. Die Abnahme der Zeichnungen und Pläne werden im Schiffbauvertrag ebenfalls dokumentiert, damit der Reeder davon ausgehen kann, dass sein Schiff nach Plänen und Zeichnungen erstellt wurde, die den neuesten Sicherheitsstandards entsprechen. Engen solche Vorgaben den schöpferischen Spielraum derart ein, dass einer eigenpersönlichen Gestaltung der Raum genommen wird, so kann kein Schutz gewährt werden. Bleibt ein schöpferisches Tätigwerden möglich, so kann

857 BGH GRUR 2005, 854, 856 – Karten-Grundsubstanz; BGH GRUR 1999, 230, 231 – Treppenhausgestaltung; BGH GRUR 1985, 1041, 1046 – Inkasso-Programm; BGH 1953, 497, 498 – Gaunerroman; OLG Celle GRUR-RR 2001, 225 – Stadtbahnwagen; Wandtke/Bullinger/*Bullinger* § 2 UrhG Rn. 41; Dreier/Schulze/*Schulze* § 2 UrhG Rn. 187, 15; Schricker/*Loewenheim* § 2 UrhG Rn. 22; Thode/Wirth/Kuffer/*Knipp* § 32 Rn. 20.

858 Ähnlich die Problematik bei Anmeldung eines Schiffbauwerks vor Fertigstellung, wenn eine Anmeldung des Schiffes nach Fertigstellung beabsichtigt ist, siehe dazu Teil III. 7. f).

859 Vgl. näher zu den Bauvorschriften von Klassifikationsgesellschaften Teil III. 3. und zu den Planungsphasen Teil IV. 1.

wiederum nur dieses der Überprüfung eines möglichen Schutzes unterliegen.[860]

b) Ergebnis

Voraussetzung für die Schutzfähigkeit von Entwürfen nach § 2 Abs. 1 Nr. 4 UrhG ist, dass die individuellen Züge, die das Werk als persönliche geistige Schöpfung auszeichnen, bereits aus dem Entwurf erkennbar hervorgehen. Der Darstellung selbst kann Schutz nach § 2 Abs. 1 Nr. 7 UrhG zukommen, sofern sie eine eigenpersönliche Schöpfung darstellt. Die Nachahmung aus einer über § 2 Abs. 1 Nr. 7 UrhG geschützten Darstellung stellt jedoch keinen Verstoß im Sinne dieser Vorschrift dar. Sie kann aber ebenfalls eine Urheberrechtsverletzung im Sinne des § 2 Abs. 1 Nr. 4 UrhG sein, wenn aus dem Entwurf selbst bereits die individuellen Züge des Schiffes als Werk der angewandten Kunst hervorgehen.

Geschmacksmusterrechtlicher Schutz ergibt sich für technische Zeichnungen und Pläne, sofern Eigenart und Neuheit vorliegen, vgl. § 1 Nr. 1 GeschmMG. Der Schutz eines Schiffbauplans erfasst allerdings nicht den Schutz eines im Plan dargestellten und daraufhin hergestellten Erzeugnisses, da dieser den eigentlichen Mustergegenstand nicht in seiner eigentlichen Erscheinungsform darstellen kann.

Darüber hinaus können auch Vorentwürfe bereits schutzfähig sein, wenn darin schon eine eigenpersönliche Schöpfung liegt. Geschmacksmusterrechtlich können Vorentwürfe zwar grundsätzlich geschützt werden, sofern Neuheit und Eigenart vorliegen. Es bedarf jedoch einer wirksamen Eintragung, die sich in Bezug auf den eigentlichen fertigen Plan neuheitsschädlich auswirken kann.

860 BGH GRUR 1988, 812, 814 – Ein bisschen Friede; BGH GRUR 1988, 36, 38 – Fantasy; OLG Frankfurt GRUR 1990, 124, 126 – Unternehmen Tannenberg; Wandtke/Bullinger/*Bullinger* § 2 UrhG Rn. 35; Schricker/*Loewenheim* § 2 UrhG Rn. 73.

V. Schutzvoraussetzungen nach Teilgebieten des gewerblichen Rechtsschutzes (Schutz der geistigen gewerblichen Leistung)

1. Das Schiff betreffend

Neben dem bereits aufgezeigten Designschutz für Schiffe über das Urheber- und Geschmacksmusterrecht gibt es Möglichkeiten, über andere Rechtsgebiete des gewerblichen Rechtsschutzes (Marken-, Patent-, Gebrauchsmuster-, Wettbewerbsrecht) den Schutz für die Gestaltung von Schiffen zu erweitern bzw. zu kumulieren und im Falle von Schutzlücken zu ergänzen.

a) Kennzeichenrecht/Markenrecht

Markenschutz kann Designschutz auf vielfältige Art in der Schiffbaubranche neben dem urheber- und geschmacksmusterrechtlichen ergänzen und erweitern, da der Markenschutz auch dreidimensionale Gestaltungen erfasst und darüber hinaus Schutz für Wort-/Bild-Kombinationen bietet.

aa) Dogmatischer Ansatz

Für Wörter, Abbildungen, Buchstaben, Personennamen, Zahlen, Hörzeichen, dreidimensionale Gestaltungen (einschließlich deren Form oder Verpackung sowie sonstige Aufmachungen und deren Farben und Farbzusammenstellungen) kann markenrechtlicher Schutz in Betracht kommen, § 3 Abs. 1 MarkenG, ebenso für so genannte Mischformen, die sich aus den gerade genannten Kategorien zusammensetzen.[861]

Um Markenschutz zu erlangen, bedarf es eines unterscheidungsfähigen Zeichens, das Waren oder Dienstleistungen eines Unternehmens kennzeichnen kann, vgl. § 3 Abs. 1 MarkenG.[862] Diese Regelung wird auch als abstrakte Unterscheidungskraft, die nicht warenbezogen ist, bezeichnet.

861 *Ingerl/Rohnke* § 3 MarkenG Rn. 1, 25; *Wandtke/Bullinger* GRUR 1997, 573, 574.
862 *Stolz* 49; *Ströbele* GRUR 1999, 1041, 1041.

Konkret warenbezogen ist die Unterscheidungskraft in § 8 Abs. 2 Nr. 1 MarkenG geregelt. Im Falle deren Fehlens kann sie allerdings überwunden werden, wenn sie sich in den beteiligten Verkehrskreisen bereits durchgesetzt hat, vgl. § 8 Abs. 3 MarkenG. Benutzt eine Reederei beispielsweise seit Jahren ein mit einem weiß-blauen Containerschiff versehenes Logo, das nicht ins Markenregister eingetragen ist, kann es zwar an der abstrakten Unterscheidungskraft mangeln. Dennoch kann es als Marke schutzfähig sein, wenn sich das Logo mit dem weiß-blauen Containerschiff in den Verkehrskreisen bereits durchgesetzt hat.

(1) Kennzeichen-/Markenrecht und Urheberrecht

Marken- und Urheberrecht schließen sich gegenseitig nicht aus, vgl. § 2 MarkenG.[863] Ob einer Marke urheberrechtlicher Schutz zukommen kann bzw. ob einem urheberrechtlich geschützten Werk gleichzeitig Markenschutz zukommen kann, hängt davon ab, ob einerseits im urheberrechtlichen Sinne eine eigenpersönliche Schöpfung im Sinne des § 2 Abs. 2 UrhG vorliegt, andererseits ob markenrechtlich betrachtet die Unterscheidungsfunktion gegeben ist.[864]

Der Unterschied zwischen dem Marken- und dem Urheberrecht fängt mit der Entstehung des Schutzes an, da der urheberrechtliche automatisch mit Erschaffung des Werkes, der markenrechtliche hingegen erst nach Anmeldung und Prüfung mit der Eintragung als Marke in das Markenregister beginnt, vgl. § 4 Nr. 1 MarkenG.[865] Der urheberrechtliche Designschutz ist damit wiederum unter Berücksichtigung des Aufwandes der Anmeldung und der damit einhergehenden Kosten gegenüber einer markenrechtlichen Eintragung günstiger und gleichzeitig effektiver.

863 Schricker/*Schricker* Einleitung UrhG Rn. 35; Wandtke/Bullinger/*Wandtke* Einl. UrhG Rn. 53; Dreier/Schulze/*Dreier* Einl. UrhG Rn. 31; *Wandtke/Bullinger* GRUR 1997, 573, 573; vgl. auch *Ingerl/Rohnke* Einl MarkenG Rn. 6; Loewenheim/*Mees* § 3 Rn. 19.

864 Schricker/*Schricker* Einleitung UrhG Rn. 35; Wandtke/Bullinger/*Wandtke* Einl. UrhG Rn. 53; Dreier/Schulze/*Dreier* Einl. UrhG Rn. 31; Loewenheim/*Mees* § 3 Rn. 19; *Eichmann* GRUR 1995, 184ff.

865 *Wandtke/Bullinger* GRUR 1997, 573, 575.

Problematisch erscheint jedoch die markenrechtliche Anmeldung, wenn es um urheberrechtlich gemeinfreie Werke geht. Die Gefahr besteht, dass die urheberrechtliche Schutzdauer von 70 Jahren p. m. a. (§ 64 UrhG) umgangen werden könnte und damit das gemeinfreie Werk dem Markt wieder durch den Markenschutz entzogen würde. Diese Befürchtung kann entkräftet werden, da der Markenschutz sich nur auf das Zeichen als Marke erstrecken kann. Das gemeinfreie Werk an sich ist weiterhin nach Ablauf der Schutzdauer für jedermann „zugänglich".[866]

Die Urheberpersönlichkeitsrechte verbleiben beim Urheber, auch wenn das Werk Schutzfähigkeit als Marke erlangt. Der Urheber kann weiterhin Ansprüche wegen Entstellung oder Verletzung anderer Urheberpersönlichkeitsrechte geltend machen. Erlangt ein Schiff also urheber- und markenrechtlichen Schutz, so wird das urheberrechtliche Vervielfältigungsrecht z. B. durch den gleichzeitigen Markenschutz nicht ausgehebelt.

(2) Kennzeichen-/Markenrecht und Geschmacksmusterrecht

Markenrechtlicher und geschmacksmusterrechtlicher Schutz können ebenso kumulativ bestehen.[867] Im Markenrecht kommt es auf die Unterscheidungskraft an, im Geschmacksmusterrecht auf die Unterschiedlichkeit.[868] Erstere wird von den inländischen Verkehrskreisen, letztere wird vom Standpunkt eines informierten Benutzers ermittelt, der auch ausländische Gestaltungen in Betracht ziehen muss, vgl. § 2 Abs. 3 S. 1 GeschmMG.

Der markenrechtliche Schutz bietet im Gegensatz zum Geschmacksmusterrecht einen zeitlich unbegrenzten Schutz.[869] Damit besteht die Gefahr, dass gerade das Markenrecht den Schutz des Geschmacks-

866 Siehe näher zu dieser Problematik *Wandtke/Bullinger* GRUR 1997, 573, 577 f.

867 *Ingerl/Rohnke* Einl MarkenG Rn. 7; Brückmann/Günther/Beyerlein/*Beyerlein* Einführung GeschmMG Rn. 16; Eichmann/v. Falckenstein/*Eichmann* Allgemeines GeschmMG Rn. 36; *Bulling/Langöhrig/Hellwig* Rn. 111, 251, 673.

868 *Eichmann* GRUR 1995, 184, 188.

869 Der markenrechtliche Schutz kann gemäß § 47 Abs. 2 MarkenG jeweils um 10 Jahre verlängert werden; vgl. auch *Sambuc* GRUR 1989, 547, 547; *Wandtke/Bullinger* GRUR 1997, 573, 577.

musters bzw. andere zeitlich beschränkte gewerbliche Schutzrechte untergräbt. Insbesondere hat sich seit der verstärkten Eintragung von dreidimensionalen Marken und grafischen Symbolen als Geschmacksmuster eine stark ineinander übergreifende Schnittmenge ergeben.[870]

Darüber hinaus kann ein nicht eingetragenes Gemeinschaftsgeschmacksmuster durch die Veröffentlichung einer Marke bei Vorliegen der Voraussetzungen nach Art. 11, 110a GGV begründet werden.[871]

bb) Kennzeichen-/markenrechtliche Ansprüche in der Schiffbauindustrie

Neben geschmacksmuster- und urheberrechtlichem Schutz kann durchaus das Markenrecht in Form eines Schutzes einer dreidimensionalen Marke für Schiffe in Betracht kommen, vgl. § 3 Abs. 1 MarkenG. Ebenso ist es möglich, dieses als Bildmarke anzumelden. Schutz einer dreidimensionalen Marke zu erlangen, ist an den Eintragungshindernissen des § 3 Abs. 2 MarkenG gemessen schwieriger als die Erlangung eines markenrechtlichen Designschutzes zweidimensionaler Darstellungen.

(1) Dreidimensionale Marke/Formmarke

Markenschutz für dreidimensionale Formen kann durch Eintragung als Marke in das Markenregister beim DPMA gemäß § 4 Nr. 1 MarkenG entstehen. Die formellen Voraussetzungen einer Eintragung lassen sich der Markenverordnung entnehmen.[872] Nach § 4 MarkenG besteht ferner die Möglichkeit, dass Markenschutz durch die Benutzung der dreidimensionalen Form im geschäftlichen Verkehr (§ 4 Nr. 2 MarkenG) oder aufgrund notorischer Bekanntheit (§ 4 Nr. 3 MarkenG) entsteht.

870 *Bulling/Langöhrig/Hellwig* Rn. 672; *Ingerl/Rohnke* § 3 MarkenG Rn. 41.
871 *Bulling/Langöhrig/Hellwig* Rn. 111.
872 Vgl. § 2 MarkenV für die Anmeldung, § 3 MarkenV zum Inhalt der Anmeldung, § 5 zu Angaben zum Anmelder und § 6 Nr. 3 i.V.m. § 9 zur Markenform und insbesondere den Angaben zur dreidimensionalen Marke.

Dreidimensionale Gestaltungen sind solche Raumformen, die über das flächenhafte, zweidimensionale hinausgehen.[873] Eine Formmarke erlangt markenrechtlichen Schutz, wenn der Eintragung kein absolutes Freihaltebedürfnis entgegensteht und wenn der Marke Unterscheidungskraft zukommt.[874] Unterscheidungskraft setzt voraus, dass eine deutlich über den vorbekannten Formenschatz hinausragende Eigentümlichkeit und Originalität bestehen muss. Es kommt damit auf den geistigen Überschuss über die bloße Existenz an.[875] In Bezug auf die Unterscheidungskraft gemäß § 8 Abs. 2 Nr. 1 MarkenG und das Freihaltebedürfnis im Sinne des § 8 Abs. 2 Nr. 2 MarkenG ist bei Formmarken kein anderer Maßstab als bei sonstigen Marken anzuwenden.[876] Maßgeblich ist, dass durch das Zeichen dem Verkehr ein Herkunftshinweis offenbart wird, damit die Unterscheidungskraft gewahrt werden kann.[877] Banale Warenformen können mangels Unterscheidungskraft daher nicht geschützt werden.[878] Das Erzeugnis selbst oder dessen Gestaltung wird durch das Markenrecht nicht geschützt.[879] Das Markenrecht schützt die Formmarke in dem Sinne, dass diese nicht für ein anderes Erzeugnis identisch, ähnlich bzw. verwechslungsfähig verwendet werden darf, wobei die „Waren-

873 *Winkel* 5.

874 An diese Voraussetzungen werden unter anderem wegen des unbefristeten Markenschutzes strenge Anforderungen gestellt, vgl. dazu *Ohly* GRUR 2007, 731, 734; *Eichmann* GRUR 1995, 184, 188; vgl. auch *Eichmann* FS Vieregge, 125, 147ff.

875 BGH GRUR 2001, 56, 57 – Likörflasche; *Ingerl/Rohnke* § 3 MarkenG Rn. 6; *Ströbele* GRUR 1999, 1041, 1042.

876 EuGH GRUR Int. 2002, 842, 846 – Philips/Remington; BGH GRUR 2008, 71, 73 – Fronthaube; BGH GRUR 2001, 334, 336f. – Gabelstapler; a. A. BPatG GRUR 1999, 56 – Taschenlampen; BPatG GRUR 1998, 706, 709 – Montre I; HABM GRUR Int. 2000, 360 – TABS rund, rot/weiß; *Ingerl/Rohnke* § 8 MarkenG Rn. 186, 189, 196; vgl. näher zu einer Differenzierung durch Ausschluss des § 8 Abs. 2 Nr. 1 MarkenG für Formmarken und damit einer Privilegierung derer gegenüber anderen Markenformen *Ingerl/Rohnke* § 3 MarkenG Rn. 48, 49; *Ohly* GRUR 2007, 731, 733; *Kur* GRUR Int. 2004, 755, 759.

877 EuGH GRUR Int. 2002, 842, 846 – Philips Remington, Tz. 47f.; *Ingerl/Rohnke* § 8 MarkenG Rn. 196; *Ilzhöfer* Rn. 369.

878 *Eichmann* GRUR Int. 2000, 483, 485.

879 *Ilzhöfer* Rn. 349; *Ströbele* GRUR 1999, 1041, 1042; *Sambuc* GRUR 1989, 547, 548; *Klaka* GRUR 1996, 613, 614; *Bauer* GRUR 1996, 319.

form" mit inbegriffen ist.[880] Dies kann also auch bedeuten, dass ein Schiff in seiner Gesamtheit nicht nachgebaut werden darf. Nicht geschützt werden kann eine Form als Marke, wenn die Ware – in diesem Fall ein Schiff – ausschließlich durch ihre ihr immanente Art unmittelbar bestimmt wird, vgl. § 3 Abs. 2 Nr. 1 MarkenG.[881]

Markenschutz kann ebenso wenig erlangt werden, wenn das anzumeldende Zeichen zur Erreichung einer technischen Wirkung nötig ist bzw. mittels dessen der Ware ein wesentlicher Wert verliehen wird, vgl. § 3 Abs. 2 Nr. 2 und 3 MarkenG.[882] Damit soll das so genannte Freihaltebedürfnis gewahrt und eingehalten werden.[883] Dieses bezieht sich aber nur auf den ganzen Gegenstand. Einzelne Teile, die nicht durch die Art der Ware bedingt, nicht funktionell notwendig bzw. nicht von solch wesentlichem Wert sind, dass sie für die Allgemeinheit zum freien Gebrauch frei gehalten werden müssen, können markenrechtlichen Formenschutz erlangen.[884] Darüber hinaus können einzelne herausragende Elemente die Eintragung einer Formmarke begünstigen. Sind diese besonders prägend oder außergewöhnlich ausgestaltet, so kann die Eintragung einer Formmarke erfolgen, ohne dass geklärt werden muss, ob die eigentliche Form Unterscheidungskraft aufweist bzw. ob das Freihaltebedürfnis entgegensteht.

Unterschiede zur zweidimensionalen Bildmarke liegen zum einen in der Bezeichnung als dreidimensionale Marke. Zum anderen ist der Schutzgegenstand der dreidimensionalen Marke die Ware in ihrer Form[885] im Gegensatz zur Bildmarke, deren Schutzgegenstand nur die zweidimensionale Bildwirkung der Darstellung einer Ware sein

880 *Ströbele* GRUR 1999, 1041, 1042; *v. Falckenstein* GRUR 1999, 881, 882; vgl. auch § 3 MarkenG; *Bauer* GRUR 1996, 319, 320.

881 *Ilzhöfer* Rn. 350; *Würtenberger* GRUR 2003, 912, 912; vgl. auch *Ingerl/Rohnke* § 3 MarkenG Rn. 55, 58; *Körner/Gründig-Schnelle* GRUR 1999, 535, 536.

882 *Würtenberger* GRUR 2003, 912, 912; *Eichmann* FS Vieregge 125, 149 ff.

883 *Eichmann* GRUR 1995, 184, 185; zur Ermittlung des Freihaltebedürfnisses *Eichmann* FS Vieregge 125, 153.

884 Vgl. dazu auch BGH GRUR 2008, 71, 72 – Fronthaube; *Ingerl/Rohnke* § 3 MarkenG Rn. 51, vgl. auch § 8 MarkenG Rn. 196 f.; zum wesentlichen Wert *Eichmann* FS Vieregge 125, 150 f.

885 *Ingerl/Rohnke* § 3 MarkenG Rn. 32.

kann.[886] Bei der Anmeldung einer dreidimensionalen Marke dürfen ebenso wie bei der zweidimensionalen nur zweidimensionale Darstellungen eingereicht werden, vgl. § 9 Abs. 1 S. 1 MarkenV.[887]

Ebenso können dreidimensionale Kombinationsmarken entstehen, wenn der Wort- oder Bildbestandteil, der auf der dreidimensionalen Form befestigt ist, derart unterscheidungskräftig ist, dass mit dem Wort-/Bildelement die Form als dreidimensionale Marke anmeldefähig wird.[888]

Im Falle einer eine Reederei ausschließlich kennzeichnenden Schiffsform (z.B. der X-Bow Form[889] der Ulstein Werft aus Norwegen) ist für derartige Gestaltungen zu hinterfragen, ob der Grundsatz der Nachahmungsfreiheit nicht konterkariert würde, würde man bei Grundformen von Waren abstrakte Markenfähigkeit annehmen.[890] Bei der Ausgestaltung des Schiffes der Ulstein Werft ist aber nicht allein vom Bug auszugehen. Das Schiff in seiner gesamten Darstellung dürfte markenschutzfähig sein. Es eignet sich zur Unterscheidung von anderen Schiffsformen und fällt nicht unter das Freihaltebedürfnis. In der Tat wird der aussagekräftige Bug im Wesentlichen zur Unterscheidung von anderen Schiffsformen beitragen. Eine Versagung des Schutzes aufgrund der abstrakten Markenfähigkeit ist nach § 3 Abs. 2 MarkenG abzulehnen, da das Zeichen nicht nur durch die Art der Ware selbst bedingt ist. Der extrem hoch geschwungene Bug ist nicht notwendiger Bestandteil eines Schiffes. Ebenso wenig ist die Platzierung der Helikopterlandefläche auf dem hochgezogenen Bug für die Ware „Schiff“ Bedingung. Das Schiff selbst wirkt durch die Anordnung der einzelnen Elemente (wie z.B. der Helikopterlandefläche, dem hochgezogenen Bug, der kastenförmigen Ladefläche, die einem Kraftfahrzeug des Typs „Pickup“ vergleichbar ist) individuell. Es hat eine Eigentümlichkeit in der Gesamtbetrachtung inne, die es von herkömmlichen Schiffsformen gerade abhebt und unterscheidet.

886 *Eichmann* GRUR Int. 2000, 483, 484.

887 *Ingerl/Rohnke* § 3 MarkenG Rn. 44; *Eichmann* GRUR 1995, 184, 185.

888 BPatG Mitt. 2001, 95 – MAG-LITE; BPatG GRUR 2002, 163, 165 – BiC-Kugelschreiber; *Ingerl/Rohnke* § 8 MarkenG Rn. 200; *Eichmann* GRUR 1995, 184, 191.

889 Siehe dazu näher Teil III. 7. c) aa).

890 *Würtenberger* GRUR 2003, 912, 913.

Es ist folglich nicht durch die Warenform „Schiff" bedingt und damit durchaus einem markenrechtlichen Schutz zugänglich.

(2) Wortmarke

Schiffsbezeichnungen und -namen können kennzeichenrechtlich geschützt werden, sofern die Zeichen für die Ware Schiff unterscheidungskräftig sind.[891] Ebenso möglich ist, dass das Wort einer anderen Sprache entstammt bzw. ein Kunstwort ist.[892] Geschmacksmusterrechtlicher Schutz kann im Gegensatz zu urheberrechtlichem ebenfalls in Betracht kommen.[893]

(3) Bildmarke/Abbildungsmarke

Abbildungen können markenrechtlichen Schutz erlangen. Diese können in jeglicher Art ausgestaltet sein (mehrfarbig oder uni, gegenständlich oder abstrakt).[894] Dabei kommt auch die Abbildung der Ware selbst in Betracht.[895] Beispielhaft seien Galionsfiguren oder Logos von Schiffen genannt.[896]

(4) Wort-/Bildmarke

Mischformen wie die Verbindung von Abbildung und Wörtern, so genannte Wort-/Bildmarken, sind ebenso markenrechtlich schutzfähig.[897] Besteht mangels Unterscheidungskraft oder aufgrund des Freihaltebedürfnisses kein markenrechtlicher Schutz für eine Wort-/Bildmarke, so wird in der Regel auch der urheberrechtliche Schutz verwehrt bleiben müssen.[898] Vorstellbar wäre, dass ein Schiff mit dem Schriftzug der Reederei als Marke eintragungsfähig ist.

891 *Ingerl/Rohnke* § 3 MarkenG Rn. 26.
892 *Ingerl/Rohnke* § 3 MarkenG Rn. 26.
893 Siehe oben Teil III. 8. b) ii) zu Schiffsbezeichnungen und Schiffsnamen.
894 *Ingerl/Rohnke* § 3 MarkenG Rn. 30.
895 BGH GRUR 1999, 495 – Etiketten; BGH GRUR 2001, 239 – Zahnpastastrang.
896 Vgl. auch zum Schutz von Logos Wandtke/*Klett* Teil 2 Kap. 9 Rn. 25 ff.
897 *Ingerl/Rohnke* § 3 MarkenG Rn. 25.
898 *Wandtke/Bullinger* GRUR 1997, 573, 576.

(5) Farbmarke

In der Schiffbaubranche kommt Schutz über Farbmarken in Betracht, wobei es sich bei Farbmarken[899] in der Regel um Aufmachungsmarken handeln wird. Diese beziehen sich auf eine konkrete Darstellung bzw. Abbildung eines Warenteils. Markenschutz für Farben oder Farbkombinationen wird in der Regel mangels konkreten Bezugs auf einen abgegrenzten Bereich an der Bestimmtheit oder aufgrund des Freihaltebedürfnisses scheitern.[900] Hingegen ist bereits markenrechtlicher Schutz zugesprochen worden, wenn ein konkreter Warenbestandteil etwa vollständig mit einem bestimmten Farbton überzogen war.[901]

dd) Ergebnis

Da bei Anmeldung einer Formmarke die Patentbehörde eine Sachprüfung vornimmt und der Schutz der Marke nicht wie im Geschmacksmusterrecht[902] per se mit Einreichung der Anmeldung entsteht, kann es aufgrund unzureichender Darstellungen bzw. qualitativ minderwertiger Anmeldungen zu einer in der Gestalt nicht beabsichtigten Offenbarung der Marke führen.[903] Es bedarf einer besonders sorgfältigen Vorbereitung der Anmeldungsunterlagen, damit der gleiche Schutz wie im Geschmacksmusterrecht erlangt werden kann, da im Gegensatz zum Geschmacksmusterrecht maximal nur sechs Abbildungen eingereicht werden dürfen, vgl. § 9 Abs. 1 S. 2 MarkenV. Insbesondere die räumliche Darstellung von Formmarken, die zugleich das Erzeugnis selbst sind, wird damit kaum gänzlich erfasst werden können. Der markenrechtliche Schutz ist im Vergleich zum geschmacksmusterrechtlichen Schutz allerdings zeitlich unbegrenzt und kann auch für bereits benutzte Zeichen entstehen.[904]

899 Vgl. auch *Ingerl/Rohnke* § 3 MarkenG Rn. 36.

900 *Berlit* GRUR 2005, 998; *Wittenzellner* FS Beier 333, 335; *Fezer* WRP 2000, 1, 4ff.

901 *Grabrucker* GRUR 1998, 625; vgl. näher zu der Problematik abstrakter Farbmarken *Ströbele* GRUR 1999, 1041, 1045f.

902 *Eck* GRUR 1998, 977, 978.

903 *V. Falckenstein* GRUR 1999, 881, 885.

904 Vgl. näher zum Rangverhältnis von Geschmacksmustern und Marken bei Aufeinandertreffen *Bulling/Langöhrig/Hellwig* Rn. 682ff.

b) Patentrecht

Patentrechtlicher Schutz kann sich nicht wie im Urheber- und Geschmacksmusterrecht bezüglich der Form im ästhetischen Sinne ergeben. Ein Patent liegt vor, wenn es sich um eine Erfindung handelt, die neu ist, auf erfinderischer Tätigkeit beruht und gewerblich anwendbar ist, § 1 Abs. 1 PatG.[905] Es geht im Patentrecht um den Schutz technologischer Erfindungsideen unabhängig von deren körperlicher Form. In den seltensten Fällen wird daher Patentrechtsschutz mit Designschutz zusammen fallen.[906]

aa) Dogmatischer Ansatz

(1) Patentrecht und Urheberrecht

Neben dem urheberrechtlichen Schutz kann auch patentrechtlicher bestehen.[907] Die Rechtsgebiete schließen sich gegenseitig nicht aus. Lediglich technisch bedingte Formen genießen keinen urheberrechtlichen Schutz.[908] Im Gegensatz zum Urheberrecht muss das Patent – wie alle gewerblichen Schutzrechte – angemeldet werden.

(2) Patenrecht und Geschmacksmusterrecht

Patentrechtliche Ansprüche können ebenso neben geschmacksmusterrechtlichen geltend gemacht werden, vgl. § 50 GeschmMG. Geschmacksmusterrechtliche Ansprüche bestehen nicht, wenn es um rein technologische bzw. technologisch bedingte Innovationen geht.[909] Andererseits werden ästhetische Formschöpfungen vom Erfindungsschutz ausgeschlossen, vgl. § 1 Abs. 2 S. 2 PatG.[910]

Erfüllt ein Erzeugnis geschmacksmuster- und patentrechtliche Voraussetzungen, wie eine technische Erfindung, der eine ästhetische

905 *Ilzhöfer* Rn. 93.
906 Vgl. dazu *Sauer* 119.
907 Vgl. z.B. OLG Hamm GRUR 1989, 501 – Sprengzeichnung; LG München I GRUR-RR 2004, 1 – Lagerhalle; Wandtke/Bullinger/*Wandtke* Einl. UrhG Rn. 51; Dreier/Schulze/*Dreier* Einl. UrhG Rn. 30; vgl. auch Schricker/*Schricker* Einleitung UrhG Rn. 32.
908 Siehe dazu Teil III. 6.
909 Eichmann/v. Falckenstein/*Eichmann* Allgemeines GeschmMG Rn. 55; *Dittrich* GRUR Int. 1993, 200; vgl. ebenfalls Teil III. 6.
910 Eichmann/v. Falckenstein/*Eichmann* Allgemeines GeschmMG Rn. 55.

Form zugrunde liegt, so kommen Ansprüche aus beiden Rechtsgebieten in Betracht.[911]

Ebenso kann bei Vorliegen der Voraussetzungen nach Art. 11, 110a GGV durch die Veröffentlichung einer Patentanmeldung ein nicht eingetragenes Gemeinschaftsgeschmacksmuster begründet werden.[912]

bb) Patentrechtliche Ansprüche in der Schiffbauindustrie

Eine Erfindung, die patentrechtlich geschützt wird, kann aufgrund ihrer ästhetischen Gestaltung ebenso in den Genuss urheber- bzw. geschmacksmusterrechtlichen Schutzes gelangen. Für die Schiffbauindustrie bedeutet dies, dass der Erfinder eines technischen Erzeugnisses (beispielsweise einer Steuerruderanlage) doppelten oder dreifachen Schutz beanspruchen kann, wenn diese darüber hinaus eine eigenpersönliche Schöpfung im Sinne des Urheberrechts ist und sich die Gestaltung der Ruderanlage zudem geschmacksmusterrechtlich vom vorbekannten Formenschatz anderer Gestaltungen unterscheidet.

c) Gebrauchsmusterrecht

Ein Gebrauchsmuster ist schutzfähig, wenn es sich um eine Erfindung handelt, die neu ist, auf einem erfinderischen Schritt basiert und gewerblich verwertbar ist, § 1 Abs. 1 GebrMG.[913] Das Gebrauchsmuster muss wie alle anderen gewerblichen Schutzrechte angemeldet werden. Gebrauchsmuster und Patentrecht schließen einander nicht aus.[914] Für ein Gebrauchsmuster ist im Vergleich zum Patentrecht ein niedrigerer Innovationsgrad nötig.[915]

911 Brückmann/Günther/Beyerlein/*Beyerlein* Einführung GeschmMG Rn. 14; Eichmann/v. Falckenstein/*Eichmann* Allgemeines GeschmMG Rn. 55; OLG Frankfurt GRUR 1957, 621.

912 *Bulling/Langöhrig/Hellwig* Rn. 111; Eichmann/v. Falckenstein/*Eichmann* Allgemeines GeschmMG Rn. 55.

913 *Ilzhöfer* Rn. 254.

914 *Ilzhöfer* Rn. 252.

915 *Sauer* 122.

aa) Dogmatischer Ansatz

(1) Gebrauchsmusterrecht und Urheberrecht

Neben dem Urheberrecht kann – ebenso wie im Patentrecht – auch Schutz über das Gebrauchsmusterrecht für eine Erfindung bestehen,[916] wiederum nur unter der Voraussetzung, dass neben dem Vorliegen des erfinderischen Schrittes im Sinne des Gebrauchsmusterrechts gleichzeitig die nötige Schöpfungshöhe im Sinne des Urheberrechts gegeben ist.

(2) Gebrauchsmusterrecht und Geschmacksmusterrecht

Ähnlich wie beim Patentrecht verhält es sich mit dem Gebrauchsmusterrecht. Ästhetische Formschöpfungen sind im Gebrauchsmusterrecht nach § 1 Abs. 2 S. 2 GebrMG vom Schutz ausgeschlossen.[917] Das wiederum schließt nicht den gleichzeitigen Schutz als Geschmacks- und Gebrauchsmuster aus, sofern es sich um eine technische Erfindung und gleichzeitig um eine ästhetische Formgebung handelt.[918]

Durch eine Veröffentlichung eines Gebrauchsmusters kann bei Vorliegen der Voraussetzungen nach Art. 11, 110a GGV ein nicht eingetragenes Gemeinschaftsgeschmacksmuster begründet werden.[919]

bb) Gebrauchsmusterrechtliche Ansprüche in der Schiffbauindustrie

Einer Erfindung, wie z.B. das Scharnier einer Schiffstür, kann bei Vorliegen der entsprechenden Voraussetzungen kumulativ gebrauchsmuster- und geschmacksmusterrechtlicher Schutz zukommen. So-

[916] RG GRUR 1932, 894; BGH GRUR 1961, 635, 637 – Stahlrohrstuhl I; BGH GRUR 1981, 820, 822 – Stahlrohrstuhl II; Wandtke/Bullinger/*Wandtke* Einl. UrhG Rn. 51; vgl. auch Schricker/*Schricker* Einleitung UrhG Rn. 32.

[917] Eichmann/v. Falckenstein/*Eichmann* Allgemeines GeschmMG Rn. 55.

[918] RG GRUR 1938, 784; BGH GRUR 1966, 683; LG Düsseldorf GRUR 1961, 547; Eichmann/v. Falckenstein/*Eichmann* Allgemeines GeschmMG Rn. 55; Brückmann/Günther/Beyerlein/*Beyerlein* Einführung GeschmMG Rn. 14; siehe ebenfalls zum Verhältnis Patent- und Geschmacksmusterrecht Teil V. 1. b) aa) (2).

[919] *Bulling/Langöhrig/Hellwig* Rn. 111.

fern die nötige urheberrechtlich geforderte Schöpfungshöhe vorliegt, kommt auch urheberrechtlicher Schutz in Betracht.

d) Wettbewerbsrecht/Nachahmungsfreiheit und Nachahmungsverbot

Ziel des Wettbewerbsrechts ist es, den reibungslosen Ablauf des Marktes zu schützen und unlauteren Wettbewerb zu sanktionieren.[920] Schutzgut sind damit nicht schöpferische Leistungen[921] oder geschmacksmusterrechtliche Gestaltungen. Fokus ist der Schutz des Wettbewerbs selbst.

Nachahmungen sind demnach gestattet, solange sie nicht unlauter erfolgen.[922] Tritt dieses Element hinzu, können Ansprüche nach dem UWG geltend gemacht werden.

In der Schiffbauindustrie herrscht weltweit ein Ungleichgewicht zwischen Angebot und Nachfrage, was zu Preisverfällen führt. Viele Werften arbeiten verlustreich, so dass direkte oder indirekte staatliche Subventionen (Schuldenerlass, Umwandlung von Schulden in Kapital und Zinssubventionen durch staatseigene oder staatlich kontrollierte Banken, Erschwerung des Marktzugangs durch allgemeine Einfuhrbeschränkungen, Einfuhrzölle und Vorzugsbesteuerung von im Inland gebauten Schiffen etc.) die Folge sind. Hierdurch wird wiederum eine Verzerrung des Wettbewerbs provoziert. Die Regeln des internationalen Handels sind in der Schiffbauindustrie als speziellem Handelszweig kaum durchsetzbar bzw. können nicht übernommen werden.

aa) Dogmatischer Ansatz

(1) Wettbewerbsrecht und Urheberrecht

Das Wettbewerbsrecht ist gegenüber dem Urheberrecht grundsätzlich subsidiär.[923] Das Urheberrecht ist ein Sonderschutzgesetz im Ver-

920 Thode/Wirth/Kuffer/*Knipp* § 32 Rn. 5.

921 *Buydens* GRUR Int. 1995, 15, 17, 19.

922 Thode/Wirth/Kuffer/*Knipp* § 32 Rn. 53; *Geiger* Zusammenfassung der Standpunkte – Entwickelte Thesen, 257, 258; *Ohly* GRUR 2007, 731, 734.

923 Schricker/*Schricker* Einleitung UrhG Rn. 39; Wandtke/Bullinger/*Wandtke* Einl. UrhG Rn. 55; Thode/Wirth/Kuffer/*Knipp* § 32 Rn. 7; Piper/Ohly/*Piper* Einf A UWG Rn. 31; Hefermehl/Köhler/Bornkamm/*Köhler* § 4 UWG Rn. 9.7.

gleich zum Wettbewerbsrecht. Ergibt sich kein Schutz über das Urheberrechtsgesetz, so besteht die Möglichkeit eines ergänzenden Leistungsschutzes durch das UWG nur, sofern unlauter gehandelt wurde und der nachgeahmte Gegenstand eine wettbewerbliche Eigenart aufweist.[924] Das UWG darf aber den eigentlichen Regelungszweck des Urheberrechtsgesetzes nicht unterlaufen, weshalb ein Schutz für ungewollte Änderungen eines z. B. nicht unter den Schutz des UrhG fallenden Schiffes nur in Ausnahmefällen erwartet werden kann, wenn also besondere Umstände hinzutreten, die die Handlung unlauter werden lassen.[925]

(2) Wettbewerbsrecht und Geschmacksmusterrecht

Durch die Einführung des nicht eingetragenen Gemeinschaftsgeschmacksmusters wird das Wettbewerbsrecht auf diesem Sektor harmonisiert. Allerdings erscheint es problematisch, inwiefern diese beiden Rechtsgebiete miteinander korrelieren.[926] Auch gegenüber dem Geschmacksmusterrecht ist das UWG subsidiär, so dass der ergänzende wettbewerbsrechtliche Leistungsschutz nur eingreifen kann, sofern das nachgeahmte Erzeugnis eine wettbewerbliche Eigenart aufweist und besondere Umstände die Unlauterkeit begründen.[927] Der Schutz aus dem Geschmacksmusterrecht besteht unabhängig vom Eingreifen des ergänzenden wettbewerbsrechtlichen Leistungsschutzes.[928] Auf der Rechtsfolgenseite besteht zwischen diesen Rechtsgebieten kein Unterschied. Es können Schadensersatzansprüche, sowie Ansprüche auf Unterlassung und Beseitigung geltend gemacht

924 BGH WRP 2005, 88, 90 – Puppenausstattungen; BGH GRUR 1999, 923, 926 – Tele-Info-CD; Thode/Wirth/Kuffer/*Knipp* § 32 Rn. 6; Schricker/*Schricker* Einleitung UrhG Rn. 37; Wandtke/Bullinger/*Wandtke* Einl. UrhG Rn. 55.

925 Thode/Wirth/Kuffer/*Knipp* § 32 Rn. 52.

926 *Rahlf/Gottschalk* GRUR Int. 2004, 821, 825; eingehender *Bartenbach/Fock* WRP 2002, 1119 ff.; vgl. auch Hefermehl/Köhler/Bornkamm/*Köhler* § 4 UWG Rn. 9.8.

927 BGH GRUR 2003, 359, 360 – Pflegebett; BGH GRUR 2002, 629, 631 – Blendsegel; Piper/Ohly/*Piper* Einf A UWG Rn. 31; *Bulling/Langöhrig/Hellwig* Rn. 690; Eichmann/v. Falckenstein/*Eichmann* Allgemeines GeschmMG Rn. 52 f.; ein Nebeneinander von UWG und Geschmacksmusterrecht befürwortend *Ohly* GRUR 2007, 731, 737 und differenzierender Brückmann/Günther/Beyerlein/*Beyerlein* Einführung GeschmMG Rn. 13.

928 Eichmann/v. Falckenstein/*Eichmann* Allgemeines GeschmMG Rn. 52.

werden. Der wettbewerbsrechtliche Leistungsschutz umfasst im Gegensatz zum Geschmacksmusterrecht nur schuldrechtliche Ansprüche.[929]

bb) Relevanz in der Schiffbauindustrie

Ein gravierendes Problem in der Schiffbaubranche ist die Produktpiraterie. Es werden teils Elemente eines Schiffes, teils ganze Schiffe nachgebaut. §§ 3 i.V.m. 4 Nr. 9 UWG hält dagegen wettbewerbsrechtlichen Schutz bereit. Wird der Abnehmer durch das nachgeahmte Produkt über die Herkunft getäuscht, vgl. § 4 Nr. 9 a) UWG, wird die Wertschätzung der nachgeahmten Ware ausgenutzt, vgl. § 4 Nr. 9 b) UWG. Werden unredlich Kenntnisse oder Unterlagen erlangt, vgl. § 4 Nr. 9 c) UWG, so kann dies wettbewerbsrechtliche Ansprüche auslösen.

So baute die J.J. Sietas Werft[930] über einen gewissen Zeitraum Schiffe mit einer leichten Einkerbung im Bug, die längs des Schiffskörpers verlief und keinem besonderen Nutzen unterlag. Dieses „Merkmal" der von der J.J. Sietas Werft gebauten Schiffe war insbesondere auf einen Schiffbauingenieur zurückzuführen. Wenige Monate nach Erscheinen des ersten Schiffes mit Einkerbung stellten Ingenieure der Werft fest, dass dieses Merkmal von einer anderen Werft übernommen wurde. Daraufhin wurden die nachfolgenden Schiffe ohne entsprechende Einkerbung entworfen. Inwiefern dadurch eine Herkunftstäuschung wirklich hervorgerufen werden konnte, kann dahin gestellt bleiben. Das Beispiel bestätigt jedoch, dass in dieser Branche häufig Nachahmungen stattfinden, ohne dass Betroffene adäquat reagieren, da sie von ihren rechtlichen Möglichkeiten keine Kenntnis haben.

cc) Ergebnis

Der wettbewerbliche Leistungsschutz kann nur ergänzend eingreifen, wenn besondere wettbewerbliche Eigenart des Erzeugnisses vorliegt und besondere Umstände eintreten, die die Handlung unlauter wer-

929 *Bulling/Langöhrig/Hellwig* Rn. 695.
930 Schiffswerft J.J. Sietas KG mit Sitz in Hamburg.

den lassen. Der Schutz aus dem Geschmacksmusterrecht kann daneben unabhängig bestehen.

2. Schutz von technischen (Schiffs-)Zeichnungen, Plänen, Entwürfen, Modellen durch Teilgebiete des gewerblichen Rechtsschutzes

Der urheber- und geschmacksmusterrechtliche Schutz von technischen Zeichnungen, Plänen und Entwürfen schließt grundsätzlich einen zusätzlichen Schutz nach dem Marken-, Patent- oder Gebrauchsmusterrecht nicht aus.[931]

Wird beispielsweise in einer Konstruktionszeichnung die Idee zur Lösung eines technischen Problems dargestellt, kann diese patentrechtlich geschützt sein. Gleichzeitig kann diese Zeichnung darüber hinaus gemäß § 2 Abs. 1 Nr. 7 UrhG geschützt sein, wenn sie eine wissenschaftliche oder technische Darstellung ist und eine eigenpersönliche geistige Schöpfung beinhaltet.[932]

Das Wettbewerbsrecht bezweckt den Schutz aller technischen Unterlagen und Pläne, auch soweit diesen der Schutz durch das Urheberrecht versagt bleibt, gegen unlautere Wettbewerbshandlungen.[933] So kann ein Vertraulichkeitsvermerk, mit dem ein Architekt seine technische Zeichnung beispielsweise versieht, daraufhin deuten, dass einer Weitergabe der Zeichnung oder ähnlichen Nutzungshandlungen nicht zugestimmt wird, weshalb eine Nachahmungshandlung in diesem Falle als unlauter gewertet werden muss.[934]

VI. Initiativen in der Schiffbauindustrie

Die gesetzlichen Regelungen für den Designschutz bieten den Schiffbauingenieuren bereits eine Grundlage, sich gegen Produktpiraterie

931 Vgl. dazu Teil V. 1. a) zum Kennzeichen- und Markenrecht, Teil V. 1. b) zum Patentrecht und Teil V. 1. c) zum Gebrauchsmusterrecht.
932 Wandtke/Bullinger/*Wandtke* Einl. UrhG Rn. 51; OLG Hamm GRUR 1989, 501 – Sprengzeichnungen; LG München I GRUR-RR 2004, 1 – Lagerhalle.
933 Thode/Wirth/Kuffer/*Knipp* § 32 Rn. 5.
934 *Prinz* 60; Thode/Wirth/Kuffer/*Knipp* § 32 Rn. 53.

zu schützen. Dennoch besteht weiterhin Bedarf, den Schutz darüber hinaus auszugestalten und zu sichern. Die Schiffbauindustrie und ihr Designschutz lassen sich national nicht beschränken. Entsprechend den länderübergreifenden Märkten der Schiffbauindustrie und des Schifffahrtsverkehrs sind auch die internationale Gewährung und Durchsetzung von Designschutzrechten unerlässlich. Erforderlich sind daher Schutzmechanismen und Einrichtungen, die den Schutz des geistigen Eigentums in der Schiffbauindustrie weltweit neben den bereits bestehenden national gesetzlich verankerten Regelungen sichern. Es haben sich bereits verschiedene Initiativen zum Schutz des geistigen Eigentums in der Schiffbauindustrie entwickelt.

1. LeaderSHIP

Mit dem auf EU-Ebene initiierten Programm LeaderSHIP 2015 soll die Zukunft der europäischen Schiffbau- und Schiffsreparaturindustrie gesichert werden. Die Kernaussage dieser Initiative lautet „Wettbewerbsfähigkeit durch Kompetenz". Für die nationale Umsetzung wurde LeaderSHIP Deutschland ins Leben gerufen.

a) LeaderSHIP Deutschland

Das auf deutscher Ebene lediglich marginal umbenannte Programm LeaderSHIP Deutschland bezieht sich auf die Wettbewerbsfähigkeit der Schiffbau- und Schiffsreparaturindustrie des Standortes Deutschland und konzentriert sich damit auf die nationale Umsetzung der von LeaderSHIP 2015 vorgesehenen Ziele.[935] Werften und Zulieferer beraten, Maßnahmen zur Verbesserung der Wettbewerbsfähigkeit und verhandeln auf politischer Ebene, inwiefern Rahmenbedingungen (beispielsweise Standortbedingungen oder Förderung von Innovationen) das vorhandene Leistungsvermögen der deutschen Schiffbauindustrie sichern können. Ziel ist, den Standort Deutschland gegenüber der globalen Konkurrenz und gegenüber dem Handel mit Piraterieprodukten[936] wettbewerbsfähig zu halten.

935 *BMWi* abrufbar im Internet unter www.bmwi.de/BMWi/Redaktion/PDF/Publikationen/leadership-Deutschland,property=pdf,bereich=bmwi,sprache=de,rwb=true.pdf

936 Vgl. auch *Weiden* GRUR 2007, 761 ff.

b) LeaderSHIP 2015

Im März 2000 wurde in Lissabon von dem Europäischen Rat als so genannte Lissabon-Strategie „das Programm LeaderSHIP 2015 als eine branchenspezifische Umsetzung der langfristigen Strategie der EU zur wirtschaftlichen, sozialen und ökologischen Erneuerung Europas“ vorgestellt. Durch die Lissabon-Strategie sollen bessere „wettbewerbsrechtliche Fähigkeiten, neue Geschäftsmöglichkeiten und eine harmonische Wirtschaftsentwicklung“ mittels engerer Kooperation und fokussierten Investitionen in Wissen und Innovation zwischen Industrie und Forschung geschaffen werden.[937]

Initiiert wurde das Programm LeaderSHIP 2015 von der europäischen Schiffbauindustrie in Kooperation mit der europäischen Kommission. LeaderSHIP 2015 soll alle hauptsächlich von dieser Industrie betroffenen Wirtschaftszweige zusammen bringen, um die europäische Wettbewerbsfähigkeit auf diesem Sektor zu stabilisieren und zu sichern.[938] Ein Teil der Initiative LeaderSHIP 2015 ist dem Schutz des geistigen Eigentums in der Schiffbauindustrie gewidmet, und soll die grundsätzlich in dieser Branche bestehenden Probleme aufzeigen.[939] Die Schiffbauindustrie ist sich der Schutzmöglichkeiten des geistigen Eigentums nur unzureichend bewusst, da es insoweit an einer etablierten Praxis fehlt. Es wird in diesem Zusammenhang auf die bereits bestehenden Schutzmechanismen (Urheber-, Geschmacksmuster-, Patent-, Gebrauchsmuster- und Markenrecht)[940] verwiesen, ebenso wie auf die Nutzung von Geheimhaltungs- und Kooperationsvereinbarungen.[941] Der Initiative zufolge bedarf es zusätzlich spezieller Organisationen, die so genannte Wissensdatenbanken für den Schiffbau mit Informationen zum Schutz des geistigen Eigentums, beispielsweise über die Wettbewerbssituation und den Stand der Technik, aufbauen und Wissensträger betreuen. Zudem fordert die Initiative eine Überprüfung der für den Schiffbau geltenden internationalen Regelungen zum Schutz des geistigen Eigentums, da Gefahren bereits in

937 Siehe LeaderSHIP 2015, 1, abrufbar im Internet unter http://ec.europa.eu/enterprise/maritime/shipbuilding_market/doc/leadership_2015_text_only_de.pdf.

938 Seventh Report from the Commission to the Council on the Situation in World Shipbuilding, COM (2003) 232, 3.

939 LeaderSHIP 2015, 24 ff.

940 Vgl. dazu Teil V.

941 Vgl. Teil VII.

der komplexen Zusammenarbeit der am Schiffbau Beteiligten liegen.[942]

2. Schiffbauindustrie

a) Einrichtung auf EU-/UN-Ebene

Die Internationale Seeschifffahrtsorganisation IMO (International Maritime Organization) mit Sitz in London ist 1948 von den Vereinten Nationen gegründet worden und setzt Maßstäbe für Richtlinien sowie weltweit verbindliche Übereinkommen im Bereich der Seeschifffahrt fest.[943] Derzeit agiert die IMO zwar auf UN-Ebene, der Schwerpunkt liegt aber auf Fragen der Sicherheit, des Umweltschutzes oder der seemännischen Versorgung. Der Schiffbauindustrie bleibt es bisher selbst überlassen, sich mit Problemen des geistigen Eigentumsschutzes, insbesondere dem Designschutz, auseinanderzusetzen und nach den geltenden nationalen Regelungen Schutz zu erlangen.

Die Schiffbauindustrie ist ein globaler Markt. Der asiatische Markt expandiert und bietet seriell hergestellte Schiffe zu Dumpingpreisen an. Handelsbedingte Branchenüblichkeiten, wie man sie aus anderen Industriezweigen kennt, gelten hier nicht. Da auf dem europäischen Markt Schiffe in Einzelanfertigungen oder maximal in Kleinstserien hergestellt werden, bedarf es also für jedes Schiff hinsichtlich des Designschutzes einer individuell abgestimmten Rechtsberatung. Dies wird momentan von der Schiffbauindustrie noch nicht entsprechend realisiert bzw. in Anspruch genommen. Diese Absicherung führt zu einem wirtschaftlichen Mehrwert, der in der Branche noch nicht ausreichend honoriert wird.

aa) Ansicht der ECSA – European-Shipowners' Associations

Die ECSA wurde 1965 unter dem Namen Comité des Associations d'Armateurs des Communautés Européennes (CAACE) gegründet

942 LeaderSHIP 2015, 26.
943 Vgl. dazu bereits Teil III. 4. a).

und trägt ihren heutigen Namen seit 1990. Die ECSA besteht aus dem europäischen und dem norwegischen Reederverband. Zum Ziel hat sich die ECSA die Förderung der Interessen der europäischen Schiffbauindustrie gemacht, so dass der europäische und internationale Handel für die Beteiligten am Markt möglichst fair vollzogen wird.

Die ECSA vertritt die Ansicht, dass eine effektive EU-Außenpolitik im maritimen Sektor günstige Rahmenbedingungen auf internationaler Ebene in der Schifffahrt und für die Schifffahrtsindustrie sichern könnte.[944] Beispielsweise spricht sie sich für ein Handeln auf EU-Ebene zum Schutze des geistigen Eigentums nur aus, sofern dieses sich in gewinnbringenden Resultaten niederschlagen kann[945] und nicht zu einer lediglich blockierenden Bürokratisierung führt.

Unter gewinnbringendem Handeln versteht die ECSA dabei, dass beispielsweise die EU nicht mittels europäischer Richtlinien versuchen sollte, Abkommen der IMO bereits umzusetzen und damit Mitgliedstaaten unter Druck zu setzen, diesen Abkommen durch Umsetzungszwang entsprechender Richtlinien zustimmen zu müssen bzw. diese in nationales Recht umzusetzen.[946] Im Gegensatz dazu sollte die EU die Ratifikation derartiger Abkommen positiv fördern und sich dafür einsetzen. Es darf in diesem Bereich nicht mehr um die Verwirklichung von Eigeninteressen im Hinblick auf europäische und internationale Machtgefüge gehen.

Nach dem Konzept der ECSA kommt es vielmehr darauf an, dass die Mitgliedstaaten und die europäische Kommission sich selbst aktiv für die Ratifikation internationaler Abkommen in der EU und in Ländern außerhalb der EU einsetzen. Es wird vorgeschlagen, dass die Kommission die Ratifizierung durch die Mitgliedstaaten steuert, indem sie eine eigens dafür zuständige Einrichtung gründet.[947] So könnte die European Maritime Safety Agency (EMSA)[948] beispiels-

944 *ECSA* Submission to Green Paper 3.
945 *ECSA* Submission to Green Paper 2.
946 *ECSA* Submission to Green Paper 4, vgl. auch 6.
947 *ECSA* Submission to Green Paper 5.
948 Der Zweck von EMSA ist die Minimierung von maritimen Unfällen, Umweltverschmutzung durch Schiffe und des Verlusts von Personen auf See. Generell steht die EMSA der europäischen Kommission mit technischem und wissen-

weise eine Arbeitsgruppe gründen, in der sich Mitgliedstaaten über ihre Erfahrungen und Probleme bezüglich der Ratifikation austauschen können. Diese Gruppe könnte regelmäßig an die für die Ratifizierung zuständige Einrichtung über Probleme berichten, um somit rechtzeitig auf Missstände aufmerksam zu machen.

Für die Staaten außerhalb der EU könnte mittels der europäischen Außenpolitik Einfluss auf die Ratifizierung derartiger Abkommen genommen werden bzw. könnten bilaterale Verträge den Designschutz weiter stärken. Die EU könnte sich ebenso für die Schiffbauindustrie einsetzen, indem sie sich an Einrichtungen wie die WTO (World Trade Organization) wendet und deren Möglichkeiten nutzt.[949]

bb) Ansicht der CESA – Community of European Shipyards' Associations

Die Community of European Shipyards' Associations (CESA) bezweckt ebenfalls, die Interessen der europäischen Schiffbau- und Schiffreparaturindustrie zu fördern und diese in der Europäischen Gemeinschaft zu vertreten. Sie unterstützt Forschung, Entwicklung und Innovationen im Schiffbausektor und die Bestrebungen der IMO hinsichtlich einer sicheren und umweltfreundlicheren Schifffahrtsindustrie.

Die CESA ist eine der Gemeinschaften in der Schiffbauindustrie, die sich im Wesentlichen für das Fortkommen des Programms LeaderSHIP 2015 eingesetzt haben, das sich neben der Verbesserung von Finanzierungsmöglichkeiten und Sicherheitsstandards auch den Schutz des geistigen Eigentums in der Schiffbaubranche zum Ziel gesetzt hat.

---

schaftlichem Rat zur Seite und arbeitet eng mit den Mitgliedstaaten zusammen. Zu den Kernaufgaben gehört ebenfalls ein in der europäischen Gemeinschaft zu etablierendes System der Überwachung des Schiffverkehrs. Die EMSA betreut darüber hinaus die neuen Mitgliedstaaten bei der Umsetzung gesetzlicher Regelungen zur Schiffssicherheit. Darüber hinaus unterstützt sie den Evaluierungsprozess in der EU ob der Effektivität der momentan bestehenden gesetzlichen Regelungen hinsichtlich der Schiffssicherheit und der von Schiffen ausgehenden Umweltverschmutzung. Sie setzt sich für eine Harmonisierung des Binnenmarktes ein.

949 *ECSA* Submission to Green Paper 8.

Nach Ansicht der CESA müssen die bestehenden Regeln zur Sicherung des geistigen Eigentums in der Schiffbauindustrie zur Entfaltung kommen und genutzt werden.[950] Die europäische Kommission sollte das gesamte in der Europäischen Union vorhandene Wissen zum Schutz des geistigen Eigentums bündeln, damit der Schutz des geistigen Eigentums in seiner vollen bereits bestehenden Reichweite genutzt werden kann.[951]

b) Ergebnis und Ausblick

Den Mitgliedern der Schiffbauindustrie soll weiterhin eine profitable Teilnahme an diesem globalen Markt ermöglicht werden. Zwar leisten die europäischen maritimen Organisationen, Register und Einrichtungen bereits einen beachtlichen Beitrag. Es bedarf allerdings dringend einer Einrichtung auf UN-Ebene zum weltweiten Schutz des geistigen Eigentums in der Schiffbauindustrie. Aufgabe einer solchen supranationalen Institution sollte sein, die Durchsetzung bestehender Regelungen zu forcieren, neue weltweit gültige Abkommen vorzubereiten, zu entwickeln und deren Ratifizierung zu fördern. Eine globale Institution erscheint auch deshalb sinnvoll, da die Etablierung einer weiteren europäischen Einrichtung nicht zielführend erscheint: Auch wenn dabei für die EU prestige- und symbolträchtige Einrichtungen entstehen könnten, wäre der Sinn und Zweck doch zweifelhaft. Da die Kooperation zwischen den Mitgliedstaaten der EU im weltweiten Vergleich bereits weit fortgeschritten ist, bedarf es nunmehr der globalen Bindung durch internationale Vereinbarungen auf diesem Sektor, um letztendlich den gewünschten Schutz eines weltweit gültigen Designstandards in der Schiffbauindustrie zu erlangen. Daher erscheint eine diese Zwecke fördernde Einrichtung auf UN-Ebene, beispielsweise angegliedert an die IMO, mehr als notwendig.[952] Die IMO hat bereits in den letzten 50 Jahren erfolgreich mehrere Konventionen entwickelt und Empfehlungen, beispielsweise im Bereich der Sicherheit, des Umweltschutzes, der Haftung und der

950 Opinion of the EESC 8; vgl. auch *THB* „Markenpiraten kopieren ganze Schiffe", Art. vom 4. 4. 2008, S. 2.

951 Opinion of the EESC 9.

952 Dabei soll über die politischen Hürden der Errichtung und Ausstattung einer solchen Institution nicht hinweggetäuscht werden.

Kompensation, abgegeben.[953] Diese Instrumentarien unterliegen darüber hinaus konstanter Überprüfung und Reformen bzw. Novellierungen. Die Schiffbausindustrie, insbesondere die europäische maritime Industriegruppe, braucht effektive internationale Einrichtungen, die global wirksame Richtlinien entwickeln und umsetzen können. Weitere unilateral, national oder regional wirksame Gesetze sollten mithin vermieden werden, wenn es lediglich um die Verwirklichung oder Beanspruchung eigener Machtpotentiale geht. Die EU und deren Mitgliedstaaten bzw. die EU-Flaggenstaaten könnten aufgrund ihrer bisherigen Kenntnisse und Erfahrungen eine tragende Rolle in der Etablierung einer solchen Einrichtung zum Schutze des geistigen Eigentums in der Schiffbauindustrie einnehmen. Die Zweckmäßigkeit weiterer regionaler oder nationaler Institutionen zum Schutz der Schiffbauindustrie und insbesondere des Designschutzes sollten daher skeptisch geprüft werden, zumal solche die Zuarbeit und Unterstützung einer bei der IMO angesiedelten Einrichtung konterkarieren könnten.

Gegen eine den europäischen Wissenspool in der Schiffbauindustrie bündelnde Einrichtung auf EU-Ebene ist nichts einzuwenden, sofern diese in Bezug auf die IMO unterstützend agiert und sich nicht als übergeordnete Behörde begreift. Nur auf diese Weise kann der bereits durch bestehende gesetzliche Verankerungen gesicherte Designschutz in der Schiffbauindustrie weiter entwickelt und gestärkt werden. Initiativen für die Etablierung europäischer Einrichtungen, wie z. B. eines europäischen Registers, sollten auch auf UN-Ebene Berücksichtigung finden.

VII. Verbesserungsansätze zum Designschutz in der Schiffbauindustrie

Initiativen auf nationaler, europäischer und internationaler Ebene können neben der gesetzlichen Verankerung von Designrechten dem Designschutz in der Schiffbauindustrie dienen. Darüber hinaus können die beteiligten Parteien zusätzliche Absicherungen auf vertraglicher Ebene individuell vereinbaren. Gerade weil Designschutz auf

953 Vgl. auch Teil III. 4. a).

internationaler Ebene bisher nur unzureichend gewährleistet ist, erlangt eine ergänzende und ausdrückliche vertragliche Gestaltung besondere Bedeutung, auch wenn sie den erwünschten Schutz durch internationale Vereinbarungen und Abkommen nicht vollumfänglich ersetzen kann.

1. Vertragliche Vereinbarungen im Rahmen von Schiffbauverträgen

Der Schutz des geistigen Eigentums in der Schiffbauindustrie erfolgt über das Urheber-, Geschmacksmuster-, Marken-, Patent- und Gebrauchsmusterrecht. Darüber hinaus gehende Schutzmechanismen können in Form von Geheimhaltungsvereinbarungen und entsprechenden weiteren Klauseln in den Schiffbauverträgen selbst oder Kooperationsverträgen mit Subunternehmern erzielt werden.[954] Im Folgenden sollen solche vertraglichen Schutzmöglichkeiten aufgezeigt werden.

a) Einleitung

Regelmäßig kann bei Verträgen, denen als Vertragsgegenstand eine Designleistung zugrunde liegt, von einer zweistufigen Ausgestaltung ausgegangen werden.[955] Auf der einen Seite wird in einem Werkvertrag (oder Werklieferungsvertrag) die eigentliche Erstellung des Werkes (so genannter Auftrag für das Design) geregelt, auf der anderen Seite wird die Einräumung von Nutzungsrechten in einem Lizenzvertrag vereinbart sein (so genannte Nutzungsrechtseinräumung).[956] Idealerweise sollten die Rechte des Designers weitestgehend ge-

954 Vgl. auch LeaderSHIP 2015, 24.

955 Siehe näher zum Zweistufenvertrag Loewenheim/*G. Schulze* § 70 Rn. 120ff.; Dreier/Schulze/*Schulze* Vor § 31 UrhG Rn. 165ff. zu Auftragswerken und Rn. 258 zu Designverträgen.

956 Vgl. Ausführungen von *Schulze* NZBau 2007, 537, 541 zu Designverträgen in Abgrenzung zu Architektenverträgen. Designer erstellen nach *Schulze* grundsätzlich ein Design oder einen Entwurf, der anschließend auf dieser Grundlage vervielfältigt wird; Dreier/Schulze/*Schulze* Vor § 31 UrhG Rn. 165; Loewenheim/*G. Schulze* § 70 Rn. 120; siehe auch zu Nutzungsrechtseinräumung Teil II. 8. d).

schützt, aber auch dem Nutzer die erforderlichen Rechte eingeräumt werden, so dass dieser die Designleistung angemessen und effektiv (aus-)nutzen kann. Beispielsweise kann der Tarifvertrag für Designleistungen (DDV, Stuttgart – Mustervertrag für Industriedesign) für eine angemessene Vergütung zugrunde gelegt werden.[957]

Im Falle der öffentlichen Vergabeverfahren von Aufträgen für den Neubau eines Schiffes lässt sich der Auftraggeber in der Regel sämtliche Rechte einräumen, das Schiff oder einzelne Elemente beispielsweise „kopieren", d.h. vervielfältigen zu können.

In der Privatwirtschaft verteilte Aufträge für den Neubau von Schiffen entbehren in der Regel jeglicher Art von Rechteeinräumung, weil private Auftraggeber und Schiffbauer sich häufig nicht der Konsequenzen oder rechtlichen Gestaltungsmöglichkeiten bewusst sind, die in deren beiderseitigem Interesse zur Verfügung stehen.

Ein anderes gilt indes für den Bau bzw. Entwurf von Jachten. Diese sind im Gegensatz zu herkömmlichen Booten und kleineren Schiffen für den privaten Gebrauch aufgrund ihrer Konzeption in der Regel aufwendiger und damit kostspieliger entworfen und gearbeitet worden.

Jachtbauverträge sind in der Regel komplex gestaltet. Insbesondere Verträge für den Bau von so genannten Mega- oder Super-Jachten[958] bestehen meist aus mindestens zwei unterschiedlichen Vertragsteilen. Zum einen aus dem hauptsächlichen Vertragsteil, in dem es unter der Bestimmung des Vertragsgegenstandes (Jacht) um Ablieferungstermine, Verspätung und Haftungsfragen geht (so genannter Auftrag der Designleistung in Form eines Werkvertrages). Teils werden generell gehaltene Designklauseln bereits in diesen Vertragsteil eingefügt.

Der zweite und für das Design des Schiffes relevantere Teil enthält Spezifikationen, die en détail regeln, welche Komponente wie zu

957 Dreier/Schulze/*Schulze* Vor § 31 UrhG Rn. 258f.

958 Für die Begriffe Megajacht oder Superjacht gibt es keine allgemeine Definition. In der Regel bezeichnet man Jachten ab einer Länge von 50m als Mega- oder Superjacht. Die längsten in Privatbesitz befindliche Jachten haben eine Länge von bis zu 150m, womit sie länger sind als die größten Fregatten der Bundesmarine. Vgl. auch *THB* „Jeder Meter kostet eine Million Euro", Art. vom 5. April 2007, S. 15.

konstruieren ist und beinhaltet konkrete Designmaßgaben (so genannte Designspezifikation, nicht Nutzungsrechtseinräumung). Zum Teil werden externe Architekten, die durch den Käufer beauftragt wurden, sowohl für den Außen- als auch für den Innenbereich des Schiffes tätig. Die Werft wird dann in der Regel nur noch als ausführender Konstrukteur tätig. Die Spezifikation enthält darüber hinaus Bestimmungen, wer für das Design des Schiffes verantwortlich zeichnet.

Im Laufe der Entwurfsfassung bzw. des Entstehungsprozesses eines Schiffes sind regelmäßig Änderungen, bedingt durch die Struktur des Schiffes, Vorgaben der Klassifikationsgesellschaft, Kabelführungen oder andere Einflüsse, nicht vermeidbar. Erfolgen dann durch Änderungen der Werft Eingriffe in das Design, so stellt sich zum einen die Frage der Bearbeitung bzw. Entstellung.[959] Zum anderen gilt es zu klären, inwiefern in diesen Konstellationen urheberrechtliche Miturheberschaft bzw. geschmacksmusterrechtliche gemeinsame Entwurfstätigkeit anzunehmen ist.[960] Derartige Ungewissheiten können durch eindeutige Regelungen im Vertrag vermieden werden.

b) Muster für vertragliche Schutzklausel

Die folgenden Klauseln sollen als Beispiel für die Gestaltung von Schiffbauverträgen gelten.

aa) Vertragliche Klausel zur Sicherung der „Designschutzrechte“

Die Klauseln unter Punkt (1) befassen sich mit der Sicherung der Designschutzrechte bezogen auf das Schiff in seiner Gesamtheit bzw. dessen Teile. Die Klauseln unter Punkt (2) befassen sich mit der Sicherung der Schiffspläne, -zeichnungen, -entwürfe bzw. -modelle. Der beauftragte Architekt wird in den Klauseln als Auftragnehmer bezeichnet.

959 Vgl. dazu Teil II. 7.
960 Vgl. dazu auch Teil II. 6. b).

(1) Schiff, Schiffbauwerk und dessen Teile

1. Der Auftragnehmer ist Inhaber sämtlicher mit dem vertragsgegenständlichen Schiff, Schiffbauwerk bzw. dessen Teilen verbundener Urheber-, Geschmacksmuster-, Markenrechte oder sonstiger in Betracht kommender Designschutzrechte. Diese Rechte verbleiben auch nach Fertigstellung und Ablieferung an den Auftraggeber vollumfänglich beim Auftragnehmer, soweit in diesem Vertrag nicht anders geregelt. Dies gilt auch im Falle nachträglicher Veränderungen am Schiff, Schiffbauwerk bzw. an einzelnen Teilen.
2. Änderungen oder Ergänzungen durch den Auftraggeber oder Dritte am Schiff, am Schiffbauwerk oder an Teilen sind nur mit vorheriger schriftlicher Einwilligung und in Absprache mit dem Auftragnehmer zulässig. Auch in diesem Fall verbleiben sämtliche Rechte vollumfänglich beim Auftragnehmer, soweit in diesem Vertrag nicht anders geregelt. Hiervon ausgenommen sind ggfs. mit der Änderung oder Ergänzung zusätzlich entstehende Designschutzrechte des Auftraggebers oder Dritter, die neben den beim Auftragnehmer verbleibenden Schutzrechten entstehen.
3. Die Vergütung für die Einräumung urheberrechtlicher Nutzungsrechte bzw. geschmacksmusterrechtlicher Benutzungsrechte ist den allgemeinen Vergütungssätzen anzupassen, sofern keine individuelle Vereinbarung getroffen wird. Geht der wirtschaftliche Erfolg des Werkes über die der vereinbarten Vergütung zugrunde gelegten Verwertbarkeit nach diesem Vertrag hinaus, so ist die Vergütung nachträglich im Sinne der §§ 32, 32a UrhG angemessen anzupassen. Dies gilt insbesondere dann, wenn das Schiff, das Schiffbauwerk bzw. dessen Teile für weitere als in diesem Vertrag vorgesehene Schiffe – auch teilweise – Verwendung finden.
4. Reparaturen sind – soweit technisch möglich – derart vorzunehmen, dass die Integrität des Schiffes bzw. Schiffbauwerkes oder dessen Teile gewahrt wird. Zur Aufrechterhaltung des Schiffbetriebs sind vorläufige und erforderliche Abweichungen zulässig, sofern alsbald die Integrität des Schiffes bzw. Schiffbauwerkes oder dessen Teile wieder hergestellt wird.

Die Klauseln sind im Einzelfall entsprechend zu modifizieren und anzupassen.

(2) Schiffbauplan, -zeichnung, -entwurf, -modell

1. Der Auftragnehmer ist Inhaber sämtlicher mit den Schiffbauplänen, -zeichnungen, -entwürfen bzw. -modellen des vertragsgegenständlichen Schiffes, Schiffbauwerkes oder dessen Teilen verbundener Urheber-, Geschmacksmuster-, Markenrechte oder sonstiger in Betracht kommender Designschutzrechte. Diese Rechte verbleiben auch nach Fertigstellung vollumfänglich beim Auftragnehmer, soweit in diesem Vertrag nicht anders geregelt. Dies gilt auch im Falle nachträglicher Veränderungen an den Schiffbauplänen, -zeichnungen, -entwürfen bzw. -modellen.
2. Änderungen oder Ergänzungen durch den Auftraggeber oder Dritte an den Schiffbauplänen, -zeichnungen, -entwürfen und -modellen sind nur mit vorheriger schriftlicher Einwilligung und in Absprache mit dem Auftragnehmer zulässig. Auch in diesem Fall verbleiben sämtliche Rechte vollumfänglich beim Auftragnehmer, soweit in diesem Vertrag nicht anders geregelt. Hiervon ausgenommen sind ggfs. mit der Änderung oder Ergänzung zusätzlich entstehende Designschutzrechte des Auftraggebers oder Dritter, die neben den beim Auftragnehmer verbleibenden Schutzrechten entstehen.
3. Die Vergütung für die Einräumung urheberrechtlicher Nutzungsrechte bzw. geschmacksmusterrechtlicher Benutzungsrechte ist den allgemeinen Vergütungssätzen anzupassen, sofern keine individuelle Vereinbarung getroffen wurde. Geht der wirtschaftliche Erfolg des Werkes über die der vereinbarten Vergütung zugrunde gelegten Verwertbarkeit nach diesem Vertrag hinaus, so ist die Vergütung nachträglich im Sinne der §§ 32, 32a UrhG angemessen anzupassen. Dies gilt insbesondere dann, wenn die Pläne, die Zeichnungen, die Entwürfe bzw. die Modelle für weitere als in diesem Vertrag vorgesehene Schiffe bzw. Schiffbauwerke – auch teilweise – Verwendung finden.

Die Klauseln sind im Einzelfall entsprechend zu modifizieren und anzupassen.

bb) Geheimhaltungsvereinbarung

Zur Sicherung der in den Plänen enthaltenen Informationen gegenüber Dritten empfiehlt es sich, in Schiffbauverträgen darüber hinaus eine so genannte Geheimhaltungsvereinbarung aufzunehmen. Diese könnte folgendermaßen lauten:

1. Die vom Auftragnehmer gefertigten oder gelieferten Pläne, Zeichnungen, Entwürfe bzw. Modelle und alle darin enthaltenen Vorgaben, Informationen etc. sind vom Auftraggeber streng vertraulich zu behandeln und dürfen ohne vorherige schriftliche Einwilligung des Auftragnehmers nicht an Dritte weitergegeben werden oder für nicht das vertragsgegenständliche Schiff bzw. Schiffbauwerk betreffende Vorhaben verwendet bzw. verwertet werden.
2. Der Auftraggeber hat durch geeignete Maßnahmen sicherzustellen, dass die Planunterlagen Unbefugten nicht zugänglich sind. Der Auftragnehmer haftet insoweit auch für seine Angestellten und die mit der Umsetzung des Werkes beauftragten Drittunternehmer.

2. Ergebnis

Die zusätzliche vertragliche Absicherung der Urheber-, Geschmacksmuster-, Marken-, Patent- und Gebrauchsmusterrechte gewährt den beteiligten Vertragsparteien eine klare Durchführung der Vertragsverhältnisse. Sie verdeutlicht damit, dass es beim Abschluss eines Schiffbauvertrages nicht nur um einen Werkvertrag geht, der die Fertigstellung und Auslieferung eines Schiffes zum Gegenstand hat. Es sollten stets auch die erforderlichen urheberrechtlichen Nutzungsrechtseinräumungen oder geschmacksmusterrechtlichen Rechteübertragungen geregelt werden.

VIII. Probleme in der Praxis

Die künstlerische bzw. ästhetische Gestaltung eines Schiffes trifft in der Praxis auf vielfältige Probleme. Zum einen sind Schiffe in der Regel Einzelanfertigungen, so dass die ästhetische Gestaltung mit hohen Kosten in der Entwicklung wie in der Umsetzung einhergeht. Die Sicherung der urheber- bzw. geschmacksmusterrechtlichen Schutzmaßnahmen für jedes Schiff wird daher in jedem Einzelfall anzupassen sein, was mit weiteren Kosten verbunden sein wird.[961]

961 Vgl. auch LeaderSHIP 2015, 24.

Die Gestaltungsmöglichkeit wird durch Forderungen und Vorgaben der Technik geschmälert bzw. kommt dadurch nicht mehr zum Tragen.

Zum anderen ist zu beobachten, dass insbesondere Auftraggeber von Jachten und Segelbooten wenig innovationsfreudig sind. Die Einheitlichkeit bei Serienbooten beruht auf mehreren Faktoren. Zum einen beeinflussen Elemente erfolgreicher Regattaboote das Design, weil einzelne Konstruktionselemente unbesehen übernommen werden, unabhängig davon, ob sinnvoll oder nicht. Zum anderen werden häufiger Boote gekauft, die einer anderen „attraktiven", erfolgreichen oder prestigeträchtigen Jacht ähneln und lediglich in den Ausmaßen anders gestaltet wurden. Das Resultat ist eine Annäherung der Formen und Gleichförmigkeit ähnlich wie im Automobilbau. Abgesehen von Fahrgast- und Kreuzfahrtschiffen wird ein ästhetisches Äußeres in der Handelsschifffahrt kaum von Relevanz sein. Die Forderungen nach Zweckmäßigkeit und Rendite werden häufig scharf gefasst, so dass für Design und Ästhetik wenig übrig bleibt. Das Design eines modernen Passagierschiffes kann mitunter über 10 Prozent der Gesamtkosten betragen.[962] Darüber hinaus muss bedacht werden, dass Design einen Einfluss auf die Materialwahl, die Materialmengen, Produktionsschritte, Zulieferanten etc. hat, was wiederum zu beachtlichen Mehrkosten führen kann. In den Bereichen der Technik ist die Ästhetik eine Komponente, die bewusster Zuwendung und Bemühung und damit auch zusätzlicher finanzieller Mittel bedarf.

An Bord von Schiffen lassen sich mitunter Kunstwerke in Form von Bildern und Skulpturen finden. Wichtiger aber dürfte eine ästhetische Gestaltung und Ausführung des Schiffsganzen sein. Dass gleichwohl das Design nur eine untergeordnete Rolle einnimmt, ist auf verschiedene Gründe zurückzuführen:

- mangelnde finanzielle Möglichkeiten
- mangelndes Interesse und mangelndes Verständnis des Auftraggebers
- Mangel an Zeit zur Berücksichtigung der ästhetischen Komponente in der Planung.

962 *Andritsos/Perez* 51, 80.

In der Handelsschifffahrt wirkt sich heutzutage der stetig ansteigende Druck, schneller und gleichzeitig günstiger zu produzieren, auf die Kreativität und Gestaltungsprozesse problematisch aus. Dies führt zur Technologisierung von Arbeitsabläufen, die bis dato manuell vorgenommen wurden. Eine Vereinheitlichung des Designs wird damit einhergehen, da auch hier wie auch im Produktionsbereich eine kreative Produktivität durch die Automatisierung zu Gunsten der Effizienz abnehmen wird.[963]

Zudem kann die Einführung neuer Designs Auswirkungen auf die Nutzbarkeit der Schiffe haben. So kann die Einführung eines neu gestalteten Schiffsrumpfes insofern riskant sein, als dieser mit der Lebensdauer bewährter Formen (durch Korrosion, Vibrationen, Materialermüdung, etc.) nicht mithalten kann[964] oder derartig lange Testreihen in Anspruch nimmt, dass die Entwicklungskosten dementsprechend ansteigen.

Zusammengefasst hindern folgende Faktoren eine intensivere Auseinandersetzung mit dem Schiffdesign:

- mangelnde Flexibilität der Auftraggeber
- mangelnde finanzielle Möglichkeiten
- stetig ansteigender zeitlicher und finanzieller Druck führt zu seriellem Design durch Automatisierung der Gestaltungsprozesse
- Einführung neuer Designformen bergen Risiko verringerter Lebensdauer
- Einführung neuer Designformen erhöhen durch langwierige Testreihen das Kostenrisiko.

IX. Ergebnis

Die Ergebnisse der Untersuchung lassen sich insgesamt wie folgt zusammenfassen: Unter der Voraussetzung der nötigen urheberrechtlichen Gestaltungshöhe können Schiffe in ihrer Gesamtheit den Werken der angewandten Kunst zugeordnet werden. Ebenso können einzelne Teile wie z.B. Verzierungen oder Aufbauten eines Schiffes urheberrechtlich schutzfähig sein. Grundsätzlich dürften diese eben-

963 Vgl. auch *Andritsos/Perez* 4, 7, 22.
964 Vgl. *Andritsos/Perez* 21.

falls Werken der angewandten Kunst zugeordnet sein, sofern sie nicht im Zusammenhang mit dem Schiff dargestellt werden und daher einer eigenständigen Betrachtung unterliegen. In diesem Fall können einzelne Elemente eines Schiffes auch unter eine andere Werkart subsumiert werden.

In der Praxis bestehen bereits im Geschmacksmusterregister eingetragene Muster von Schiffen (wie z.B. Autofähren), was darauf schließen lässt, dass Schiffe grundsätzlich musterfähig sein können. Darüber hinaus sind einzelne Schiffsbestandteile wie Rümpfe, Oberflächenstrukturen, Gangways u.v.m. im Geschmacksmusterregister beim DPMA eingetragen.

Ein geschmacksmuster- und urheberrechtlicher Schutz von Schiffen und deren Bestandteilen ist damit grundsätzlich möglich.

Die Diskussion um eine abgesenkte urheberrechtliche Gestaltungshöhe in Bezug auf Werke der angewandten Kunst ist nicht nur von Relevanz in der Schiffbauindustrie. Auch in der Theorie dürfte damit die Eigenständigkeit des Geschmacksmusterrechts bestätigt sein. Die Geschmacksmusterrichtlinie 98/71/EG hat unter anderem durch Änderung des Tatbestandsmerkmals der Eigentümlichkeit in die der Eigenart einen wesentlichen Beitrag zur Differenzierung von Urheber- und Geschmacksmusterrecht geleistet. Der noch von der Rechtsprechung und dem herrschenden Schrifttum vertretenen Stufentheorie ist damit die Grundlage entzogen worden. Der Weg für eine Angleichung der Gestaltungshöhe ist somit für Werke der angewandten Kunst geebnet. Der Praxis wird ein Schutz für Erzeugnisse der angewandten Kunst dadurch erleichtert.

Bei Beurteilung der urheber- oder geschmacksmusterrechtlichen Schutzfähigkeit von Schiffen ist zu differenzieren zwischen technisch bedingten Formen und genutzten Gestaltungsspielräumen. Je höher die Formendichte ist bzw. je variantenärmer eine Produktkette gestaltet werden kann, desto geringere Anforderungen sind an die urheberrechtlich individuelle Schöpfung zu stellen. Geschmacksmusterrechtlich sind niedrigere Anforderungen an die Unterschiedlichkeit zu stellen.

Durch die Einführung des Gemeinschaftsgeschmacksmusterschutzes ist der Weg für einen europaweiten Schutz bereitet worden. Das eingetragene wie das nicht eingetragene Gemeinschaftsgeschmacksmuster stellen eine sinnvolle Ergänzung des nationalen geschmacksmusterrechtlichen Investitionsschutzes dar. Für den Markt der Schiffbauindustrie, der international ist, kann nunmehr ein einheitlicher Schutz zumindest in den europäischen Mitgliedstaaten sichergestellt werden. International bietet das Haager Musterabkommen in den Mitgliedstaaten, die diesem beigetreten sind, Geschmacksmusterschutz über die WIPO. Dieser ist eine wertvolle Erweiterung zum europäischen Gemeinschaftsgeschmacksmusterschutz, um zumindest der weltweit agierenden Schiffbaubranche in den Unterzeichnerstaaten Schutz gewähren zu können.

Technische Zeichnungen und Darstellungen von Schiffen sowie einzelne Elemente sind einem urheber- bzw. geschmacksmusterrechtlichen Schutz ebenso zugänglich wie Schiffe oder einzelne eigenständige Elemente eines Schiffes. Urheberrechtlich ist zwischen dem Schutz nach § 2 Abs. 1 Nr. 4 UrhG für Entwürfe und dem zugrunde liegenden dargestellten Werk und dem nach § 2 Abs. 1 Nr. 7 UrhG abgebildeten Plan zu differenzieren. Der Schutz nach § 2 Abs. 1 Nr. 7 UrhG bezieht sich nicht auf das aus der Zeichnung zu konstruierende Werk.

Umfassend ist der Designschutz unter Berücksichtigung anderer gewerblicher Schutzrechte gestaltet. Das Markenrecht bietet in vielfältiger Art Schutz, der im Gegensatz zum Geschmacksmusterrecht auch länger andauert. Andererseits darf nicht vernachlässigt werden, dass das Geschmacksmusterrecht das leichter zu erlangende und auch umfassendere Designschutzrecht ist. Das Geschmacksmuster ist nicht wie die eingetragene Marke an die angegebene Warenklasse gebunden. Ebenso wenig sind markenrechtliche Anmeldungen von Teilen untersagt. Ergänzend kommt der wettbewerbsrechtliche Leistungsschutz hinzu, der allerdings lediglich untergeordnet eingreifen kann.

Kritisch ist anzumerken, dass es an einer übergeordneten Einrichtung fehlt, die den Schutz geistigen Eigentums in der Schiffbauindustrie auf europäischer bzw. UN-Ebene überwacht bzw. für Dokumentationen und Hilfestellungen diesbezüglich zuständig ist. Da urheber-, geschmacksmuster- und markenrechtlicher Schutz für Schiffe in Betracht kommt, dieser aber auf jedes einzelne Schiff abzustimmen ist und damit einen beachtlichen Kostenfaktor bei der Herstellung eines Schiffes in sich birgt, könnte eine auf UN-Ebene initiierte Einrichtung speziell auf diesem Sektor tätig werden, um europaweit bzw. international über das geistige Eigentum dieser Branche zu wachen. Der Produktion preiswerter, qualitativ minderwertig produzierter und umweltgefährdender Schiffe könnte effektiver entgegengewirkt werden.

Neben den gesetzlich bestehenden Designschutzrechten empfiehlt sich die zusätzliche vertragliche Vereinbarung von Designschutzrechten in Schiffbauverträgen. Vertragliche Vereinbarungen sollten je nach Einzelfall für das Schiff in seiner Gesamtheit, das Schiffbauwerk, dessen Teile bzw. die einem Schiff zugrunde liegenden Pläne, Zeichnungen, Entwürfe und Modelle individuelle Absicherung bieten und im Konfliktfall eindeutige Lösungen gewährleisten.

[redacted]

Literaturverzeichnis

Abeking&Rasmussen Ruhige Fahrt auf rauher See, Erste seegehende SWATH-Yacht im Bau, VSM I 2007, 16 ff. (zit. *Abeking&Rasmussen* VSM I 2007)

Ahrens, Hans-Jürgen Brauchen wir einen Allgemeinen Teil der Rechte des Geistigen Eigentums, GRUR 2006, 617 ff.

Andritsos, Fivos/Perez-Prat, Juan The Automation and Integration of Production Processes in Shipbuilding, State-of-the-Art-report (AIPS), for the DG Enterprise unit E.6, European Commission Joint Research Centre, Juni 2000

Bauer, Robert Die Ware als Marke – Gedanken zur BGH-Entscheidung „Füllkörper", GRUR 1996, 319 ff.

Baden, Eberhard/Gräfin Dohna, Inge/Groscurth, Eberhard Handbuch des Architektenrechts, Bd. I, 3. Auflage, Loseblatt, Stuttgart, Stand 5/2002 (zit. Baden/Gräfin Dohna/Groscurth/*Bearbeiter*)

Bartenbach, Kurt/Fock, Soenke Das neue nicht eingetragene Geschmacksmuster – Ende des ergänzenden wettbewerblichen Leistungsschutzes im Geschmacksmusterrecht oder dessen Verstärkung?, WRP 2002, 1119 ff.

Beier, Friedrich-Karl/Haertel, Kurt/Kur, Annette/Levin, Marianne Diskussionsentwurf des Max-Planck-Instituts für ausländisches und internationales Patent-, Urheber-, und Wettbewerbsrecht für ein europäisches Musterrecht, GRUR Int. 1990, 566 ff.

Beier, Friedrich-Karl Der Musterschutz von Ersatzteilen in den Vorschlägen für ein Europäisches Musterrecht, GRUR Int. 1994, 716 ff.

Beier, Friedrich-Karl Die Zukunft des geistigen Eigentums in Europa Gedanken zur Entwicklung des Patent-, Gebrauchs- und Geschmacksmusterrechts, GRUR Int. 1990, 675 ff.

Berlit, Wolfgang Der Schutzumfang von Farbmarken, GRUR 2005, 998 ff.

Berlit, Wolfgang Das neue Geschmacksmusterrecht, GRUR 2004, 635 ff.

Beyer, Philipp Ausstellungsrecht und Ausstellungsvergütung, Baden-Baden 2000

Binder, Anja/Kosterhon, Frank Urheberrecht für Architekten und Ingenieure, München 2003

Bodan-Werft Designerschiffe vom Bodensee – mehr als nur Transport, VSM I 2007, 24 ff. (zit. *Bodan-Werft* VSM I 2007)

Boell, Denis-Michel Traditionelle Boote im Leben der Völker, in: Seefahrt (Hrsg. Rispa/Rios/Aguaza), Sevilla 1992, 88 ff.

Brockhaus Lexikon, 3. Auflage, Mannheim 2007

Brückmann, Ulrich/Günther, Philipp Helmut/Beyerlein, Thorsten Kommentar zum Geschmacksmustergesetz, Frankfurt a. M. 2007 (zit. Brückmann/Günther/Beyerlein/*Bearbeiter)*

Bulling, Alexander/Langöhrig, Angelika/Hellwig, Tillmann Geschmacksmuster, Designschutz in Deutschland und Europa, 2. Auflage, Köln, Berlin, München 2006

Bulling, Alexander Ein neues Schutzrecht entsteht: Das nicht eingetragene Gemeinschaftsgeschmacksmuster, Mitt. 2002, 170 ff.

Bundesministerium für Wirtschaft und Technologie (BMWi) LeaderSHIP Deutschland, Das nationale Schiffbau-Zukunftskonzept, Berlin Juni 2008 (abrufbar im Internet unter www.bmwi.de/BMWi/Redaktion/PDF/Publikationen/leadership-Deutschland,property=pdf,bereich=bmwi,sprache=de,rwb=true.pdf)

Bunk, Lutz 50 Klassiker, Schiffe, Von der Arche Noah bis zur Cap Anamur, Hildesheim 2004

Buydens, Mireille Produktpiraterie und unlauterer Wettbewerb – Die Situation in Belgien und Frankreich mit Hinweisen auf die Rechtslage in Deutschland, GRUR Int. 1995, 15 ff.

Chakraborty, Martin Das Rechtsinstitut der freien Benutzung im Urheberrecht, Baden-Baden 1997

Commission of the European Communities Seventh Report from the Commission to the Council on the Situation in World Shipbuilding, COM (2003) 232

Delp, Ludwig Das Recht des geistigen Schaffens in der Informationsgesellschaft, 2. Auflage, München 2003

Dietrich, Thomas/Hanau, Peter/Schaub, Günter Erfurter Kommentar zum Arbeitsrecht, 9. Auflage, München 2009 (zit.: Dietrich/Hanau/Schaub/*Bearbeiter*)

Dietz, Adolf Der „design approach" als Entlastung des Urheberrechts, in: Straus (Hrsg.) Aktuelle Herausforderungen des geistigen Eigentums, Festgabe für Friedrich-Karl Beier, Köln u. a. 1996, 355 ff.

Dittrich, Robert Zum Schutzumfang nach österreichischem Urheberrecht – Bemerkungen zur „Mart Stam"-Entscheidung des OGH, GRUR Int. 1993, 200 ff.

Dreier, Thomas/Schulze, Gernot Urheberrechtsgesetz, Kommentar, 3. Auflage, München 2008

Dreyer, Gunda/Kotthoff, Jost/Meckel, Astrid Heidelberger Kommentar zum Urheberrecht, Kommentar, 2. Auflage, Heidelberg 2009

Durie, Robyn „European Community Design Law" in: Gray & Bouzalas (eds.), „Industrial Design Rights, an international perspective", Kluwer Law Int. and Int. Bar Assoc. series 2001, 90

Dölling, Andreas Color Fantasy, Lübeck 2005

Dudszus, Alfred/Henriot, Ernest/Köpcke, Alfred/Krmumrey, Friedrich Das große Buch der Schiffstypen, Bozen 1999 (zit. Dudzus/Köpcke)

Eck, Matthias Rechtswirkungen von sogenannten Setanmeldungen im gegenwärtigen und künftigen Recht, GRUR 1998, 977 ff.

Edmunds, Arthur Designing Power & Sail, Harrisburg, Pennsylvania 1998

Eichmann, Helmut/von Falckenstein, Roland Geschmacksmustergesetz, 3. Auflage, München 2005

Eichmann, Helmut Schutzvoraussetzungen und Schutzwirkungen von Abbildungsmarken, GRUR Int. 2000, 483 ff.

Eichmann, Helmut Schutz von industriellem Design: Stand der europäischen Rechtsentwicklung, Mitt. 1998, 252 ff.

Eichmann, Helmut Das europäische Geschmacksmusterrecht auf Abwegen?, GRUR Int. 1996, 859 ff.

Eichmann, Helmut Die dreidimensionale Marke im Verfahren vor dem DPA und dem BPatG, GRUR 1995, 184 ff.

Eichmann, Helmut Die dreidimensionale Marke, in: Festschrift für Ralf Vieregge zum 70. Geburtstag am 6. November 1995 (Hrsg. Baur/Jacobs/Lieb/Müller-Graff), Berlin, New York 1995, 125 ff. (zit. *Eichmann* FS Vieregge)

Engel, Sabine Der Urheberschutz für Architektenleistungen, Berlin 2004

Erdmann, Willi Das urheberrechtliche Vermiet- und Verleihrecht, in: Pfeiffer, Gerd/Kummer, Joachim/Scheuch, Silke (Hrsg.), Festschrift für Hans Erich Brandner, Köln 1996, 361 ff.

Erdmann, Willi Schutz der Kunst im Urheberrecht, in: Festschrift für Otto-Friedrich Frhr. v. Gamm (Hrsg. Erdmann/Mees/Piper/Teplitzky/Hefermehl/Ulmer), Köln u. a. 1990, 389 ff. (zit. *Erdmann* FS v. Gamm)

Erdmann, Willi/Bornkamm, Willi Schutz von Computerprogrammen – Rechtslage nach der EG-Richtlinie, GRUR 1991, 877 ff.

European Commission Shipbuilding market monitoring background report, Mai 2003 (abrufbar im Internet unter http://ec.europa.eu/enterprise/maritime/maritime_industrial/doc/commercial_shipbuilding_industry_appendices.pdf)

European Community Shipowners' Association (ECSA) Green Paper towards a future Maritime Policy for the Union, a submission by the European Community Shipowners' Associations (ECSA), Brüssel Januar 2007 (zit. ECSA, Submission to Green Paper)

European Economic and Social Committee Opinion of the European Economic and Social Committee on the Communication from the Commission to the Council, the European Parliament, the European Economic and Social Committee and the Committee of the Regions, LeaderSHIP 2015, Defining the Future of the European Shipbuilding and Repair Industry – Competitiveness through Excellence, COM(2003) 717 final, Brüssel 30. Juni 2004 (zit. Opinion of the EESC)

v. Falckenstein, Roland 40 Jahre Mitgestaltung des Geschmacksmusterrechts durch das Bundespatentgericht, GRUR 2001, 672 ff.

v. Falckenstein, Roland Markenrecht versus Geschmacksmusterrecht – Zur ausreichenden Offenbarung dreidimensionaler Marken, GRUR 1999, 881 ff.

v. Falckenstein, Roland Das Geschmacksmuster-Eintragungsverfahren gegenwärtiger Stand, GRUR 1991, 98 ff.

Fezer, Karl-Heinz Was macht ein Zeichen zur Marke?, WRP 2000, 1 ff.

Fromm, Friedrich Karl/Nordemann, Wilhelm/Nordemann, Axel/Nordemann, Jan Bernd Urheberrecht, Kommentar, 10. Auflage, Stuttgart 2008

Gamm, Eva-Irina von Die Problematik der Gestaltungshöhe im deutschen Urheberrecht, Baden-Baden 2004

Gaul, Dieter Künstlerische Leistungen eines Arbeitnehmers – Design im Recht, NJW 1986, 163 ff.

Geiger, Christophe Zusammenfassung der Standpunkte – Entwickelte Thesen, Die Alternative zum Schutz durch das Urheberrecht, in: Impulse für eine europäische Harmonisierung des Urheberrechts (Hrsg. Hilty, Reto/Geiger, Christophe), Berlin, Heidelberg, New York 2007, 257 ff.

Geller, Paul Edward Die Auflösung des Geistigen Eigentums, GRUR Int. 2006, 273 ff.

Gerlach, Johann W. Das Urheberrecht des Architekten und die Einräumung von Nutzungsrechten nach dem Architektenvertrag, GRUR 1976, 613 ff.

Germanischer Lloyd Internationales Register 1867–1992, Herausgegeben anlässlich des 125-jährigen Jubiläums der Gesellschaft am 16. März 1992, Hamburg 1992

Gerstenberg, Ekkehard Die Entwicklung des Geschmacksmusterrechts, in: Festschrift zum hundertjährigen Bestehen der Deutschen Vereinigung für gewerblichen Rechtsschutz und Urheberrecht und ihrer Zeitschrift (Hrsg. Beier/Kraft/Schricker/Wadle), Band I, Weinheim 1991, 691 ff. (zit. *Gerstenberg* FS 100 Jahre GRUR)

Goldmann, Bettina C. Das Urheberrecht an Bauwerken – Urheberpersönlichkeitsrechte des Architekten im Konflikt mit Umbauvorhaben, GRUR 2005, 639 ff.

Gottschalk, Sylvia Der Schutz des Designs nach deutschem und europäischem Recht, Baden-Baden 2005

Grabrucker, Marianne Aus der Rechtsprechung des Bundespatentgerichts im Jahr 1997 – Teil II: Markenrecht GRUR 1998, 625 ff.

Haberstumpf, Helmut Handbuch des Urheberrechts, 2. Auflage, Neuwied 2000

HANSA International Maritime Journal Einheitliche Bauvorschriften für einzelne Schiffstypen, Januar 2005, 39 ff. (zit. *HANSA* Januar 2005)

HANSA International Maritime Journal Offshore Service Vessels with Ulstein X-Bow, 143. Jahrgang, 2006 Nr. 12, 18 ff. (zit. *HANSA* 2006, Nr. 12)

Hartwig, Henning Designschutz in Europa – Entscheidungen europäischer und nationaler Gerichte, Band 1, Köln, Berlin, München 2007

Hefermehl, Wolfgang/Köhler, Helmut/Bornkamm, Joachim Gesetz gegen den unlauteren Wettbewerb, Kommentar, 26. Auflage, München 2008

Helfrich, Jörg Oliver Rechtsschutz der Mode, Baden-Baden 1993

Heilein, Ernst-Peter Der Nachahmungsschutz nach U.S.-amerikanischem Recht außerhalb von Patent und Copyright Act – Ein Streifzug durch die wechselvolle U.S.-Rechtsprechung des vergangenen Jahrhunderts, GRUR Int. 2001, 377 ff.

Heutz, Stefan Freiwild Internetdesign? – Urheber- und geschmacksmusterrechtlicher Schutz der Gestaltung von Internetseiten, MMR 2005, 567 ff.

Hilty, Reto M. Das Urheberrecht und der Wissenschaftler, GRUR Int. 2006, 179 ff.

Hormann, Hartmut Klassifikationsgesellschaften – Gedanken über ihre Aufgaben, Werte, Ziele und Erfolge, Vortrag zum 5. Seminar zur Schiffssicherheit, Nautischer Verein zu Bremen, 1998

Ilzhöfer, Volker Patent-, Marken- und Urheberrecht, 7. Auflage, München 2007

Ingerl, Reinhard/Rohnke, Christian Markengesetz, Kommentar, 2. Auflage, München 2003

International Maritime Organization, MARPOL 73/78, London 2002

International Maritime Organization, SOLAS: International Convention for the Safety of Life at Sea, London 2003

Jarass, Hans D./Pieroth, Bodo Grundgesetz Kommentar, 9. Auflage, München 2007

Jerchow, Friedrich 1833–1983, 150 Jahre Seeschiffbau in Bremerhaven, Bremerhaven 1983

Jestaedt, Dirk Der Schutzbereich des eingetragenen Geschmacksmusters nach dem neuen Geschmacksmustergesetz, GRUR 2008, 19 ff.

Klaka, Rainer Schutzfähigkeit der dreidimensionalen Benutzungsmarke nach § 4 Nr. 2 MarkenG, GRUR 1996, 613 ff.

Klawitter, Christian Schutz nicht eingetragener Geschmacksmuster nach der EU-Gemeinschaftsgeschmacksmusterverordnung, EWS 2002, 357 ff.

Körner, Eberhard/Gründig-Schnelle, Kerstin Markenrecht und Produktschutz durch die dreidimensionale Marke, GRUR 1999, 535 ff.

Koschtial, Ulrike Die Einordnung des Designschutzes in das Geschmacksmuster-, Urheber-, Marken- und Patentrecht, Berlin 2003

Koschtial, Ulrike Zur Notwendigkeit der Absenkung der Gestaltungshöhe für Werke der angewandten Kunst im deutschen Urheberrecht, GRUR 2004, 555 ff.

Koschtial, Ulrike Design Law: Individual Character, Visibility and Functionality, IIC 2005, 297 ff.

Koschtial, Ulrike Das Gemeinschaftsgeschmacksmuster: Die Kriterien der Eigenart, Sichtbarkeit und Funktionalität, GRUR Int. 2003, 973 ff.

Kretschmer, Friedrich Aktuelle Berichte – März 2002, GRUR 2002, 224 ff.

Kummer, Max Das urheberrechtlich schützbare Werk, Bern 1968

Kur, Anette Die Alternativen zum Schutz durch das Urheberrecht in Deutschland, in: Impulse für eine europäische Harmonisierung des Urheberrechts (Hrsg. Hilty/Geiger), Berlin, Heidelberg, New York 2007, 193 ff.

Kur, Annette Alles oder Nichts im Formmarkenschutz?, GRUR Int. 2004, 755 ff.

Kur, Annette Die Auswirkungen des neuen Geschmacksmusterrechts auf die Praxis, GRUR 2002, 661 ff.

Kur, Annette Europäische Geschmacksmusterrechtsrichtlinie verabschiedet, GRUR Int. 1998, 977 ff.

Kur, Annette Die Zukunft des Designschutzes in Europa – Musterrecht, Urheberrecht, Wettbewerbsrecht, GRUR Int. 1998, 353 ff.

Kur, Anette Verwertung von Design, in: Urhebervertragsrecht, Festgabe für Gerhard Schricker zum 60. Geburtstag (Hrsg. Beier/Götting/Lehmann/Moufang), München 1995, 503 ff.

Kur, Annette EG-Geschmacksmusterschutz und Kfz-Ersatzteile – Eine Erwiderung, GRUR Int. 1993, 71 ff.

Lavery, Brian Schiffe – 5.000 Jahre Seefahrt, Starnberg 2005

LeaderSHIP 2015 Die Zukunft der europäischen Schiffbauindustrie und Schiffsreparaturindustrie sichern: Wettbewerbsfähigkeit durch Kompetenz, Initiative der europäischen Schiffbauindustrie in Kooperation mit der europäischen Kommission, 2001 (abrufbar im Internet unter http://ec.europa.eu/enterprise/maritime/shipbuilding_market/doc/leadership_2015_text_only_de.pdf)

Levin, Marianne Die Zukunft des Designschutzes in Europa aus der Sicht des Rechts der nordischen Staaten, GRUR Int. 1998, 371 ff.

Levin, Marianne Der Schutz für Formgebungen – Eine rechtsvergleichende Studie über den Schutz des Industriedesigns, GRUR Int. 1985, 713 ff.

Llovera, Joan Alemany Dampfschiffe. Eine Revolution, in: Seefahrt (Hrsg. Rispa/Rios/Aguaza), Sevilla 1992, 164 ff.

Lloyd, Christopher Atlas zur Seefahrtsgeschichte, Oldenburg, Hamburg 1980

Loewenheim, Ulrich Handbuch des Urheberrechts, München 2003

Loewenheim, Ulrich Höhere Schutzuntergrenze des Urheberrechts bei Werken der angewandten Kunst?, GRUR Int. 2004, 765 ff.

Loewenheim, Ulrich Zum Begriff des Anbietens in der Öffentlichkeit nach § 17 UrhG, in: Festschrift für Fritz Traub zum 65. Geburtstag (Hrsg. Loewenheim/Raiser), Frankfurt a.M. 1994, 251 ff.

Maier, Paul/Schlötelburg, Martin Leitfaden Gemeinschaftsgeschmacksmuster, Köln u.a. 2003

Möhring, Philipp/Nicolini, Käte Urheberrechtskommentar, 2. Auflage, München 2000

Meineke, Christian Nachahmungsschutz für Industriedesign im deutschen und amerikanischen Recht, Heidelberg 1991

Müller, Lothar Das Urheberpersönlichkeitsrecht des Architekten im deutschen und österreichischen Recht, München 2004

Münchener Kommentar zum Bürgerlichen Gesetzbuch, Schuldrecht, Besonderer Teil, §§ 611–704 BGB, 4. Auflage, München 2005 (zit. MüKo/*Bearbeiter)*

Mittelstaedt, Axel Kommt es für die Feststellung der Geschmacksmusterverletzung auf die Unterschiede oder auf die Gemeinsamkeiten an?, WRP 2007, 1161 ff.

Murray, Elisabeth Designs, in: The Handbook of European Intellectual Property Management (Hrsg. Jolly/Philpott), London, Philadelphia 2007, 71 ff.

Neuenfeld, Klaus Die Rechtsprechung der Jahre 2002 und 2003 zum Architekten- und Ingenieurvertragsrecht – Teil 2, NZBau 2005, 15 ff.

Nordemann, Axel/Heise, Friedrich Nicolaus Urheberrechtlicher Schutz für Designleistungen in Deutschland und auf europäischer Ebene, ZUM 2001, 128 ff.

Ohly, Ansgar Designschutz im Spannungsfeld von Geschmacksmuster-, Kennzeichen- und Lauterkeitsrecht, GRUR 2007, 731 ff.

Ohly, Ansgar Die Europäisierung des Designrechts, ZEuP 2004, 296 ff.

Oldekop, Axel Das nicht eingetragene Gemeinschaftsgeschmacksmuster – Eine Chance für Designer?, WRP 2006, 801 ff.

Omsels, Hermann-Josef Erschöpfung ohne Veräußerung – Zum Schicksal des Verbreitungsrechts beim Eigentumserwerb kraft Gesetzes, GRUR 1994, 162 ff.

Otero Lastres, José Manuel Gedanken zur Richtlinie 98/71/EG über den Rechtsschutz von Mustern und Modellen, GRUR Int. 2000, 408 ff.

Pagenkopf, Oliver Die Verwendung staatlicher Hoheitszeichen in Geschmacksmusteranmeldungen, GRUR 2002, 758 ff.

Pagenkopf, Oliver Ein Streifzug durch Geschichte, Gegenwart und Zukunft des Geschmacksmusterschutzes, GRUR 1999, 875 ff.

Palandt Bürgerliches Gesetzbuch, 68. Auflage, München 2009 (zit.: Palandt/*Bearbeiter*)

Peifer, Karl-Nikolaus Das Urheberrecht und die Wissensgesellschaft, UFITA 2007/II, 327 ff.

Pentheroudakis, Chryssoula Die Umsetzung der Richtlinie 98/71/EG über den rechtlichen Schutz von Mustern und Modellen in den EU-Mitgliedstaaten, GRUR Int. 2002, 668 ff.

Pérez-Malaína, Pablo Emilio Sevilla und die „Carrera de Indias" im 16. Jahrhundert, in: Seefahrt (Hrsg. Rispa/Rios/Aguaza), Sevilla 1992, 118 ff.

Pierson, Matthias/Ahrens, Thomas/Fischer, Karsten (Hrsg.) Recht des geistigen Eigentums, München 2007 (zit. Pierson/Ahrens/Fischer/*Bearbeiter*)

Pilla, Marcus Romano Die Zukunft des Designschutzes in Europa – Musterrecht, Urheberrecht, Wettbewerbsrecht, GRUR Int. 1998, 385 ff.

Piper, Henning/Ohly, Ansgar UWG, Gesetz gegen den unlauteren Wettbewerb, Kommentar, 4. Auflage, München 2006

Plassmann, Clemens Bearbeitungen und andere Umgestaltungen in § 23 Urheberrechtsgesetz, Berlin 1996

Prinz, Tillman Ernst Georg Urheberrecht für Ingenieure und Architekten, Düsseldorf 2001

Rahlf, Sylvia/Gottschalk, Eckart Neuland: Das nicht eingetragene Gemeinschaftsgeschmacksmuster, GRUR Int. 2004, 821 ff.

Redaktion der Zeitschrift Hansa Leidenschaft Schiffbau – Geschichte und Zukunft im Modell, Begleitbuch zur Expo am Meer, International Maritime Journal, Hamburg 2000 (zit. *HANSA*)

Rehbinder, Manfred Urheberrecht, 15. Auflage, München 2008

Rehbinder, Manfred Das Namensnennungsrecht des Urhebers, ZUM 1991, 220 ff.

Reimer, Dietrich Zum Urheberrechtsschutz von Darstellungen wissenschaftlicher oder technischer Art, GRUR 1980, 572 ff.

Richardi, Reinhard/Wlotzke, Ottfried Münchner Handbuch des Arbeitsrechts, Bd. 1, §§ 1–110, 2. Auflage, München 2000 (zit.: Richardi/Wlotzke/*Bearbeiter*)

Ritscher, Michael Der Schutz des Design, Bern 1986

Ritscher, Michael Auf dem Wege zu einem europäischen Musterrecht, GRUR Int. 1990, 559 ff.

Sack, Rolf Der Erschöpfungsgrundsatz im deutschen Immaterialgüterrecht, GRUR Int. 2000, 610 ff.

Sambuc, Thomas Ware oder Zeichen? – Zur Schutz(un)fähigkeit von Produktgestaltungen als Ware oder Ausstattung, GRUR 1989, 547 ff.

Sauer, Katja Marfa Neue Wege im Designschutz, Edewecht 2007

Schack, Haimo Urheber- und Urhebervertragsrecht, 4. Auflage, Tübingen 2007

Schack, Haimo Kunst und Recht, Köln u. a. 2004

Schaefer, Martin Die urheberrechtliche Schutzfähigkeit von Werken der Gartengestaltung, Baden-Baden 1992

Scharping, Dieter Konstruktion und Bau von Yachten, 2. Auflage, Bielefeld 1994

Schaub, Günter Arbeitsrechts-Handbuch, 12. Auflage, München 2007

Schickedanz, Willi Zur Offenbarung des Geschmacksmusters, GRUR 1999, 291 ff.

Schlötelburg, Martin Musterschutz an Zeichen, GRUR 2005, 123 ff.

Schneekluth, Herbert Entwerfen von Schiffen, 3. Auflage, Bielefeld 1985

Schulze, Gernot Werke an öffentlichen Plätzen – Gelten urheberrechtliche Schranken auch im Geschmacksmusterrecht?, in: Festschrift für Eike Ullmann (Hrsg. Ahrens/Bornkamm/Kunz-Hallstein), Saarbrücken 2006, 93 ff. (zit. *G. Schulze* FS Ullmann)

Schulze, Gernot Urheberrecht der Architekten – Teil 1, NZBau 2007, 537 ff.

Scholl, Lars U. (Hrsg.) Technikgeschichte des industriellen Schiffbaus in Deutschland, Band 1 – Handelsschiffe – Marine-Überwasserschiffe – U-Boote, Hamburg 1994

Scholl, Lars U. (Hrsg.) Technikgeschichte des industriellen Schiffbaus in Deutschland, Band 2 – Hauptantriebe – Schiffspropulsion – Elektrotechnik, Hamburg 1996

Schricker, Gerhard Verlagsrecht, 3. Auflage, München 2001 (zit. Schricker/*Bearbeiter* Verlagsrecht)

Schricker, Gerhard Urheberrecht, Kommentar, 3. Auflage, München 2006

Schunke, Sebastian Das Bearbeitungsrecht in der Musik und dessen Wahrnehmung durch die GEMA, Berlin 2008

Soto, José Luis Casado Europas Expansion auf den Weltmeeren, in: Seefahrt (Hrsg. Rispa/Rios/Aguaza), Sevilla 1992, 104 ff.

Stelzenmüller, Ursula Von der Eigentümlichkeit zur Eigenart – Paradigmenwechsel im Geschmacksmusterrecht?, Baden-Baden 2007

Stolz, Ekkehard Geschmacksmuster- und markenrechtlicher Designschutz, Baden-Baden 2002

Stickelbrock, Barbara Ausgleich gestörter Vertragsparitäten durch das neue Urhebervertragsrecht?, GRUR 2001, 1087 ff.

Straub, Wolfgang Individualität als Schlüsselkriterium des Urheberrechts, GRUR Int. 2001, 1 ff.

Straus, Joseph Ende des Geschmacksmusterschutzes für Ersatzteile in Europa? Vorgeschlagene Änderungen der EU-Richtlinie: Das Mandat der Kommission und seine zweifelhafte Ausführung, GRUR Int. 2005, 965 ff.

Ströbele, Paul Die Eintragungsfähigkeit neuer Markenformen, GRUR 1999, 1041 ff.

Thode, Reinhold/Wirth, Axel/Kuffer, Johann Praxishandbuch Architektenrecht, München 2004

THB – Täglicher Hafenbericht (Kürzel FBi) – Jeder Meter kostet eine Million, 60. Jahrgang, Deutsche Schifffahrts-Zeitung Nr. 68, Artikel vom 5. April 2007, S. 15

THB – Täglicher Hafenbericht (Kürzel gi/ff/jm) – Markenpiraten kopieren ganze Schiffe, 61. Jahrgang, Deutsche Schifffahrts-Zeitung Nr. 66, Artikel vom 4. April 2008, S. 2

Ulmer, Eugen Urheber- und Verlagsrecht, 3. Auflage, Berlin 1980

Vieregge, Henrike Aktuelle Berichte – März 2004, 214ff.

VSM – Verband für Schiffbau und Meerestechnik (e. V.) (Hrsg.) Volle Auftragsbücher – Steigende Beschäftigung, Zeitschrift: Schiffbauindustrie, Informationen aus der deutschen Schiffbau- und Meerestechnik-Industrie, I 2007, 4f. (zit. VSM I, 2007)

Wandtke, Artur-Axel EWiR Art. 4 RL 2001/29/EG 1/07, EWiR 2007, 189ff.

Wandtke, Artur-Axel Medienrecht Praxishandbuch, Berlin 2008

Wandtke, Artur-Axel Reform des Arbeitnehmerurheberrechts?, GRUR 1999, 390ff.

Wandkte, Artur-Axel/Bullinger, Winfried Praxiskommentar zum Urheberrecht, 3. Auflage, München 2009

Wandtke, Artur-Axel/Bullinger, Wilfried Die Marke als urheberrechtlich schutzfähiges Werk, GRUR 1997, 573ff.

Wandtke, Artur-Axel/Ohst, Claudia Zur Reform des deutschen Geschmacksmustergesetzes, GRUR Int. 2005, 91ff.

Wassner, Fernando Kunst, Geschmack und unlauterer Wettbewerb, Berlin 1975

Watson, David G.M. Practical Ship Design, Volume 1, 1st Edition, Amsterdam, London u.a. 1998

Wegner, Konstantin/Wallenfels, Dieter/Kaboth, Daniel Recht im Verlag, München 2004

Weiden, Henrike Aktuelle Berichte – September 2007, GRUR 2007, 761ff.

Welser, Marcus v. Die Wahrnehmung urheberpersönlichkeitsrechtlicher Befugnisse durch Dritte, Berlin 2000

Winkel, Franz Formalschutz dreidimensionaler Marken, Köln u.a. 1979

Wittenzellner, Ursula Schutzfähigkeit von Farben als Marken nach dem neuen Markengesetz, in: Straus, Joseph (Hrsg.) Festgabe von Freunden und Mitarbeitern für Friedrich-Karl Beier zum 70. Geburtstag, Köln, Berlin, Bonn, München 1996, 333ff.

Wöhrn, Ronald GARD – Guidance to Masters, 2nd Edition, Norwegen 2006

Würtenberger, Gert Waren als Marken – Die Eintragungspraxis des DPMA und die Rechtsprechung des BPatG im Lichte der Rechtsprechung des EuGH, GRUR 2003, 912ff.

Zech, Stefan M. Die Ersatzteil- und Zubehörproblematik im gewerblichen Rechtsschutz, Mitt 2000, 195ff.

Zech, Susanne Der Schutz von Werken der angewandten Kunst im Urheberrecht Frankreichs und Deutschlands, München 1999

Zentek, Sabine Designschutz – Fallsammlung um Schutz kreativer Leistungen, Düsseldorf 2003

Zentek, Sabine Handbuch für Recht in Kunst und Design, Stuttgart 1998

Fotos

Fotos wurden mit freundlicher Genehmigung von folgenden Personen, Unternehmen und Einrichtungen abgebildet:

Autofähre Tàbor (Abb. 12)
Dipl.-Ing. Krister Hennige, Geschäftsbereichsleiter Verkehrsbetriebe/Fähre, Prokurist und Betriebsleiter, Stadtwerke Konstanz GmbH
und
Bodan Werft Metallbau GmbH & Co. KG, Kressbronn

MS Vindobona (Abb. 15)
DDSG Blue Danube Schiffahrt GmbH, Wien
und
© Hundertwasser Archiv, Wien

*MS Sonnenkönigin (*Abb. 16)
Walter Klaus Bodenseeschifffahrt GmbH & Co., Bregenz
und
Bodan Werft Metallbau GmbH & Co. KG, Kressbronn

X-Bow Ulstein Schiffsform (Abb. 17)
Ulstein Group, Ulsteinvik Norwegen

SWATH@A&R-Technologie Jacht (Abb. 18)
Abeking&Rasmussen, Lemwerder

Reserve Sonderburg (Abb. 25)
Deutsche Stiftung Sail Training, Bremerhaven

Alexander von Humboldt (Abb. 26)
Deutsche Stiftung Sail Training, Bremerhaven

Stichwortverzeichnis

FSC
www.fsc.org
MIX
Papier | Fördert gute Waldnutzung
FSC® C083411

Kolibri 360 GmbH
Ferdinand-Jühlke-Straße 7
99095 Erfurt, Deutschland
produktsicherheit@kolibri360.de